NCS
서울교통공사

필기시험 : 직업기초능력평가

NCS 서울교통공사

필기시험 : 직업기초능력평가

초판 발행　2020년 7월 20일
2쇄 발행　2021년 9월 10일
개정판 발행　2022년 9월 30일

편 저 자 | 취업적성연구소
발 행 처 | ㈜서원각
등록번호 | 1999-1A-107호
주　　소 | 경기도 고양시 일산서구 덕산로 88-45(가좌동)
대표번호 | 031-923-2051
팩　　스 | 031-923-3815
교재문의 | 카카오톡 플러스 친구[서원각]
영상문의 | 070-4233-2505
홈페이지 | www.goseowon.com
책임편집 | 김수진
디 자 인 | 김한울

▷ ISBN과 가격은 표지 뒷면에 있습니다.
▷ 파본은 구입하신 곳에서 교환해드립니다.

PREFACE

우리나라 기업들은 1960년대 이후 현재까지 비약적인 발전을 이루었다. 이렇게 급속한 성장을 이룰 수 있었던 배경에는 우리나라 국민들의 근면성 및 도전정신이 있었다. 그러나 빠르게 변화하는 세계 경제의 환경에 적응하기 위해서는 근면성과 도전정신 이외에 또 다른 성장 요인이 필요하다.

최근 많은 공사 · 공단에서는 직무 관련성에 대한 고려 없이 인 · 적성, 지식 중심으로 치러지던 기존의 필기전형에서 탈피하여 산업현장에서 직무를 수행하기 위해 요구되는 직업기초능력과 직무수행능력을 측정하기 위한 NCS 직업기초능력평가, 직무수행능력평가 등을 도입하고 있다.

서울교통공사에서도 업무에 필요한 역량 및 책임감과 적응력 등을 구비한 인재를 선발하기 위하여 고유의 필기시험을 치르고 있다. 본서는 서울교통공사 채용대비를 위한 필독서로 서울교통공사 직업기초능력평가의 출제경향을 철저히 분석하여 응시자들이 보다 쉽게 시험유형을 파악하고 효율적으로 대비할 수 있도록 구성하였다.

신념을 가지고 도전하는 사람은 반드시 그 꿈을 이룰 수 있습니다. 처음에 품은 신념과 열정이 취업 성공의 그 날까지 빛바래지 않도록 서원각이 수험생 여러분을 응원합니다.

STRUCTURE

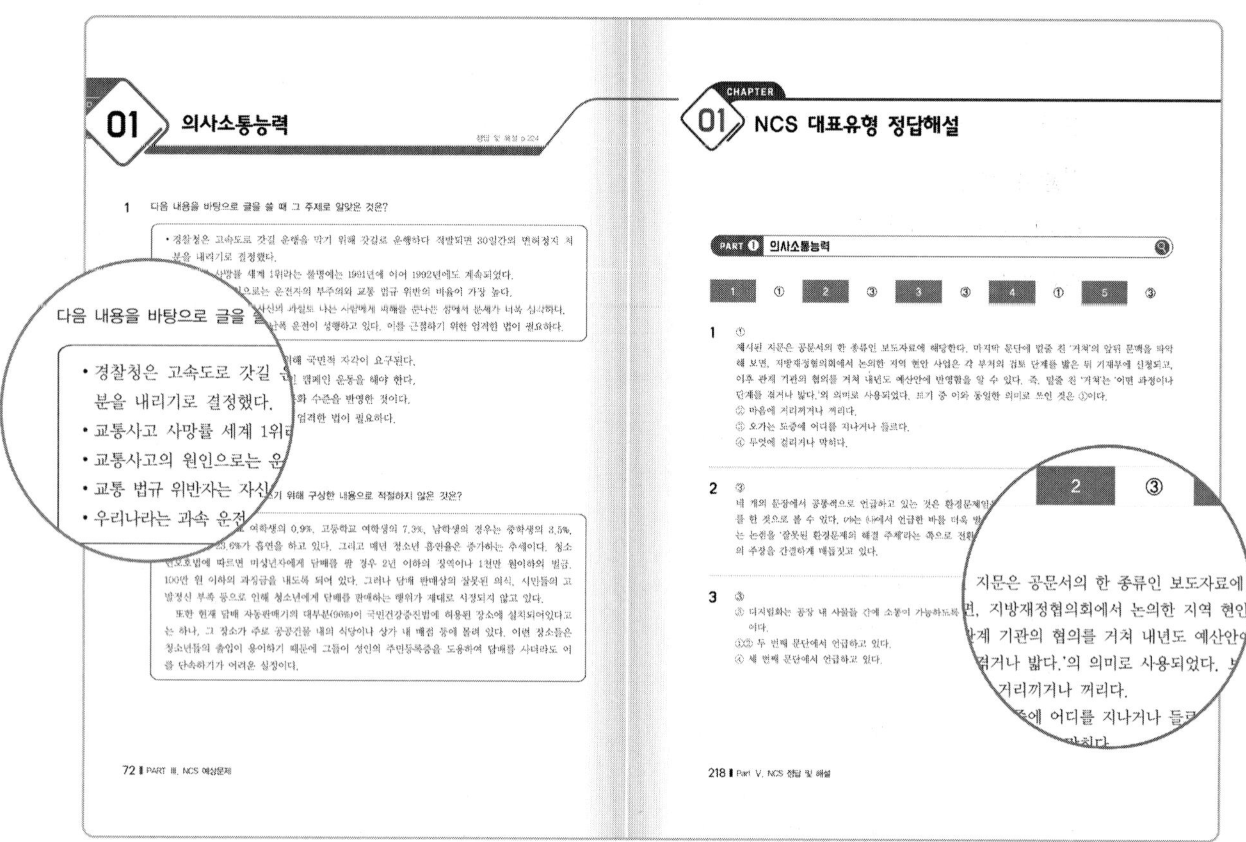

NCS 핵심이론

NCS 직업기초능력 핵심이론을 체계적으로 정리하여 단기간에 학습할 수 있도록 하였습니다.

NCS 예상문제

적중률 높은 영역별 출제예상문제를 수록하여 학습효율을 확실하게 높였습니다.

NCS 정답 및 해설

문제의 핵심을 꿰뚫는 명쾌하고 자세한 해설로 수험생들의 이해를 돕습니다.

CONTENTS

Company Introduction

• 공사소개

서울교통공사 CI

서울교통공사
Seoul Metro

Safety	+	Service	+	Seoul
시민안전		공공서비스		교통공사

서울교통공사 CI는 시민안전(Safety)과 공공서비스(Service) 확보를 최우선으로 내세우는 서울교통공사(Seoul Metro)의 출범의지를 '에스(S)'로 상징합니다.

지상과 지하를 달리는 역동적 이미지의 교통수단으로 'S'를 표현하여 향후 대중교통 통합 운영을 지향하는 공사 미래상을 제시하고 있습니다.

CI의 심벌에 '순환, 지구, 세계' 등을 상징하는 원형을, '신뢰'를 상징하는 파란색을 사용하여 원활한 교통체계를 구축, 세계 속에 우뚝 서는 글로벌 No.1 기업의 의지를 표현합니다.

슬로건

Move the City

"우리가 함께하는 시간이 모여 일상은 더 행복해집니다.
더 편리하게, 늘 안전하게, 서울교통공사가 도시를 움직입니다."

슬로건 의미

"Move the City"는 '도시를 움직이다, 도시를 감동시키다'라는 뜻입니다. 서울교통공사가 제공하는 편리한 교통서비스가 도시의 활력을 만들어 낸다는 의미를 담았습니다.
"the City"는 서울뿐 아니라, 서울교통공사의 기술과 노하우로 변화하고 있는 대한민국과 세계 곳곳의 도시를 가리킵니다. 서울교통공사가 이끄는 도시교통의 변화와 발전은 우리의 가치 있는 삶을 뒷받침하는 에너지입니다.

슬로건 디자인

활기찬 도시의 움직임을 이끌어 가는 서울교통공사의 미래 비전을 간결하고 세련된 그래픽으로 표현했습니다. 하늘색 원 안에 담긴 행복한 미소는 공사와 시민의 소통, 즐거움 가득한 만남을 상징합니다.

캐릭터

"또, 또, 타고 싶은 서울지하철!
시민들에게 어떻게 웃음을 주나 늘 고민하는 장난꾸러기 친구, "또타"를 소개합니다."

① 서울교통공사의 공식 캐릭터 "또타"는 시민 여러분과 늘 함께하는 서울지하철의 모습을 밝고 유쾌한 이미지로 표현합니다.
② 전동차 측면 모양으로 캐릭터 얼굴을 디자인하여 일상적으로 이용하는 대중교통수단의 모습을 참신한 느낌으로 담아냈고, 메인 컬러로 사용한 파란색은 시민과 공사 간의 두터운 신뢰를 상징하고 있습니다.
③ 안전하며 편리한 서울지하철, 개구쟁이 "또타"와 함께라면 자꾸만 타고 싶은 즐겁고 행복한 공간이 됩니다.

비전체계

① 미션 … 안전한 도시철도, 편리한 교통서비스

② 비전 … 사람과 도시를 연결하는 종합교통기업 서울교통공사

③ 핵심가치 및 전략목표

핵심가치	안전 우선	미래 대비	고객 만족	지속 경영
전략목표	시스템 기반 최고 수준의 안전운행	미래 성장동력 시속 발굴 및 강화	더 나은 서비스를 통한 고객만족도 제고	지속가능한 혁신 경영관리 체계 구축

⑤ 전략과제 및 성과지표

전략과제	성과지표		
선제적인 차량 및 시설 현대화 공사 고유의 안전관리 시스템 고도화	철도사고·재난 Zero	철도준사고 4건	운행장애 3건
사업영역 확장을 통한 신성장동력 발굴 공사 역량 및 인프라 활용 수익모델 강화	당시손익 △11,261억원	영업수지 0.61	비운수수익 1,303억원
환경분석 및 고객 세분화를 통한 맞춤형 서비스 제공 도시철도 이용환경 개선 및 편리성 강화	고객만족도 88.17점	미세먼지 농도 $50\mu g/m^3$	VOC 응대율 98.8%
경영개선 및 대외협력을 통한 지속가능 경영 조직 운영 및 업무 프로세스 개선	소통·협업지수 75.0점	직원만족도 70.0점	종합청렴도 1등급

사회적 가치

① 추진목적 … 서울교통공사 혁신계획 수립·실행을 통한 공공기관의 책임 및 사회적 가치 창출

② 비전 및 목표

비전	시민과 통(通)하는 서울교통공사	
목표	사회적 가치 창출을 통한 지방공기업 혁신 선도	
추진전략	• 공통(共通)가치를 위한 사회적 책임 경영 • 소통(疏通)하는 참여협력 경영	• 상통(相通)하는 지역상생 경영 • 능통(能通)한 적극혁신 경영

인재상

인재상	인재상 세부내용
안전분야 최고를 지향하는 인재	세계 최고 수준의 안전 전문가가 되기 위해 노력하는 인재
혁신을 주도하는 인재	실패를 두려워하지 않고 이를 통해 배우고 성장함으로써, 끊임없이 발전을 주도해 나가는 인재
열린 마음으로 협력하는 인재	나와 동료의 성공, 공사 발전에 기여하고 협력할 수 있는 영향력 있는 인재

승진제도

① 승진제도 구분

1~2급	3급	4급 이하	정년퇴직자
심사승진	심사승진	심사 및 근속승진	명예승진

② 승진포인트제

㉠ 대상 : 5급, 6급, 7급 직원

㉡ 심사승진 조건

7급 → 6급	6급 → 5급	5급 → 4급
265p	318p	371p

- 승진포인트 : 경력(10) + 근평(66) + 경평(20) + 교육(4) + 가감
  - 경력 : 직급에서 근무한 기간에 대한 것으로, 연간 10포인트 한도로 월 단위로 포인트 부여
  - 근무평정 : 연간 66포인트 한도로 반기 단위 평정을 실시하여 그 결과로 포인트 부여
  - 경영평가 : 연간 20포인트 한도로 소속 부서의 내부평가 결과로 포인트 부여
  - 교육실적 : 연간 50시간씩의 교육(사이버 교육 포함)을 이수했을 경우 연간 4포인트 부여
  - 가점 및 감점 : (가점)자격증 취득, TF 파견, 포상, 격무, 전문성 요구직무, 직무전문가 및 특별업무 유공에 대해 부여 / (감점)해당직급에서 정직, 감봉, 견책을 받았을 경우 감점

지원자격 및 방법

(1) 지원자격

① 연령 및 학력

㉠ 연령 : 만 18세 이상자(2004.12.31. 이전 출생자, 공사 정년 범위 내)

㉡ 학력 : 제한 없음

② 병역사항

㉠ 병역법 제76조에서 정한 병역의무 불이행 사실이 없는 자

㉡ 단, 복무중인 경우는 단계별 전형절차에 응시가 가능하고 최종합격자 발표일 전일까지 전역 가능한 자

③ 근무조건

㉠ 주 · 야간 교대(교번)근무가 가능한 자

㉡ 여성의 경우 주 · 야간 교대(교번)근무가 가능한 자로서 근로기준법 제70조에 의거 '야간근로(22:00～06:00) 및 휴일근로동의서'를 제출하여야 임용 가능

(2) 지원방법

① 접수기간 … 2022. 9. 20. 10:00 ～ 9. 26. 17:00

② 접수방법 … 인터넷 접수

전형절차

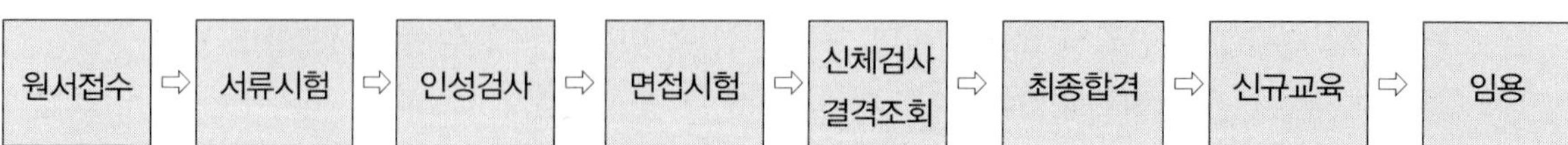

필기시험

(1) 시험과목

① NCS 직업기초능력평가

대상	시험과목
전 직종(공통)	의사소통능력, 수리능력, 문제해결능력, 조직이해능력, 정보능력, 자원관리능력, 기술능력, 자기개발능력, 대인관계능력, 직업윤리

② 직무수행능력평가

대상	시험과목	대상	시험과목
승무	기계일반, 전기일반, 전자일반 택1	기계	기계일반, 전기일반 택1
차량	기계일반, 전기일반, 전자일반 택1	전자	전자일반, 통신일반 택1
전기	전기일반	건축	건축일반
정보통신	통신일반	승강장안전문	전기일반, 전자일반, 통신일반 택1
궤도 · 토목	궤도 · 토목일반	보건관리	산업안전보건법
신호	신호일반	후생지원(조리)	위생법규 일반

※ 사무 : NCS 직업기초능력평가 100%실시(80문항)

(2) 평가방법 및 합격자 결정

① **평가방법** … NCS 직업기초능력평가 40문항(50%)+직무수행능력평가 40문항(50%) / 100분

※ 직무수행능력평가 선택과목 간 난이도 차이로 인한 점수 편차 해소를 위해 조정점수 적용

② **합격결정** … 각 과목 만점의 40% 이상 득점자 중 가산점수를 합산한 총득점자 순

③ **합격인원** … 채용예정인원의 1.5배수 범위 내

인성검사 및 면접시험, 신체검사

(1) 인성검사

① 온라인 검사

② 직무수행 및 직장생활 적응에 요구되는 기초적인 인성 측정

③ 인성검사 결과는 면접 시 참고자료로 활용

④ 기간 중 검사 미시행 시 불합격 처리

(2) 면접시험

구분	내용
평정요소	• 직원으로서의 정신자세 • 전문지식과 응용능력 • 의사발표의 정확성과 논리성 • 예의 · 품행 및 성실성 • 창의력 · 의지력 및 기타 발전가능성
시험방법	• 개별(PT)면접＋집단면접(3～4명) • 각 15점 만점
합격결정	• 필기점수, 면접점수를 50:50의 비율로 환산하여 고득점자 순 – 개별(PT)면접, 집단면접 각각 10점 이상 득점한 자에 한함 – 취업지원대상자는 면접시험 만점의 40% 이상 득점한 경우 만점의 5% 또는 10% 가산점 부여 ※ 가점 합격률 상한제(30%) 적용 – 동점자 발생 시 취업지원대상자>필기시험 고득점자>자격증 가산점수가 많은 자>면접시험 평가 순서별 고득점자 순으로 결정

(3) 신체검사(신호직종 철도적성검사 포함)

① 승무/신호 … 철도신체검사

② 사무/차량/기술(신호 제외)/특수(보건관리 · 후생지원) … 미실시

지원자 유의사항

(1) 중복지원

채용직종 및 전형간 중복지원을 포함한 모든 중복지원은 불가

(2) 입사지원서

① 입사지원서의 기재사항 누락, 오기입, 연락불능 등으로 발생되는 불이익은 일체 응시자 책임

② 자격 · 면허증, 취업지원대상자, 장애인, 경력 관련 사항에 대한 오입력, 허위입력, 착오입력 시에는 고의성 여부와 관계없이 합격 취소

③ 입사지원서의 내용을 허위로 입력한 경우 합격 취소 및 향후 5년간 본 공사 입사지원 제한

(3) 계획 변경

① 본 계획은 사정에 의하여 변경될 수 있으며, 변경 시에는 단계별 전형일의 7일전까지 공고

② 코로나19 확산에 따른 정부 방역지침에 따라 채용일정 변경 가능

NCS 핵심이론 및 대표유형

01 NCS 핵심이론

PART 1 의사소통능력

1 의사소통과 의사소통능력

(1) 의사소통

① 개념 : 사람들 간에 생각이나 감정, 정보, 의견 등을 교환하는 총체적인 행위로, 직장생활에서의 의사소통은 조직과 팀의 효율성과 효과성을 성취할 목적으로 이루어지는 구성원 간의 정보와 지식 전달 과정이라고 할 수 있다.

② 기능 : 공동의 목표를 추구해 나가는 집단 내의 기본적 존재 기반이며 성과를 결정하는 핵심 기능이다.

③ 의사소통의 종류
- ㉠ 언어적인 것 : 대화, 전화통화, 토론 등
- ㉡ 문서적인 것 : 메모, 편지, 기획안 등
- ㉢ 비언어적인 것 : 몸짓, 표정 등

④ 의사소통을 저해하는 요인 : 정보의 과다, 메시지의 복잡성 및 메시지 간의 경쟁, 상이한 직위와 과업지향형, 신뢰의 부족, 의사소통을 위한 구조상의 권한, 잘못된 매체의 선택, 폐쇄적인 의사소통 분위기 등

(2) 의사소통능력

① 개념 : 직장생활에서 문서나 상대방이 하는 말의 의미를 파악하는 능력, 자신의 의사를 정확하게 표현하는 능력, 간단한 외국어 자료를 읽거나 외국인의 의사표시를 이해하는 능력을 포함한다.

② 의사소통능력 개발을 위한 방법
- ㉠ 사후검토와 피드백을 활용한다.
- ㉡ 명확한 의미를 가진 이해하기 쉬운 단어를 선택하여 이해도를 높인다.
- ㉢ 적극적으로 경청한다.
- ㉣ 메시지를 감정적으로 곡해하지 않는다.

2 의사소통능력을 구성하는 하위능력

(1) 문서이해능력

① 문서와 문서이해능력

㉠ 문서 : 제안서, 보고서, 기획서, 이메일, 팩스 등 문자로 구성된 것으로 상대방에게 의사를 전달하여 설득하는 것을 목적으로 한다.

㉡ 문서이해능력 : 직업현장에서 자신의 업무와 관련된 문서를 읽고, 내용을 이해하고 요점을 파악할 수 있는 능력을 말한다.

예제 1

다음은 신용카드 약관의 주요내용이다. 규정 약관을 제대로 이해하지 못한 사람은?

> [부가서비스]
> 카드사는 법령에서 정한 경우를 제외하고 상품을 새로 출시한 후 1년 이내에 부가서비스를 줄이거나 없앨 수가 없다. 또한 부가서비스를 줄이거나 없앨 경우에는 그 세부내용을 변경일 6개월 이전에 회원에게 알려주어야 한다.
> [중도 해지 시 연회비 반환]
> 연회비 부과기간이 끝나기 이전에 카드를 중도해지하는 경우 남은 기간에 해당하는 연회비를 계산하여 10 영업일 이내에 돌려줘야 한다. 다만, 카드 발급 및 부가서비스 제공에 이미 지출된 비용은 제외된다.
> [카드 이용한도]
> 카드 이용한도는 카드 발급을 신청할 때에 회원이 신청한 금액과 카드사의 심사기준을 종합적으로 반영하여 회원이 신청한 금액 범위 이내에서 책정되며 회원의 신용도가 변동되었을 때에는 카드사는 회원의 이용한도를 조정할 수 있다.
> [부정사용 책임]
> 카드 위조 및 변조로 인하여 발생된 부정사용 금액에 대해서는 카드사가 책임을 진다. 다만, 회원이 비밀번호를 다른 사람에게 알려주거나 카드를 다른 사람에게 빌려주는 등의 중대한 과실로 인해 부정사용이 발생하는 경우에는 회원이 그 책임의 전부 또는 일부를 부담할 수 있다.

① 혜수 : 카드사는 법령에서 정한 경우를 제외하고는 1년 이내에 부가서비스를 줄일 수 없어
② 진성 : 카드 위조 및 변조로 인하여 발생된 부정사용 금액은 일괄 카드사가 책임을 지게 돼
③ 영훈 : 회원의 신용도가 변경되었을 때 카드사가 이용한도를 조정할 수 있어
④ 영호 : 연회비 부과기간이 끝나기 이전에 카드를 중도해지하는 경우에는 남은 기간에 해당하는 연회비를 카드사는 돌려줘야 해

출제의도
주어진 약관의 내용을 읽고 그에 대한 상세 내용의 정보를 이해하는 능력을 측정하는 문항이다.

해 설
② 부정사용에 대해 고객의 과실이 있으면 회원이 그 책임의 전부 또는 일부를 부담할 수 있다.

답 ②

② 문서의 종류

㉠ 공문서 : 정부기관에서 공무를 집행하기 위해 작성하는 문서로, 단체 또는 일반회사에서 정부기관을 상대로 사업을 진행할 때 작성하는 문서도 포함된다. 엄격한 규격과 양식이 특징이다.

㉡ 기획서 : 아이디어를 바탕으로 기획한 프로젝트에 대해 상대방에게 전달하여 시행하도록 설득하는 문서이다.

㉢ 기안서 : 업무에 대한 협조를 구하거나 의견을 전달할 때 작성하는 사내 공문서이다.

㉣ 보고서 : 특정한 업무에 관한 현황이나 진행 상황, 연구 · 검토 결과 등을 보고하고자 할 때 작성하는 문서이다.

㉤ 설명서 : 상품의 특성이나 작동 방법 등을 소비자에게 설명하기 위해 작성하는 문서이다.

㉥ 보도자료 : 정부기관이나 기업체 등이 언론을 상대로 자신들의 정보를 기사화 되도록 하기 위해 보내는 자료이다.

㉦ 자기소개서 : 개인이 자신의 성장과정이나, 입사 동기, 포부 등에 대해 구체적으로 기술하여 자신을 소개하는 문서이다.

㉧ 비즈니스 레터(E-mail) : 사업상의 이유로 고객에게 보내는 편지다.

㉨ 비즈니스 메모 : 업무상 확인해야 할 일을 메모형식으로 작성하여 전달하는 글이다.

③ 문서이해의 절차 : 문서의 목적 이해 → 문서 작성 배경 · 주제 파악 → 정보 확인 및 현안문제 파악 → 문서 작성자의 의도 파악 및 자신에게 요구되는 행동 분석 → 목적 달성을 위해 취해야 할 행동 고려 → 문서 작성자의 의도를 도표나 그림 등으로 요약 · 정리

(2) 문서작성능력

① 작성되는 문서에는 대상과 목적, 시기, 기대효과 등이 포함되어야 한다.

② 문서작성의 구성요소

㉠ 짜임새 있는 골격, 이해하기 쉬운 구조

㉡ 객관적이고 논리적인 내용

㉢ 명료하고 설득력 있는 문장

㉣ 세련되고 인상적인 레이아웃

예제 2

다음은 들은 내용을 구조적으로 정리하는 방법이다. 순서에 맞게 배열하면?

> ㉠ 관련 있는 내용끼리 묶는다.
> ㉡ 묶은 내용에 적절한 이름을 붙인다.
> ㉢ 전체 내용을 이해하기 쉽게 구조화한다.
> ㉣ 중복된 내용이나 덜 중요한 내용을 삭제한다.

① ㉠㉡㉢㉣ ② ㉠㉡㉣㉢
③ ㉡㉠㉢㉣ ④ ㉡㉠㉣㉢

출제의도

음성정보는 문자정보와는 달리 쉽게 잊혀지기 때문에 음성정보를 구조화 시키는 방법을 묻는 문항이다.

해 설

내용을 구조적으로 정리하는 방법은 '㉠ 관련 있는 내용끼리 묶는다. → ㉡ 묶은 내용에 적절한 이름을 붙인다. → ㉣ 중복된 내용이나 덜 중요한 내용을 삭제한다. → ㉢ 전체 내용을 이해하기 쉽게 구조화 한다.'가 적절하다.

답 ②

③ 문서의 종류에 따른 작성방법

㉠ 공문서
- 육하원칙이 드러나도록 써야 한다.
- 날짜는 반드시 연도와 월, 일을 함께 언급하며, 날짜 다음에 괄호를 사용할 때는 마침표를 찍지 않는다.
- 대외문서이며, 장기간 보관되기 때문에 정확하게 기술해야 한다.
- 내용이 복잡할 경우 '-다음-', '-아래-'와 같은 항목을 만들어 구분한다.
- 한 장에 담아내는 것을 원칙으로 하며, 마지막엔 반드시 '끝'자로 마무리 한다.

㉡ 설명서
- 정확하고 간결하게 작성한다.
- 이해하기 어려운 전문용어의 사용은 삼가고, 복잡한 내용은 도표화 한다.
- 명령문보다는 평서문을 사용하고, 동어 반복보다는 다양한 표현을 구사하는 것이 바람직하다.

㉢ 기획서
- 상대를 설득하여 기획서가 채택되는 것이 목적이므로 상대가 요구하는 것이 무엇인지 고려하여 작성하며, 기획의 핵심을 잘 전달하였는지 확인한다.
- 분량이 많을 경우 전체 내용을 한눈에 파악할 수 있도록 목차구성을 신중히 한다.
- 효과적인 내용 전달을 위한 표나 그래프를 적절히 활용하고 산뜻한 느낌을 줄 수 있도록 한다.
- 인용한 자료의 출처 및 내용이 정확해야 하며 제출 전 충분히 검토한다.

㉣ 보고서
- 도출하고자 하는 핵심내용을 구체적이고 간결하게 작성한다.
- 내용이 복잡할 경우 도표나 그림을 활용하고, 참고자료는 정확하게 제시한다.
- 제출하기 전에 최종점검을 하며 질의를 받을 것에 대비한다.

예제 3

다음 중 공문서 작성에 대한 설명으로 가장 적절하지 못한 것은?

① 공문서나 유가증권 등에 금액을 표시할 때에는 한글로 기재하고 그 옆에 괄호를 넣어 숫자로 표기한다.
② 날짜는 숫자로 표기하되 년, 월, 일의 글자는 생략하고 그 자리에 온점(.)을 찍어 표시한다.
③ 첨부물이 있는 경우에는 붙임 표시문 끝에 1자 띄우고 "끝."이라고 표시한다.
④ 공문서의 본문이 끝났을 경우에는 1자를 띄우고 "끝."이라고 표시한다.

출제의도

업무를 할 때 필요한 공문서 작성법을 잘 알고 있는지를 측정하는 문항이다.

해 설

공문서 금액 표시

아라비아 숫자로 쓰고, 숫자 다음에 괄호를 하여 한글로 기재한다.

예) 123,456원의 표시 : 금 123,456(금 일십이만삼천사백오십육원)

답 ①

④ 문서작성의 원칙

㉠ 문장은 짧고 간결하게 작성한다.(간결체 사용)
㉡ 상대방이 이해하기 쉽게 쓴다.
㉢ 불필요한 한자의 사용을 자제한다.
㉣ 문장은 긍정문의 형식을 사용한다.
㉤ 간단한 표제를 붙인다.
㉥ 문서의 핵심내용을 먼저 쓰도록 한다.(두괄식 구성)

⑤ 문서작성 시 주의사항

㉠ 육하원칙에 의해 작성한다.
㉡ 문서 작성시기가 중요하다.
㉢ 한 사안은 한 장의 용지에 작성한다.
㉣ 반드시 필요한 자료만 첨부한다.
㉤ 금액, 수량, 일자 등은 기재에 정확성을 기한다.
㉥ 경어나 단어사용 등 표현에 신경 쓴다.
㉦ 문서작성 후 반드시 최종적으로 검토한다.

⑥ 효과적인 문서작성 요령
   ㉠ 내용이해 : 전달하고자 하는 내용과 핵심을 정확하게 이해해야 한다.
   ㉡ 목표설정 : 전달하고자 하는 목표를 분명하게 설정한다.
   ㉢ 구성 : 내용 전달 및 설득에 효과적인 구성과 형식을 고려한다.
   ㉣ 자료수집 : 목표를 뒷받침할 자료를 수집한다.
   ㉤ 핵심전달 : 단락별 핵심을 하위목차로 요약한다.
   ㉥ 대상파악 : 대상에 대한 이해와 분석을 통해 철저히 파악한다.
   ㉦ 보충설명 : 예상되는 질문을 정리하여 구체적인 답변을 준비한다.
   ㉧ 문서표현의 시각화 : 그래프, 그림, 사진 등을 적절히 사용하여 이해를 돕는다.

(3) 경청능력

① 경청의 중요성 : 경청은 다른 사람의 말을 주의 깊게 들으며 공감하는 능력으로 경청을 통해 상대방을 한 개인으로 존중하고 성실한 마음으로 대하게 되며, 상대방의 입장에 공감하고 이해하게 된다.

② 경청을 방해하는 습관 : 짐작하기, 대답할 말 준비하기, 걸러내기, 판단하기, 다른 생각하기, 조언하기, 언쟁하기, 옳아야만 하기, 슬쩍 넘어가기, 비위 맞추기 등

③ 효과적인 경청방법
   ㉠ 준비하기 : 강연이나 프레젠테이션 이전에 나누어주는 자료를 읽어 미리 주제를 파악하고 등장하는 용어를 익혀둔다.
   ㉡ 주의 집중 : 말하는 사람의 모든 것에 집중해서 적극적으로 듣는다.
   ㉢ 예측하기 : 다음에 무엇을 말할 것인가를 추측하려고 노력한다.
   ㉣ 나와 관련짓기 : 상대방이 전달하고자 하는 메시지를 나의 경험과 관련지어 생각해 본다.
   ㉤ 질문하기 : 질문은 듣는 행위를 적극적으로 하게 만들고 집중력을 높인다.
   ㉥ 요약하기 : 주기적으로 상대방이 전달하려는 내용을 요약한다.
   ㉦ 반응하기 : 피드백을 통해 의사소통을 점검한다.

예제 4

다음은 면접스터디 중 일어난 대화이다. 민아의 고민을 해소하기 위한 조언으로 가장 적절한 것은?

> 지섭 : 민아씨, 어디 아파요? 표정이 안 좋아 보여요.
> 민아 : 제가 원서 넣은 공단이 내일 면접이어서요. 그동안 스터디를 통해서 면접 연습을 많이 했는데도 벌써부터 긴장이 되네요.
> 지섭 : 민아씨는 자기 의견도 명확히 피력할 줄 알고 조리 있게 설명을 잘 하시니 걱정 안하셔도 될 것 같아요. 아, 손에 꽉 쥐고 계신 건 뭔가요?
> 민아 : 아, 제가 예상 답변을 정리해서 모아둔거에요. 내용은 거의 외웠는데 이렇게 쥐고 있지 않으면 불안해서..
> 지섭 : 그 정도로 준비를 철저히 하셨으면 걱정할 이유 없을 것 같아요.
> 민아 : 그래도 압박면접이거나 예상치 못한 질문이 들어오면 어떻게 하죠?
> 지섭 : ____________________

① 시선을 적절히 처리하면서 부드러운 어투로 말하는 연습을 해보는 건 어때요?
② 공식적인 자리인 만큼 옷차림을 신경 쓰는 게 좋을 것 같아요.
③ 당황하지 말고 질문자의 의도를 잘 파악해서 침착하게 대답하면 되지 않을까요?
④ 예상 질문에 대한 답변을 좀 더 정확하게 외워보는 건 어떨까요?

출제의도

상대방이 하는 말을 듣고 질문 의도에 따라 올바르게 답하는 능력을 측정하는 문항이다.

해 설

민아는 압박질문이나 예상치 못한 질문에 대해 걱정을 하고 있으므로 침착하게 대응하라고 조언을 해주는 것이 좋다.

답 ③

(4) 의사표현능력

① 의사표현의 개념과 종류

㉠ 개념 : 화자가 자신의 생각과 감정을 청자에게 음성언어나 신체언어로 표현하는 행위이다.

㉡ 종류

- 공식적 말하기 : 사전에 준비된 내용을 대중을 대상으로 말하는 것으로 연설, 토의, 토론 등이 있다.
- 의례적 말하기 : 사회 · 문화적 행사에서와 같이 절차에 따라 하는 말하기로 식사, 주례, 회의 등이 있다.
- 친교적 말하기 : 친근한 사람들 사이에서 자연스럽게 주고받는 대화 등을 말한다.

② 의사표현의 방해요인

㉠ 연단공포증 : 연단에 섰을 때 가슴이 두근거리거나 땀이 나고 얼굴이 달아오르는 등의 현상으로 충분한 분석과 준비, 더 많은 말하기 기회 등을 통해 극복할 수 있다.

㉡ 말 : 말의 장단, 고저, 발음, 속도, 쉼 등을 포함한다.

㉢ 음성 : 목소리와 관련된 것으로 음색, 고저, 명료도, 완급 등을 의미한다.

㉣ 몸짓 : 비언어적 요소로 화자의 외모, 표정, 동작 등이다.

㉤ 유머 : 말하기 상황에 따른 적절한 유머를 구사할 수 있어야 한다.

③ 상황과 대상에 따른 의사표현법

㉠ 잘못을 지적할 때 : 모호한 표현을 삼가고 확실하게 지적하며, 당장 꾸짖고 있는 내용에만 한정한다.

㉡ 칭찬할 때 : 자칫 아부로 여겨질 수 있으므로 센스 있는 칭찬이 필요하다.

㉢ 부탁할 때 : 먼저 상대방의 사정을 듣고 응하기 쉽게 구체적으로 부탁하며 거절을 당해도 싫은 내색을 하지 않는다.

㉣ 요구를 거절할 때 : 먼저 사과하고 응해줄 수 없는 이유를 설명한다.

㉤ 명령할 때 : 강압적인 말투보다는 '○○을 이렇게 해주는 것이 어떻겠습니까?'와 같은 식으로 부드럽게 표현하는 것이 효과적이다.

㉥ 설득할 때 : 일방적으로 강요하기보다는 먼저 양보해서 이익을 공유하겠다는 의지를 보여주는 것이 좋다.

㉦ 충고할 때 : 충고는 가장 최후의 방법이다. 반드시 충고가 필요한 상황이라면 예화를 들어 비유적으로 깨우쳐주는 것이 바람직하다.

㉧ 질책할 때 : 샌드위치 화법(칭찬의 말 + 질책의 말 + 격려의 말)을 사용하여 청자의 반발을 최소화 한다.

예제 5

당신은 팀장님께 업무 지시내용을 수행하고 결과물을 보고 드렸다. 하지만 팀장님께서는 "최대리 업무를 이렇게 처리하면 어떡하나? 누락된 부분이 있지 않은가."라고 말하였다. 이에 대해 당신이 행할 수 있는 가장 부적절한 대처 자세는?

① "죄송합니다. 제가 잘 모르는 부분이라 이수혁 과장님께 부탁을 했는데 과장님께서 실수를 하신 것 같습니다."

② "주의를 기울이지 못해 죄송합니다. 어느 부분을 수정보완하면 될까요?"

③ "지시하신 내용을 제가 충분히 이해하지 못하였습니다. 내용을 다시 한 번 여쭤보아도 되겠습니까?"

④ "부족한 내용을 보완하는 자료를 취합하기 위해서 하루정도가 더 소요될 것 같습니다. 언제까지 재작성하여 드리면 될까요?"

출제의도

상사가 잘못을 지적하는 상황에서 어떻게 대처해야 하는지를 묻는 문항이다.

해 설

상사가 부탁한 지시사항을 다른 사람에게 부탁하는 것은 옳지 못하며 설사 그렇다고 해도 그 일의 과오에 대해 책임을 전가하는 것은 지양해야 할 자세이다.

답 ①

④ 원활한 의사표현을 위한 지침

㉠ 올바른 화법을 위해 독서를 하라.

㉡ 좋은 청중이 되라.

㉢ 칭찬을 아끼지 마라.

㉣ 공감하고, 긍정적으로 보이게 하라.

㉤ 겸손은 최고의 미덕임을 잊지 마라.

㉥ 과감하게 공개하라.

ⓢ 뒷말을 숨기지 마라.
ⓞ 첫마디 말을 준비하라.
ⓩ 이성과 감성의 조화를 꾀하라.
ⓒ 대화의 룰을 지켜라.
ⓚ 문장을 완전하게 말하라.

⑤ 설득력 있는 의사표현을 위한 지침

㉠ 'Yes'를 유도하여 미리 설득 분위기를 조성하라.
㉡ 대비 효과로 분발심을 불러 일으켜라.
㉢ 침묵을 지키는 사람의 참여도를 높여라.
㉣ 여운을 남기는 말로 상대방의 감정을 누그러뜨려라.
㉤ 하던 말을 갑자기 멈춤으로써 상대방의 주의를 끌어라.
㉥ 호칭을 바꿔서 심리적 간격을 좁혀라.
㉦ 끄집어 말하여 자존심을 건드려라.
㉧ 정보전달 공식을 이용하여 설득하라.
㉨ 상대방의 불평이 가져올 결과를 강조하라.
㉩ 권위 있는 사람의 말이나 작품을 인용하라.
㉪ 약점을 보여 주어 심리적 거리를 좁혀라.
㉫ 이상과 현실의 구체적 차이를 확인시켜라.
㉬ 자신의 잘못도 솔직하게 인정하라.
㉭ 집단의 요구를 거절하려면 개개인의 의견을 물어라.
ⓐ 동조 심리를 이용하여 설득하라.
ⓑ 지금까지의 노고를 치하한 뒤 새로운 요구를 하라.
ⓒ 담당자가 대변자 역할을 하도록 하여 윗사람을 설득하게 하라.
ⓓ 겉치레 양보로 기선을 제압하라.
ⓔ 변명의 여지를 만들어 주고 설득하라.
ⓕ 혼자 말하는 척하면서 상대의 잘못을 지적하라.

(5) 기초외국어능력

① 기초외국어능력의 개념과 필요성

㉠ 개념 : 외국어로 된 간단한 자료를 이해하거나, 외국인과의 전화응대와 간단한 대화 등 외국인의 의사 표현을 이해하고, 자신의 의사를 기초외국어로 표현할 수 있는 능력이다.

㉡ 필요성 : 국제화 · 세계화 시대에 다른 나라와의 무역을 위해 우리의 언어가 아닌 국제적인 통용어를 사용하거나 그들의 언어로 의사소통을 해야 하는 경우가 생길 수 있다.

② 외국인과의 의사소통에서 피해야 할 행동

㉠ 상대를 볼 때 흘겨보거나, 노려보거나, 아예 보지 않는 행동

㉡ 팔이나 다리를 꼬는 행동

㉢ 표정이 없는 것

㉣ 다리를 흔들거나 펜을 돌리는 행동

㉤ 맞장구를 치지 않거나 고개를 끄덕이지 않는 행동

㉥ 생각 없이 메모하는 행동

㉦ 자료만 들여다보는 행동

㉧ 바르지 못한 자세로 앉는 행동

㉨ 한숨, 하품, 신음소리를 내는 행동

㉩ 다른 일을 하며 듣는 행동

㉪ 상대방에게 이름이나 호칭을 어떻게 부를지 묻지 않고 마음대로 부르는 행동

③ 기초외국어능력 향상을 위한 공부법

㉠ 외국어공부의 목적부터 정하라.

㉡ 매일 30분씩 눈과 손과 입에 밸 정도로 반복하라.

㉢ 실수를 두려워하지 말고 기회가 있을 때마다 외국어로 말하라.

㉣ 외국어 잡지나 원서와 친해져라.

㉤ 소홀해지지 않도록 라이벌을 정하고 공부하라.

㉥ 업무와 관련된 주요 용어의 외국어는 꼭 알아두자.

㉦ 출퇴근 시간에 외국어 방송을 보거나, 듣는 것만으로도 귀가 트인다.

㉧ 어린이가 단어를 배우듯 외국어 단어를 암기할 때 그림카드를 사용해 보라.

㉨ 가능하면 외국인 친구를 사귀고 대화를 자주 나눠 보라.

1 직장생활과 수리능력

(1) 기초직업능력으로서의 수리능력

① 개념 : 직장생활에서 요구되는 사칙연산과 기초적인 통계를 이해하고 도표의 의미를 파악하거나 도표를 이용해서 결과를 효과적으로 제시하는 능력을 말한다.

② 수리능력은 크게 기초연산능력, 기초통계능력, 도표분석능력, 도표작성능력으로 구성된다.

㉠ 기초연산능력 : 직장생활에서 필요한 기초적인 사칙연산과 계산방법을 이해하고 활용할 수 있는 능력

㉡ 기초통계능력 : 평균, 합계, 빈도 등 직장생활에서 자주 사용되는 기초적인 통계기법을 활용하여 자료의 특성과 경향성을 파악하는 능력

㉢ 도표분석능력 : 그래프, 그림 등 도표의 의미를 파악하고 필요한 정보를 해석하는 능력

㉣ 도표작성능력 : 도표를 이용하여 결과를 효과적으로 제시하는 능력

(2) 업무수행에서 수리능력이 활용되는 경우

① 업무상 계산을 수행하고 결과를 정리하는 경우

② 업무비용을 측정하는 경우

③ 고객과 소비자의 정보를 조사하고 결과를 종합하는 경우

④ 조직의 예산안을 작성하는 경우

⑤ 업무수행 경비를 제시해야 하는 경우

⑥ 다른 상품과 가격비교를 하는 경우

⑦ 연간 상품 판매실적을 제시하는 경우

⑧ 업무비용을 다른 조직과 비교해야 하는 경우

⑨ 상품판매를 위한 지역조사를 실시해야 하는 경우

⑩ 업무수행과정에서 도표로 주어진 자료를 해석하는 경우

⑪ 도표로 제시된 업무비용을 측정하는 경우

예제 1

다음 자료를 보고 주어진 상황에 대한 물음에 답하시오.

〈근로소득에 대한 간이 세액표〉

월 급여액(천 원) [비과세 및 학자금 제외]		공제대상 가족 수				
이상	미만	1	2	3	4	5
2,500	2,520	38,960	29,280	16,940	13,570	10,190
2,520	2,540	40,670	29,960	17,360	13,990	10,610
2,540	2,560	42,380	30,640	17,790	14,410	11,040
2,560	2,580	44,090	31,330	18,210	14,840	11,460
2,580	2,600	45,800	32,680	18,640	15,260	11,890
2,600	2,620	47,520	34,390	19,240	15,680	12,310
2,620	2,640	49,230	36,100	19,900	16,110	12,730
2,640	2,660	50,940	37,810	20,560	16,530	13,160
2,660	2,680	52,650	39,530	21,220	16,960	13,580
2,680	2,700	54,360	41,240	21,880	17,380	14,010
2,700	2,720	56,070	42,950	22,540	17,800	14,430
2,720	2,740	57,780	44,660	23,200	18,230	14,850
2,740	2,760	59,500	46,370	23,860	18,650	15,280

※ 갑근세는 제시되어 있는 간이 세액표에 따름
※ 주민세=갑근세의 10%
※ 국민연금=급여액의 4.50%
※ 고용보험=국민연금의 10%
※ 건강보험=급여액의 2.90%
※ 교육지원금=분기별 100,000원(매 분기별 첫 달에 지급)

박OO 사원의 5월 급여내역이 다음과 같고 전월과 동일하게 근무하였으나, 특별수당은 없고 차량지원금으로 100,000원을 받게 된다면, 6월에 받게 되는 급여는 얼마인가? (단, 원 단위 절삭)

(주) 서원플랜테크 5월 급여내역			
성명	박ㅇㅇ	지급일	5월 12일
기본급여	2,240,000	갑근세	39,530
직무수당	400,000	주민세	3,950
명절 상여금		고용보험	11,970
특별수당	20,000	국민연금	119,700
차량지원금		건강보험	77,140
교육지원		기타	
급여계	2,660,000	공제합계	252,290
		지급총액	2,407,710

① 2,443,910　　② 2,453,910
③ 2,463,910　　④ 2,473,910

출제의도

업무상 계산을 수행하거나 결과를 정리하고 업무비용을 측정하는 능력을 평가하기 위한 문제로서, 주어진 자료에서 문제를 해결하는 데에 필요한 부분을 빠르고 정확하게 찾아내는 것이 중요하다.

해 설

기본급여	2,240,000	갑근세	46,370
직무수당	400,000	주민세	4,630
명절상여금		고용보험	12,330
특별수당		국민연금	123,300
차량지원금	100,000	건강보험	79,460
교육지원		기타	
급여계	2,740,000	공제합계	266,090
		지급총액	2,473,910

답 ④

(3) 수리능력의 중요성

① 수학적 사고를 통한 문제해결

② 직업세계의 변화에의 적응

③ 실용적 가치의 구현

(4) 단위환산표

구분	단위환산
길이	1cm = 10mm, 1m = 100cm, 1km = 1,000m
넓이	$1cm^2$ = $100mm^2$, $1m^2$ = $10,000cm^2$, $1km^2$ = $1,000,000m^2$
부피	$1cm^3$ = $1,000mm^3$, $1m^3$ = $1,000,000cm^3$, $1km^3$ = $1,000,000,000m^3$
들이	1mℓ = $1cm^3$, 1dℓ = $100cm^3$, 1L = $1,000cm^3$ = 10dℓ
무게	1kg = 1,000g, 1t = 1,000kg = 1,000,000g
시간	1분 = 60초, 1시간 = 60분 = 3,600초
할푼리	1푼 = 0.1할, 1리 = 0.01할, 1모 = 0.001할

예제 2

둘레의 길이가 4.4km인 정사각형 모양의 공원이 있다. 이 공원의 넓이는 몇 a인가?

① 12,100a   ② 1,210a

③ 121a   ④ 12.1a

출제의도

길이, 넓이, 부피, 들이, 무게, 시간, 속도 등 단위에 대한 기본적인 환산 능력을 평가하는 문제로서, 소수점 계산이 필요하며, 자릿수를 읽고 구분할 줄 알아야 한다.

해 설

공원의 한 변의 길이는
$4.4 \div 4 = 1.1(km)$이고
$1km^2 = 10000a$이므로
공원의 넓이는
$1.1km \times 1.1km = 1.21km^2 = 12100a$

 ①

2 수리능력을 구성하는 하위능력

(1) 기초연산능력

① 사칙연산 : 수에 관한 덧셈, 뺄셈, 곱셈, 나눗셈의 네 종류의 계산법으로 업무를 원활하게 수행하기 위해서는 기본적인 사칙연산뿐만 아니라 다단계의 복잡한 사칙연산까지도 수행할 수 있어야 한다.

② 검산 : 연산의 결과를 확인하는 과정으로 대표적인 검산방법으로 역연산과 구거법이 있다.

㉠ 역연산 : 덧셈은 뺄셈으로, 뺄셈은 덧셈으로, 곱셈은 나눗셈으로, 나눗셈은 곱셈으로 확인하는 방법이다.

㉡ 구거법 : 원래의 수와 각 자리 수의 합이 9로 나눈 나머지가 같다는 원리를 이용한 것으로 9를 버리고 남은 수로 계산하는 것이다.

예제 3

다음 식을 바르게 계산한 것은?

$$1+\frac{2}{3}+\frac{1}{2}-\frac{3}{4}$$

① $\frac{13}{12}$　② $\frac{15}{12}$

③ $\frac{17}{12}$　④ $\frac{19}{12}$

출제의도

직장생활에서 필요한 기초적인 사칙연산과 계산방법을 이해하고 활용할 수 있는 능력을 평가하는 문제로서, 분수의 계산과 통분에 대한 기본적인 이해가 필요하다.

해 설

$$\frac{12}{12}+\frac{8}{12}+\frac{6}{12}-\frac{9}{12}=\frac{17}{12}$$

답 ③

(2) 기초통계능력

① 업무수행과 통계

㉠ 통계의 의미 : 통계란 집단현상에 대한 구체적인 양적 기술을 반영하는 숫자이다.

㉡ 업무수행에 통계를 활용함으로써 얻을 수 있는 이점

- 많은 수량적 자료를 처리가능하고 쉽게 이해할 수 있는 형태로 축소
- 표본을 통해 연구대상 집단의 특성을 유추
- 의사결정의 보조수단
- 관찰 가능한 자료를 통해 논리적으로 결론을 추출 · 검증

㉢ 기본적인 통계치

- 빈도와 빈도분포 : 빈도란 어떤 사건이 일어나거나 증상이 나타나는 정도를 의미하며, 빈도분포란 빈도를 표나 그래프로 종합적으로 표시하는 것이다.
- 평균 : 모든 사례의 수치를 합한 후 총 사례 수로 나눈 값이다.
- 백분율 : 전체의 수량을 100으로 하여 생각하는 수량이 그중 몇이 되는가를 퍼센트로 나타낸 것이다.

② 통계기법

㉠ 범위와 평균

- 범위 : 분포의 흩어진 정도를 가장 간단히 알아보는 방법으로 최곳값에서 최젓값을 뺀 값을 의미한다.
- 평균 : 집단의 특성을 요약하기 위해 가장 자주 활용하는 값으로 모든 사례의 수치를 합한 후 총 사례 수로 나눈 값이다.
- 관찰값이 1, 3, 5, 7, 9일 경우 범위는 9 − 1 = 8이 되고, 평균은 $\frac{1+3+5+7+9}{5}=5$가 된다.

㉡ 분산과 표준편차

- 분산 : 관찰값의 흩어진 정도로, 각 관찰값과 평균값의 차의 제곱의 평균이다.
- 표준편차 : 평균으로부터 얼마나 떨어져 있는가를 나타내는 개념으로 분산값의 제곱근 값이다.
- 관찰값이 1, 2, 3이고 평균이 2인 집단의 분산은 $\frac{(1-2)^2+(2-2)^2+(3-2)^2}{3}=\frac{2}{3}$이고 표준편차는 분산값의 제곱근 값인 $\sqrt{\frac{2}{3}}$이다.

③ 통계자료의 해석

㉠ 다섯숫자요약

- 최솟값 : 원자료 중 값의 크기가 가장 작은 값
- 최댓값 : 원자료 중 값의 크기가 가장 큰 값
- 중앙값 : 최솟값부터 최댓값까지 크기에 의하여 배열했을 때 중앙에 위치하는 사례의 값
- 하위 25%값 · 상위 25%값 : 원자료를 크기 순으로 배열하여 4등분한 값

㉡ 평균값과 중앙값 : 평균값과 중앙값은 그 개념이 다르기 때문에 명확하게 제시해야 한다.

예제 4

인터넷 쇼핑몰에서 회원가입을 하고 디지털캠코더를 구매하려고 한다. 다음은 구입하고자 하는 모델에 대하여 인터넷 쇼핑몰 세 곳의 가격과 조건을 제시한 표이다. 표에 있는 모든 혜택을 적용하였을 때 디지털캠코더의 배송비를 포함한 실제 구매가격을 바르게 비교한 것은?

구분	A 쇼핑몰	B 쇼핑몰	C 쇼핑몰
정상가격	129,000원	131,000원	130,000원
회원혜택	7,000원 할인	3,500원 할인	7% 할인
할인쿠폰	5% 쿠폰	3% 쿠폰	5,000원
중복할인여부	불가	가능	불가
배송비	2,000원	무료	2,500원

① A<B<C ② B<C<A

③ C<A<B ④ C<B<A

출제의도

직장생활에서 자주 사용되는 기초적인 통계기법을 활용하여 자료의 특성과 경향성을 파악하는 능력이 요구되는 문제이다.

해 설

㉠ A 쇼핑몰
- 회원혜택을 선택한 경우 : 129,000 − 7,000 + 2,000 = 124,000(원)
- 5% 할인쿠폰을 선택한 경우 : 129,000 × 0.95 + 2,000 = 124,550

㉡ B 쇼핑몰 : 131,000 × 0.97 − 3,500 = 123,570

㉢ C 쇼핑몰
- 회원혜택을 선택한 경우 : 130,000 × 0.93 + 2,500 = 123,400
- 5,000원 할인쿠폰을 선택한 경우 : 130,000 − 5,000 + 2,500 = 127,500

∴ C<B<A

답 ④

(3) 도표분석능력

① 도표의 종류

㉠ 목적별 : 관리(계획 및 통제), 해설(분석), 보고

㉡ 용도별 : 경과 그래프, 내역 그래프, 비교 그래프, 분포 그래프, 상관 그래프, 계산 그래프

㉢ 형상별 : 선 그래프, 막대 그래프, 원 그래프, 점 그래프, 층별 그래프, 레이더 차트

② 도표의 활용

㉠ 선 그래프

• 주로 시간의 경과에 따라 수량에 의한 변화 상황(시계열 변화)을 절선의 기울기로 나타내는 그래프이다.

• 경과, 비교, 분포를 비롯하여 상관관계 등을 나타낼 때 쓰인다.

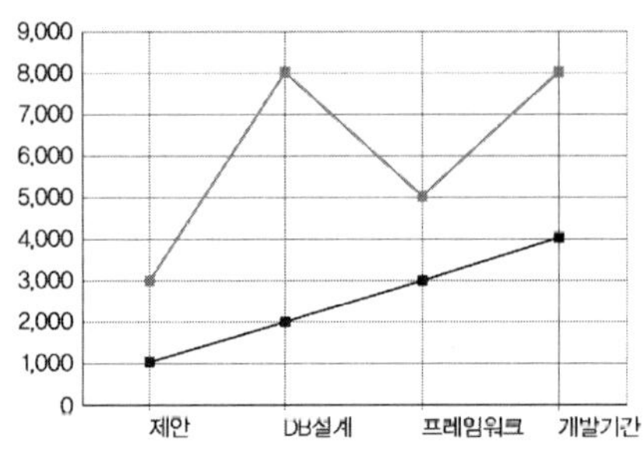

㉡ 막대 그래프

• 비교하고자 하는 수량을 막대 길이로 표시하고 그 길이를 통해 수량 간의 대소관계를 나타내는 그래프이다.

• 내역, 비교, 경과, 도수 등을 표시하는 용도로 쓰인다.

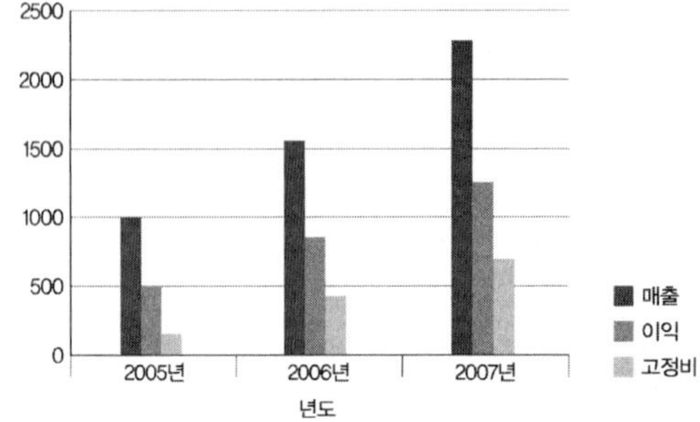

㉢ 원 그래프

• 내역이나 내용의 구성비를 원을 분할하여 나타낸 그래프이다.

• 전체에 대해 부분이 차지하는 비율을 표시하는 용도로 쓰인다.

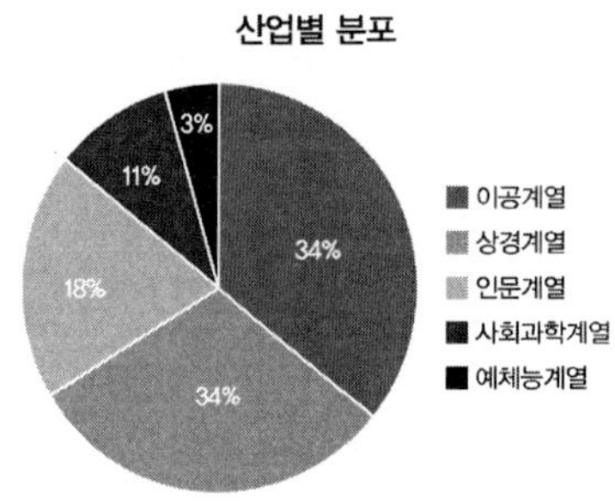

㉣ 점 그래프

• 종축과 횡축에 2요소를 두고 보고자 하는 것이 어떤 위치에 있는가를 나타내는 그래프이다.
• 지역분포를 비롯하여 도시, 기방, 기업, 상품 등의 평가나 위치 · 성격을 표시하는데 쓰인다.

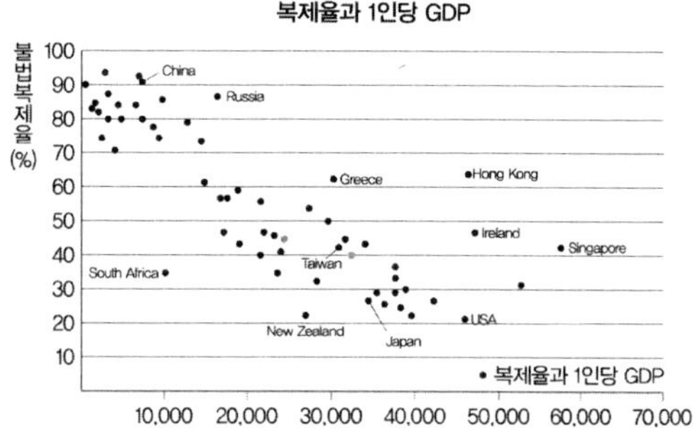

㉤ 층별 그래프

• 선 그래프의 변형으로 연속내역 봉 그래프라고 할 수 있다. 선과 선 사이의 크기로 데이터 변화를 나타낸다.
• 합계와 부분의 크기를 백분율로 나타내고 시간적 변화를 보고자 할 때나 합계와 각 부분의 크기를 실수로 나타내고 시간적 변화를 보고자 할 때 쓰인다.

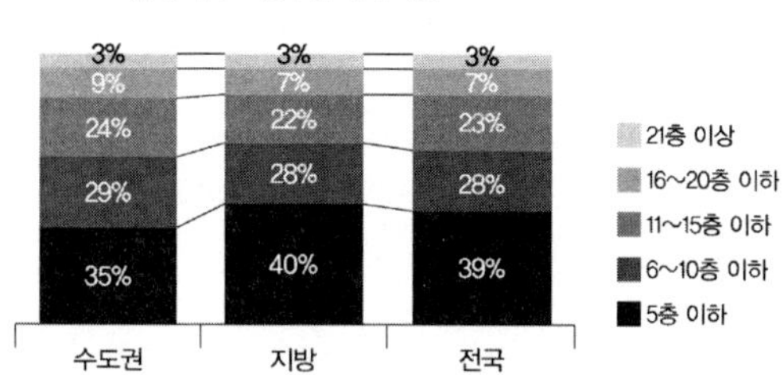

㉥ 레이더 차트(거미줄 그래프)

• 원 그래프의 일종으로 비교하는 수량을 직경, 또는 반경으로 나누어 원의 중심에서의 거리에 따라 각 수량의 관계를 나타내는 그래프이다.
• 비교하거나 경과를 나타내는 용도로 쓰인다.

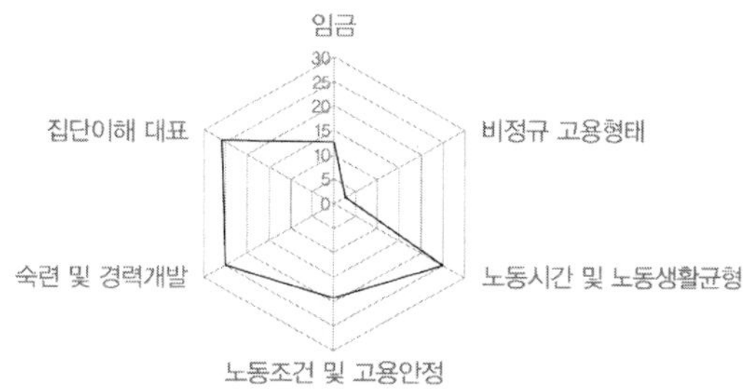

③ 도표 해석상의 유의사항

㉠ 요구되는 지식의 수준을 넓힌다.

㉡ 도표에 제시된 자료의 의미를 정확히 숙지한다.

㉢ 도표로부터 알 수 있는 것과 없는 것을 구별한다.

㉣ 총량의 증가와 비율의 증가를 구분한다.

㉤ 백분위수와 사분위수를 정확히 이해하고 있어야 한다.

예제 5

다음 표는 2009 ~ 2010년 지역별 직장인들의 자기개발에 관해 조사한 내용을 정리한 것이다. 이에 대한 분석으로 옳은 것은?

(단위 : %)

연도 / 구분 / 지역	2009				2010			
	자기개발 하고 있음	자기개발 비용 부담 주체			자기개발 하고 있음	자기개발 비용 부담 주체		
		직장 100%	본인 100%	직장50% + 본인50%		직장 100%	본인 100%	직장50% + 본인50%
충청도	36.8	8.5	88.5	3.1	45.9	9.0	65.5	24.5
제주도	57.4	8.3	89.1	2.9	68.5	7.9	68.3	23.8
경기도	58.2	12	86.3	2.6	71.0	7.5	74.0	18.5
서울시	60.6	13.4	84.2	2.4	72.7	11.0	73.7	15.3
경상도	40.5	10.7	86.1	3.2	51.0	13.6	74.9	11.6

① 2009년과 2010년 모두 자기개발 비용을 본인이 100% 부담하는 사람의 수는 응답자의 절반 이상이다.

② 자기개발을 하고 있다고 응답한 사람의 수는 2009년과 2010년 모두 서울시가 가장 많다.

③ 자기개발 비용을 직장과 본인이 각각 절반씩 부담하는 사람의 비율은 2009년과 2010년 모두 서울시가 가장 높다.

④ 2009년과 2010년 모두 자기개발을 하고 있다고 응답한 비율이 가장 높은 지역에서 자기개발비용을 직장이 100% 부담한다고 응답한 사람의 비율이 가장 높다.

출제의도

그래프, 그림, 도표 등 주어진 자료를 이해하고 의미를 파악하여 필요한 정보를 해석하는 능력을 평가하는 문제이다.

해 설

② 지역별 인원수가 제시되어 있지 않으므로, 각 지역별 응답자 수는 알 수 없다.

③ 2009년에는 경상도에서, 2010년에는 충청도에서 가장 높은 비율을 보인다.

④ 2009년과 2010년 모두 '자기 개발을 하고 있다'고 응답한 비율이 가장 높은 지역은 서울시이며, 2010년의 경우 자기개발 비용을 직장이 100% 부담한다고 응답한 사람의 비율이 가장 높은 지역은 경상도이다.

답 ①

(4) 도표작성능력

① 도표작성 절차

㉠ 어떠한 도표로 작성할 것인지를 결정

㉡ 가로축과 세로축에 나타낼 것을 결정

㉢ 한 눈금의 크기를 결정

㉣ 자료의 내용을 가로축과 세로축이 만나는 곳에 표현

㉤ 표현한 점들을 선분으로 연결

㉥ 도표의 제목을 표기

② 도표작성 시 유의사항

㉠ 선 그래프 작성 시 유의점

- 세로축에 수량, 가로축에 명칭구분을 제시한다.
- 선의 높이에 따라 수치를 파악하는 경우가 많으므로 세로축의 눈금을 가로축보다 크게 하는 것이 효과적이다.
- 선이 두 종류 이상일 경우 반드시 그 명칭을 기입한다.

㉡ 막대 그래프 작성 시 유의점

- 막대 수가 많을 경우에는 눈금선을 기입하는 것이 알아보기 쉽다.
- 막대의 폭은 모두 같게 하여야 한다.

㉢ 원 그래프 작성 시 유의점

- 정각 12시의 선을 기점으로 오른쪽으로 그리는 것이 보통이다.
- 분할선은 구성비율이 큰 순서로 그린다.

㉣ 층별 그래프 작성 시 유의점

- 눈금은 선 그래프나 막대 그래프보다 적게 하고 눈금선은 넣지 않는다.
- 층별로 색이나 모양이 완전히 다른 것이어야 한다.
- 같은 항목은 옆에 있는 층과 선으로 연결하여 보기 쉽도록 한다.

1 문제와 문제해결

(1) 문제의 정의와 분류

① 정의 : 업무를 수행함에 있어서 답을 요구하는 질문이나 의논하여 해결해야 되는 사항이다.

② 문제의 분류

구분	창의적 문제	분석적 문제
문제제시 방법	현재 문제가 없더라도 보다 나은 방법을 찾기 위한 문제 탐구→문제 자체가 명확하지 않음	현재의 문제점이나 미래의 문제로 예견될 것에 대한 문제 탐구→문제 자체가 명확함
해결방법	창의력에 의한 많은 아이디어의 작성을 통해 해결	분석, 논리, 귀납과 같은 논리적 방법을 통해 해결
해답 수	해답의 수가 많으며, 많은 답 가운데 보다 나은 것을 선택	답의 수가 적으며 한정되어 있음
주요특징	주관적, 직관적, 감각적, 정성적, 개별적, 특수성	객관적, 논리적, 정량적, 이성적, 일반적, 공통성

(2) 업무수행과정에서 발생하는 문제 유형

① 발생형 문제(보이는 문제) : 현재 직면하여 해결하기 위해 고민하는 문제이다. 원인이 내재되어 있기 때문에 원인지향적인 문제라고도 한다.

㉠ 일탈문제 : 어떤 기준을 일탈함으로써 생기는 문제

㉡ 미달문제 : 어떤 기준에 미달하여 생기는 문제

② 탐색형 문제(찾는 문제) : 현재의 상황을 개선하거나 효율을 높이기 위한 문제이다. 방치할 경우 큰 손실이 따르거나 해결할 수 없는 문제로 나타나게 된다.

㉠ 잠재문제 : 문제가 잠재되어 있어 인식하지 못하다가 확대되어 해결이 어려운 문제

㉡ 예측문제 : 현재로는 문제가 없으나 현 상태의 진행 상황을 예측하여 찾아야 앞으로 일어날 수 있는 문제가 보이는 문제

㉢ 발견문제 : 현재로서는 담당 업무에 문제가 없으나 선진기업의 업무 방법 등 보다 좋은 제도나 기법을 발견하여 개선시킬 수 있는 문제

③ 설정형 문제(미래 문제) : 장래의 경영전략을 생각하는 것으로 앞으로 어떻게 할 것인가 하는 문제이다. 문제해결에 창조적인 노력이 요구되어 창조적 문제라고도 한다.

예제 1

D회사 신입사원으로 입사한 귀하는 신입사원 교육에서 업무수행과정에서 발생하는 문제 유형 중 설정형 문제를 하나씩 찾아오라는 지시를 받았다. 이에 대해 귀하는 교육받은 내용을 다시 복습하려고 한다. 설정형 문제에 해당하는 것은?

① 현재 직면하여 해결하기 위해 고민하는 문제
② 현재의 상황을 개선하거나 효율을 높이기 위한 문제
③ 앞으로 어떻게 할 것인가 하는 문제
④ 원인이 내재되어 있는 원인지향적인 문제

출제의도

업무수행 중 문제가 발생하였을 때 문제 유형을 구분하는 능력을 측정하는 문항이다.

해 설

업무수행과정에서 발생하는 문제 유형으로는 발생형 문제, 탐색형 문제, 설정형 문제가 있으며 ①④는 발생형 문제이며 ②는 탐색형 문제, ③이 설정형 문제이다.

답 ③

(3) 문제해결

① 정의 : 목표와 현상을 분석하고 이 결과를 토대로 과제를 도출하여 최적의 해결책을 찾아 실행 · 평가해 가는 활동이다.

② 문제해결에 필요한 기본적 사고
　㉠ 전략적 사고 : 문제와 해결방안이 상위 시스템과 어떻게 연결되어 있는지를 생각한다.
　㉡ 분석적 사고 : 전체를 각각의 요소로 나누어 그 의미를 도출하고 우선순위를 부여하여 구체적인 문제해결방법을 실행한다.
　㉢ 발상의 전환 : 인식의 틀을 전환하여 새로운 관점으로 바라보는 사고를 지향한다.
　㉣ 내 · 외부자원의 활용 : 기술, 재료, 사람 등 필요한 자원을 효과적으로 활용한다.

③ 문제해결의 장애요소
　㉠ 문제를 철저하게 분석하지 않는 경우
　㉡ 고정관념에 얽매이는 경우
　㉢ 쉽게 떠오르는 단순한 정보에 의지하는 경우
　㉣ 너무 많은 자료를 수집하려고 노력하는 경우

④ 문제해결방법
　㉠ 소프트 어프로치 : 문제해결을 위해서 직접적인 표현보다는 무언가를 시사하거나 암시를 통하여 의사를 전달하여 문제해결을 도모하고자 한다.
　㉡ 하드 어프로치 : 상이한 문화적 토양을 가지고 있는 구성원을 가정하고, 서로의 생각을 직설적으로 주장하고 논쟁이나 협상을 통해 서로의 의견을 조정해 가는 방법이다.

㉢ 퍼실리테이션(facilitation) : 촉진을 의미하며 어떤 그룹이나 집단이 의사결정을 잘 하도록 도와주는 일을 의미한다.

2 문제해결능력을 구성하는 하위능력

(1) 사고력

① 창의적 사고 : 개인이 가지고 있는 경험과 지식을 통해 새로운 가치 있는 아이디어를 산출하는 사고능력이다.

㉠ 창의적 사고의 특징

- 정보와 정보의 조합
- 사회나 개인에게 새로운 가치 창출
- 창조적인 가능성

예제 2

M사 홍보팀에서 근무하고 있는 귀하는 입사 5년차로 창의적인 기획안을 제출하기로 유명하다. S부장은 이번 신입사원 교육 때 귀하에게 창의적인 사고란 무엇인지 교육을 맡아달라고 부탁하였다. 창의적인 사고에 대한 귀하의 설명으로 옳지 않은 것은?

① 창의적인 사고는 새롭고 유용한 아이디어를 생산해 내는 정신적인 과정이다.
② 창의적인 사고는 특별한 사람들만이 할 수 있는 대단한 능력이다.
③ 창의적인 사고는 기존의 정보들을 특정한 요구조건에 맞거나 유용하도록 새롭게 조합시킨 것이다.
④ 창의적인 사고는 통상적인 것이 아니라 기발하거나, 신기하며 독창적인 것이다.

출제의도

창의적 사고에 대한 개념을 정확히 파악하고 있는지를 묻는 문항이다.

해 설

흔히 사람들은 창의적인 사고에 대해 특별한 사람들만이 할 수 있는 대단한 능력이라고 생각하지만 그리 대단한 능력이 아니며 이미 알고 있는 경험과 지식을 해체하여 다시 새로운 정보로 결합하여 가치 있는 아이디어를 산출하는 사고라고 할 수 있다.

답 ②

㉡ 발산적 사고 : 창의적 사고를 위해 필요한 것으로 자유연상법, 강제연상법, 비교발상법 등을 통해 개발할 수 있다.

구분	내용
자유연상법	생각나는 대로 자유롭게 발상 ex) 브레인스토밍
강제연상법	각종 힌트에 강제적으로 연결 지어 발상 ex) 체크리스트
비교발상법	주제의 본질과 닮은 것을 힌트로 발상 ex) NM법, Synectics

POINT 브레인스토밍

㉠ 진행방법

- 주제를 구체적이고 명확하게 정한다.
- 구성원의 얼굴을 볼 수 있는 좌석 배치와 큰 용지를 준비한다.
- 구성원들의 다양한 의견을 도출할 수 있는 사람을 리더로 선출한다.
- 구성원은 다양한 분야의 사람들로 5~8명 정도로 구성한다.
- 발언은 누구나 자유롭게 할 수 있도록 하며, 모든 발언 내용을 기록한다.
- 아이디어에 대한 평가는 비판해서는 안 된다.

㉡ 4대 원칙

- 비판엄금(Support) : 평가 단계 이전에 결코 비판이나 판단을 해서는 안 되며 평가는 나중까지 유보한다.
- 자유분방(Silly) : 무엇이든 자유롭게 말하고 이런 바보 같은 소리를 해서는 안 된다는 등의 생각은 하지 않아야 한다.
- 질보다 양(Speed) : 질에는 관계없이 가능한 많은 아이디어들을 생성해내도록 격려한다.
- 결합과 개선(Synergy) : 다른 사람의 아이디어에 자극되어 보다 좋은 생각이 떠오르고, 서로 조합하면 재미있는 아이디어가 될 것 같은 생각이 들면 즉시 조합시킨다.

② 논리적 사고 : 사고의 전개에 있어 전후의 관계가 일치하고 있는가를 살피고 아이디어를 평가하는 사고능력이다.

㉠ 논리적 사고를 위한 5가지 요소 : 생각하는 습관, 상대 논리의 구조화, 구체적인 생각, 타인에 대한 이해, 설득

㉡ 논리적 사고 개발 방법

- 피라미드 구조 : 하위의 사실이나 현상부터 사고하여 상위의 주장을 만들어가는 방법
- so what기법 : '그래서 무엇이지?'하고 자문자답하여 주어진 정보로부터 가치 있는 정보를 이끌어 내는 사고 기법

③ 비판적 사고 : 어떤 주제나 주장에 대해서 적극적으로 분석하고 종합하며 평가하는 능동적인 사고이다.

㉠ 비판적 사고 개발 태도 : 비판적 사고를 개발하기 위해서는 지적 호기심, 객관성, 개방성, 융통성, 지적 회의성, 지적 정직성, 체계성, 지속성, 결단성, 다른 관점에 대한 존중과 같은 태도가 요구된다.

㉡ 비판적 사고를 위한 태도

- 문제의식 : 비판적인 사고를 위해서 가장 먼저 필요한 것은 바로 문제의식이다. 자신이 지니고 있는 문제와 목적을 확실하고 정확하게 파악하는 것이 비판적인 사고의 시작이다.
- 고정관념 타파 : 지각의 폭을 넓히는 일은 정보에 대한 개방성을 가지고 편견을 갖지 않는 것으로 고정관념을 타파하는 일이 중요하다.

(2) 문제처리능력과 문제해결절차

① 문제처리능력 : 목표와 현상을 분석하고 이를 토대로 문제를 도출하여 최적의 해결책을 찾아 실행 · 평가하는 능력이다.

② 문제해결절차 : 문제 인식 → 문제 도출 → 원인 분석 → 해결안 개발 → 실행 및 평가

㉠ 문제 인식 : 문제해결과정 중 'waht'을 결정하는 단계로 환경 분석→주요 과제 도출→과제 선정의 절차를 통해 수행된다.

• 3C 분석 : 환경 분석 방법의 하나로 사업환경을 구성하고 있는 요소인 자사(Company), 경쟁사(Competitor), 고객(Customer)을 분석하는 것이다.

예제 3

L사에서 주력 상품으로 밀고 있는 TV의 판매 이익이 감소하고 있는 상황에서 귀하는 B부장으로부터 3C분석을 통해 해결방안을 강구해 오라는 지시를 받았다. 다음 중 3C에 해당하지 않는 것은?

① Customer ② Company

③ Competitor ④ Content

출제의도

3C의 개념과 구성요소를 정확히 숙지하고 있는지를 측정하는 문항이다.

해 설

3C 분석에서 사업 환경을 구성하고 있는 요소인 자사(Company), 경쟁사(Competitor), 고객을 3C(Customer)라고 한다. 3C 분석에서 고객 분석에서는 '고객은 자사의 상품·서비스에 만족하고 있는지'를, 자사 분석에서는 '자사가 세운 달성목표와 현상 간에 차이가 없는지'를 경쟁사 분석에서는 '경쟁기업의 우수한 점과 자사의 현상과 차이가 없는지'에 대한 질문을 통해서 환경을 분석하게 된다.

답 ④

• SWOT 분석 : 기업내부의 강점과 약점, 외부환경의 기회와 위협요인을 분석·평가하여 문제해결 방안을 개발하는 방법이다.

		내부환경요인	
		강점(Strengths)	약점(Weaknesses)
외부환경요인	기회 (Opportunities)	SO 내부강점과 외부기회 요인을 극대화	WO 외부기회를 이용하여 내부약점을 강점으로 전환
	위협 (Threat)	ST 외부위협을 최소화하기 위해 내부강점을 극대화	WT 내부약점과 외부위협을 최소화

ⓛ 문제 도출 : 선정된 문제를 분석하여 해결해야 할 것이 무엇인지를 명확히 하는 단계로, 문제 구조 파악 → 핵심 문제 선정 단계를 거쳐 수행된다.

- Logic Tree : 문제의 원인을 파고들거나 해결책을 구체화할 때 제한된 시간 안에서 넓이와 깊이를 추구하는데 도움이 되는 기술로 주요 과제를 나무모양으로 분해 · 정리하는 기술이다.

ⓒ 원인 분석 : 문제 도출 후 파악된 핵심 문제에 대한 분석을 통해 근본 원인을 찾는 단계로 Issue 분석 → Data 분석 → 원인 파악의 절차로 진행된다.

ⓓ 해결안 개발 : 원인이 밝혀지면 이를 효과적으로 해결할 수 있는 다양한 해결안을 개발하고 최선의 해결안을 선택하는 것이 필요하다.

ⓜ 실행 및 평가 : 해결안 개발을 통해 만들어진 실행계획을 실제 상황에 적용하는 활동으로 실행계획 수립 → 실행 → Follow-up의 절차로 진행된다.

예제 4

C사는 최근 국내 매출이 지속적으로 하락하고 있어 사내 분위기가 심상치 않다. 이에 대해 Y부장은 이 문제를 극복하고자 문제처리 팀을 구성하여 해결방안을 모색하도록 지시하였다. 문제처리 팀의 문제해결 절차를 올바른 순서로 나열한 것은?

① 문제 인식 → 원인 분석 → 해결안 개발 → 문제 도출 → 실행 및 평가
② 문제 도출 → 문제 인식 → 해결안 개발 → 원인 분석 → 실행 및 평가
③ 문제 인식 → 원인 분석 → 문제 도출 → 해결안 개발 → 실행 및 평가
④ 문제 인식 → 문제 도출 → 원인 분석 → 해결안 개발 → 실행 및 평가

출제의도

실제 업무 상황에서 문제가 일어났을 때 해결 절차를 알고 있는지를 측정하는 문항이다.

해 설

일반적인 문제해결절차는 '문제 인식 → 문제 도출 → 원인 분석 → 해결안 개발 → 실행 및 평가'로 이루어진다.

답 ④

1 조직과 개인

(1) 조직

① 조직과 기업

㉠ 조직 : 두 사람 이상이 공동의 목표를 달성하기 위해 의식적으로 구성된 상호작용과 조정을 행하는 행동의 집합체

㉡ 기업 : 노동, 자본, 물자, 기술 등을 투입하여 제품이나 서비스를 산출하는 기관

② 조직의 유형

기준	구분	예
공식성	공식조직	조직의 규모, 기능, 규정이 조직화된 조직
	비공식조직	인간관계에 따라 형성된 자발적 조직
영리성	영리조직	사기업
	비영리조직	정부조직, 병원, 대학, 시민단체
조직규모	소규모 조직	가족 소유의 상점
	대규모 조직	대기업

(2) 경영

① 경영의 의미 : 조직의 목적을 달성하기 위한 전략, 관리, 운영활동이다.

② 경영의 구성요소

㉠ 경영목적 : 조직의 목적을 달성하기 위한 방법이나 과정

㉡ 인적자원 : 조직의 구성원 · 인적자원의 배치와 활용

㉢ 자금 : 경영활동에 요구되는 돈 · 경영의 방향과 범위 한정

㉣ 경영전략 : 변화하는 환경에 적응하기 위한 경영활동 체계화

③ 경영자의 역할

대인적 역할	정보적 역할	의사결정적 역할
• 조직의 대표자 • 조직의 리더 • 상징자, 지도자	• 외부환경 모니터 • 변화전달 • 정보전달자	• 문제 조정 • 대외적 협상 주도 • 분쟁조정자, 자원배분자, 협상가

(3) 조직체제 구성요소

① 조직목표 : 전체 조직의 성과, 자원, 시장, 인력개발, 혁신과 변화, 생산성에 대한 목표

② 조직구조 : 조직 내의 부문 사이에 형성된 관계

③ 조직문화 : 조직구성원들 간에 공유하는 생활양식이나 가치

④ 규칙 및 규정 : 조직의 목표나 전략에 따라 수립되어 조직구성원들이 활동범위를 제약하고 일관성을 부여하는 기능

예제 1

주어진 글의 빈칸에 들어갈 말로 가장 적절한 것은?

> 조직이 지속되게 되면 조직구성원들 간 생활양식이나 가치를 공유하게 되는데 이를 조직의 (㉠)라고 한다. 이는 조직구성원들의 사고와 행동에 영향을 미치며 일체감과 정체성을 부여하고 조직이 (㉡)으로 유지되게 한다. 최근 이에 대한 중요성이 부각되면서 긍정적인 방향으로 조성하기 위한 경영층의 노력이 이루어지고 있다.

① ㉠ : 목표, ㉡ : 혁신적
② ㉠ : 구조, ㉡ : 단계적
③ ㉠ : 문화, ㉡ : 안정적
④ ㉠ : 규칙, ㉡ : 체계적

출제의도

본 문항은 조직체계의 구성요소들의 개념을 묻는 문제이다.

해 설

조직문화란 조직구성원들 간에 공유하게 되는 생활양식이나 가치를 말한다. 이는 조직구성원들의 사고와 행동에 영향을 미치며 일체감과 정체성을 부여하고 조직이 안정적으로 유지되게 한다.

답 ③

(4) 조직변화의 과정

환경변화 인지 → 조직변화 방향 수립 → 조직변화 실행 → 변화결과 평가

(5) 조직과 개인

<table>
<tr><td rowspan="2">개인</td><td>지식, 기술, 경험
→</td><td rowspan="2">조직</td></tr>
<tr><td>←
연봉, 성과급, 인정, 칭찬, 만족감</td></tr>
</table>

2 조직이해능력을 구성하는 하위능력

(1) 경영이해능력

① 경영 : 조직의 목적을 달성하기 위한 전략, 관리, 운영활동이다.

㉠ 경영의 구성요소 : 경영목적, 인적자원, 자금, 전략

㉡ 경영의 과정

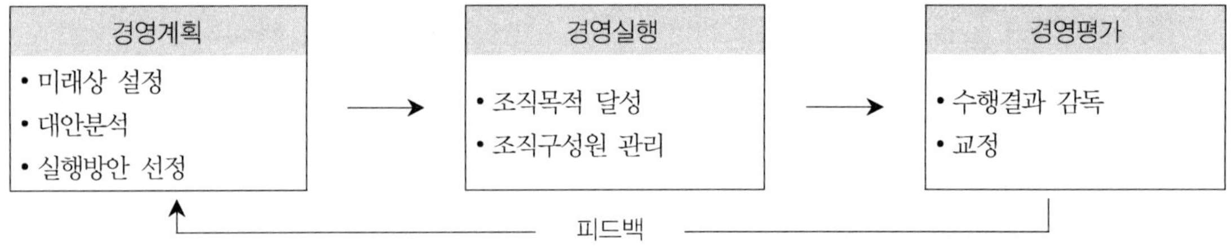

㉢ 경영활동 유형

- 외부경영활동 : 조직외부에서 조직의 효과성을 높이기 위해 이루어지는 활동이다.
- 내부경영활동 : 조직내부에서 인적, 물적 자원 및 생산기술을 관리하는 것이다.

② 의사결정과정

㉠ 의사결정의 과정

- 확인 단계 : 의사결정이 필요한 문제를 인식한다.
- 개발 단계 : 확인된 문제에 대하여 해결방안을 모색하는 단계이다.
- 선택 단계 : 해결방안을 마련하며 실행가능한 해결안을 선택한다.

㉡ 집단의사결정의 특징

- 지식과 정보가 더 많아 효과적인 결정을 할 수 있다.
- 다양한 견해를 가지고 접근할 수 있다.
- 결정된 사항에 대하여 의사결정에 참여한 사람들이 해결책을 수월하게 수용하고, 의사소통의 기회도 향상된다.

• 의견이 불일치하는 경우 의사결정을 내리는데 시간이 많이 소요된다.
• 특정 구성원에 의해 의사결정이 독점될 가능성이 있다.

③ 경영전략

㉠ 경영전략 추진과정

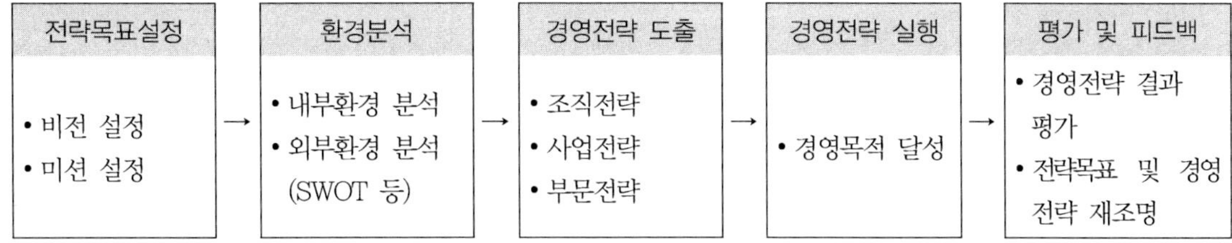

㉡ 마이클 포터의 본원적 경쟁전략

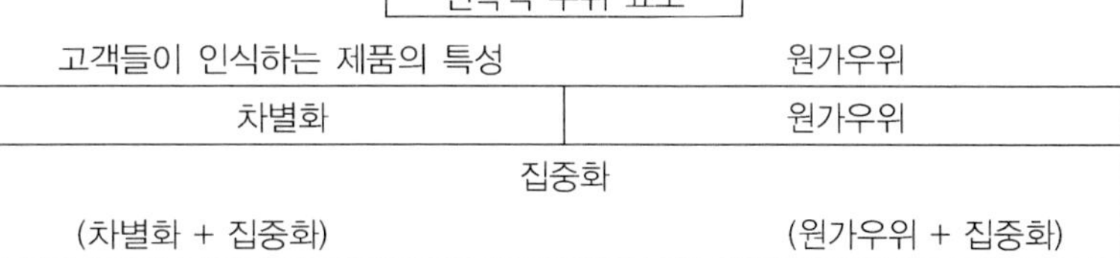

전략적 우위 요소
고객들이 인식하는 제품의 특성
원가우위
전략적 목표
산업전체
차별화
원가우위
산업의 특정부문
집중화
(차별화 + 집중화)
(원가우위 + 집중화)

예제 2

다음은 경영전략을 세우는 방법 중 하나인 SWOT에 따른 어느 기업의 분석결과이다. 다음 중 주어진 기업 분석 결과에 대응하는 전략은?

구분	내용
강점(Strength)	• 차별화된 맛과 메뉴 • 폭넓은 네트워크
약점(Weakness)	• 매출의 계절적 변동폭이 큼 • 딱딱한 기업 이미지
기회(Opportunity)	• 소비자의 수요 트랜드 변화 • 가계의 외식 횟수 증가 • 경기회복 가능성
위협(Threat)	• 새로운 경쟁자의 진입 가능성 • 과도한 가계부채

외부환경 \ 내부환경	강점(Strength)	약점(Weakness)
기회 (Opportunity)	① 계절 메뉴 개발을 통한 분기 매출 확보	② 고객의 소비패턴을 반영한 광고를 통한 이미지 쇄신
위협 (Threat)	③ 소비 트렌드 변화를 반영한 시장 세분화 정책	④ 고급화 전략을 통한 매출 확대

출제의도

본 문항은 조직이해능력의 하위능력인 경영관리능력을 측정하는 문제이다. 기업에서 경영전략을 세우는데 많이 사용되는 SWOT분석에 대해 이해하고 주어진 분석표를 통해 가장 적절한 경영전략을 도출할 수 있는지를 확인할 수 있다.

해 설

② 딱딱한 이미지를 현재 소비자의 수요 트렌드라는 환경 변화에 대응하여 바꿀 수 있다.

답 ②

④ 경영참가제도

㉠ 목적

- 경영의 민주성을 제고할 수 있다.
- 공동으로 문제를 해결하고 노사 간의 세력 균형을 이룰 수 있다.
- 경영의 효율성을 제고할 수 있다.
- 노사 간 상호 신뢰를 증진시킬 수 있다.

㉡ 유형

- 경영참가 : 경영자의 권한인 의사결정과정에 근로자 또는 노동조합이 참여하는 것
- 이윤참가 : 조직의 경영성과에 대하여 근로자에게 배분하는 것
- 자본참가 : 근로자가 조직 재산의 소유에 참여하는 것

예제 3

다음은 중국의 H사에서 시행하는 경영참가제도에 대한 기사이다. 밑줄 친 이 제도는 무엇인가?

> H사는 '사람' 중심의 수평적 기업문화가 발달했다. H사는 이 제도의 시행을 통해 직원들이 경영에 간접적으로 참여할 수 있게 하였는데 이에 따라 자연스레 기업에 대한 직원들의 책임 의식도 강화됐다. 참여주주는 8만2471명이다. 모두 H사의 임직원이며, 이 중 창립자인 CEO R은 개인 주주로 총 주식의 1.18%의 지분과 퇴직 연금으로 주식총액의 0.21%만을 보유하고 있다.

① 노사협의회제도　　② 이윤분배제도

③ 종업원지주제도　　④ 노동주제도

출제의도

경영참가제도는 조직원이 자신이 속한 조직에서 주인의식을 갖고 조직의 의사결정과정에 참여할 수 있도록 하는 제도이다. 본 문항은 경영참가제도의 유형을 구분해낼 수 있는가를 묻는 질문이다.

해 설

종업원지주제도 … 기업이 자사 종업원에게 특별한 조건과 방법으로 자사 주식을 분양·소유하게 하는 제도이다. 이 제도의 목적은 종업원에 대한 근검저축의 장려, 공로에 대한 보수, 자사에의 귀속의식 고취, 자사에의 일체감 조성 등이 있다.

답 ③

(2) 체제이해능력

① 조직목표 : 조직이 달성하려는 장래의 상태

㉠ 조직목표의 기능

- 조직이 존재하는 정당성과 합법성 제공
- 조직이 나아갈 방향 제시
- 조직구성원 의사결정의 기준

- 조직구성원 행동수행의 동기유발
- 수행평가 기준
- 조직설계의 기준

㉡ 조직목표의 특징
- 공식적 목표와 실제적 목표가 다를 수 있음
- 다수의 조직목표 추구 가능
- 조직목표 간 위계적 상호관계가 있음
- 가변적 속성
- 조직의 구성요소와 상호관계를 가짐

② 조직구조

㉠ 조직구조의 결정요인 : 전략, 규모, 기술, 환경

㉡ 조직구조의 유형과 특징

유형	특징
기계적 조직	• 구성원들의 업무가 분명하게 규정 • 엄격한 상하 간 위계질서 • 다수의 규칙과 규정 존재
유기적 조직	• 비공식적인 상호의사소통 • 급변하는 환경에 적합한 조직

③ 조직문화

㉠ 조직문화 기능
- 조직구성원들에게 일체감, 정체성 부여
- 조직몰입 향상
- 조직구성원들의 행동지침 : 사회화 및 일탈행동 통제
- 조직의 안정성 유지

㉡ 조직문화 구성요소(7S) : 공유가치(Shared Value), 리더십 스타일(Style), 구성원(Staff), 제도 · 절차(System), 구조(Structure), 전략(Strategy), 스킬(Skill)

④ 조직 내 집단

㉠ 공식적 집단 : 조직에서 의식적으로 만든 집단으로 집단의 목표, 임무가 명확하게 규정되어 있다.
예 임시위원회, 작업팀 등

㉡ 비공식적 집단 : 조직구성원들의 요구에 따라 자발적으로 형성된 집단이다.
예 스터디모임, 봉사활동 동아리, 각종 친목회 등

(3) 업무이해능력

① 업무 : 상품이나 서비스를 창출하기 위한 생산적인 활동이다.

㉠ 업무의 종류

부서	업무(예)
총무부	주주총회 및 이사회개최 관련 업무, 의전 및 비서업무, 집기비품 및 소모품의 구입과 관리, 사무실 임차 및 관리, 차량 및 통신시설의 운영, 국내외 출장 업무 협조, 복리후생 업무, 법률자문과 소송관리, 사내외 홍보 광고업무 등
인사부	조직기구의 개편 및 조정, 업무분장 및 조정, 인력수급계획 및 관리, 직무 및 정원의 조정 종합, 노사관리, 평가관리, 상벌관리, 인사발령, 교육체계 수립 및 관리, 임금제도, 복리후생제도 및 지원업무, 복무관리, 퇴직관리 등
기획부	경영계획 및 전략 수립, 전사기획업무 종합 및 조정, 중장기 사업계획의 종합 및 조정, 경영정보 조사 및 기획보고, 경영진단업무, 종합예산수립 및 실적관리, 단기사업계획 종합 및 조정, 사업계획, 손익추정, 실적관리 및 분석 등
회계부	회계제도의 유지 및 관리, 재무상태 및 경영실적 보고, 결산 관련 업무, 재무제표분석 및 보고, 법인세, 부가가치세, 국세 지방세 업무자문 및 지원, 보험가입 및 보상업무, 고정자산 관련 업무 등
영업부	판매 계획, 판매예산의 편성, 시장조사, 광고 선전, 견적 및 계약, 제조지시서의 발행, 외상매출금의 청구 및 회수, 제품의 재고 조절, 거래처로부터의 불만처리, 제품의 애프터서비스, 판매원가 및 판매가격의 조사 검토 등

예제 4

다음은 I기업의 조직도와 팀장님의 지시사항이다. H씨가 팀장님의 심부름을 수행하기 위해 연락해야 할 부서로 옳은 것은?

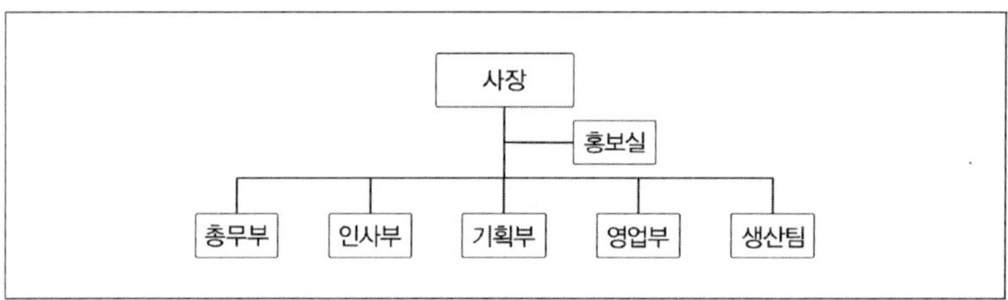

H씨! 내가 지금 너무 바빠서 그러는데 부탁 좀 들어줄래요? 다음 주 중에 사장님 모시고 클라이언트와 만나야 할 일이 있으니까 사장님 일정을 확인해주시구요. 이번 달에 신입사원 교육 · 훈련계획이 있었던 것 같은데 정확한 시간이랑 날짜를 확인해주세요.

① 총무부, 인사부
② 총무부, 홍보실
③ 기획부, 총무부
④ 영업부, 기획부

출제의도

조직도와 부서의 명칭을 보고 개략적인 부서의 소관 업무를 분별할 수 있는지를 묻는 문항이다.

해 설

사장의 일정에 관한 사항은 비서실에서 관리하나 비서실이 없는 회사의 경우 총무부(또는 팀)에서 비서업무를 담당하기도 한다. 또한 신입사원 관리 및 교육은 인사부에서 관리한다.

답 ①

㉡ 업무의 특성
- 공통된 조직의 목적 지향
- 요구되는 지식, 기술, 도구의 다양성
- 다른 업무와의 관계, 독립성
- 업무수행의 자율성, 재량권

② 업무수행 계획

㉠ 업무지침 확인 : 조직의 업무지침과 나의 업무지침을 확인한다.

㉡ 활용 자원 확인 : 시간, 예산, 기술, 인간관계

㉢ 업무수행 시트 작성
- 간트 차트 : 단계별로 업무의 시작과 끝 시간을 바 형식으로 표현
- 워크 플로 시트 : 일의 흐름을 동적으로 보여줌
- 체크리스트 : 수행수준 달성을 자가점검

POINT 간트 차트와 플로 차트

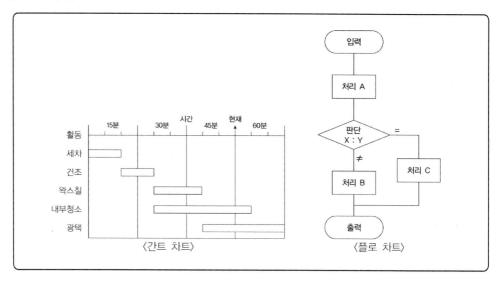

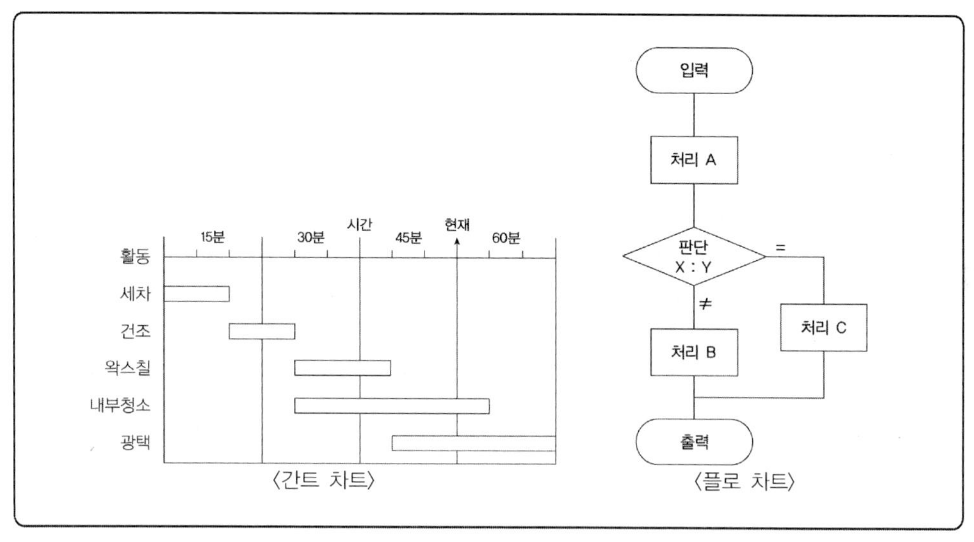

〈간트 차트〉 〈플로 차트〉

예제 5

다음 중 업무수행 시 단계별로 업무를 시작해서 끝나는 데까지 걸리는 시간을 바 형식으로 표시하여 전체 일정 및 단계별로 소요되는 시간과 각 업무활동 사이의 관계를 볼 수 있는 업무수행 시트는?

① 간트 차트
② 워크 플로 차트
③ 체크리스트
④ 퍼트 차트

출제의도

업무수행 계획을 수립할 때 간트 차트, 워크 플로 시트, 체크리스트 등의 수단을 이용하면 효과적으로 계획하고 마지막에 급하게 일을 처리하지 않고 주어진 시간 내에 끝마칠 수 있다. 본 문항은 그러한 수단이 되는 차트들의 이해도를 묻는 문항이다.

해 설

② 일의 절차 처리의 흐름을 표현하기 위해 기호를 써서 도식화한 것
③ 업무를 세부적으로 나누고 각 활동별로 수행수준을 달성했는지를 확인하는 데 효과적
④ 하나의 사업을 수행하는 데 필요한 다수의 세부사업을 단계와 활동으로 세분하여 관련된 계획 공정으로 묶고, 각 활동의 소요시간을 낙관시간, 최가능시간, 비관시간 등 세 가지로 추정하고 이를 평균하여 기대시간을 추정

답 ①

③ 업무 방해요소
  ㉠ 다른 사람의 방문, 인터넷, 전화, 메신저 등
  ㉡ 갈등관리
  ㉢ 스트레스

(4) 국제감각

① 세계화와 국제경영
  ㉠ 세계화 : 3Bs(국경 ; Border, 경계 ; Boundary, 장벽 ; Barrier)가 완화되면서 활동범위가 세계로 확대되는 현상이다.
  ㉡ 국제경영 : 다국적 내지 초국적 기업이 등장하여 범지구적 시스템과 네트워크 안에서 기업 활동이 이루어지는 것이다.

② 이문화 커뮤니케이션 : 서로 상이한 문화 간 커뮤니케이션으로 직업인이 자신의 일을 수행하는 가운데 문화배경을 달리하는 사람과 커뮤니케이션을 하는 것이 이에 해당한다. 이문화 커뮤니케이션은 언어적 커뮤니케이션과 비언어적 커뮤니케이션으로 구분된다.

③ 국제 동향 파악 방법

㉠ 관련 분야 해외사이트를 방문해 최신 이슈를 확인한다.

㉡ 매일 신문의 국제면을 읽는다.

㉢ 업무와 관련된 국제잡지를 정기구독 한다.

㉣ 고용노동부, 한국산업인력공단, 산업통상자원부, 중소벤처기업부, 대한상공회의소, 산업별인적자원개발협의체 등의 사이트를 방문해 국제동향을 확인한다.

㉤ 국제학술대회에 참석한다.

㉥ 업무와 관련된 주요 용어의 외국어를 알아둔다.

㉦ 해외서점 사이트를 방문해 최신 서적 목록과 주요 내용을 파악한다.

㉧ 외국인 친구를 사귀고 대화를 자주 나눈다.

④ 대표적인 국제매너

㉠ 미국인과 인사할 때에는 눈이나 얼굴을 보는 것이 좋으며 오른손으로 상대방의 오른손을 힘주어 잡았다가 놓아야 한다.

㉡ 러시아와 라틴아메리카 사람들은 인사할 때에 포옹을 하는 경우가 있는데 이는 친밀함의 표현이므로 자연스럽게 받아주는 것이 좋다.

㉢ 명함은 받으면 꾸기거나 계속 만지지 않고 한 번 보고나서 탁자 위에 보이는 채로 대화하거나 명함집에 넣는다.

㉣ 미국인들은 시간 엄수를 중요하게 생각하므로 약속시간에 늦지 않도록 주의한다.

㉤ 스프를 먹을 때에는 몸쪽에서 바깥쪽으로 숟가락을 사용한다.

㉥ 생선요리는 뒤집어 먹지 않는다.

㉦ 빵은 스프를 먹고 난 후부터 디저트를 먹을 때까지 먹는다.

1 정보화사회와 정보능력

(1) 정보와 정보화사회

① 자료 · 정보 · 지식

구분	특징
자료(Data)	객관적 실제의 반영이며, 그것을 전달할 수 있도록 기호화한 것
정보(Information)	자료를 특정한 목적과 문제해결에 도움이 되도록 가공한 것
지식(Knowledge)	정보를 집적하고 체계화하여 장래의 일반적인 사항에 대비해 보편성을 갖도록 한 것

② 정보화사회 : 필요로 하는 정보가 사회의 중심이 되는 사회

(2) 업무수행과 정보능력

① 컴퓨터의 활용 분야

㉠ 기업 경영 분야에서의 활용 : 판매, 회계, 재무, 인사 및 조직관리, 금융 업무 등

㉡ 행정 분야에서의 활용 : 민원처리, 각종 행정 통계 등

㉢ 산업 분야에서의 활용 : 공장 자동화, 산업용 로봇, 판매시점 관리시스템(POS) 등

㉣ 기타 분야에서의 활용 : 교육, 연구소, 출판, 가정, 도서관, 예술 분야 등

② 정보처리과정

㉠ 정보 활용 절차 : 기획 → 수집 → 관리 → 활용

㉡ 5W2H : 정보 활용의 전략적 기획

- WHAT(무엇을?) : 정보의 입수대상을 명확히 한다.
- WHERE(어디에서?) : 정보의 소스(정보원)를 파악한다.
- WHEN(언제까지) : 정보의 요구(수집)시점을 고려한다.
- WHY(왜?) : 정보의 필요목적을 염두에 둔다.
- WHO(누가?) : 정보활동의 주체를 확정한다.
- HOW(어떻게) : 정보의 수집방법을 검토한다.
- HOW MUCH(얼마나?) : 정보수집의 비용성(효용성)을 중시한다.

예제 1

5W2H는 정보를 전략적으로 수집 · 활용할 때 주로 사용하는 방법이다. 5W2H에 대한 설명으로 옳지 않은 것은?

① WHAT : 정보의 수집방법을 검토한다.
② WHERE : 정보의 소스(정보원)를 파악한다.
③ WHEN : 정보의 요구(수집)시점을 고려한다.
④ HOW : 정보의 수집방법을 검토한다.

출제의도

방대한 정보들 중 꼭 필요한 정보와 수집 방법 등을 전략적으로 기획하고 정보수집이 이루어질 때 효과적인 정보 수집이 가능해진다. 5W2H는 이러한 전략적 정보 활용 기획의 방법으로 그 개념을 이해하고 있는지를 묻는 질문이다.

해 설

5W2H의 'WHAT'은 정보의 입수대상을 명확히 하는 것이다. 정보의 수집방법을 검토하는 것은 HOW(어떻게)에 해당되는 내용이다.

답 ①

(3) 사이버공간에서 지켜야 할 예절

① 인터넷의 역기능
- ㉠ 불건전 정보의 유통
- ㉡ 개인 정보 유출
- ㉢ 사이버 성폭력
- ㉣ 사이버 언어폭력
- ㉤ 언어 훼손
- ㉥ 인터넷 중독
- ㉦ 불건전한 교제
- ㉧ 저작권 침해

② 네티켓(netiquette) : 네트워크(network) + 에티켓(etiquette)

(4) 정보의 유출에 따른 피해사례

① 개인정보의 종류

㉠ 일반 정보 : 이름, 주민등록번호, 운전면허정보, 주소, 전화번호, 생년월일, 출생지, 본적지, 성별, 국적 등

㉡ 가족 정보 : 가족의 이름, 직업, 생년월일, 주민등록번호, 출생지 등

㉢ 교육 및 훈련 정보 : 최종학력, 성적, 기술자격증/전문면허증, 이수훈련 프로그램, 서클 활동, 상벌사항, 성격/행태보고 등

㉣ 병역 정보 : 군번 및 계급, 제대유형, 주특기, 근무부대 등

㉤ 부동산 및 동산 정보 : 소유주택 및 토지, 자동차, 저축현황, 현금카드, 주식 및 채권, 수집품, 고가의 예술품 등

㉥ 소득 정보 : 연봉, 소득의 원천, 소득세 지불 현황 등

㉦ 기타 수익 정보 : 보험가입현황, 수익자, 회사의 판공비 등

㉧ 신용 정보 : 대부상황, 저당, 신용카드, 담보설정 여부 등

㉨ 고용 정보 : 고용주, 회사주소, 상관의 이름, 직무수행 평가 기록, 훈련기록, 상벌기록 등

㉩ 법적 정보 : 전과기록, 구속기록, 이혼기록 등

㉪ 의료 정보 : 가족병력기록, 과거 의료기록, 신체장애, 혈액형 등

㉫ 조직 정보 : 노조가입, 정당가입, 클럽회원, 종교단체 활동 등

㉬ 습관 및 취미 정보 : 흡연/음주량, 여가활동, 도박성향, 비디오 대여기록 등

② 개인정보 유출방지 방법

㉠ 회원 가입 시 이용 약관을 읽는다.

㉡ 이용 목적에 부합하는 정보를 요구하는지 확인한다.

㉢ 비밀번호는 정기적으로 교체한다.

㉣ 정체불명의 사이트는 멀리한다.

㉤ 가입 해지 시 정보 파기 여부를 확인한다.

㉥ 남들이 쉽게 유추할 수 있는 비밀번호는 자제한다.

2 정보능력을 구성하는 하위능력

(1) 컴퓨터활용능력

① 인터넷 서비스 활용

㉠ 전자우편(E-mail) 서비스 : 정보 통신망을 이용하여 다른 사용자들과 편지나 여러 정보를 주고받는 통신 방법

㉡ 인터넷 디스크/웹 하드 : 웹 서버에 대용량의 저장 기능을 갖추고 사용자가 개인용 컴퓨터의 하드디스크와 같은 기능을 인터넷을 통하여 이용할 수 있게 하는 서비스

㉢ 메신저 : 인터넷에서 실시간으로 메시지와 데이터를 주고받을 수 있는 소프트웨어

㉣ 전자상거래 : 인터넷을 통해 상품을 사고팔거나 재화나 용역을 거래하는 사이버 비즈니스

② 정보검색 : 여러 곳에 분산되어 있는 수많은 정보 중에서 특정 목적에 적합한 정보만을 신속하고 정확하게 찾아내어 수집, 분류, 축적하는 과정

㉠ 검색엔진의 유형

- 키워드 검색 방식 : 찾고자 하는 정보와 관련된 핵심적인 언어인 키워드를 직접 입력하여 이를 검색 엔진에 보내어 검색 엔진이 키워드와 관련된 정보를 찾는 방식
- 주제별 검색 방식 : 인터넷상에 존재하는 웹 문서들을 주제별, 계층별로 정리하여 데이터베이스를 구축한 후 이용하는 방식
- 통합형 검색방식 : 사용자가 입력하는 검색어들이 연계된 다른 검색 엔진에게 보내고 이를 통하여 얻어진 검색 결과를 사용자에게 보여주는 방식

㉡ 정보 검색 연산자

기호	연산자	검색조건
*, &	AND	두 단어가 모두 포함된 문서를 검색
|	OR	두 단어가 모두 포함되거나 두 단어 중에서 하나만 포함된 문서를 검색
−, !	NOT	'−' 기호나 '!' 기호 다음에 오는 단어는 포함하지 않는 문서를 검색
~, near	인접검색	앞/뒤의 단어가 가깝게 있는 문서를 검색

③ 소프트웨어의 활용

㉠ 워드프로세서

- 특징 : 문서의 내용을 화면으로 확인하면서 쉽게 수정 가능, 문서 작성 후 인쇄 및 저장 가능, 글이나 그림의 입력 및 편집 가능
- 기능 : 입력기능, 표시기능, 저장기능, 편집기능, 인쇄기능 등

ⓛ 스프레드시트

- 특징 : 쉽게 계산 수행, 계산 결과를 차트로 표시, 문서를 작성하고 편집 가능
- 기능 : 계산, 수식, 차트, 저장, 편집, 인쇄기능 등

예제 2

귀하는 커피 전문점을 운영하고 있다. 아래와 같이 엑셀 워크시트로 4개 지점의 원두 구매 수량과 단가를 이용하여 금액을 산출하고 있다. 귀하가 다음 중 D3셀에서 사용하고 있는 함수식으로 옳은 것은? (단, 금액 = 수량 × 단가)

	A	B	C	D	E
1	지점	원두	수량(100g)	금액	
2	A	케냐	15	150000	
3	B	콜롬비아	25	175000	
4	C	케냐	30	300000	
5	D	브라질	35	210000	
6					
7		원두	100g당 단가		
8		케냐	10,000		
9		콜롬비아	7,000		
10		브라질	6,000		
11					

① =C3*VLOOKUP(B3, $B$8:$C$10, 1, 1)
② =B3*HLOOKUP(C3, $B$8:$C$10, 2, 0)
③ =C3*VLOOKUP(B3, $B$8:$C$10, 2, 0)
④ =C3*HLOOKUP($B$8:$C$10, 2, B3)

출제의도

본 문항은 엑셀 워크시트 함수의 활용도를 확인하는 문제이다.

해 설

"VLOOKUP(B3,$B$8:$C$10, 2, 0)"의 함수를 해설해보면 B3의 값(콜롬비아)을 B8:C10에서 찾은 후 그 영역의 2번째 열(C열, 100g당 단가)에 있는 값을 나타내는 함수이다. 금액은 "수량 × 단가"으로 나타내므로 D3셀에 사용되는 함수식은 "=C3*VLOOKUP(B3, $B$8: $C$10, 2, 0)"이다.

※ HLOOKUP과 VLOOKUP

㉠ HLOOKUP : 배열의 첫 행에서 값을 검색하여, 지정한 행의 같은 열에서 데이터를 추출
㉡ VLOOKUP : 배열의 첫 열에서 값을 검색하여, 지정한 열의 같은 행에서 데이터를 추출

답 ③

ⓒ 프레젠테이션

- 특징 : 각종 정보를 사용자 또는 대상자에게 쉽게 전달
- 기능 : 저장, 편집, 인쇄, 슬라이드 쇼 기능 등

ⓔ 유틸리티 프로그램 : 파일 압축 유틸리티, 바이러스 백신 프로그램

④ 데이터베이스의 필요성

㉠ 데이터의 중복을 줄인다.
㉡ 데이터의 무결성을 높인다.
㉢ 검색을 쉽게 해준다.
㉣ 데이터의 안정성을 높인다.
㉤ 개발기간을 단축한다.

(2) 정보처리능력

① 정보원 : 1차 자료는 원래의 연구성과가 기록된 자료이며, 2차 자료는 1차 자료를 효과적으로 찾아보기 위한 자료 또는 1차 자료에 포함되어 있는 정보를 압축·정리한 형태로 제공하는 자료이다.

㉠ 1차 자료 : 단행본, 학술지와 논문, 학술회의자료, 연구보고서, 학위논문, 특허정보, 표준 및 규격자료, 레터, 출판 전 배포자료, 신문, 잡지, 웹 정보자원 등

㉡ 2차 자료 : 사전, 백과사전, 편람, 연감, 서지데이터베이스 등

② 정보분석 및 가공

㉠ 정보분석의 절차 : 분석과제의 발생 → 과제(요구)의 분석 → 조사항목의 선정 → 관련정보의 수집(기존자료 조사/신규자료 조사) → 수집정보의 분류 → 항목별 분석 → 종합·결론 → 활용·정리

㉡ 가공 : 서열화 및 구조화

③ 정보관리

㉠ 목록을 이용한 정보관리

㉡ 색인을 이용한 정보관리

㉢ 분류를 이용한 정보관리

예제 3

인사팀에서 근무하는 J씨는 회사가 성장함에 따라 직원 수가 급증하기 시작하면서 직원들의 정보관리 방법을 모색하던 중 다음과 같은 A사의 직원 정보관리 방법을 보게 되었다. J씨는 A사가 하고 있는 이 방법을 회사에도 도입하고자 한다. 이 방법은 무엇인가?

> A사의 인사부서에 근무하는 H씨는 직원들의 개인정보를 관리하는 업무를 담당하고 있다. A사에서 근무하는 직원은 수천 명에 달하기 때문에 H씨는 주요 키워드나 주제어를 가지고 직원들의 정보를 구분하여 관리하여, 찾을 때도 쉽고 내용을 수정할 때도 이전보다 훨씬 간편할 수 있도록 했다.

① 목록을 활용한 정보관리
② 색인을 활용한 정보관리
③ 분류를 활용한 정보관리
④ 1 : 1 매칭을 활용한 정보관리

출제의도

본 문항은 정보관리 방법의 개념을 이해하고 있는가를 묻는 문제이다.

해 설

주어진 자료의 A사에서 사용하는 정보관리는 주요 키워드나 주제어를 가지고 정보를 관리하는 방식인 색인을 활용한 정보관리이다. 디지털 파일에 색인을 저장할 경우 추가, 삭제, 변경 등이 쉽다는 점에서 정보관리에 효율적이다.

답 ②

1 자원과 자원관리

(1) 자원

① 자원의 종류 : 시간, 돈, 물적자원, 인적자원

② 자원의 낭비요인 : 비계획적 행동, 편리성 추구, 자원에 대한 인식 부재, 노하우 부족

(2) 자원관리 기본 과정

① 필요한 자원의 종류와 양 확인

② 이용 가능한 자원 수집하기

③ 자원 활용 계획 세우기

④ 계획대로 수행하기

예제 1

당신은 A출판사 교육훈련 담당자이다. 조직의 효율성을 높이기 위해 전사적인 시간관리에 대한 교육을 실시하기로 하였지만 바쁜 일정상 직원들을 집합교육에 동원할 수 있는 시간은 제한적이다. 다음 중 귀하가 최우선의 교육 대상으로 삼아야 하는 것은 어느 부분인가?

구분	긴급한 일	긴급하지 않은 일
중요한 일	제1사분면	제2사분면
중요하지 않은 일	제3사분면	제4사분면

출제의도

주어진 일들을 중요도와 긴급도에 따른 시간관리 매트릭스에서 우선순위를 구분할 수 있는가를 측정하는 문항이다.

① 중요하고 긴급한 일로 위기사항이나 급박한 문제, 기간이 정해진 프로젝트 등이 해당되는 제1사분면
② 긴급하지는 않지만 중요한 일로 인간관계구축이나 새로운 기회의 발굴, 중장기 계획 등이 포함되는 제2사분면
③ 긴급하지만 중요하지 않은 일로 잠깐의 급한 질문, 일부 보고서, 눈 앞의 급박한 사항이 해당되는 제3사분면
④ 중요하지 않고 긴급하지 않은 일로 하찮은 일이나 시간낭비거리, 즐거운 활동 등이 포함되는 제4사분면

해 설

교육훈련에서 최우선 교육대상으로 삼아야 하는 것은 긴급하지 않지만 중요한 일이다. 이를 긴급하지 않다고 해서 뒤로 미루다보면 급박하게 처리해야하는 업무가 증가하여 효율적인 시간관리가 어려워진다.

구분	긴급한 일	긴급하지 않은 일
중요한 일	위기사항, 급박한 문제, 기간이 정해진 프로젝트	인간관계구축, 새로운 기회의 발굴, 중장기계획
중요하지 않은 일	잠깐의 급한 질문, 일부 보고서, 눈앞의 급박한 사항	하찮은 일, 우편물, 전화, 시간낭비거리, 즐거운 활동

답 ②

2 자원관리능력을 구성하는 하위능력

(1) 시간관리능력

① 시간의 특성

㉠ 시간은 매일 주어지는 기적이다.

㉡ 시간은 똑같은 속도로 흐른다.

㉢ 시간의 흐름은 멈추게 할 수 없다.

㉣ 시간은 꾸거나 저축할 수 없다.

㉤ 시간은 사용하기에 따라 가치가 달라진다.

② 시간관리의 효과

㉠ 생산성 향상

㉡ 가격 인상

㉢ 위험 감소

㉣ 시장 점유율 증가

③ 시간계획

㉠ 개념 : 시간 자원을 최대한 활용하기 위하여 가장 많이 반복되는 일에 가장 많은 시간을 분배하고, 최단시간에 최선의 목표를 달성하는 것을 의미한다.

㉡ 60 : 40의 Rule

계획된 행동 (60%)	계획 외의 행동 (20%)	자발적 행동 (20%)
총 시간		

예제 2

유아용품 홍보팀의 사원 은이씨는 일산 킨텍스에서 열리는 유아용품박람회에 참여하고자 한다. 당일 회의 후 출발해야 하며 회의 종료 시간은 오후 3시이다.

장소	일시
일산 킨텍스 제2전시장	2016. 1. 20(금) PM 15:00~19:00 * 입장가능시간은 종료 2시간 전 까지

오시는 길
지하철 : 4호선 대화역(도보 30분 거리)
버스 : 8109번, 8407번(도보 5분 거리)

• 회사에서 버스정류장 및 지하철역까지 소요시간

출발지	도착지	소요시간	
회사	×× 정류장	도보	15분
		택시	5분
	지하철역	도보	30분
		택시	10분

• 일산 킨텍스 가는 길

교통편	출발지	도착지	소요시간
지하철	강남역	대화역	1시간 25분
버스	×× 정류장	일산 킨텍스 정류장	1시간 45분

위의 제시 상황을 보고 은이씨가 선택할 교통편으로 가장 적절한 것은?

① 도보 – 지하철
② 도보 – 버스
③ 택시 – 지하철
④ 택시 – 버스

출제의도

주어진 여러 시간정보를 수집하여 실제 업무 상황에서 시간자원을 어떻게 활용할 것인지 계획하고 할당하는 능력을 측정하는 문항이다.

해 설

④ 택시로 버스정류장까지 이동해서 버스를 타고 가게 되면 택시(5분), 버스(1시간 45분), 도보(5분)으로 1시간 55분이 걸린다.

① 도보-지하철 : 도보(30분), 지하철(1시간 25분), 도보(30분)이므로 총 2시간 25분이 걸린다.

② 도보-버스 : 도보(15분), 버스(1시간 45분), 도보(5분)이므로 총 2시간 5분이 걸린다.

③ 택시-지하철 : 택시(10분), 지하철(1시간 25분), 도보(30분)이므로 총 2시간 5분이 걸린다.

답 ④

(2) 예산관리능력

① 예산과 예산관리

㉠ 예산 : 필요한 비용을 미리 헤아려 계산하는 것이나 그 비용을 말한다.

㉡ 예산관리 : 활동이나 사업에 소요되는 비용을 산정하고, 예산을 편성하는 것뿐만 아니라 예산을 통제하는 것 모두를 포함한다.

② 예산의 구성요소

비용	직접비용	재료비, 원료와 장비, 시설비, 여행(출장) 및 잡비, 인건비 등
	간접비용	보험료, 건물관리비, 광고비, 통신비, 사무비품비, 각종 공과금 등

③ 예산수립 과정 : 필요한 과업 및 활동 구명 → 우선순위 결정 → 예산 배정

예제 3

당신은 가을 체육대회에서 총무를 맡으라는 지시를 받았다. 다음과 같은 계획에 따라 예산을 진행하였으나 확보된 예산이 생각보다 적게 되어 불가피하게 비용항목을 줄여야 한다. 다음 중 귀하가 비용 항목을 없애기에 가장 적절한 것은 무엇인가?

〈ㅇㅇ산업공단 춘계 1차 워크숍〉

1. 해당부서 : 인사관리팀, 영업팀, 재무팀
2. 일　　정 : 2016년 4월 21일~23일(2박 3일)
3. 장　　소 : 강원도 속초 ㅇㅇ연수원
4. 행사내용 : 바다열차탑승, 체육대회, 친교의 밤 행사, 기타

① 숙박비　② 식비
③ 교통비　④ 기념품비

출제의도

업무에 소요되는 예산 중 꼭 필요한 것과 예산을 감축해야할 때 삭제 또는 감축이 가능한 것을 구분해내는 능력을 묻는 문항이다.

해　설

한정된 예산을 가지고 과업을 수행할 때에는 중요도를 기준으로 예산을 사용한다. 위와 같이 불가피하게 비용항목을 줄여야 한다면 기본적인 항목인 숙박비, 식비, 교통비는 유지되어야 하기에 항목을 없애기 가장 적절한 정답은 ④번이 된다.

답 ④

(3) 물적관리능력

① 물적자원의 종류

㉠ 자연자원 : 자연상태 그대로의 자원 ex) 석탄, 석유 등

㉡ 인공자원 : 인위적으로 가공한 자원 ex) 시설, 장비 등

② 물적자원관리 : 물적자원을 효과적으로 관리할 경우 경쟁력 향상이 향상되어 과제 및 사업의 성공으로 이어지며, 관리가 부족할 경우 경제적 손실로 인해 과제 및 사업의 실패 가능성이 커진다.

③ 물적자원 활용의 방해요인

㉠ 보관 장소의 파악 문제

㉡ 훼손

㉢ 분실

④ 물적자원관리 과정

과정	내용
사용 물품과 보관 물품의 구분	• 반복 작업 방지 • 물품활용의 편리성
동일 및 유사 물품으로의 분류	• 동일성의 원칙 • 유사성의 원칙
물품 특성에 맞는 보관 장소 선정	• 물품의 형상 • 물품의 소재

예제 4

S호텔의 외식사업부 소속인 K씨는 예약일정 관리를 담당하고 있다. 아래의 예약일정과 정보를 보고 K씨의 판단으로 옳지 않은 것은?

〈S호텔 일식 뷔페 1월 ROOM 예약 일정〉

* 예약 : ROOM 이름(시작시간)

SUN	MON	TUE	WED	THU	FRI	SAT
					1	2
					백합(16)	장미(11) 백합(15)
3	4	5	6	7	8	9
라일락(15)		백향목(10) 백합(15)	장미(10) 백향목(17)	백합(11) 라일락(18)	백향목(15)	장미(10) 라일락(15)

ROOM 구분	수용가능인원	최소투입인력	연회장 이용시간
백합	20	3	2시간
장미	30	5	3시간
라일락	25	4	2시간
백향목	40	8	3시간

- 오후 9시에 모든 업무를 종료함
- 한 타임 끝난 후 1시간씩 세팅 및 정리
- 동 시간 대 서빙 투입인력은 총 10명을 넘을 수 없음

안녕하세요. 1월 첫째 주 또는 둘째 주에 신년회 행사를 위해 ROOM을 예약하려고 하는데요. 저희 동호회의 총 인원은 27명이고 오후 8시쯤 마무리하려고 합니다. 신정과 주말, 월요일은 피하고 싶습니다. 예약이 가능할까요?

① 인원을 고려했을 때 장미ROOM과 백향목ROOM이 적합하겠군
② 만약 2명이 안 온다면 예약 가능한 ROOM이 늘어나겠구나
③ 조건을 고려했을 때 예약 가능한 ROOM은 5일 장미ROOM뿐이겠구나
④ 오후 5시부터 8시까지 가능한 ROOM을 찾아야해

출제의도

주어진 정보와 일정표를 토대로 이용 가능한 물적자원을 확보하여 이를 정확하게 안내할 수 있는 능력을 측정하는 문항이다. 고객이 제공한 정보를 정확하게 파악하고 그 조건 안에서 가능한 자원을 제공할 수 있어야 한다.

해 설

③ 조건을 고려했을 때 5일 장미ROOM과 7일 장미ROOM이 예약 가능하다.
① 참석 인원이 27명이므로 30명 수용 가능한 장미ROOM과 40명 수용 가능한 백향목ROOM 두 곳이 적합하다.
② 만약 2명이 안 온다면 총 참석인원 25명이므로 라일락ROOM, 장미ROOM, 백향목ROOM이 예약 가능하다.
④ 오후 8시에 마무리하려고 계획하고 있으므로 적절하다.

 ③

(4) 인적자원관리능력

① 인맥 : 가족, 친구, 직장동료 등 자신과 직접적인 관계에 있는 사람들인 핵심인맥과 핵심인맥들로부터 알게 된 파생인맥이 존재한다.

② 인적자원의 특성 : 능동성, 개발가능성, 전략적 자원

③ 인력배치의 원칙

㉠ 적재적소주의 : 팀의 효율성을 높이기 위해 팀원의 능력이나 성격 등과 가장 적합한 위치에 배치하여 팀원 개개인의 능력을 최대로 발휘해 줄 것을 기대하는 것

㉡ 능력주의 : 개인에게 능력을 발휘할 수 있는 기회와 장소를 부여하고 그 성과를 바르게 평가하며 평가된 능력과 실적에 대해 그에 상응하는 보상을 주는 원칙

㉢ 균형주의 : 모든 팀원에 대한 적재적소를 고려

④ 인력배치의 유형

㉠ 양적 배치 : 부문의 작업량과 조업도, 여유 또는 부족 인원을 감안하여 소요인원을 결정하여 배치하는 것

㉡ 질적 배치 : 적재적소의 배치

㉢ 적성 배치 : 팀원의 적성 및 흥미에 따라 배치하는 것

예제 5

최근 조직개편 및 연봉협상 과정에서 직원들의 불만이 높아지고 있다. 온갖 루머가 난무한 가운데 인사팀원인 당신에게 사내 게시판의 직원 불만사항에 대한 진위여부를 파악하고 대안을 세우라는 팀장의 지시를 받았다. 다음 중 당신이 조치를 취해야 하는 직원은 누구인가?

① 사원 A는 팀장으로부터 업무 성과가 탁월하다는 평가를 받았는데도 조직개편으로 인한 부서 통합으로 인해 승진을 못한 것이 불만이다.

② 사원 B는 회사가 예년에 비해 높은 영업 이익을 얻었는데도 불구하고 연봉 인상에 인색한 것이 불만이다.

③ 사원 C는 회사가 급여 정책을 변경해서 고정급 비율을 낮추고 기본급과 인센티브를 지급하는 제도로 바꾼 것이 불만이다.

④ 사원 D는 입사 동기인 동료가 자신보다 업무 실적이 좋지 않고 불성실한 근무태도를 가지고 있는데, 팀장과의 친분으로 인해 자신보다 높은 평가를 받은 것이 불만이다.

출제의도

주어진 직원들의 정보를 통해 시급하게 진위여부를 가리고 조치하여 인력배치를 해야 하는 사항을 확인하는 문제이다.

해 설

사원 A, B, C는 각각 조직 정책에 대한 불만이기에 논의를 통해 조직적으로 대처하는 것이 옳지만, 사원 D는 팀장의 독단적인 전횡에 대한 불만이기 때문에 조사하여 시급히 조치할 필요가 있다. 따라서 가장 적절한 답은 ④번이 된다.

 ④

❶ 기술과 기술능력

(1) 기술과 과학

① 노하우(know-how)와 노와이(know-why)

㉠ 노하우 : 특허권을 수반하지 않는 과학자, 엔지니어 등이 가지고 있는 체화된 기술로 경험적이고 반복적인 행위에 의해 얻어진다.

㉡ 노와이 : 기술이 성립하고 작용하는가에 관한 원리적 측면에 중심을 둔 개념으로 이론적인 지식으로서 과학적인 탐구에 의해 얻어진다.

② 기술의 특징

㉠ 하드웨어나 인간에 의해 만들어진 비자연적인 대상, 혹은 그 이상을 의미한다.

㉡ 기술은 노하우(know-how)를 포함한다.

㉢ 기술은 하드웨어를 생산하는 과정이다.

㉣ 기술은 인간의 능력을 확장시키기 위한 하드웨어와 그것의 활용을 뜻한다.

㉤ 기술은 정의 가능한 문제를 해결하기 위해 순서화되고 이해 가능한 노력이다.

③ 기술과 과학 : 기술은 과학과 같이 추상적 이론보다는 실용성, 효용, 디자인을 강조하고 과학은 그 반대로 추상적 이론, 지식을 위한 지식, 본질에 대한 이해를 강조한다.

(2) 기술능력

① 기술능력과 기술교양 : 기술능력은 기술교양의 개념을 보다 구체화시킨 개념으로, 기술교양은 모든 사람들이 광범위한 관점에서 기술의 특성, 기술적 행동, 기술의 힘, 기술의 결과에 대해 어느 정도의 지식을 가지는 것을 의미한다.

② 기술능력이 뛰어난 사람의 특징

㉠ 실질적 해결을 필요로 하는 문제를 인식한다.

㉡ 인식된 문제를 위한 다양한 해결책을 개발하고 평가한다.

㉢ 실제적 문제를 해결하기 위해 지식이나 기타 자원을 선택 · 최적화시키며 적용한다.

㉣ 주어진 한계 속에서 제한된 자원을 가지고 일한다.

㉤ 기술적 해결에 대한 효용성을 평가한다.

ⓑ 여러 상황 속에서 기술의 체계와 도구를 사용하고 배울 수 있다.

예제 1

Y그룹 기술연구소에 근무하는 정호는 연구 역량 강화를 위한 업계 워크숍에 참석해 기술 능력이 뛰어난 사람의 특징에 대해 기조 발표를 하려고 한다. 다음 중 정호가 발표에 포함시킬 내용으로 옳지 않은 것은?

① 기술의 체계와 같은 무형의 기술에 대한 능력과는 무관하다.
② 주어진 한계 속에서 제한된 자원을 가지고 일한다.
③ 기술적 해결에 대한 효용성을 평가한다.
④ 실질적 해결을 필요로 하는 문제를 인식한다.

출제의도

기술능력이 뛰어난 사람의 특징에 대해 묻는 문제로 문제의 길이가 길 경우 그 속에 포함된 핵심 어구를 찾는다면 쉽게 풀 수 있는 문제다.

해 설

① 여러 상황 속에서 기술의 체계와 도구를 사용하고 배울 수 있다.

답 ①

③ 새로운 기술능력 습득방법
ⓐ 전문 연수원을 통한 기술과정 연수
ⓑ E-learning을 활용한 기술교육
ⓒ 상급학교 진학을 통한 기술교육
ⓓ OJT를 활용한 기술교육

(3) 분야별 유망 기술 전망

① 전기전자정보공학분야 : 지능형 로봇 분야

② 기계공학분야 : 하이브리드 자동차 기술

③ 건설환경공학분야 : 지속가능한 건축 시스템 기술

④ 화학생명공학분야 : 재생에너지 기술

(4) 지속가능한 기술

① 지속가능한 발전 : 지금 우리의 현재 욕구를 충족시키면서 동시에 후속 세대의 욕구 충족을 침해하지 않는 발전

② 지속가능한 기술
ⓐ 이용 가능한 자원과 에너지를 고려하는 기술
ⓑ 자원이 사용되고 그것이 재생산되는 비율의 조화를 추구하는 기술
ⓒ 자원의 질을 생각하는 기술
ⓓ 자원이 생산적인 방식으로 사용되는가에 주의를 기울이는 기술

(5) 산업재해

① 산업재해란 산업 활동 중의 사고로 인해 사망하거나 부상을 당하고, 또는 유해 물질에 의한 중독 등으로 직업성 질환에 걸리거나 신체적 장애를 가져오는 것을 말한다.

② 산업 재해의 기본적 원인

㉠ 교육적 원인 : 안전 지식의 불충분, 안전 수칙의 오해, 경험이나 훈련의 불충분과 작업관리자의 작업 방법의 교육 불충분, 유해 위험 작업 교육 불충분 등

㉡ 기술적 원인 : 건물 · 기계 장치의 설계 불량, 구조물의 불안정, 재료의 부적합, 생산 공정의 부적당, 점검 · 정비 · 보존의 불량 등

㉢ 작업 관리상 원인 : 안전 관리 조직의 결함, 안전 수칙 미제정, 작업 준비 불충분, 인원 배치 및 작업 지시 부적당 등

예제 2

다음은 철재가 알아낸 산업재해 원인과 관련된 자료이다. 다음 자료에 해당하는 산업재해의 기본적인 원인은 무엇인가?

〈2015년 산업재해 현황분석 자료에 따른 사망자의 수〉

(단위 : 명)

사망원인	사망자 수
안전 지식의 불충분	120
안전 수칙의 오해	56
경험이나 훈련의 불충분	73
작업관리자의 작업방법 교육 불충분	28
유해 위험 작업 교육 불충분	91
기타	4

출처 : 고용노동부 2015 산업재해 현황분석

① 정책적 원인　　② 작업 관리상 원인
③ 기술적 원인　　④ 교육적 원인

출제의도

산업재해의 원인은 크게 기본적 원인과 직접적 원인으로 나눌 수 있고 이들 원인은 다시 여러 개의 세부 원인들로 나뉜다. 표에 나와 있는 각각의 원인들이 어디에 속하는지 잘 구분할 수 있어야 한다.

해 설

④ 안전 지식의 불충분, 안전 수칙의 오해, 경험이나 훈련의 불충분, 작업관리자의 작업방법 교육 불충분, 유해 위험 작업 교육 불충분 등은 산업재해의 기본적 원인 중 교육적 원인에 해당한다.

답 ④

③ 산업 재해의 직접적 원인

㉠ 불안전한 행동 : 위험 장소 접근, 안전장치 기능 제거, 보호 장비의 미착용 및 잘못 사용, 운전 중인 기계의 속도 조작, 기계 · 기구의 잘못된 사용, 위험물 취급 부주의, 불안전한 상태 방치, 불안전한 자세와 동장, 감독 및 연락 잘못 등

㉡ 불안전한 상태 : 시설물 자체 결함, 전기 기설물의 누전, 구조물의 불안정, 소방기구의 미확보, 안전 보호 장치 결함, 복장 · 보호구의 결함, 시설물의 배치 및 장소 불량, 작업 환경 결함, 생산 공정의 결함, 경계 표시 설비의 결함 등

④ 산업 재해의 예방 대책

㉠ 안전 관리 조직 : 경영자는 사업장의 안전 목표를 설정하고, 안전 관리 책임자를 선정해야 하며, 안전 관리 책임자는 안전 계획을 수립하고, 이를 시행 · 후원 · 감독해야 한다.

㉡ 사실의 발견 : 사고 조사, 안전 점검, 현장 분석, 작업자의 제안 및 여론 조사, 관찰 및 보고서 연구, 면담 등을 통하여 사실을 발견한다.

㉢ 원인 분석 : 재해의 발생 장소, 재해 형태, 재해 정도, 관련 인원, 직원 감독의 적절성, 공구 및 장비의 상태 등을 정확히 분석한다.

㉣ 시정책의 선정 : 원인 분석을 토대로 적절한 시정책, 즉 기술적 개선, 인사 조정 및 교체, 교육, 설득, 호소, 공학적 조치 등을 선정한다.

㉤ 시정책 적용 및 뒤처리 : 안전에 대한 교육 및 훈련 실시, 안전시설과 장비의 결함 개선, 안전 감독 실시 등의 선정된 시정책을 적용한다.

2 기술능력을 구성하는 하위능력

(1) 기술이해능력

① 기술시스템

㉠ 개념 : 기술시스템은 인공물의 집합체만이 아니라 회사, 투자회사, 법적 제도, 정치, 과학, 자연자원을 모두 포함하는 것이기 때문에, 기술적인 것(the technical)과 사회적인 것(the social)이 결합해서 공존한다.

㉡ 기술시스템의 발전 단계 : 발명 · 개발 · 혁신의 단계 → 기술 이전의 단계 → 기술 경쟁의 단계 → 기술 공고화 단계

② 기술혁신

㉠ 기술혁신의 특성

- 기술혁신은 그 과정 자체가 매우 불확실하고 장기간의 시간을 필요로 한다.
- 기술혁신은 지식 집약적인 활동이다.
- 혁신 과정의 불확실성과 모호함은 기업 내에서 많은 논쟁과 갈등을 유발할 수 있다.
- 기술혁신은 조직의 경계를 넘나드는 특성을 갖고 있다.

㉡ 기술혁신의 과정과 역할

기술혁신 과정	혁신 활동	필요한 자질과 능력
아이디어 창안	• 아이디어를 창출하고 가능성을 검증 • 일을 수행하는 새로운 방법 고안 • 혁신적인 진보를 위한 탐색	• 각 분야의 전문지식 • 추상화와 개념화 능력 • 새로운 분야의 일을 즐김
챔피언	• 아이디어의 전파 • 혁신을 위한 자원 확보 • 아이디어 실현을 위한 헌신	• 정력적이고 위험을 감수함 • 아이디어의 응용에 관심
프로젝트 관리	• 리더십 발휘 • 프로젝트의 기획 및 조직 • 프로젝트의 효과적인 진행 감독	• 의사결정 능력 • 업무 수행 방법에 대한 지식
정보 수문장	• 조직외부의 정보를 내부 구성원들에게 전달 • 조직 내 정보원 기능	• 높은 수준의 기술적 역량 • 원만한 대인 관계 능력
후원	• 혁신에 대한 격려와 안내 • 불필요한 제약에서 프로젝트 보호 • 혁신에 대한 자원 획득을 지원	• 조직의 주요 의사결정에 대한 영향력

(2) 기술선택능력

① 기술선택 : 기업이 어떤 기술을 외부로부터 도입하거나 자체 개발하여 활용할 것인가를 결정하는 것이다.

㉠ 기술선택을 위한 의사결정

- 상향식 기술선택 : 기업 전체 차원에서 필요한 기술에 대한 체계적인 분석이나 검토 없이 연구자나 엔지니어들이 자율적으로 기술을 선택하는 것
- 하향식 기술선택 : 기술경영진과 기술기획담당자들에 의한 체계적인 분석을 통해 기업이 획득해야 하는 대상기술과 목표기술수준을 결정하는 것

㉡ 기술선택을 위한 절차

외부환경분석
↓
중장기 사업목표 설정 → 사업 전략 수립 → 요구기술 분석 → 기술전략 수립 → 핵심기술 선택
↓
내부 역량 분석

- 외부환경분석 : 수요변화 및 경쟁자 변화, 기술 변화 등 분석
- 중장기 사업목표 설정 : 기업의 장기비전, 중장기 매출목표 및 이익목표 설정
- 내부 역량 분석 : 기술능력, 생산능력, 마케팅/영업능력, 재무능력 등 분석
- 사업 전략 수립 : 사업 영역결정, 경쟁 우위 확보 방안 수립
- 요구기술 분석 : 제품 설계/디자인 기술, 제품 생산공정, 원재료/부품 제조기술 분석
- 기술전략 수립 : 기술획득 방법 결정

㉢ 기술선택을 위한 우선순위 결정

- 제품의 성능이나 원가에 미치는 영향력이 큰 기술
- 기술을 활용한 제품의 매출과 이익 창출 잠재력이 큰 기술
- 쉽게 구할 수 없는 기술
- 기업 간에 모방이 어려운 기술
- 기업이 생산하는 제품 및 서비스에 보다 광범위하게 활용할 수 있는 기술
- 최신 기술로 진부화될 가능성이 적은 기술

예제 3

주현은 건설회사에 근무하면서 프로젝트 관리를 한다. 얼마 전 대규모 프로젝트에 참가한 한 하청업체가 중간 보고회를 열고 다음과 같이 자신들이 이번 프로젝트의 성공적 마무리를 위해 노력하고 있음을 설명하고 있다. 다음 중 총괄 책임자로서 주현이 하청업체의 올바른 추진 방향으로 인정해줘야 하는 부분으로 바르게 묶인 것은?

> ㉠ 정부 및 환경단체가 요구하는 성과평가의 실천 방안을 연구하여 반영하고 있습니다.
> ㉡ 이번 프로젝트 성공을 위해 기술적 효용과 함께 환경적 효용도 추구하고 있습니다.
> ㉢ 오염 예방을 위한 청정 생산기술을 진단하고 컨설팅하면서 협력회사와 연대하고 있습니다.
> ㉣ 환경영향평가에 대해서는 철저한 사후평가 방식으로 진행하고 있습니다.

① ㉠㉡㉢　　② ㉠㉡㉣
③ ㉠㉢㉣　　④ ㉡㉢㉣

출제의도

실제 현장에서 사용하는 기술들에 대해 바람직한 평가요소는 무엇인지 묻는 문제다.

해 설

㉣ 환경영향평가에 대해서는 철저한 사전평가 방식으로 진행해야 한다.

답 ①

② 벤치마킹

㉠ 벤치마킹의 종류

기준	종류
비교대상에 따른 분류	• 내부 벤치마킹 : 같은 기업 내의 다른 지역, 타 부서, 국가 간의 유사한 활동을 비교대상으로 함 • 경쟁적 벤치마킹 : 동일 업종에서 고객을 직접적으로 공유하는 경쟁기업을 대상으로 함 • 비경쟁적 벤치마킹 : 제품, 서비스 및 프로세스의 단위 분야에 있어 가장 우수한 실무를 보이는 비경쟁적 기업 내의 유사 분야를 대상으로 함 • 글로벌 벤치마킹 : 프로세스에 있어 최고로 우수한 성과를 보유한 동일업종의 비경쟁적 기업을 대상으로 함
수행방식에 따른 분류	• 직접적 벤치마킹 : 벤치마킹 대상을 직접 방문하여 수행하는 방법 • 간접적 벤치마킹 : 인터넷 및 문서형태의 자료를 통해서 수행하는 방법

㉡ 벤치마킹의 주요 단계

- 범위결정 : 벤치마킹이 필요한 상세 분야를 정의하고 목표와 범위를 결정하며 벤치마킹을 수행할 인력들을 결정
- 측정범위 결정 : 상세분야에 대한 측정항목을 결정하고, 측정항목이 벤치마킹의 목표를 달성하는 데 적정한가를 검토
- 대상 결정 : 비교분석의 대상이 되는 기업/기관들을 결정하고, 대상 후보별 벤치마킹 수행의 타당성을 검토하여 최종적인 대상 및 대상별 수행방식을 결정
- 벤치마킹 : 직접 또는 간접적인 벤치마킹을 진행
- 성과차이 분석 : 벤치마킹 결과를 바탕으로 성과차이를 측정항목별로 분석
- 개선계획 수립 : 성과차이에 대한 원인 분석을 진행하고 개선을 위한 성과목표를 결정하며, 성과목표를 달성하기 위한 개선계획을 수립
- 변화 관리 : 개선목표 달성을 위한 변화사항을 지속적으로 관리하고, 개선 후 변화사항과 예상했던 변화 사항을 비교

③ 매뉴얼 : 매뉴얼의 사전적 의미는 어떤 기계의 조작 방법을 설명해 놓은 사용 지침서이다.

㉠ 매뉴얼의 종류

- 제품 매뉴얼 : 사용자를 위해 제품의 특징이나 기능 설명, 사용방법과 고장 조치방법, 유지 보수 및 A/S, 폐기까지 제품에 관련된 모든 서비스에 대해 소비자가 알아야 할 모든 정보를 제공하는 것
- 업무 매뉴얼 : 어떤 일의 진행 방식, 지켜야할 규칙, 관리상의 절차 등을 일관성 있게 여러 사람이 보고 따라할 수 있도록 표준화하여 설명하는 지침서

㉡ 매뉴얼 작성을 위한 Tip

- 내용이 정확해야 한다.
- 사용자가 알기 쉽게 쉬운 문장으로 쓰여야 한다.
- 사용자의 심리적 배려가 있어야 한다.
- 사용자가 찾고자 하는 정보를 쉽게 찾을 수 있어야 한다.
- 사용하기 쉬어야 한다.

(3) 기술적용능력

① 기술적용

㉠ 기술적용 형태

- 선택한 기술을 그대로 적용한다.
- 선택한 기술을 그대로 적용하되, 불필요한 기술은 과감히 버리고 적용한다.
- 선택한 기술을 분석하고 가공하여 활용한다.

㉡ 기술적용 시 고려 사항

- 기술적용에 따른 비용이 많이 드는가?
- 기술의 수명 주기는 어떻게 되는가?
- 기술의 전략적 중요도는 어떻게 되는가?
- 잠재적으로 응용 가능성이 있는가?

② 기술경영자와 기술관리자

㉠ 기술경영자에게 필요한 능력

- 기술을 기업의 전반적인 전략 목표에 통합시키는 능력
- 빠르고 효과적으로 새로운 기술을 습득하고 기존의 기술에서 탈피하는 능력
- 기술을 효과적으로 평가할 수 있는 능력
- 기술 이전을 효과적으로 할 수 있는 능력
- 새로운 제품개발 시간을 단축할 수 있는 능력
- 크고 복잡하고 서로 다른 분야에 걸쳐 있는 프로젝트를 수행할 수 있는 능력
- 조직 내의 기술 이용을 수행할 수 있는 능력
- 기술 전문 인력을 운용할 수 있는 능력

예제 4

다음은 기술경영자의 어떤 부분을 이야기하고 있는가?

> 어떤 일을 마무리하는 데 있어서 6개월의 시간이 걸린다면 그는 그 일을 한 달 안으로 끝낼 것을 원한다. 그에게 강한 밀어붙임을 경험한 사람들은 그에 대해 비판적인 입장을 취하기도 한다. 그의 직원 중 일부는 그 무게를 이겨내지 못하고, 다른 일부의 직원들은 그것을 스스로 더욱 열심히 할 수 있는 자극제로 사용한다고 말한다.

① 빠르고 효과적으로 새로운 기술을 습득하는 능력
② 기술 이전을 효과적으로 할 수 있는 능력
③ 기술 전문 인력을 운용할 수 있는 능력
④ 조직 내의 기술 이용을 수행할 수 있는 능력

출제의도

해당 사례가 기술경영자에게 필요한 능력 중 무엇에 해당하는 내용인지 묻는 문제로 각 능력에 대해 확실하게 이해하고 있어야 한다.

해 설

③ 기술경영자는 기술 전문 인력을 운용함에 있어 강한 리더십을 발휘하고 직원 스스로 움직일 수 있게 이끌 수 있어야 한다.

답 ③

㉡ 기술관리자에게 필요한 능력
- 기술을 운용하거나 문제 해결을 할 수 있는 능력
- 기술직과 의사소통을 할 수 있는 능력
- 혁신적인 환경을 조성할 수 있는 능력
- 기술적, 사업적, 인간적인 능력을 통합할 수 있는 능력
- 시스템적인 관점
- 공학적 도구나 지원방식에 대한 이해 능력
- 기술이나 추세에 대한 이해 능력
- 기술팀을 통합할 수 있는 능력

③ 네트워크 혁명

㉠ 네트워크 혁명의 3가지 법칙
- 무어의 법칙 : 컴퓨터의 파워가 18개월마다 2배씩 증가한다는 법칙
- 메트칼피의 법칙 : 네트워크의 가치는 사용자 수의 제곱에 비례한다는 법칙
- 카오의 법칙 : 창조성은 네트워크에 접속되어 있는 다양한 지수함수로 비례한다는 법칙

㉡ 네트워크 혁명의 역기능 : 디지털 격차(digital divide), 정보화에 따른 실업의 문제, 인터넷 게임과 채팅 중독, 범죄 및 반사회적인 사이트의 활성화, 정보기술을 이용한 감시 등

예제 5

직표는 J그룹의 기술연구팀에서 근무하고 있는데 하루는 공정 개선 워크숍이 열려 최근 사내에서 이슈로 떠오른 신 제조공법의 도입과 관련해 토론을 벌이고 있다. 신 제조공법 도입으로 인한 이해득실에 대해 의견이 분분한 가운데 직표가 할 수 있는 발언으로 옳지 않은 것은?

① "기술의 수명 주기뿐만 아니라 기술의 전략적 중요성과 잠재적 응용 가능성 등도 따져봐야 합니다."
② "다른 것은 그냥 넘어가도 되지만 기계 교체로 인한 막대한 비용만큼은 철저히 고려해야 합니다."
③ "신 제조공법 도입이 우리 회사의 어떤 시장 전략과 연관되어 있는지 궁금합니다."
④ "신 제조공법의 수명을 어떻게 예상하고 있는지 알고 싶군요."

출제의도

기술적용능력에 대해 포괄적으로 묻는 문제로 신기술 적용 시 중요하게 생각해야 할 요소로는 무엇이 있는지 파악하고 있어야 한다.

해 설

② 기계 교체로 인한 막대한 비용뿐만 아니라 신 기술도입과 관련된 모든 사항에 대해 사전에 철저히 고려해야 한다.

답 ②

1 자기개발

(1) 자기개발과 자기개발능력

① 개념

㉠ 자기개발 : 자신의 능력, 적성 및 특성 등에 있어서 강점과 약점을 확인하고 강점은 강화시키고 약점은 관리하여 성장을 위한 기회로 활용하는 것이다.

㉡ 자기개발능력 : 직업인으로서 자신의 능력, 적성, 특성 등을 이해하고 목표성취를 위해 스스로를 관리하며 개발해나가는 능력을 말한다.

② 자기개발의 필요성

㉠ 직장생활에서의 자기개발은 효과적으로 업무를 처리하기 위하여, 즉 업무의 성과를 향상시키기 위하여 이루어진다.

㉡ 변화하는 환경에 적응하기 위해서 자기개발은 이루어진다.

㉢ 자기개발은 주변 사람들과 긍정적인 인간관계를 형성하기 위해서도 필요하다.

㉣ 자기개발은 자신이 달성하고자 하는 목표를 성취하기 위해서 해야 한다.

㉤ 개인적으로 보람된 삶을 살기 위해서 자기개발을 한다.

③ 자기개발의 특징 및 구성

㉠ 특징

- 자기개발에서 개발의 주체는 타인이 아니라 자기이다.
- 자기개발은 개별적인 과정으로 자기개발을 통해 지향하는 바와 선호하는 방법 등이 사람마다 다르다.
- 자기개발은 평생에 걸쳐서 이루어지는 과정이다.
- 자기개발은 일과 관련하여 이루어지는 활동이다.
- 자기개발은 생활 가운데 이루어져야 한다.
- 자기개발은 모든 사람이 해야 하는 것이다.

㉡ 구성 : 자기개발은 자기인식, 자기관리, 경력개발로 이루어진다.

- 자기인식 : 직업생활과 관련하여 자신의 가치, 신념, 흥미, 적성, 성격 등 자신이 누구인지 아는 것
- 자기관리 : 자신을 이해하고 목표를 성취하기 위해 자신의 행동 및 업무수행을 관리하고 조정하는 것
- 경력개발 : 개인의 경력목표와 전략을 수립하고 실행하며 피드백 하는 과정

④ 자기개발 실패요인

㉠ 인간의 욕구와 감정이 작용하기 때문이다.

㉡ 제한적으로 사고하기 때문이다.

㉢ 문화적인 장애에 부딪히기 때문이다.

㉣ 자기개발 방법을 잘 모르기 때문이다.

예제 1

자기개발을 할 때에는 인간의 욕구와 감정이 작용하여 자기개발에 대한 태도를 형성하기도 한다. 다음은 어느 회사에 근무하는 사원들이 자신의 욕구를 표현한 것이다. 다음 중 가장 상위의 욕구를 가진 사람은?

① K씨 : 나 너무 피곤해. 일찍 퇴근해서 잠이나 푹 잤으면 좋겠어.
② S씨 : 이번에 팀장으로 승진한 만큼 팀원들이 나를 존경해줬으면 좋겠어.
③ A씨 : 나는 직장 동료들과 좀 친하게 지내고 싶어.
④ H씨 : 나는 내 분야에서 내 꿈을 펼치고야 말겠어.

출제의도

자기개발 태도에 영향을 미치는 욕구와 관련하여 매슬로우의 욕구 5단계를 구분할 수 있는지를 측정하는 문항이다.

해 설

① 생리적 욕구
② 존경의 욕구
③ 사회적 욕구
④ 자기실현의 욕구

답 ④

⑤ 자기개발 설계 전략

㉠ 장단기 목표 수립 : 장기목표(5~20년), 단기목표(1~3년)

㉡ 인간관계 고려

㉢ 현재의 직무 고려

㉣ 구체적인 방법으로 계획

⑥ 자기개발 계획 수립이 어려운 이유

㉠ 자기정보의 부족 : 자신의 흥미, 장점, 가치, 라이프스타일을 충분히 이해하지 못함

㉡ 내부 작업정보 부족 : 회사 내의 경력기회 및 직무 가능성에 대해 충분히 알지 못함

㉢ 외부 작업정보 부족 : 다른 직업이나 회사 밖의 기회에 대해 충분히 알지 못함

㉣ 의사결정시 자신감의 부족 : 자기개발과 관련된 결정을 내릴 때 자신감 부족

㉤ 일상생활의 요구사항 : 개인의 자기개발 목표와 일상생활(가정) 간 갈등

㉥ 주변상황의 제약 : 재정적 문제, 연령, 시간 등

(2) 개인브랜드

① 개인을 브랜드화하기 위한 전략(차별성)

㉠ 친근감 : 편안하고 친숙한 느낌

㉡ 열정 : 가지고 싶은 강한 욕구

㉢ 책임감 : 관계 지속에 대한 약속

② 자기 브랜드 PR방법

㉠ 블로그를 이용하라.

㉡ 인적네트워크를 활용하라.

㉢ 자신만의 명함을 만들어라.

㉣ 경력 포트폴리오를 만들어라.

2 자기개발능력을 구성하는 하위능력

(1) 자아인식능력

① 자아인식과 자아 구성 요소

㉠ 자아인식 : 다양한 방법을 활용하여 자신이 어떤 분야에 흥미가 있고, 어떤 능력의 소유자이며, 어떤 행동을 좋아하는지를 종합적으로 분석하는 것이다.

㉡ 자아의 구성 요소

구분	내용
내면적 자아	• 자신의 내면을 구성하는 요소 • 측정하기 어려운 특징을 가짐 • 적성, 흥미, 성격, 가치관 등
외면적 자아	• 자신의 외면을 구성하는 요소 • 외모, 나이 등

② 조해리의 창(Johari's Window) : 조셉과 해리라는 두 심리학자에 의해 만들어졌으며 자신과 다른 사람의 두 가지 관점을 통해 파악해보는 자기인식 또는 자기이해의 모델이다.

	내가 아는 나	내가 모르는 나
타인이 아는 나	공개된 자아 Open Self	눈먼 자아 Blind Self
타인이 모르는 나	숨겨진 자아 Hidden Self	아무도 모르는 자아 Unknown Self

예제 2

M회사 편집부에서 근무하는 X대리는 평소에 자신의 능력이 뛰어나고 일의 분배를 공평하게 하는 동시에 사람 관리를 잘하여 사원들이 자신을 잘 따른다고 믿고 있으나, 사원들은 X대리가 독단적으로 일을 결정하며 고집적인 모습을 가지고 있다고 생각하고 있다. X대리는 다른 사람으로부터 이러한 사실을 전해 듣고는 내가 생각하는 나와 타인이 생각하는 내가 다르다는 것을 알았다. 이에 대해 X대리는 조해리의 창을 이용하여 자신을 인식하고자 한다. 이에 대한 설명으로 알맞지 않은 것은?

① '내가 아는 나'와 '타인이 아는 나'를 통해 '공개된 자아'를 알아볼 수 있다.
② 조해리의 창을 통해보면 자신을 공개된 자아, 눈먼 자아, 숨겨진 자아, 아무도 모르는 자아로 나누어 볼 수 있다.
③ 조해리의 창은 자신과 다른 사람의 두 가지 관점을 통해 파악해 보는 자기인식 모델이다.
④ 타인은 나를 알지만 내가 모르는 경우에는 '숨겨진 자아'라고 한다.

출제의도

자기인식 또는 자기 이해 모델인 조해리의 창의 내용을 알고 있는지를 측정하는 문항이다.

해 설

조해리의 창을 통해보면 자신을 공개된 자아, 눈먼 자아, 숨겨진 자아, 아무도 모르는 자아로 나누어 볼 수 있으며, 타인은 나를 알지만 내가 모르는 나인 경우에는 '눈먼 자아'이다.

답 ④

③ 흥미와 적성

㉠ 흥미 : 일에 대한 관심이나 재미

㉡ 적성 : 개인이 잠재적으로 가지고 있는 재능, 개인이 보다 쉽게 잘 할 수 있는 일

POINT 흥미나 적성을 개발하는 노력
- 마인드컨트롤을 해라.
- 조금씩 성취감을 느껴라.
- 기업의 문화 및 풍토를 고려해라.

④ 성찰의 필요성

㉠ 다른 일을 하는데 노하우가 축적된다.

㉡ 성장의 기회가 된다.

㉢ 신뢰감을 형성할 수 있다.

㉣ 창의적인 사고를 가능하게 한다.

(2) 자기관리능력

① 개념 : 자기관리는 자신을 이해하고, 목표를 성취하기 위해 자신의 행동 및 업무수행을 관리하고 조정하는 것을 말한다.

② 자기관리 절차

과정		내용
1단계	비전 및 목적 정립	• 자신에게 가장 중요한 것 파악 • 가치관, 원칙, 삶의 목적 정립 • 삶의 의미 파악
2단계	과제 발견	• 현재 주어진 역할 및 능력 • 역할에 따른 활동목표 • 우선순위 설정
3단계	일정 수립	• 하루, 주간, 월간 계획 수립
4단계	수행	• 수행과 관련된 요소분석 • 수행방법 찾기
5단계	반성 및 피드백	• 수행결과 분석 • 피드백

예제 3

I회사에 근무하는 L씨는 성실하게 자기 업무를 수행하는 걸로 소문이 나있다. L씨 책상은 깨끗하게 정리되어 있으며 좌우명도 책상에 붙여놓고 실천하도록 노력한다. L씨는 다른 누구보다도 자기관리가 철저하여 자기 일을 수행하고 나면 반드시 반성하고 피드백 시간을 가진다. L씨가 반성과 피드백하면서 하는 질문으로 가장 알맞지 않은 것은?

① 우선순위에 맞게, 계획대로 수행하였는가?
② 일을 수행하면서 어떤 목표를 성취하였는가?
③ 의사결정을 함에 있어서 어떻게 결정을 내리고 행동했는가?
④ 현재 변화되어야 할 것은 없는가?

출제의도

자기관리 5단계의 내용을 파악하고 그를 토대로 각 단계에서의 질문들을 적절히 할 수 있는지를 측정하는 문항이다.

해 설

④는 자기관리의 2단계인 과제 발견에서 해야 할 질문이다. 과제 발견 단계에서는 비전과 목표가 정립되면 현재 자신의 역할 및 능력을 다음 질문을 통해 검토하고, 할 일을 조정하여 자신이 수행해야 할 역할들을 도출한다.

답 ④

③ 업무수행 성과를 높이기 위한 행동전략

㉠ 자기자본이익률(ROE)을 높인다.

㉡ 일을 미루지 않는다.

㉢ 업무를 묶어서 처리한다.

㉣ 다른 사람과 다른 방식으로 일한다.

㉤ 회사와 팀의 업무 지침을 따른다.

㉥ 역할 모델을 설정한다.

④ 합리적인 의사결정 과정 : 문제의 근원 파악 → 의사결정 기준 및 가중치 결정 → 의사결정에 필요한 정보 수집 → 가능한 모든 대안 탐색 → 각 대안을 분석 · 평가 → 최적안 선택 → 결과 평가 및 피드백

(3) 경력개발능력

① 개념 : 경력개발은 개인이 경력목표와 전략을 수립하고 실행하며 피드백 하는 과정으로, 개인은 한 조직의 구성원으로서 조직과 함께 상호작용하며 자신의 경력을 개발해 나간다.

② 경력개발의 구성

㉠ 경력계획 : 자신과 상황을 인식하고 경력 관련 목표를 설정하여 그 목표를 달성하기 위한 과정이다.

㉡ 경력관리 : 경력계획에 따라 준비하고 실행하며 피드백하는 과정이다.

③ 경력개발의 필요성

구분	내용
환경변화	• 지식정보의 빠른 변화 • 인력난 심화 • 삶의 질 추구 • 중견사원 이직증가
조직요구	• 경영전략 변화 • 승진적체 • 직무환경 변화 • 능력주의 문화
개인요구	• 발달단계에 따른 가치관 · 신념 변화 • 전문성 축적 및 성장 요구 증가 • 개인의 고용시장 가치 증대

④ 개인의 경력단계

㉠ 직업선택(0~25세) : 자신에게 적합한 직업이 무엇인지를 탐색하고 이를 선택한 후, 필요한 능력을 키우는 과정

㉡ 조직입사(18~25세) : 학교 졸업 후 자신이 선택한 경력분야에서 원하는 조직의 일자리를 얻으며 직무를 선택하는 과정

㉢ 경력초기(25~40세) : 업무의 내용을 파악하고 조직의 규칙이나 규범·분위기를 알고 적응해 나가는 과정

㉣ 경력중기(40~55세) : 자신이 그동안 성취한 것을 재평가하고 생산성을 그대로 유지하는 단계

㉤ 경력말기(55세~퇴직) : 자신의 가치를 지속적으로 유지하는 동시에 퇴직을 고려하는 단계

예제 4

다음은 어떤 사람의 경력단계이다. 이 사람의 첫 번째 경력 말기는 몇 세부터 몇 세까지인가?

20세 전문대 유통학과 입학
21세 군 입대
23세 군 제대 후 학교 복학
24세 유통학과에 별 뜻이 없고, 조리사가 되고 싶어 조리학원 다니기 시작
25세 유통학과 겨우 졸업, 한식 조리사 자격증 취득
26세 조리사로 취업
30세 일식 조리사 자격증 취득
35세 양식 조리사 자격증 취득
50세 자신의 조리사 생활을 되돌아보고 자신만의 식당을 창업을 하기로 하고 퇴직 준비기간을 가짐
53세 퇴직
55세 음식업 창업
70세 퇴직

① 24~25세 ② 26~30세
③ 50~53세 ④ 70세

출제의도

평생에 걸친 경력단계의 내용을 파악하고 실제로 한 사람의 인생을 경력단계에 따라 구분할 수 있는지를 평가하는 문항이다.

해 설

이 사람은 50세에 자신의 조리사 생활을 되돌아보고 퇴직을 생각하면서 창업을 준비하였고 53세에 퇴직하였다.

답 ③

⑤ 경력개발 과정

과정		내용
1단계	직무정보 탐색	• 관심 직무에서 요구하는 능력 • 고용이나 승진전망 • 직무만족도 등
2단계	자신과 환경 이해	• 자신의 능력, 흥미, 적성, 가치관 • 직무관련 환경의 기회와 장애요인
3단계	경력목표 설정	• 장기목표 수립 : 5~7년 • 단기목표 수립 : 2~3년
4단계	경력개발 전략수립	• 현재 직무의 성공적 수행 • 역량 강화 • 인적 네트워크 강화
5단계	실행 및 평가	• 실행 • 경력목표, 전략의 수정

예제 5

경력목표를 설정하는 데 도움이 될 수 있도록 하는 탐색의 방법에는 자기탐색과 환경탐색이 있다. 인사팀에서 근무하는 W가 환경탐색의 방법으로 탐색하려고 할 때 가장 거리가 먼 것은?

① 자격정보 사이트인 Q-Net에 접속해 본다.
② 주변 지인과 대화한 것을 메모해 본다.
③ 자신만의 일기를 쓰고 성찰의 과정을 거친다.
④ 회사의 연간 보고서를 훑어본다.

출제의도

탐색의 방법에 관한 내용을 숙지하고 자기탐색과 환경탐색을 구분할 수 있는지를 평가하는 문항이다.

해 설

경력개발 과정 중 '자신과 환경이해'의 2단계에서는 경력목표를 설정하는데 도움이 될 수 있도록 자신의 능력, 흥미, 적성, 가치관 등을 파악하고 직무와 관련된 주변 환경의 기회와 장애요인에 대하여 정확하게 분석한다. 탐색의 방법에는 자기탐색과 환경탐색이 있으며 ③의 방법은 자기탐색에 관한 방법에 해당한다.

답 ③

1 직장생활에서의 대인관계

(1) 대인관계능력

① 의미 직장생활에서 협조적인 관계를 유지하고, 조직구성원들에게 도움을 줄 수 있으며, 조직내부 및 외부의 갈등을 원만히 해결하고 고객의 요구를 충족시켜줄 수 있는 능력이다.

② 인간관계를 형성할 때 가장 중요한 것은 자신의 내면이다.

예제 1

인간관계를 형성하는데 있어 가장 중요한 것은?

① 외적 성격 위주의 사고
② 이해득실 위주의 만남
③ 자신의 내면
④ 피상적인 인간관계 기법

출제의도

인간관계형성에 있어서 가장 중요한 요소가 무엇인지 묻는 문제다.

해 설

③ 인간관계를 형성하는데 있어서 가장 중요한 것은 자신의 내면이고 이때 필요한 기술이나 기법 등은 자신의 내면에서 자연스럽게 우러나와야 한다.

답 ③

(2) 대인관계 향상 방법

① 감정은행계좌 : 인간관계에서 구축하는 신뢰의 정도

② 감정은행계좌를 적립하기 위한 6가지 주요 예입 수단
- ㉠ 상대방에 대한 이해심
- ㉡ 사소한 일에 대한 관심
- ㉢ 약속의 이행
- ㉣ 기대의 명확화
- ㉤ 언행일치
- ㉥ 진지한 사과

2 대인관계능력을 구성하는 하위능력

(1) 팀워크능력

① 팀워크의 의미

㉠ 팀워크와 응집력

- 팀워크 : 팀 구성원이 공동의 목적을 달성하기 위해 상호 관계성을 가지고 협력하여 일을 해 나가는 것
- 응집력 : 사람들로 하여금 집단에 머물도록 만들고 그 집단의 멤버로서 계속 남아있기를 원하게 만드는 힘

예제 2

A회사에서는 격주로 사원 소식지 '우리가족'을 발행하고 있다. 이번 호의 특집 테마는 팀워크에 대한 것으로, 좋은 사례를 모으고 있다. 다음 중 팀워크의 사례로 가장 적절하지 않은 것은 무엇인가?

① 팀원들의 개성과 장점을 살려 사내 직원 연극대회에서 대상을 받을 수 있었던 사례
② 팀장의 갑작스러운 부재 상황에서 팀원들이 서로 역할을 분담하고 소통을 긴밀하게 하면서 팀의 당초 목표를 원만하게 달성할 수 있었던 사례
③ 자재 조달의 차질로 인해 납기 준수가 어려웠던 상황을 팀원들이 똘똘 뭉쳐 헌신적으로 일한 결과 주문 받은 물품을 성공적으로 납품할 수 있었던 사례
④ 팀의 분위기가 편안하고 인간적이어서 주기적인 직무순환 시기가 도래해도 다른 부서로 가고 싶어 하지 않는 사례

출제의도

팀워크와 응집력에 대한 문제로 각 용어에 대한 정의를 알고 이를 실제 사례를 통해 구분할 수 있어야 한다.

해 설

④ 응집력에 대한 사례에 해당한다.

답 ④

㉡ 팀워크의 유형

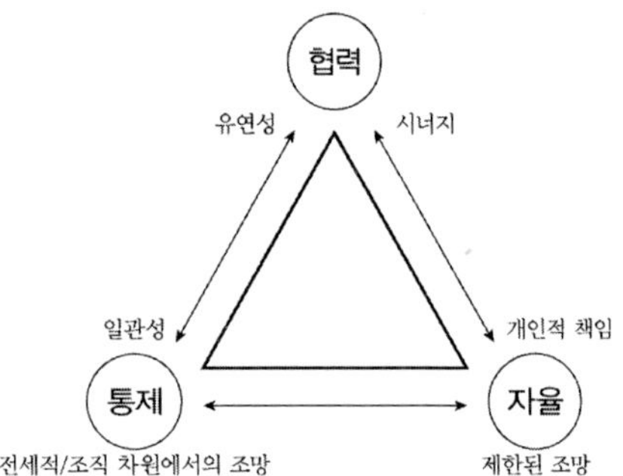

② 효과적인 팀의 특성

㉠ 팀의 사명과 목표를 명확하게 기술한다.

㉡ 창조적으로 운영된다.

㉢ 결과에 초점을 맞춘다.

㉣ 역할과 책임을 명료화시킨다.

㉤ 조직화가 잘 되어 있다.

㉥ 개인의 강점을 활용한다.

㉦ 리더십 역량을 공유하며 구성원 상호간에 지원을 아끼지 않는다.

㉧ 팀 풍토를 발전시킨다.

㉨ 의견의 불일치를 건설적으로 해결한다.

㉩ 개방적으로 의사소통한다.

㉪ 객관적인 결정을 내린다.

㉫ 팀 자체의 효과성을 평가한다.

③ 멤버십의 의미

㉠ 멤버십은 조직의 구성원으로서의 자격과 지위를 갖는 것으로 훌륭한 멤버십은 팔로워십(followership)의 역할을 충실하게 수행하는 것이다.

㉡ 멤버십 유형 : 독립적 사고와 적극적 실천에 따른 구분

구분	소외형	순응형	실무형	수동형	주도형
자아상	• 자립적인 사람 • 일부러 반대의견 제시 • 조직의 양심	• 기쁜 마음으로 과업 수행 • 팀플레이를 함 • 리더나 조직을 믿고 헌신함	• 조직의 운영방침에 민감 • 사건을 균형 잡힌 시각으로 봄 • 규정과 규칙에 따라 행동함	• 판단, 사고를 리더에 의존 • 지시가 있어야 행동	• 스스로 생각하고 건설적 비판을 하며 자기 나름의 개성이 있고 혁신적 · 창조적 • 솔선수범하고 주인의식을 가지며 적극적으로 참여하고 자발적, 기대 이상의 성과를 내려고 노력
동료/리더의 시각	• 냉소적 • 부정적 • 고집이 셈	• 아이디어가 없음 • 인기 없는 일은 하지 않음 • 조직을 위해 자신과 가족의 요구를 양보함	• 개인의 이익을 극대화하기 위한 흥정에 능함 • 적당한 열의와 평범한 수완으로 업무 수행	• 하는 일이 없음 • 제 몫을 하지 못 함 • 업무 수행에는 감독이 반드시 필요	
조직에 대한 자신의 느낌	• 자신을 인정 안 해줌 • 적절한 보상이 없음 • 불공정하고 문제가 있음	• 기존 질서를 따르는 것이 중요 • 리더의 의견을 거스르는 것은 어려운 일임 • 획일적인 태도 행동에 익숙함	• 규정준수를 강조 • 명령과 계획의 빈번한 변경 • 리더와 부하 간의 비인간적 풍토	• 조직이 나의 아이디어를 원치 않음 • 노력과 공헌을 해도 아무 소용이 없음 • 리더는 항상 자기 마음대로 함	

④ 팀워크 촉진 방법

㉠ 동료 피드백 장려하기

㉡ 갈등 해결하기

㉢ 창의력 조성을 위해 협력하기

㉣ 참여적으로 의사결정하기

(2) 리더십능력

① 리더십의 의미 : 리더십이란 조직의 공통된 목적을 달성하기 위하여 개인이 조직원들에게 영향을 미치는 과정이다.

㉠ 리더십 발휘 구도 : 산업 사회에서는 상사가 하급자에게 리더십을 발휘하는 수직적 구조였다면 정보 사회로 오면서 하급자뿐만 아니라 동료나 상사에게까지도 발휘하는 전방위적 구조로 바뀌었다.

㉡ 리더와 관리자

리더	관리자
• 새로운 상황 창조자 • 혁신지향적 • 내일에 초점을 둠. • 사람의 마음에 불을 지핀다. • 사람을 중시 • 정신적 • 계산된 리스크를 취한다. • '무엇을 할까'를 생각한다.	• 상황에 수동적 • 유지지향적 둠. • 오늘에 초점을 둠. • 사람을 관리한다. • 체제나 기구를 중시 • 기계적 • 리스크를 회피한다. • '어떻게 할까'를 생각한다.

예제 3

리더에 대한 설명으로 옳지 않은 것은?

① 사람을 중시한다.
② 오늘에 초점을 둔다.
③ 혁신지향적이다.
④ 새로운 상황 창조자이다.

출제의도

리더와 관리자에 대한 문제로 각각에 대해 완벽하게 구분할 수 있어야 한다.

해 설

② 리더는 내일에 초점을 둔다.

답 ②

② 리더십 유형

㉠ 독재자 유형 : 정책의사결정과 대부분의 핵심정보를 그들 스스로에게만 국한하여 소유하고 고수하려는 경향이 있다. 통제 없이 방만한 상태, 가시적인 성과물이 안 보일 때 효과적이다.

㉡ 민주주의에 근접한 유형 : 그룹에 정보를 잘 전달하려고 노력하고 전체 그룹의 구성원 모두를 목표방향으로 설정에 참여하게 함으로써 구성원들에게 확신을 심어주려고 노력한다. 혁신적이고 탁월한 부하직원들을 거느리고 있을 때 효과적이다.

㉢ 파트너십 유형 : 리더와 집단 구성원 사이의 구분이 희미하고 리더가 조직에서 한 구성원이 되기도 한다. 소규모 조직에서 경험, 재능을 소유한 조직원이 있을 때 효과적으로 활용할 수 있다.

㉣ 변혁적 리더십 유형 : 개개인과 팀이 유지해 온 업무수행 상태를 뛰어넘어 전체 조직이나 팀원들에게 변화를 가져오는 원동력이 된다. 조직에 있어 획기적인 변화가 요구될 때 활용할 수 있다.

③ 동기부여 방법

㉠ 긍정적 강화법을 활용한다.

㉡ 새로운 도전의 기회를 부여한다.

㉢ 창의적인 문제해결법을 찾는다.

㉣ 책임감으로 철저히 무장한다.

㉤ 몇 가지 코칭을 한다.

㉥ 변화를 두려워하지 않는다.

㉦ 지속적으로 교육한다.

④ 코칭

㉠ 코칭은 조직의 지속적인 성장과 성공을 만들어내는 리더의 능력으로 직원들의 능력을 신뢰하며 확신하고 있다는 사실에 기초한다.

㉡ 코칭의 기본 원칙

- 관리는 만병통치약이 아니다.
- 권한을 위임한다.
- 훌륭한 코치는 뛰어난 경청자이다.
- 목표를 정하는 것이 가장 중요하다.

⑤ 임파워먼트 : 조직성원들을 신뢰하고 그들의 잠재력을 믿으며 그 잠재력의 개발을 통해 High Performance 조직이 되도록 하는 일련의 행위이다.

㉠ 임파워먼트의 이점(High Performance 조직의 이점)

- 나는 매우 중요한 일을 하고 있으며, 이 일은 다른 사람이 하는 일보다 훨씬 중요한 일이다.
- 일의 과정과 결과에 나의 영향력이 크게 작용했다.

• 나는 정말로 도전하고 있고 나는 계속해서 성장하고 있다.
• 우리 조직에서는 아이디어가 존중되고 있다.
• 내가 하는 일은 항상 재미가 있다.
• 우리 조직의 구성원들은 모두 대단한 사람들이며, 다 같이 협력해서 승리하고 있다.

㉡ 임파워먼트의 충족 기준
• 여건의 조건 : 사람들이 자유롭게 참여하고 기여할 수 있는 여건 조성
• 재능과 에너지의 극대화
• 명확하고 의미 있는 목적에 초점

㉢ 높은 성과를 내는 임파워먼트 환경의 특징
• 도전적이고 흥미 있는 일
• 학습과 성장의 기회
• 높은 성과와 지속적인 개선을 가져오는 요인들에 대한 통제
• 성과에 대한 지식
• 긍정적인 인간관계
• 개인들이 공헌하며 만족한다는 느낌
• 상부로부터의 지원

㉣ 임파워먼트의 장애요인
• 개인 차원 : 주어진 일을 해내는 역량의 결여, 동기의 결여, 결의의 부족, 책임감 부족, 의존성
• 대인 차원 : 다른 사람과의 성실성 결여, 약속 불이행, 성과를 제한하는 조직의 규범, 갈등처리 능력 부족, 승패의 태도
• 관리 차원 : 통제적 리더십 스타일, 효과적 리더십 발휘 능력 결여, 경험 부족, 정책 및 기획의 실행 능력 결여, 비전의 효과적 전달능력 결여
• 조직 차원 : 공감대 형성이 없는 구조와 시스템, 제한된 정책과 절차

⑥ 변화관리의 3단계 : 변화 이해 → 변화 인식 → 변화 수용

(3) 갈등관리능력

① 갈등의 의미 및 원인

㉠ 갈등이란 상호 간의 의견차이 때문에 생기는 것으로 당사가 간에 가치, 규범, 이해, 아이디어, 목표 등이 서로 불일치하여 충돌하는 상태를 의미한다.

㉡ 갈등을 확인할 수 있는 단서
• 지나치게 감정적으로 논평과 제안을 하는 것
• 타인의 의견발표가 끝나기도 전에 타인의 의견에 대해 공격하는 것
• 핵심을 이해하지 못한데 대해 서로 비난하는 것

- 편을 가르고 타협하기를 거부하는 것
- 개인적인 수준에서 미묘한 방식으로 서로를 공격하는 것

㉢ 갈등을 증폭시키는 원인 : 적대적 행동, 입장 고수, 감정적 관여 등

② 실제로 존재하는 갈등 파악

㉠ 갈등의 두 가지 쟁점

핵심 문제	감정적 문제
• 역할 모호성 • 방법에 대한 불일치 • 목표에 대한 불일치 • 절차에 대한 불일치 • 책임에 대한 불일치 • 가치에 대한 불일치 • 사실에 대한 불일치	• 공존할 수 없는 개인적 스타일 • 통제나 권력 확보를 위한 싸움 • 자존심에 대한 위협 • 질투 • 분노

예제 4

갈등의 두 가지 쟁점 중 감정적 문제에 대한 설명으로 적절하지 않은 것은?

① 공존할 수 없는 개인적 스타일
② 역할 모호성
③ 통제나 권력 확보를 위한 싸움
④ 자존심에 대한 위협

출제의도

갈등의 두 가지 쟁점인 핵심문제와 감정적 문제에 대해 묻는 문제로 이 두 가지 쟁점을 구분할 수 있는 능력이 필요하다.

해 설

② 갈등의 두 가지 쟁점 중 핵심 문제에 대한 설명이다.

㉡ 갈등의 두 가지 유형

- 불필요한 갈등 : 개개인이 저마다 문제를 다르게 인식하거나 정보가 부족한 경우, 편견 때문에 발생한 의견 불일치로 적대적 감정이 생길 때 불필요한 갈등이 일어난다.
- 해결할 수 있는 갈등 : 목표와 욕망, 가치, 문제를 바라보는 시각과 이해하는 시각이 다를 경우에 일어날 수 있는 갈등이다.

③ 갈등해결 방법

㉠ 다른 사람들의 입장을 이해한다.

㉡ 사람들이 당황하는 모습을 자세하게 살핀다.

㉢ 어려운 문제는 피하지 말고 맞선다.

㉣ 자신의 의견을 명확하게 밝히고 지속적으로 강화한다.

㉤ 사람들과 눈을 자주 마주친다.

㉥ 마음을 열어놓고 적극적으로 경청한다.

㉦ 타협하려 애쓴다.

㉧ 어느 한쪽으로 치우치지 않는다.

㉨ 논쟁하고 싶은 유혹을 떨쳐낸다.

㉩ 존중하는 자세로 사람들을 대한다.

④ 윈-윈(Win-Win) 갈등 관리법 : 갈등과 관련된 모든 사람으로부터 의견을 받아서 문제의 본질적인 해결책을 얻고자 하는 방법이다.

⑤ 갈등을 최소화하기 위한 기본원칙

㉠ 먼저 다른 팀원의 말을 경청하고 나서 어떻게 반응할 것인가를 결정한다.

㉡ 모든 사람이 거의 대부분의 문제에 대해 나름의 의견을 가지고 있다는 점을 인식한다.

㉢ 의견의 차이를 인정한다.

㉣ 팀 갈등해결 모델을 사용한다.

㉤ 자신이 받기를 원하지 않는 형태로 남에게 작업을 넘겨주지 않는다.

㉥ 다른 사람으로부터 그러한 작업을 넘겨받지 않는다.

㉦ 조금이라도 의심이 날 때에는 분명하게 말해 줄 것을 요구한다.

㉧ 가정하는 것은 위험하다.

㉨ 자신의 책임이 어디서부터 어디까지인지를 명확히 하고 다른 팀원의 책임과 어떻게 조화되는지를 명확히 한다.

㉩ 자신이 알고 있는 바를 알 필요가 있는 사람들을 새롭게 파악한다.

㉪ 다른 팀원과 불일치하는 쟁점이나 사항이 있다면 다른 사람이 아닌 당사자에게 직접 말한다.

(4) 협상능력

① 협상의 의미

㉠ 의사소통 차원 : 이해당사자들이 자신들의 욕구를 충족시키기 위해 상대방으로부터 최선의 것을 얻어내려 설득하는 커뮤니케이션 과정

㉡ 갈등해결 차원 : 갈등관계에 있는 이해당사자들이 대화를 통해서 갈등을 해결하고자 하는 상호작용과정

㉢ 지식과 노력 차원 : 우리가 얻고자 하는 것을 가진 사람의 호의를 쟁취하기 위한 것에 관한 지식이며 노력의 분야

㉣ 의사결정 차원 : 선호가 서로 다른 협상 당사자들이 합의에 도달하기 위해 공동으로 의사결정 하는 과정

㉤ 교섭 차원 : 둘 이상의 이해당사자들이 여러 대안들 가운데서 이해당사자들 모두가 수용 가능한 대안을 찾기 위한 의사결정과정

② 협상 과정

단계	내용
협상 시작	• 협상 당사자들 사이에 상호 친근감을 쌓음 • 간접적인 방법으로 협상의사를 전달함 • 상대방의 협상의지를 확인함 • 협상진행을 위한 체제를 짬
상호 이해	• 갈등문제의 진행상황과 현재의 상황을 점검함 • 적극적으로 경청하고 자기주장을 제시함 • 협상을 위한 협상대상 안건을 결정함
실질 이해	• 겉으로 주장하는 것과 실제로 원하는 것을 구분하여 실제로 원하는 것을 찾아 냄 • 분할과 통합 기법을 활용하여 이해관계를 분석함
해결 대안	• 협상 안건마다 대안들을 평가함 • 개발한 대안들을 평가함 • 최선의 대안에 대해서 합의하고 선택함 • 대안 이행을 위한 실행계획을 수립함
합의 문서	• 합의문을 작성함 • 합의문상의 합의내용, 용어 등을 재점검함 • 합의문에 서명함

③ 협상전략

㉠ 협력전략 : 협상 참여자들이 협동과 통합으로 문제를 해결하고자 하는 협력적 문제해결전략

㉡ 유화전략 : 양보전략으로 상대방이 제시하는 것을 일방적으로 수용하여 협상의 가능성을 높이려는 전략이다. 순응전략, 화해전략, 수용전략이라고도 한다.

㉢ 회피전략 : 무행동전략으로 협상으로부터 철수하는 철수전략이다. 협상을 피하거나 잠정적으로 중단한다.

㉣ 강압전략 : 경쟁전략으로 자신이 상대방보다 힘에 있어서 우위를 점유하고 있을 때 자신의 이익을 극대화하기 위한 공격적 전략이다.

④ 상대방 설득 방법의 종류

㉠ See-Feel-Change 전략 : 시각화를 통해 직접 보고 스스로가 느끼게 하여 변화시켜 설득에 성공하는 전략

㉡ 상대방 이해 전략 : 상대방에 대한 이해를 바탕으로 갈등해결을 용이하게 하는 전략

㉢ 호혜관계 형성 전략 : 혜택들을 주고받은 호혜관계 형성을 통해 협상을 용이하게 하는 전략

㉣ 헌신과 일관성 전략 : 협상 당사자간에 기대하는 바에 일관성 있게 헌신적으로 부응하여 행동함으로서 협상을 용이하게 하는 전략

㉤ 사회적 입증 전략 : 과학적인 논리보다 동료나 사람들의 행동에 의해서 상대방을 설득하는 전략

㉥ 연결전략 : 갈등 문제와 갈등관리자를 연결시키는 것이 아니라 갈등을 야기한 사람과 관리자를 연결시킴으로서 협상을 용이하게 하는 전략

㉦ 권위전략 : 직위나 전문성, 외모 등을 활용하여 협상을 용이하게 하는 전략

㉧ 희소성 해결 전략 : 인적, 물적 자원 등의 희소성을 해결함으로서 협상과정상의 갈등해결을 용이하게 하는 전략

㉨ 반항심 극복 전략 : 억압하면 할수록 더욱 반항하게 될 가능성이 높아지므로 이를 피함으로서 협상을 용이하게 하는 전략

(5) 고객서비스능력

① 고객서비스의 의미 : 고객서비스란 다양한 고객의 요구를 파악하고 대응법을 마련하여 고객에게 양질의 서비스를 제공하는 것을 말한다.

② 고객의 불만표현 유형 및 대응방안

불만표현 유형	대응방안
거만형	• 정중하게 대하는 것이 좋다. • 자신의 과시욕이 채워지도록 뽐내게 내버려 둔다. • 의외로 단순한 면이 있으므로 일단 호감을 얻게 되면 득이 될 경우도 있다.
의심형	• 분명한 증거나 근거를 제시하여 스스로 확신을 갖도록 유도한다. • 때로는 책임자로 하여금 응대하는 것도 좋다.
트집형	• 이야기를 경청하고 맞장구를 치며 추켜세우고 설득해 가는 방법이 효과적이다. • '손님의 말씀이 맞습니다.' 하고 고객의 지적이 옳음을 표시한 후 '저도 그렇게 생각하고 있습니다만……' 하고 설득한다. • 잠자코 고객의 의견을 경청하고 사과를 하는 응대가 바람직하다.
빨리빨리형	• '글쎄요.', '아마' 하는 식으로 애매한 화법을 사용하지 않는다. • 만사를 시원스럽게 처리하는 모습을 보이면 응대하기 쉽다.

③ 고객 불만처리 프로세스

단계	내용
경청	• 고객의 항의를 경청하고 끝까지 듣는다. • 선입관을 버리고 문제를 파악한다.
감사와 공감표시	• 일부러 시간을 내서 해결의 기회를 준 것에 감사를 표시한다. • 고객의 항의에 공감을 표시한다.
사과	• 고객의 이야기를 듣고 문제점에 대해 인정하고, 잘못된 부분에 대해 사과한다.
해결약속	• 고객이 불만을 느낀 상황에 대해 관심과 공감을 보이며, 문제의 빠른 해결을 약속한다.
정보파악	• 문제해결을 위해 꼭 필요한 질문만 하여 정보를 얻는다. • 최선의 해결방법을 찾기 어려우면 고객에게 어떻게 해주면 만족스러운지를 묻는다.
신속처리	• 잘못된 부분을 신속하게 시정한다.
처리확인과 사과	• 불만처리 후 고객에게 처리 결과에 만족하는지를 물어본다.
피드백	• 고객 불만 사례를 회사 및 전 직원에게 알려 다시는 동일한 문제가 발생하지 않도록 한다.

④ 고객만족 조사

㉠ 목적 : 고객의 주요 요구를 파악하여 가장 중요한 고객요구를 도출하고 자사가 가지고 있는 자원을 토대로 경영 프로세스의 개선에 활용함으로써 경쟁력을 증대시키는 것이다.

㉡ 고객만족 조사계획에서 수행되어야 할 것

- 조사 분야 및 대상 결정
- 조사목적 설정 : 전체적 경향의 파악, 고객에 대한 개별대응 및 고객과의 관계유지 파악, 평가목적, 개선목적
- 조사방법 및 횟수
- 조사결과 활용 계획

예제 5

고객중심 기업의 특징으로 옳지 않은 것은?

① 고객이 정보, 제품, 서비스 등에 쉽게 접근할 수 있도록 한다.
② 보다 나은 서비스를 제공할 수 있도록 기업정책을 수립한다.
③ 고객 만족에 중점을 둔다.
④ 기업이 행한 서비스에 대한 평가는 한번으로 끝낸다.

출제의도

고객서비스능력에 대한 포괄적인 문제로 실제 고객중심 기업의 입장에서 생각해 보면 쉽게 풀 수 있는 문제다.

해 설

④ 기업이 행한 서비스에 대한 평가는 수시로 이루어져야 한다.

답 ④

1 윤리와 직업

(1) 윤리의 의미

① 윤리적 인간 : 공동의 이익을 추구하고 도덕적 가치 신념을 기반으로 형성된다.

② 윤리규범의 형성 : 공동생활과 협력을 필요로 하는 인간생활에서 형성되는 공동행동의 룰을 기반으로 형성된다.

③ 윤리의 의미 : 인간과 인간 사이에서 지켜야 할 도리를 바르게 하는 것으로 인간 사회에 필요한 올바른 질서라고 할 수 있다.

예제 5

윤리에 대한 설명으로 옳지 않은 것은?

① 윤리는 인간과 인간 사이에서 지켜져야 할 도리를 바르게 하는 것으로 볼 수 있다.
② 동양적 사고에서 윤리는 인륜과 동일한 의미이며, 엄격한 규율이나 규범의 의미가 배어 있다.
③ 인간은 윤리를 존중하며 살아야 사회가 질서와 평화를 얻게 되고, 모든 사람이 안심하고 개인적 행복을 얻게 된다.
④ 윤리는 세상에 두 사람 이상이 있으면 존재하며, 반대로 혼자 있을 때도 지켜져야 한다.

출제의도

윤리의 의미와 윤리적 인간, 윤리규범의 형성 등에 대한 기본적인 이해를 평가는 문제이다.

해 설

윤리는 인간과 인간 사이에서 지켜져야 할 도리를 바르게 하는 것으로서 이 세상에 두 사람 이상이 있으면 존재하고 반대로 혼자 있을 때에는 의미가 없는 말이 되기도 한다.

답 ④

(2) 직업의 의미

① 본인의 자발적 의사에 의한 장기적으로 지속하는 일로, 경제적 보상이 따라야 한다.

② 입신출세론 : 입신양명(立身揚名)이 입신출세(立身出世)로 바뀌면서 현대에 와서는 직업 활동의 결과를 출세에 비중을 두는 경향이 짙어졌다.

③ 3D 기피현상 : 힘들고(Difficult), 더럽고(Dirty), 위험한(Dangerous) 일은 하지 않으려고 하는 현상

(3) 직업윤리

① 직업인이라면 반드시 지켜야 할 공통적인 윤리규범으로 어느 직장에 다니느냐를 구분하지 않는다.

② 직업윤리와 개인윤리의 조화

㉠ 업무상 행해지는 개인의 판단과 행동이 사회적 파급력이 큰 기업시스템을 통하여 다수의 이해관계자와 관련된다.

㉡ 많은 사람의 고도화 된 협력을 요구하므로 맡은 역할에 대한 책임완수와 투명한 일 처리가 필요하다.

㉢ 규모가 큰 공동 재산 · 정보 등을 개인이 관리하므로 높은 윤리의식이 요구된다.

㉣ 직장이라는 특수 상황에서 갖는 집단적 인간관계는 가족관계, 친분관계와는 다른 배려가 요구된다.

㉤ 기업은 경쟁을 통하여 사회적 책임을 다하고, 보다 강한 경쟁력을 키우기 위하여 조직원인의 역할과 능력을 꾸준히 향상시켜야 한다.

㉥ 직무에 따른 특수한 상황에서는 개인 차원의 일반 상식과 기준으로는 규제할 수 없는 경우가 많다.

예제 2

직업윤리에 대한 설명으로 옳지 않은 것은?

① 개인윤리를 바탕으로 각자가 직업에 종사하는 과정에서 요구되는 특수한 윤리규범이다.
② 직업에 종사하는 현대인으로서 누구나 공통적으로 지켜야 할 윤리기준을 직업윤리라 한다.
③ 개인윤리의 기본 덕목인 사랑, 자비 등과 공동발전의 추구, 장기적 상호이익 등의 기본은 직업윤리도 동일하다.
④ 직업을 가진 사람이라면 반드시 지켜야 할 윤리규범이며, 중소기업 이상의 직장에 다니느냐에 따라 구분된다.

출제의도

직업윤리의 정의와 내용에 대한 올바른 이해를 요구하는 문제이다.

해 설

직업윤리란 직업을 가진 사람이라면 반드시 지켜야 할 공통적인 윤리규범을 말하는 것으로 어느 직장에 다니느냐를 구분하지 않는다.

답 ④

2 직업윤리를 구성하는 하위능력

(1) 근로윤리

① 근면한 태도

㉠ 근면이란 게으르지 않고 부지런한 것으로 근면하기 위해서는 일에 임할 때 적극적이고 능동적인 자세가 필요하다.

㉡ 근면의 종류

- 외부로부터 강요당한 근면
- 스스로 자진해서 하는 근면

② 정직한 행동

㉠ 정직은 신뢰를 형성하고 유지하는 데 기본적이고 필수적인 규범이다.

㉡ 정직과 신용을 구축하기 위한 지침

- 정직과 신뢰의 자산을 매일 조금씩 쌓아가자
- 잘못된 것도 정직하게 밝히자
- 타협하거나 부정직을 눈감아 주지 말자
- 부정직한 관행은 인정하지 말자

③ 성실한 자세 : 성실은 일관하는 마음과 정성의 덕으로 자신의 일에 최선을 다하고자 하는 마음자세를 가지고 업무에 임하는 것이다.

예제 3

우리 사회에서 정직과 신용을 구축하기 위한 지침으로 볼 수 없는 것은?

① 정직과 신뢰의 자산을 매일 조금씩 쌓아가도록 한다.
② 잘못된 것도 정직하게 밝혀야 한다.
③ 작은 실수는 눈감아 주고 때론 타협을 하여야 한다.
④ 부정직한 관행은 인정하지 말아야 한다.

출제의도

근로윤리 중에서도 정직한 행동과 성실한 자세에 대해 올바르게 이해하고 있는지 평가하는 문제이다.

해 설

타협하거나 부정직한 일에 대해서는 눈감아주지 말아야 한다.

답 ③

(2) 공동체윤리

① 봉사(서비스)의 의미

㉠ 직업인에게 봉사란 자신보다 고객의 가치를 최우선으로 하는 서비스 개념이다.

㉡ SERVICE의 7가지 의미

- S(Smile & Speed) : 서비스는 미소와 함께 신속하게 하는 것
- E(Emotion) : 서비스는 감동을 주는 것
- R(Respect) : 서비스는 고객을 존중하는 것
- V(Value) : 서비스는 고객에게 가치를 제공하는 것
- I(Image) : 서비스는 고객에게 좋은 이미지를 심어 주는 것
- C(Courtesy) : 서비스는 예의를 갖추고 정중하게 하는 것
- E(Excellence) : 서비스는 고객에게 탁월하게 제공되어져야 하는 것

㉢ 고객접점서비스 : 고객과 서비스 요원 사이에서 15초 동안의 짧은 순간에 이루어지는 서비스로, 이 순간을 진실의 순간(MOT ; Moment of Truth) 또는 결정적 순간이라고 한다.

② 책임의 의미 : 책임은 모든 결과는 나의 선택으로 인한 결과임을 인식하는 태도로, 상황을 회피하지 않고 맞닥뜨려 해결하는 자세가 필요하다.

③ 준법의 의미 : 민주 시민으로서 기본적으로 지켜야 하는 의무이며 생활 자세이다.

④ 예절의 의미 : 일정한 생활문화권에서 오랜 생활습관을 통해 하나의 공통된 생활방법으로 정립되어 관습적으로 행해지는 사회계약적 생활규범으로, 언어문화권에 따라 다르고 같은 언어문화권이라도 지방에 따라 다를 수 있다.

⑤ 직장에서의 예절

㉠ 직장에서의 인사예절

- 악수

−악수를 하는 동안에는 상대에게 집중하는 의미로 반드시 눈을 맞추고 미소를 짓는다.
−악수를 할 때는 오른손을 사용하고, 너무 강하게 쥐어짜듯이 잡지 않는다.
−악수는 힘 있게 해야 하지만 상대의 뼈를 부수듯이 손을 잡지 말아야 한다.
−악수는 서로의 이름을 말하고 간단한 인사 몇 마디를 주고받는 정도의 시간 안에 끝내야 한다.

- 소개

−나이 어린 사람을 연장자에게 소개한다.
−내가 속해 있는 회사의 관계자를 타 회사의 관계자에게 소개한다.
−신참자를 고참자에게 소개한다.
−동료임원을 고객, 손님에게 소개한다.
−비임원을 임원에게 소개한다.
−소개받는 사람의 별칭은 그 이름이 비즈니스에서 사용되는 것이 아니라면 사용하지 않는다.

–반드시 성과 이름을 함께 말한다.
–상대방이 항상 사용하는 경우라면, Dr. 또는 Ph.D. 등의 칭호를 함께 언급한다.
–정부 고관의 직급명은 퇴직한 경우라도 항상 사용한다.
–천천히 그리고 명확하게 말한다.
–각각의 관심사와 최근의 성과에 대하여 간단한 언급을 한다.

• 명함 교환

–명함은 반드시 명함 지갑에서 꺼내고 상대방에게 받은 명함도 명함 지갑에 넣는다.
–상대방에게서 명함을 받으면 받은 즉시 호주머니에 넣지 않는다.
–명함은 하위에 있는 사람이 먼저 꺼내는데 상위자에 대해서는 왼손으로 가볍게 받쳐 내는 것이 예의이며, 동위자, 하위자에게는 오른손으로만 쥐고 건넨다.
–명힘을 받으면 그대로 집어넣지 말고 명함에 관해서 한두 마디 대화를 건네 본다.
–쌍방이 동시에 명함을 꺼낼 때는 왼손으로 서로 교환하고 오른손으로 옮겨진다.

ⓛ 직장에서의 전화예절

• 전화걸기

–전화를 걸기 전에 먼저 준비를 한다. 정보를 얻기 위해 전화를 하는 경우라면 얻고자 하는 내용을 미리 메모하도록 한다.
–전화를 건 이유를 숙지하고 이와 관련하여 대화를 나눌 수 있도록 준비한다.
–전화는 정상적인 업무가 이루어지고 있는 근무 시간에 걸도록 한다.
–당신이 통화를 원하는 상대와 통화할 수 없을 경우에 대비하여 비서나 다른 사람에게 메시지를 남길 수 있도록 준비한다.
–전화는 직접 걸도록 한다.
–전화를 해달라는 메시지를 받았다면 가능한 한 48시간 안에 답해주도록 한다.

• 전화받기

–전화벨이 3~4번 울리기 전에 받는다.
–당신이 누구인지를 즉시 말한다.
–천천히, 명확하게 예의를 갖추고 말한다.
–밝은 목소리로 말한다.
–말을 할 때 상대방의 이름을 함께 사용한다.
–메시지를 받아 적을 수 있도록 펜과 메모지를 곁에 둔다.
–주위의 소음을 최소화한다.
–긍정적인 말로서 전화 통화를 마치고 전화를 건 상대방에게 감사를 표시한다.

• 휴대전화

–당신이 어디에서 휴대전화로 전화를 하든지 간에 상대방에게 통화를 강요하지 않는다.
–상대방이 장거리 요금을 지불하게 되는 휴대전화의 사용은 피한다.

-운전하면서 휴대전화를 하지 않는다.
-친구의 휴대전화를 빌려 달라고 부탁하지 않는다.
-비상시에만 휴대전화를 사용하는 친구에게는 휴대전화로 전화하지 않는다.

㉢ 직장에서의 E-mail 예절

• E-mail 보내기
-상단에 보내는 사람의 이름을 적는다.
-메시지에는 언제나 제목을 넣도록 한다.
-메시지는 간략하게 만든다.
-요점을 빗나가지 않는 제목을 잡도록 한다.
-올바른 철자와 문법을 사용한다.

• E-mail 답하기
-원래 이-메일의 내용과 관련된 일관성 있는 답을 하도록 한다.
-다른 비즈니스 서신에서와 마찬가지로 화가 난 감정의 표현을 보내는 것은 피한다.
-답장이 어디로, 누구에게로 보내는지 주의한다.

⑥ 성예절을 지키기 위한 자세 : 직장에서 여성의 특징을 살린 한정된 업무를 담당하던 과거와는 달리 여성과 남성이 대등한 동반자 관계로 동등한 역할과 능력발휘를 한다는 인식을 가질 필요가 있다.

㉠ 직장 내에서 여성이 남성과 동등한 지위를 보장 받기 위해서 그만한 책임과 역할을 다해야 하며, 조직은 그에 상응하는 여건을 조성해야 한다.

㉡ 성희롱 문제를 사전에 예방하고 효과적으로 처리하는 방안이 필요한 것이다.

㉢ 남성 위주의 가부장적 문화와 성 역할에 대한 과거의 잘못된 인식을 타파하고 남녀공존의 직장문화를 정착하는 노력이 필요하다.

예제 4

예절에 대한 설명으로 옳지 않은 것은?

① 예절은 일정한 생활문화권에서 오랜 생활습관을 통해 하나의 공통된 생활방식으로 정립되어 관습적으로 행해지는 사회계약적인 생활규범이라 할 수 있다.
② 예절은 언어문화권에 따라 다르나 동일한 언어문화권일 경우에는 모두 동일하다.
③ 무리를 지어 하나의 문화를 형성하여 사는 일정한 지역을 생활문화권이라 하며, 이 문화권에 사는 사람들이 가장 편리하고 바람직한 방법이라고 여겨 그렇게 행하는 생활방법이 예절이다.
④ 예절은 한 나라에서 통일되어야 국민들이 생활하기가 수월하며, 올바른 예절을 지키는 것이 바른 삶을 사는 것이라 할 수 있다.

출제의도

공동체윤리에 속하는 여러 항목 중 예절의 의미와 특성에 대한 이해능력을 평가하는 문제이다.

해 설

예절은 언어문화권에 따라 다르고, 동일한 언어문화권이라도 지방에 따라 다를 수 있다. 예를 들면 우리나라의 경우 서울과 지방에 따라 예절이 조금씩 다르다.

답 ②

02 NCS 대표유형

PART ① 의사소통능력

정답 및 해설 P.370 

의사소통능력 대표유형

의사소통은 직장생활에서 조직과 팀의 효율성과 효과성을 성취할 목적으로 이루어지는 구성원 간의 정보와 지식 전달 과정으로, 의사소통능력은 업무능력의 기본이 된다. 크게 어휘, 어법, 독해 유형으로 구분되며 공문, 보도자료, 상품설명서, 약관 등의 실용문과 함께 정치 · 경제 · 사회 · 과학 · 문화 · 예술 등 다양한 분야의 지문이 출제된다.

1

다음의 밑줄 친 단어의 의미와 동일하게 쓰인 것은?

> 기획재정부는 26일 OO센터에서 '2017년 지방재정협의회'를 열고 내년도 예산안 편성 방향과 지역 현안 사업을 논의했다. 이 자리에는 17개 광역자치단체 부단체장과 기재부 예산실장 등 500여 명이 참석해 2018년 예산안 편성 방향과 약 530건의 지역 현안 사업에 대한 협의를 진행했다.
>
> 기재부 예산실장은 "내년에 정부는 일자리 창출, 4차 산업 혁명 대응, 저출산 극복, 양극화 완화 등 4대 핵심 분야에 예산을 집중적으로 투자할 계획이라며 이를 위해 신규 사업 관리 강화 등 10대 재정 운용 전략을 활용, 재정투자의 효율성을 높여갈 것"이라고 밝혔다. 이어 각 지방자치단체에서도 정부의 예산 편성 방향에 부합하도록 사업을 신청해 달라고 요청했다.
>
> 기재부는 이날 논의한 지역 현안 사업이 각 부처의 검토를 <u>거쳐</u> 다음달 26일까지 기재부에 신청되면, 관계 기관의 협의를 거쳐 내년도 예산안에 반영한다.

① 학생들은 초등학교부터 중학교, 고등학교를 <u>거쳐</u> 대학에 입학하게 된다.

② 가장 어려운 문제를 해결했으니 이제 특별히 <u>거칠</u> 문제는 없다.

③ 이번 출장 때는 독일 베를린을 <u>거쳐</u> 오스트리아 빈을 다녀올 예정이다.

④ 오랜만에 뒷산에 올라 보니, 무성하게 자란 칡덩굴이 발에 <u>거친다</u>.

2

다음 단락을 논리적 흐름에 맞게 바르게 배열한 것은?

> (가) 자본주의 사회에서 상대적으로 부유한 집단, 지역, 국가는 환경적 피해를 약자에게 전가하거나 기술적으로 회피할 수 있는 가능성을 가진다.
> (나) 오늘날 환경문제는 특정한 개별 지역이나 국가의 문제에서 나아가 전 지구적 문제로 확대되었지만, 이로 인한 피해는 사회 · 공간적으로 취약한 특정 계층이나 지역에 집중적으로 나타나는 환경적 불평등을 야기하고 있다.
> (다) 인간사회와 자연환경 간의 긴장관계 속에서 발생하고 있는 오늘날 환경위기의 해결 가능성은 논리적으로 뿐만 아니라 역사적으로 과학기술과 생산조직의 발전을 규정하는 사회적 생산관계의 전환을 통해서만 실현될 수 있다.
> (라) 부유한 국가나 지역은 마치 환경문제를 스스로 해결한 것처럼 보이기도 하며, 나아가 자본주의 경제체제 자체가 환경문제를 해결(또는 최소한 지연)할 수 있는 능력을 갖춘 것처럼 홍보되기도 한다.

① (가) － (나) － (라) － (다)

② (나) － (가) － (다) － (라)

③ (나) － (가) － (라) － (다)

④ (나) － (라) － (가) － (다)

3

다음 글에서 언급한 스마트 팩토리의 특징으로 옳지 않은 것은?

> 최근 스포츠 브랜드인 아디다스에서 소비자가 원하는 디자인, 깔창, 굽 모양 등의 옵션을 적용하여 다품종 소량생산 할 수 있는 스피드 팩토리를 선보였고, 그밖에도 제조업을 비롯해 다양한 산업에서 스마트 팩토리를 도입하면서 미래형 제조 시스템인 스마트 팩토리에 대한 관심이 커지고 있다. 과연 스마트 팩토리 무엇이며 어떤 기술로 구현되고 이점은 무엇일까?
>
> 스마트 팩토리란 ICT기술을 기반으로 제품의 기획, 설계, 생산, 유통, 판매의 전 과정을 자동화, 지능화하여 최소 비용과 최소 시간으로 다품종 대량생산이 가능한 미래형 공장을 의미한다. 스마트 팩토리가 구현되기 위해서는 다양한 기술이 적용되는데, 먼저 클라우드 기술은 인터넷에 연결되어 축적된 데이터를 저장하고 IoT 기술은 각종 사물에 컴퓨터 칩과 통신 기능을 내장해 인터넷에 연결한다. 또한 데이터를 분석하는 빅데이터 기술, AI를 기반으로 스스로 학습하고 의사결정을 할 수 있는 차세대 로봇기술과 기계가 자가 학습하는 인공지능 기술을 비롯해 수많은 첨단 기술을 필요로 한다.
>
> 스마트 팩토리의 핵심 구현 요소는 디지털화, 연결화, 스마트화이다. 디지털화는 공장 내 사물들 간에 소통이 가능하도록 물리적 아날로그 신호를 디지털 신호로 변환하는 것으로 디지털화를 하면 무한대로 데이터를 복사할 수 있어 데이터 편집이 쉬워지고 데이터 통신이 자유롭게 이루어진다. 연결화는 사람을 포함한 모든 사물, 즉 공장 안에 존재하는 부품, 완제품, 설비, 공장, 건물, 기기를 연결하는 것으로, 이더넷이나 유무선 통신으로 설비를 연결해 생산 현황과 이상 유무를 관리한다. 작업자가 제조 라인에 서면 공정은 작업자의 역량, 경험 같은 것을 참고하여 합당한 공정을 수행하도록 지도해 주는 것이 연결화의 예라고 할 수 있다. 스마트화는 사물이 사람과 같이 스스로 판단하고 행동하는 것을 말하는 것으로 지능화, 자율화와 같은 의미이다. 수집된 데이터를 분석하여 스스로 판단하는 스마트화는 스마트 팩토리의 필수 전제조건이다.
>
> 스마트 팩토리의 이점은 제조 단계별로 구분해 볼 수 있다. 먼저 기획 · 설계 단계에서는 제품 성능 시뮬레이션을 통해 제작기간을 단축시키고, 맞춤형 제품을 개발할 수 있다는 이점이 있다. 다음으로 생산 단계에서는 설비 – 자재 – 시스템 간 통신으로 다품종 대량생산, 에너지와 설비 효율 제고의 효과가 있다. 그리고 유통 · 판매 단계에서는 모기업과 협력사 간 실시간 연동을 통해 재고 비용을 감소시키고 품질, 물류 등 많은 분야를 협력할 수 있다.

① 스마트 팩토리는 최소 비용과 최소 시간으로 다품종 대량생산을 추구한다.

② 스마트 팩토리가 구현되기 위해서는 클라우드 기술, IoT기술, 인공지능 기술 등이 요구된다.

③ 디지털화는 공장 내 사물들 간에 소통이 가능하도록 디지털 신호를 물리적 아날로그 신호로 변환하는 것이다.

④ 스마트화는 사물이 사람과 같이 스스로 판단하고 행동하는 것으로 스마트 팩토리의 필수 전제조건이다.

4

다음은 N사의 단독주택용지 수의계약 공고문 중 일부이다. 공고문의 내용을 바르게 이해한 것은?

[OO 블록형 단독주택용지(1필지) 수의계약 공고]

1. 공급대상토지

면적 (㎡)	세대수 (호)	평균규모 (㎡)	용적률 (%)	공급가격 (천원)	계약보증금 (원)	사용가능 시기
25,479	63	400	100% 이하	36,944,550	3,694,455,000	즉시

2. 공급일정 및 장소

일정	2019년 1월 11일 오전 10시부터 선착순 수의계약 (토 · 일요일 및 공휴일, 업무시간 외는 제외)
장소	N사 OO지역본부 1층

3. 신청자격

아래 두 조건을 모두 충족한 자

- 실수요자 : 공고일 현재 주택법에 의한 주택건설사업자로 등록한 자
- 3년 분할납부(무이자) 조건의 토지매입 신청자

※ 납부 조건 : 계약체결 시 계약금 10%, 중도금 및 잔금 90%(6개월 단위 6회 납부)

4. 계약체결 시 구비서류

- 법인등기부등본 및 사업자등록증 사본 각 1부
- 법인인감증명서 1부 및 법인인감도장(사용인감계 및 사용인감)
- 대표자 신분증 사본 1부(위임 시 위임장 1부 및 대리인 신분증 제출)
- 주택건설사업자등록증 1부
- 계약금 납입영수증

① 계약이 체결되면 즉시 해당 토지에 단독주택을 건설할 수 있다.

② 계약체결 후 첫 번째 내야 할 중도금은 5,250,095,000원이다.

③ 규모 400㎡의 단독주택용지를 일반 수요자에게 분양하는 공고이다.

④ 계약에 대한 보증금이 공급가격보다 더 높아 실수요자에게 부담을 줄 우려가 있다.

5

다음 회의록의 내용을 보고 올바른 판단을 내리지 못한 것을 고르면?

인사팀 4월 회의록			
회의일시	2019년 4월 30일 14:00~15:30	회의장소	대회의실(예약)
참석자	팀장, 남 과장, 허 대리, 김 대리, 이 사원, 명 사원		
회의안건	• 직원 교육훈련 시스템 점검 및 성과 평가 • 차기 교육 프로그램 운영 방향 논의		
진행결과 및 협조 요청	〈총평〉 • 1사분기에는 지난해보다 학습목표시간을 상향조정(직급별 10~20시간)하였음에도 평균 학습시간을 초과하여 달성하는 등 상시학습문화가 정착됨 – 1인당 평균 학습시간: 지난해 4사분기 22시간 → 올해 1사분기 35시간 • 다만, 고직급자와 계약직은 학습 실적이 목표에 미달하였는바, 앞으로 학습 진도에 대하여 사전 통보하는 등 학습목표 달성을 적극 지원할 필요가 있음 – 고직급자 : 목표 30시간, 실적 25시간, 계약직 : 목표 40시간, 실적 34시간 〈운영방향〉 • 전 직원 일체감 형성을 위한 비전공유와 '매출 증대, 비용 절감' 구현을 위한 핵심과제 등 주요사업 시책교육 추진 • 직원이 가치창출의 원천이라는 인식하에 생애주기에 맞는 직급별 직무역량교육 의무화를 통해 인적자본 육성 강화 • 자기주도적 상시학습문화 정착에 기여한 학습관리시스템을 현실에 맞게 개선하고, 조직 간 인사교류를 확대		

① 올 1사분기에는 지난해보다 1인당 평균 학습시간이 50% 이상 증가하였다.

② 전체적으로 1사분기의 교육시간 이수 등의 성과는 우수하였다.

③ 2사분기에는 일부 직원들에 대한 교육시간이 1사분기보다 더 증가할 전망이다.

④ 2사분기에는 각 직급에 보다 적합한 교육이 시행될 것이다.

 정답 및 해설 P.371 

수리능력 대표유형

수리능력은 직장생활에서 요구되는 기본적인 사칙연산과 기초적인 통계를 이해하고 도표의 의미를 파악하거나 도표를 이용해서 결과를 효과적으로 제시하는 능력을 말한다. 따라서 기본적은 계산능력을 파악하는 유형과 함께 자료해석, 도표분석 능력 등을 요구하는 유형의 문제가 주로 출제된다.

1

A와 B가 다음과 같은 규칙으로 게임을 하였다. 규칙을 참고할 때, 두 사람 중 점수가 낮은 사람은 몇 점인가?

- 이긴 사람은 4점, 진 사람은 2점의 점수를 얻는다.
- 두 사람의 게임은 모두 20회 진행되었다.
- 20회의 게임 후 두 사람의 점수 차이는 12점이었다.

① 50점　② 52점

③ 54점　④ 56점

2

다음은 국민연금 보험료를 산정하기 위한 소득월액 산정 방법에 대한 설명이다. 다음 설명을 참고할 때, 김갑동 씨의 신고 소득월액은 얼마인가?

> 소득월액은 입사(복직) 시점에 따른 근로자간 신고 소득월액 차등이 발생하지 않도록 입사(복직) 당시 약정되어 있는 급여 항목에 대한 1년치 소득총액에 대하여 30일로 환산하여 결정하며, 다음과 같은 계산 방식을 적용한다.
>
> 소득월액 = 입사(복직) 당시 지급이 약정된 각 급여 항목에 대한 1년간 소득총액 ÷ 365 × 30

〈김갑동 씨의 급여 내역〉

- 기본급 : 1,000,000원
- 교통비 : 월 100,000원
- 고정 시간외 수당 : 월 200,000원
- 분기별 상여금(1, 4, 7, 10월 지급) : 기본급의 100%
- 하계휴가비(매년 7월 지급) : 500,000원

① 1,645,660원
② 1,652,055원
③ 1,668,900원
④ 1,727,050원

3

다음은 2018년 한국인 사망 원인 '5대 암'과 관련된 자료이다. 2018년 총 인구를 5,100만 명이라고 할 때, 치명률을 구하는 공식으로 옳은 것을 고르면?

종류	환자수	완치자수	후유장애자수	사망자수	치명률
폐암	101,600명	3,270명	4,408명	2,190명	2.16%
간암	120,860명	1,196명	3,802명	1,845명	1.53%
대장암	157,200명	3,180명	2,417명	1,624명	1.03%
위암	184,520명	2,492명	3,557명	1,950명	1.06%
췌장암	162,050명	3,178명	2,549명	2,765명	1.71%

※ 환자수란 현재 해당 암을 앓고 있는 사람 수를 말한다.

※ 완치자수란 과거에 해당 암을 앓았던 사람으로 일상생활에 문제가 되는 장애가 남지 않고 5년 이내 재발이 없는 경우를 말한다.

※ 후유장애자수란 과거에 해당 암을 앓았던 사람으로 암으로 인하여 일상생활에 문제가 되는 영구적인 장애가 남은 경우를 말한다.

※ 사망자수란 해당 암으로 사망한 사람 수를 말한다.

① 치명률 $= \frac{\text{완치자수}}{\text{환자수}} \times 100$

② 치명률 $= \frac{\text{후유장애자수}}{\text{환자수}} \times 100$

③ 치명률 $= \frac{\text{사망자수}}{\text{환자수}} \times 100$

④ 치명률 $= \frac{\text{사망자수} + \text{후유장애자수}}{\text{인구수}} \times 100$

4

제시된 자료를 참조하여, 2013년부터 2015년의 건강수명 비교에 대한 설명으로 옳은 것은?

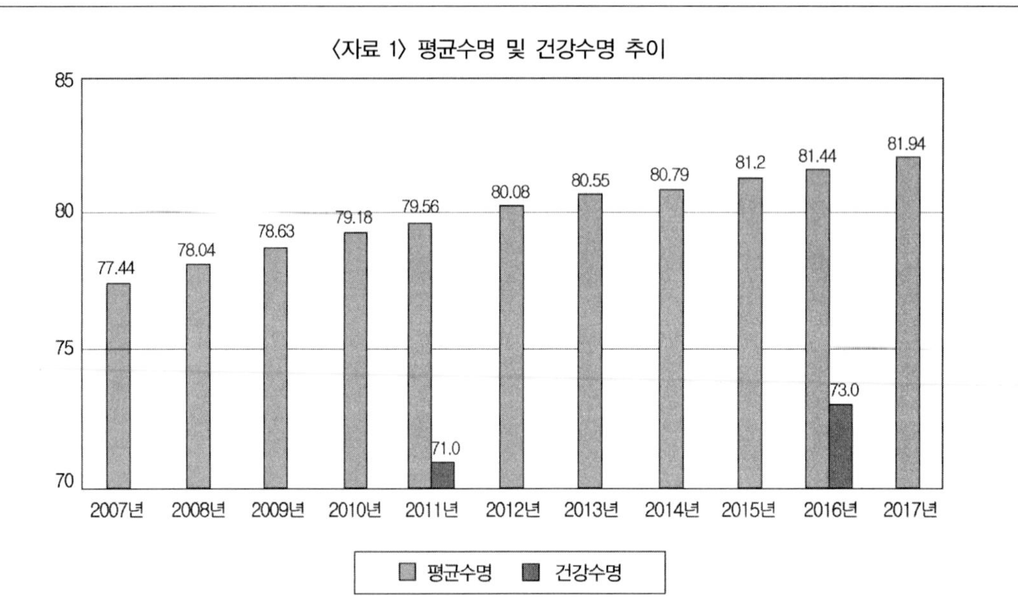

※ 평균수명 : 0세의 출생자가 향후 생존할 것으로 기대되는 평균생존연수 '0세의 기대여명' 을 나타냄

※ 건강수명 : 평균수명에서 질병이나 부상으로 인하여 활동하지 못한 기간을 뺀 기간을 나타냄

※ 2017년은 예상 수치임

〈자료 2〉 건강수명 예상치 추정 정보

- 건강수명 예상치의 범위는 평균수명의 90%에서 ±1% 수준이다.
- 건강수명 예상치는 환경 개선 정도에 영향을 받는다고 가정한다.

연도	2012년	2013년	2014년	2015년
환경 개선	보통	양호	불량	불량

– 해당 연도 환경 개선 정도가 '양호'이면 최대치(+1%)로 계산된다.
– 해당 연도 환경 개선 정도가 '보통'이면 중간치(±0%)로 계산된다.
– 해당 연도 환경 개선 정도가 '불량'이면 최소치(–1%)로 계산된다.

① 2013년 건강수명이 2014년 건강수명보다 짧다.

② 2014년 건강수명이 2015년 건강수명보다 짧다.

③ 2013년 건강수명이 2015년 건강수명 보다 짧다.

④ 2014년 환경 개선 정도가 보통일 경우 2013년 건강수명이 2014년 건강수명보다 짧다.

5

다음은 건설업과 관련된 주요 지표이다. 이에 대한 설명으로 옳은 것은?

〈건설업 주요 지표〉

(단위 : 개, 천 명, 조 원, %)

구분	2016년	2017년	전년대비	
			증감	증감률
기업체수	69,508	72,376	2,868	4.1
종사자수	1,573	1,670	97	6.1
건설공사 매출액	356.6	392.0	35.4	9.9
국내 매출액	313.1	354.0	40.9	13.1
해외 매출액	43.5	38.0	−5.5	−12.6
건설비용	343.2	374.3	31.1	9.1
건설 부가가치	13.4	17.7	4.3	32.1

〈연도별 건설업체수 및 매출 증감률〉

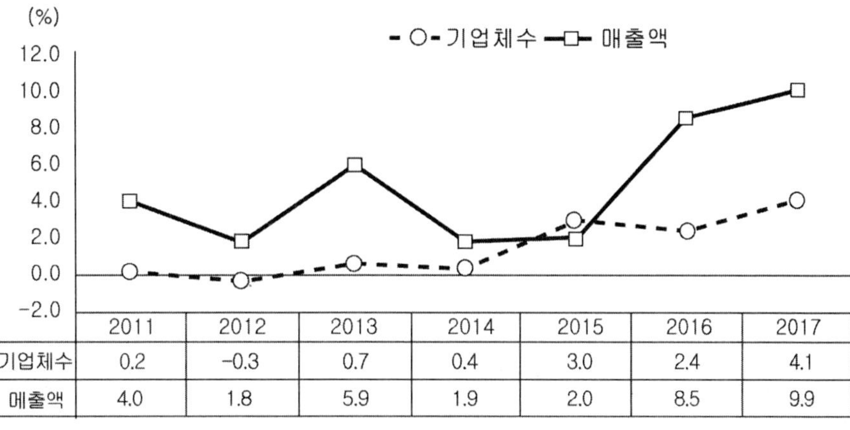

	2011	2012	2013	2014	2015	2016	2017
기업체수	0.2	−0.3	0.7	0.4	3.0	2.4	4.1
매출액	4.0	1.8	5.9	1.9	2.0	8.5	9.9

① 2012년의 기업체 수는 65,000개 이하이다.

② 건설공사 매출액 중 국내 매출액의 비중은 2017년보다 2016년이 더 크다.

③ 해외 매출액의 증감은 건설 부가가치의 증감에 영향을 미친다.

④ 건설업 주요 지표별 증감 추이는 모든 항목이 동일하다.

정답 및 해설 P.373 

문제해결능력 대표유형

문제란 업무를 수행함에 있어 답을 요구하는 질문이나 의논하여 해결해야 하는 사항으로, 문제해결을 위해서는 전략적이고 분석적인 사고는 물론 발상의 전환과 효율적인 자원활용 등 다양한 능력이 요구된다. 따라서 명제나 추론 같은 일반적인 논리추론 유형과 함께 수리, 자원관리 등이 융합된 문제해결 유형이나 실무이해를 바탕으로 하는 유형의 문제도 다수 출제된다.

1

다음 조건을 비탕으로 할 때 정 대리가 이번 달 중국 출장 출발일로 정하기에 가장 적절한 날은 언제인가? (전체 일정은 모두 이번 달 안에 속해 있다.)

- 이번 달은 1일이 월요일인 달이다.
- 3박 4일 일정이며 출발일과 도착일이 모두 휴일이 아니어야 한다.
- 현지에서 복귀하는 비행편은 매주 화, 목요일에만 있다.
- 이번 달 셋째 주 화요일에 있을 부서의 중요한 회의에 반드시 참석해야 하며, 회의 후에 출장을 가려 한다.

① 12일　② 15일
③ 17일　④ 22일

2

다음은 유진이가 학교에 가는 요일에 대한 설명이다. 이들 명제가 모두 참이라고 가정할 때, 유진이가 학교에 가는 요일은?

㉠ 목요일에 학교에 가지 않으면 월요일에 학교에 간다.
㉡ 금요일에 학교에 가지 않으면 수요일에 학교에 가지 않는다.
㉢ 수요일에 학교에 가지 않으면 화요일에 학교에 간다.
㉣ 월요일에 학교에 가면 금요일에 학교에 가지 않는다.
㉤ 유진이는 화요일에 학교에 가지 않는다.

① 월, 수　② 월, 수, 금
③ 수, 목, 금　④ 수, 금

3

다음은 ○○항공사의 항공이용에 관한 조사 설계의 일부분이다. 본 설문조사의 목적으로 가장 적합하지 않은 것은?

> 1. 조사 목적
>
> | |
> |---|
> | |
>
> 2. 과업 범위
> - 조사 대상 : 서울과 수도권에 거주하고 있으며 최근 3년 이내 여행 및 출장 목적의 해외방문 경험이 있고 향후 1년 이내 해외로 여행 및 출장 의향이 있는 만 20~60세 이상의 성인 남녀
> - 조사 방법 : 구조화된 질문지를 이용한 온라인 설문조사
> - 표본 규모 : 총 1,000명
>
> 3. 조사 내용
> - 시장 환경 파악 : 여행 출장 시장 동향 (출국 목적, 체류기간 등)
> - 과거 해외 근거리 당일 왕복항공 이용 실적 파악 : 이용 빈도, 출국 목적, 목적지 등
> - 향후 해외 근거리 당일 왕복항공 잠재 수요 파악 : 이용의향 빈도, 출국 목적 등
> - 해외 근거리 당일 왕복항공 이용을 위한 개선 사항 파악 : 해외 근거리 당일 왕복항공을 위한 개선사항 적용 시 해외 당일 여행 계획 또는 의향
> - 배경정보 파악 : 인구사회학적 특성 (성별, 연령, 거주 지역 등)
>
> 4. 결론 및 기대효과

① 단기 해외 여행의 수요 증가 현황과 관련 항공 시장 파악

② 해외 당일치기 여객의 수요에 부응할 수 있는 노선 구축 근거 마련

③ 해외 근거리 당일 왕복항공을 이용한 실적 및 행태 파악

④ 근거리 국가로 여행 또는 출장을 위해 당일 왕복항공을 이용할 의향과 수용도 파악

4

다음은 L공사의 국민임대주택 예비입주자 통합 정례모집 관련 신청자격에 대한 사전 안내이다. 甲~戊 중 국민임대주택 예비입주자로 신청할 수 있는 사람은? (단, 함께 살고 있는 사람은 모두 세대별 주민등록표상에 함께 등재되어 있고, 제시되지 않은 사항은 모두 조건을 충족한다고 가정한다)

□ 2019년 5월 정례모집 개요

구분	모집공고일	대상지역
2019년 5월	2019. 5. 7(화)	수도권
	2019. 5. 15(수)	수도권 제외한 나머지 지역

□ 신청자격

입주자모집공고일 현재 무주택세대구성원으로서 아래의 소득 및 자산보유 기준을 충족하는 자

※ 무주택세대구성원이란?

다음의 세대구성원에 해당하는 사람 전원이 주택(분양권 등 포함)을 소유하고 있지 않은 세대의 구성원을 말합니다.

세대구성원(자격검증대상)	비고
• 신청자	
• 신청자의 배우자	신청자와 세대 분리되어 있는 배우자도 세대구성원에 포함
• 신청자의 직계존속 • 신청자의 배우자의 직계존속	신청자 또는 신청자의 배우자와 세대별 주민등록표상에 함께 등재되어 있는 사람에 한함
• 신청자의 직계비속 • 신청자의 직계비속의 배우자	
• 신청자의 배우자의 직계비속	신청자와 세대별 주민등록표상에 함께 등재되어 있는 사람에 한함

※ 소득 및 자산보유 기준

구분	소득 및 자산보유 기준		
	가구원수	월평균소득기준	참고사항
소득	3인 이하 가구	3,781,270원 이하	• 가구원수는 세대구성원 전원을 말함(외국인 배우자와 임신 중인 경우 태아 포함) • 월평균소득액은 세전금액으로서 세대구성원 전원의 월평균소득액을 모두 합산한 금액임
	4인 가구	4,315,641원 이하	
	5인 가구	4,689,906원 이하	
	6인 가구	5,144,224원 이하	
	7인 가구	5,598,542원 이하	
	8인 가구	6,052,860원 이하	
자산	• 총자산가액 : 세대구성원 전원이 보유하고 있는 총자산가액 합산기준 28,000만 원 이하		
	• 자동차 : 세대구성원 전원이 보유하고 있는 전체 자동차가액 2,499만 원 이하		

① 甲의 아내는 주택을 소유하고 있지만, 甲과 세대 분리가 되어 있다.
② 아내의 부모님을 모시고 살고 있는 乙 가족의 월평균소득은 500만 원이 넘는다.
③ 丙은 재혼으로 만난 아내의 아들과 함께 살고 있는데, 아들은 전 남편으로부터 물려받은 아파트 분양권을 소유하고 있다.
④ 어머니를 모시고 사는 丁은 아내가 셋째 아이를 출산하면서 丁 가족의 월평균소득으로는 1인당 80만 원도 돌아가지 않게 되었다.

5

서원 그룹의 K부서에서는 자기 부서의 정책을 홍보하기 위해 책자를 제작해 배포하는 프로젝트를 진행하였다. 프로젝트 진행 과정이 다음과 같을 때, 프로젝트 결과에 대한 평가로 항상 옳은 것을 모두 고르면?

이번에 K부서에서는 자기 부서의 정책을 홍보하기 위해 책자를 제작해 배포하였다. 이 홍보 사업에 참여한 K부서의 팀은 A와 B 두 팀이다. 두 팀은 각각 500권의 정책홍보 책자를 제작하였다. 그러나 책자를 어떤 방식으로 배포할 것인지에 대해 두 팀 간에 차이가 있었다. A팀은 자신들이 제작한 K부서의 모든 정책홍보책자를 서울이나 부산에 배포한다는 지침에 따라 배포하였다. 한편, B팀은 자신들이 제작한 K부서 정책홍보책자를 서울에 모두 배포하거나 부산에 모두 배포한다는 지침에 따라 배포하였다. 사업이 진행된 이후 배포된 결과를 살펴보기 위해서 서울과 부산을 조사하였다. 조사를 담당한 한 직원은 A팀이 제작 · 배포한 K부서 정책홍보책자 중 일부를 서울에서 발견하였다.

한편, 또 다른 직원은 B팀이 제작 · 배포한 K부서 정책홍보책자 중 일부를 부산에서 발견하였다. 그리고 배포 과정을 검토해 본 결과, 이번에 A팀과 B팀이 제작한 K부서 정책 홍보책자는 모두 배포되었다는 것과, 책자가 배포된 곳과 발견된 곳이 일치한다는 것이 확인되었다.

㉠ 부산에는 500권이 넘는 K부서 정책홍보책자가 배포되었다.
㉡ 서울에 배포된 K부서 정책홍보책자의 수는 부산에 배포된 K부서 정책홍보책자의 수보다 적다.
㉢ A팀이 제작한 K부서 정책홍보책자가 부산에서 발견되었다면, 부산에 배포된 K부서 정책홍보책자의 수가 서울에 배포된 수보다 많다.

① ㉠
② ㉢
③ ㉠, ㉡
④ ㉡, ㉢

조직이해능력 대표유형

조직은 공동의 목표를 달성하기 위해 구성된 집합체이다. 조직이해능력은 조직경영, 조직구조, 조직업무 등 조직과 관련된 전 분야에 걸쳐 작용한다. 대표유형으로는 조직구조(조직도)의 이해, 경영전략, 조직문화 등 거시적 관점의 문제와 결재규정, 사내복지제도, 업무처리 등 미시적 관점의 문제가 고루 출제된다.

1

다음과 같은 팀장의 지시 사항을 수행하기 위하여 업무협조를 구해야 할 조직의 명칭이 순서대로 바르게 나열된 것은?

> 다들 사장님 보고 자료 때문에 정신이 없는 모양인데 이건 자네가 좀 처리해줘야겠군. 다음 주에 있을 기자단 간담회 자료가 필요한데 옆 부서 박 부장한테 말해 두었으니 오전 중에 좀 가져다주게나. 그리고 내일 사장님께서 보고 직전에 외부에서 오신다던데 어디서 오시는 건지 일정 좀 확인해서 알려주고, 이틀 전 퇴사한 엄 차장 퇴직금 처리가 언제 마무리 될 지도 알아봐 주게나. 아, 그리고 말이야, 자네는 아직 사원증이 발급되지 않았나? 확인해 보고 얼른 요청해서 걸고 다니게.

① 기획실, 경영관리실, 총무부, 비서실

② 영업2팀, 홍보실, 회계팀, 물류팀

③ 총무부, 구매부, 비서실, 인사부

④ 홍보실, 비서실, 인사부, 총무부

2

다음 조직도 (A), (B)와 같은 형태를 지닌 조직의 특징을 바르게 비교하지 못한 것은?

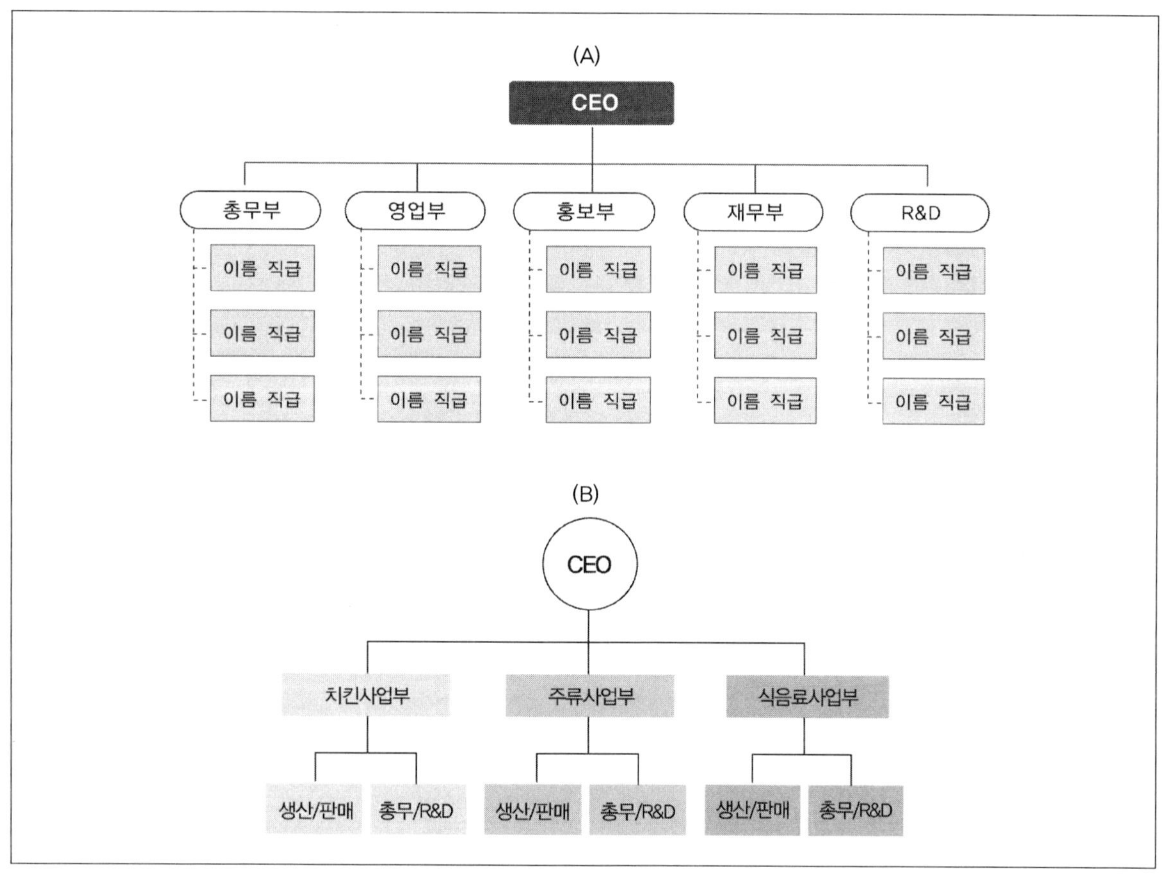

① (A)는 업무 구분이 명확하고, 엄격한 위계질서가 있다.

② (B)와 같은 조직은 대체적으로 의사결정 권한이 집중화되는 경향을 보인다.

③ (A)는 신속한 의사결정을 위해 더 적절한 조직구조이다.

④ (B)는 중간관리자에게 많은 역할이 주어지게 된다.

3

다음 〈보기〉에 제시되고 있는 활동들은 기업 경영에 필요한 전략을 설명하고 있다. 설명된 전략들에 해당하는 것은?

〈보기〉

- 모든 고객을 만족시킬 수는 없다는 것과 회사가 모든 역량을 가질 수는 없다는 것을 전제로 선택할 수 있는 전략이다.
- 기업이 고유의 독특한 내부 역량을 보유하고 있는 경우에 더욱 효과적인 전략이다.
- 사업 목표와 타당한 틈새시장을 찾아야 한다.
- 다양한 분류의 방법을 동원하여 고객을 세분화한다.

① 차별화 전략　　② 집중화 전략

③ 비교우위 전략　　④ 원가우위 전략

4

'SWOT 분석'에 대한 〈보기〉 설명을 읽고 휴대폰 제조업체가 실시한 아래 환경분석 결과에 대응하는 전략을 적절하게 분석한 것은?

〈보기〉

SWOT이란, 강점(Strength), 약점(Weakness), 기회(Opportunity), 위협(Threat)의 머리말을 모아 만든 단어로 경영전략을 수립하기 위한 분석도구이다. SWOT분석을 통해 도출된 조직의 외부/내부 환경을 분석 결과를 통해 각각에 대응하는 도출하게 된다.

SO 전략이란 기회를 활용하면서 강점을 더욱 강화하는 공격적인 전략이고, WO 전략이란 외부환경의 기회를 활용하면서 자신의 약점을 보완하는 전략으로 이를 통해 기업이 처한 국면의 전환을 가능하게 할 수 있다. ST전략은 외부환경의 위험요소를 회피하면서 강점을 활용하는 전략이며, WT 전략이란 외부환경의 위협요인을 회피하고 자사의 약점을 보완하는 전략으로 방어적 성격을 갖는다.

내/외부환경 구분	강점(Strength)	약점(Weakness)
기회(Opportunity)	① SO 전략(강점/기회전략)	② WO 전략(약점/기회전략)
위협(Threat)	③ ST 전략(강점/위협전략)	④ WT 전략(약점/위협전략)

〈휴대폰 제조업체의 환경분석 결과〉

강점(Strength)	• 다양한 부가기능 탑재를 통한 성능 우위 • 기타 디지털기기 기능의 흡수를 통한 영역확대
약점(Weakness)	• 제품의 수익성 악화 • 제품 간 성능, 디자인의 평준화 • 국산 제품의 가격경쟁력 약화
기회(Opportunity)	• 신흥시장의 잠재적 수요 • 개인 휴대용기기의 대중화
위협(Threat)	• 전자제품의 사용기간 단축 • MP3폰 등 기타 디지털기기와의 경쟁 심화

내/외부환경 구분	강점(Strength)	약점(Weakness)
기회(Opportunity)	① 기능의 다양화로 잠재 시장의 수요 창출	② 휴대기기의 대중화에 힘입어 MP3폰의 성능 강화
위협(Threat)	③ 다양한 기능을 추가한 판매 신장으로 이익 확대	④ 휴대용 기기 보급 확대에 따라 디지털기기와 차별화된 제품 개발

5

다음의 위임전결규정을 보고 잘못 이해한 것은?

[위임전결규정]

- 결재를 받으려는 업무에 대해서는 최고결재권자(대표이사)를 포함한 이하 직책자의 결재를 받아야 한다.
- '전결'이라 함은 회사의 경영활동이나 관리활동을 수행함에 있어 의사 결정이나 판단을 요하는 일에 대하여 최고결재권자의 결재를 생략하고, 자신의 책임 하에 최종적으로 의사 결정이나 판단을 하는 행위를 말한다.
- 전결사항에 대해서도 위임 받은 자를 포함한 이하 직책자의 결재를 받아야 한다.
- 표시내용: 결재를 올리는 자는 최고결재권자로부터 전결 사항을 위임 받은 자가 있는 경우 결재란에 전결이라고 표시하고 최종 결재권자란에 위임 받은 자를 표시한다. 다만, 결재가 불필요한 직책자의 결재란은 상향대각선으로 표시한다.
- 최고결재권자의 결재사항 및 최고결재권자로부터 위임된 전결사항은 아래의 표에 따른다.
- 본 규정에서 정한 전결권자가 유고 또는 공석 시 그 직급의 직무 권한은 직상급직책자가 수행함을 원칙으로 하며, 각 직급은 긴급을 요하는 업무처리에 있어서 상위 전결권자의 결재를 득할 수 없을 경우 차상위자의 전결로 처리하며, 사후 결재권자의 결재를 득해야 한다.

업무내용		결재권자			
		사장	부사장	본부장	팀장
주간업무보고					O
팀장급 인수인계			O		
일반 예산 집행	잔업수당	O			
	회식비			O	
	업무활동비			O	
	교육비		O		
	해외연수비	O			
	시내교통비			O	
	출장비	O			
	도서인쇄비				O
	법인카드사용		O		
	소모품비				O
	접대비(식대)			O	
	접대비(기타)				O
이사회 위원 위촉		O			
임직원 해외 출장		O(임원)		O(직원)	
임직원 휴가		O(임원)		O(직원)	
노조관련 협의사항			O		

※ 100만 원 이상의 일반예산 집행과 관련한 내역은 사전 사장 품의를 득해야 하며, 품의서에 경비 집행 내역을 포함하여 준비한다. 출장계획서는 품의서를 대체한다.

※ 위의 업무내용에 필요한 결재서류는 다음과 같다.

- 품의서, 주간업무보고서, 인수인계서, 예산집행내역서, 위촉장, 출장보고서(계획서), 휴가신청서, 노조협의사항 보고서

① 전결권자 공석 시의 최종결재자는 차상위자가 된다.

② 전결권자 업무 복귀 시, 부재 중 결재 사항에 대하여 반드시 사후 결재를 받아두어야 한다.

③ 팀장이 새로 부임하면 부사장 전결의 인수인계서를 작성하게 된다.

④ 전결권자가 해외 출장으로 자리를 비웠을 경우에는 차상위자가 직무 권한을 위임받는다.

정보능력 대표유형

정보(Information)란 자료를 특정한 목적과 문제해결에 도움이 되도록 가공한 것으로, 지식정보사회에서 정보는 기업 생존에 중요한 요소로 자리하고 있다. 정보능력에서 빈출되는 대표유형으로는 컴퓨터활용능력 측정을 위한 소프트웨어 활용, 자료(Data)의 규칙을 찾아 정보 파악하기, 간단한 코딩 시스템의 이해 등이 있다.

1

S정보통신에 입사한 당신은 시스템 모니터링 업무를 담당하게 되었다. 다음의 시스템 매뉴얼을 확인한 후 제시된 상황에서 적절한 입력코드를 고르면?

〈S정보통신 시스템 매뉴얼〉

❒ 항목 및 세부사항

항목	세부사항
Index@@ of Folder@@	• 오류 문자 : Index 뒤에 나타나는 문자 • 오류 발생 위치 : Folder 뒤에 나타나는 문자
Error Value	• 오류 문자와 오류 발생 위치를 의미하는 문자에 사용된 알파벳을 비교하여 오류 문자 중 오류 발생 위치의 문자와 일치하지 않는 알파벳의 개수 확인
Final Code	• Error Value를 통하여 시스템 상태 판단

❒ 판단 기준 및 처리코드(Final Code)

판단 기준	처리코드
일치하지 않는 알파벳의 개수 = 0	Qfgkdn
0 < 일치하지 않는 알파벳의 개수 ≤ 3	Wxmt
3 < 일치하지 않는 알파벳의 개수 ≤ 5	Atnih
5 < 일치하지 않는 알파벳의 개수 ≤ 7	Olyuz
7 < 일치하지 않는 알파벳의 개수 ≤ 10	Cenghk

〈상황〉

System is processing requests...
System Code is X.
Run...

Error Found!
Index GHWDYC of Folder APPCOMPAT

Final Code? ____________

① Qfgkdn
② Wxmt
③ Atnih
④ Olyuz

2

다음의 시트에서 수식 '=DSUM(A1:D7, 4, B1:B2)'를 실행하였을 때 결과 값은?

	A	B	C	D
1	성명	부서	3/4분기	4/4분기
2	김하나	영업부	20	15
3	유진영	총무부	30	35
4	고금순	영업부	15	20
5	이영훈	총무부	10	15
6	김영대	총무부	20	10
7	채수빈	영업부	15	20

① 45
② 50
③ 55
④ 60

▌3~4▌ 다음 물류 창고 책임자와 각 창고 내 재고상품의 코드 목록을 보고 이어지는 질문에 답하시오.

책임자	재고상품 코드번호	책임자	재고상품 코드번호
정보연	2008011F033321754	심현지	2001052G099918513
이규리	2011054L066610351	김준후	2002121D011120789
김원희	2006128T055511682	유연석	2013016Q044412578
이동성	2009060B022220123	강희철	2012064L100010351
신병임	2015039V100029785	송지혜	2016087S088824567

[재고상품 코드번호 예시]

2016년 11월에 4,586번째로 입고된 경기도 戊출판사에서 발행한 「소형선박조종사 자격증 한 번에 따기」 도서 코드 2016111E055524586

201611	1E	05552	4586
입고연월	지역코드 + 고유번호	분류코드 + 고유번호	입고순서

입고연월

- 200611
  –2006년 11월
- 201007
  –2010년 7월
- 201403
  –2014년 3월

발행 출판사

지역코드		고유번호	
0	서울	A	甲출판사
		B	乙출판사
1	경기도	C	丙출판사
		D	丁출판사
		E	戊출판사
		F	己출판사
2	강원도	G	庚출판사
		H	辛출판사
3	충청남도	I	壬출판사
		J	癸출판사
4	충청북도	K	子출판사
		L	丑출판사
5	경상남도	M	寅출판사
		N	卯출판사
		O	辰출판사
6	경상북도	P	巳출판사
		Q	午출판사
7	전라남도	R	未출판사
		S	申출판사
8	전라북도	T	酉출판사
		U	戌출판사
9	제주도	V	亥출판사

도서 종류

분류코드		고유번호	
01	가정 · 살림	111	임신/출산
		112	육아
02	건강 · 취미	221	다이어트
		222	스포츠
03	경제 · 경영	331	마케팅
		332	재테크
		333	CEO
04	대학 교재	441	경상계열
		442	공학계열
05	수험 · 자격	551	공무원
		552	자격증
06	어린이	661	예비 초등
		662	초등
07	자연 과학	771	나노과학
		772	생명과학
		773	뇌과학
08	예술	881	미술
		882	음악
09	여행	991	국내여행
		991	해외여행
10	IT · 모바일	001	게임
		002	웹사이트

3

재고상품 중 2010년도에 8,491번째로 입고된 충청남도 癸출판사에서 발행한 「뇌과학 첫걸음」 도서의 코드로 알맞은 것은 무엇인가?

① 2010113J077718491
② 2010093J077738491
③ 2010083I077738491
④ 2011123J077738491

4

다음 중 발행 출판사와 입고순서가 동일한 도서를 담당하는 책임자들로 짝지어진 것은?

① 정보연 – 김준후
② 이규리 – 강희철
③ 이동성 – 송지혜
④ 심현지 – 유연석

5

다음의 알고리즘에서 인쇄되는 S는?

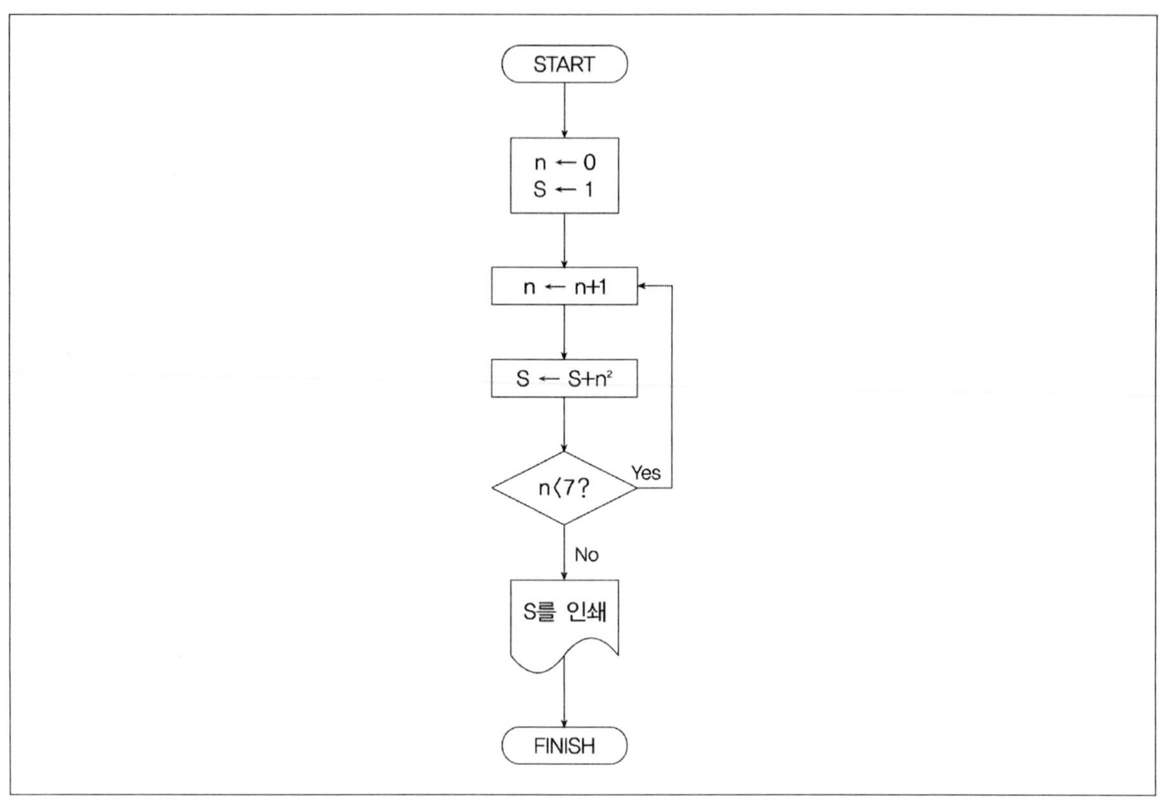

① 137

② 139

③ 141

④ 143

자원관리능력 대표유형

자원에는 시간, 돈, 물적자원, 인적자원 등이 포함된다. 자원관리란 이러한 자원을 적재적소에 활용하는 것으로 필요한 자원의 종류와 양을 확인하고 이용 가능한 자원을 수집하며, 수집한 자원을 계획적으로 활용하는 전 과정을 말한다. 따라서 자원관리능력에서는 업무 수행을 위한 시간 및 예산관리, 물적·인적자원의 배분 및 활용에 관한 상황을 전제로 한 문제가 주로 출제된다.

1

다음은 K공사의 신입사원 채용에 관한 안내문의 일부 내용이다. 다음 내용을 근거로 할 때, K공사가 안내문의 내용에 부합되게 취할 수 있는 행동이라고 볼 수 없는 것은?

□ 기타 유의사항

- 모든 응시자는 1인 1개 분야만 지원할 수 있습니다.
- 응시 희망자는 지역제한 등 응시자격을 미리 확인하고 응시원서를 접수하여야 하며, 응시원서의 기재사항 누락, 공인어학능력시험 점수 및 자격증·장애인·취업지원대상자 가산점수·가산비율 기재 착오, 연락불능 등으로 발생되는 불이익은 일체 응시자의 책임으로 합니다.
- 입사지원서 작성내용은 추후 증빙서류 제출 및 관계기관에 조회할 예정이며 내용을 허위로 입력한 경우에는 합격이 취소됩니다.
- 응시자는 시험장소 공고문, 답안지 등에서 안내하는 응시자 주의사항에 유의하여야 하며, 이를 준수하지 않을 경우에 본인에게 불이익이 될 수 있습니다.
- 원서접수결과 지원자가 채용예정인원 수와 같거나 미달하더라도 적격자가 없는 경우 선발하지 않을 수 있습니다.
- 시험일정은 사정에 의하여 변경될 수 있으며 변경내용은 7일 전까지 공사 채용홈페이지를 통해 공고할 계획입니다.
- 제출된 서류는 본 채용목적 이외에는 사용하지 않으며, 채용절차의 공정화에 관한 법령에 따라 최종합격자 발표일 이후 180일 이내에 반환청구를 할 수 있습니다.
- 최종합격자 중에서 신규임용후보자 등록을 하지 않거나 관계법령에 의한 신체검사에 불합격한 자 또는 공사 인사규정 제21조에 의한 응시자격 미달자는 신규임용후보자 자격을 상실하고 차순위자를 추가합격자로 선발할 수 있습니다.
- 임용은 교육성적을 포함한 채용시험 성적순으로 순차적으로 임용하되, 장애인 또는 경력자의 경우 성적순위에도 불구하고 우선 임용될 수 있습니다.

※ 공사 인사규정 제22조 제2항에 의거 신규임용후보자의 자격은 임용후보자 등록일로부터 1년으로 하며, 필요에 따라 1년의 범위 안에서 연장될 수 있습니다.

① 동일한 응시자가 사무직과 운영직에 중복 응시한 사실이 발견되어 임의로 운영직 응시 관련 사항 일체를 무효처리하였다.

② 대학 졸업예정자로 채용된 A씨는 마지막 학기 학점이 부족하여 졸업이 미뤄지는 바람에 채용이 취소되었다.

③ 50명 선발이 계획되어 있었고, 45명이 지원을 하였으나 42명만 선발하였다.

④ 최종합격자 중 신규임용후보자 자격을 상실한 자가 있어 불합격자 중 임의의 인원을 추가 선발하였다.

2

제시된 자료는 OO기관 식원의 교육비 지원에 대한 내용이다. 다음 중 A~D 직원 4명의 총 교육비 지원 금액은 얼마인가?

교육비 지원 기준
• 임직원 본인의 대학 및 대학원 학비 : 100% 지원 • 임직원 가족의 대학 및 대학원 학비 – 임직원의 직계 존 · 비속 : 90% 지원 – 임직원의 형제 및 자매 : 80% 지원(단, 직계 존 · 비속 지원이 우선되며, 해당 신청이 없을 경우에 한하여 지급함) – 교육비 지원 신청은 본인을 포함 최대 3인에 한한다.

교육비 신청 내역	
A 직원	본인 대학원 학비 3백만 원, 동생 대학 학비 2백만 원
B 직원	딸 대학 학비 2백만 원
C 직원	본인 대학 학비 3백만 원, 아들 대학 학비 4백만 원
D 직원	본인 대학 학비 2백만 원, 딸 대학 학비 2백만 원, 아들 대학원 학비 2백만 원

① 15,200,000원
② 17,000,000원
③ 18,600,000원
④ 26,200,000원

3

다음은 차량 A, B, C의 연료 및 경제속도 연비, 연료별 리터당 가격에 대한 자료이다. 제시된 〈조건〉을 적용하였을 때, 두 번째로 높은 연료비가 소요되는 차량과 해당 차량의 연료비를 바르게 나열한 것은?

〈A, B, C 차량의 연료 및 경제속도 연비〉

구분 차량	연료	경제속도 연비(km/L)
A	LPG	10
B	휘발유	16
C	경유	20

※ 차량 경제속도는 60km/h 이상 90km/h 미만임

〈연료별 리터당 가격〉

연료	LPG	휘발유	경유
리터당 가격(원/L)	1,000	2,000	1,600

〈조건〉

1. A, B, C 차량은 모두 아래와 같이 각 구간을 한 번씩 주행하고, 각 구간별 주행속도 범위 내에서만 주행한다.

구간	1구간	2구간	3구간
주행거리(km)	100	40	60
주행속도(km/h)	30 이상 60 미만	60 이상 90 미만	90 이상 120 미만

2. A, B, C 차량의 주행속도별 연비적용률은 다음과 같다.

차량	주행속도(km/h)	연비적용률(%)
A	30 이상 60 미만	50.0
	60 이상 90 미만	100.0
	90 이상 120 미만	80.0
B	30 이상 60 미만	62.5
	60 이상 90 미만	100.0
	90 이상 120 미만	75.0
C	30 이상 60 미만	50.0
	60 이상 90 미만	100.0
	90 이상 120 미만	75.0

※ 연비적용률이란 경제속도 연비 대비 주행속도 연비를 백분율로 나타낸 것임

① A, 31,500원 ② B, 24,500원

③ B, 35,000원 ④ C, 25,600원

4

전기안전관리 대행업체의 인사팀 직원 K는 다음의 기준에 의거하여 직원들의 자격증 취득 전후 경력을 산정하려고 한다. 다음 중 K가 산정한 경력 중 옳은 것을 모두 고르면?

〈전기안전관리자 경력 조건 인정 범위〉

조건	인정 범위
1. 자격 취득 후 경력 기간 100% 인정	• 전력시설물의 설계 · 공사 · 감리 · 유지보수 · 관리 · 진단 · 점검 · 검사에 관한 기술업무 • 전력기술 관련 단체 · 업체 등에서 근무한 자의 전력기술에 관한 업무
2. 자격 취득 후 경력 기간 80% 인정	• 「전기용품안전관리법」에 따른 전기용품의 설계 · 제조 · 검사 등의 기술업무 • 「산업안전보건법」에 따른 전기분야 산업안전 기술업무 • 건설관련법에 의한 전기 관련 기술업무 • 전자 · 통신관계법에 의한 전기 · 전자통신기술에 관한 업무
3. 자격 취득 전 경력 기간 50% 인정	1.의 각목 규정에 의한 경력

사원 甲	• 2001.1.1~2005.12.31 전기 안전기술 업무 • 2015.10.31 전기산업기사 자격 취득
사원 乙	• 2010.1.1~2012.6.30 전기부품제조 업무 • 2009.10.31 전기기사 자격 취득
사원 丙	• 2011.5.1~2012.7.31 전자통신기술 업무 • 2011.3.31 전기기능장 자격 취득
사원 丁	• 2013.1.1~2014.12.31 전기검사 업무 • 2015.7.31 전기기사 자격 취득

㉠ 甲 : 전기산업기사로서 경력 5년 ㉡ 乙 : 전기기사로서 경력 1년

㉢ 丙 : 전기기능장으로서 경력 1년 ㉣ 丁 : 전기기사로서 경력 1년

① ㉠, ㉡ ② ㉠, ㉢

③ ㉡, ㉣ ④ ㉢, ㉣

5

K공사는 사내 냉방 효율을 위하여 층별 에어컨 수와 종류를 조정하려고 한다. 사내 냉방 효율 조정 방안을 충족하되 버리는 구형 에어컨과 구입하는 신형 에어컨을 최소화하고자 할 때, K공사는 신형 에어컨을 몇 대 구입해야 하는가?

사내 냉방 효율 조정 방안		
적용순서	조건	미충족 시 조정 방안
1	층별 월 전기료 60만 원 이하	구형 에어컨을 버려 조건 충족
2	구형 에어컨 대비 신형 에어컨 비율 1/2 이상 유지	신형 에어컨을 구입해 조건 충족

※ 구형 에어컨 1대의 월 전기료는 4만원이고, 신형 에어컨 1대의 월 전기료는 3만원이다.

사내 냉방시설 현황						
	1층	2층	3층	4층	5층	6층
구형	9	15	12	8	13	10
신형	5	7	6	3	4	5

① 1대　　② 2대

③ 3대　　④ 4대

기술능력 대표유형

기술은 과학과 같이 추상적인 이론보다는 실용성, 효용, 디자인을 강조한다. 기술능력은 기술시스템 및 기술혁신 등에 대해 이해하고 업무에 적절한 기술을 선택·적용하는 능력을 말한다. 따라서 기술이해와 관련된 모듈형 문제와 더불어 매뉴얼 이해, 기술적용의 실제 등 다양한 유형의 문제가 출제된다.

▌1~2▐ 다음 표를 참고하여 물음에 답하시오.

스위치	기능
☆	1번과 3번 기계를 180° 회전
★	1번과 4번 기계를 180° 회전
○	2번과 3번 기계를 180° 회전
●	2번과 4번 기계를 180° 회전
◇	1번과 4번 기계를 시계방향으로 90° 회전
◆	2번과 3번 기계를 시계방향으로 90° 회전
□	1번과 4번 기계를 반시계방향으로 90° 회전
■	2번과 3번 기계를 반시계방향으로 90° 회전

1

왼쪽의 상태에서 스위치를 두 번 눌렀더니 오른쪽과 같은 상태로 바뀌었다. 어떤 스위치를 눌렀는가?

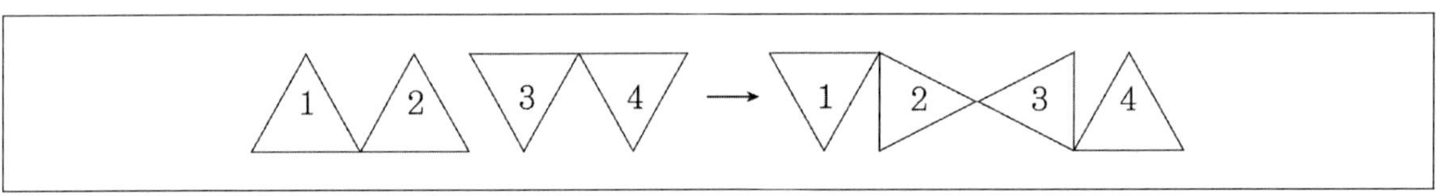

① ◆, ★　　② ◇, ★

③ ★, □　　④ ◆, ○

2

왼쪽의 상태에서 스위치를 세 번 눌렀더니 오른쪽과 같은 상태로 바뀌었다. 어떤 스위치를 눌렀는가?

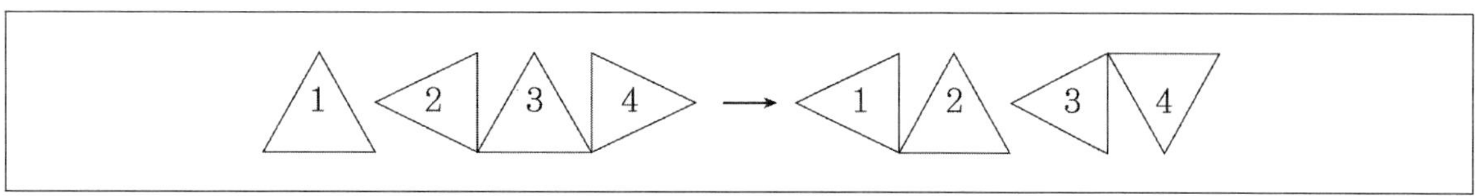

① ☆, ◇, ●

② ★, ○, ●

③ ◇, □, ■

④ ☆, ◆, ◇

3

다음 중 인쇄 기본 설정 창을 여는 순서로 적절한 것은?

1. 제품의 특장점

(1) 친환경적인 제품
- ① 토너 소모량과 용지 사용량을 줄여 인쇄하는 에코 기능
- ② 한 장의 용지에 여러 페이지를 인쇄하여 용지를 절약
- ③ 용지 양면에 인쇄하여 (수동 양면 인쇄) 용지를 절약
- ④ 일정 시간 제품을 사용하지 않으면 자동으로 절전 모드로 들어가 전력 소모를 절약

(2) 뛰어난 인쇄 품질 및 속도
- ① 청록색, 심홍색, 노란색, 검은색의 모든 계열의 색상을 사용해 인쇄
- ② 최대 2,400×600dpi 고화질의 선명한 해상도로 인쇄
- ③ 빠르고 신속한 인쇄

(3) 편리성
- ① 프린터의 NFC 태그에 휴대폰을 갖다 대면 인쇄 작업을 수행
- ② 애플리케이션을 사용하면 이동 시에도 스마트폰이나 컴퓨터에서 인쇄
- ③ Easy Capture Manager를 이용하여 캡처한 화면을 쉽게 편집
- ④ 스마트 업데이트를 사용하여 최신 프린터 드라이버 설치

(4) 다양한 기능과 인쇄환경 지원
- ① 다양한 용지 사이즈 지원
- ② 워터마크 지원
- ③ 포스터 인쇄 지원
- ④ 다양한 운영체제에서 인쇄 가능
- ⑤ USB 인터페이스 또는 네트워크 인터페이스

(5) 다양한 무선 설정 방법 지원
- ① WPS 버튼 이용하기
- ② USB 케이블 또는 네트워크 케이블 이용하기
- ③ Wi-Fi Direct 이용하기

2. 기본 사용법

(1) 인쇄하기

① 인쇄하려는 문서를 여세요.

② 파일 메뉴에서 인쇄를 선택하세요.

③ 프린터 선택 목록에서 사용 중인 제품을 선택하세요.

④ 인쇄 매수 및 인쇄 범위 등 기본 인쇄 설정은 인쇄 창에서 선택할 수 있습니다.

⑤ 인쇄를 시작하려면 인쇄 창에서 확인 또는 인쇄를 클릭하세요.

(2) 인쇄 작업 취소

① Windows 작업줄에 표시된 제품 아이콘을 더블클릭하여 인쇄 대기열을 열 수도 있습니다.

② 조작부의 취소버튼을 눌러서 인쇄를 취소할 수 있습니다.

(3) 인쇄 기본 설정 창 열기

① 인쇄하려는 문서를 여세요.

② 파일 메뉴에서 인쇄를 선택하세요.

③ 프린터 선택에서 사용 중인 제품을 선택하세요.

④ 프린터 속성 또는 기본 설정을 클릭하세요.

㉠ 파일 메뉴에서 인쇄를 선택한다.

㉡ 인쇄하려는 문서를 연다.

㉢ 프린터 선택에서 사용 중인 제품을 선택한다.

㉣ 프린터 속성 또는 기본 설정을 클릭한다.

---

① ㉠㉣㉢㉡　　② ㉡㉠㉢㉣

③ ㉢㉠㉣㉡　　④ ㉣㉢㉠㉡

▌4~5▌ 아래 〈보기〉는 그래프 구성 명령어 실행 예시이다. 〈보기〉를 참고하여 다음 물음에 답하시오.

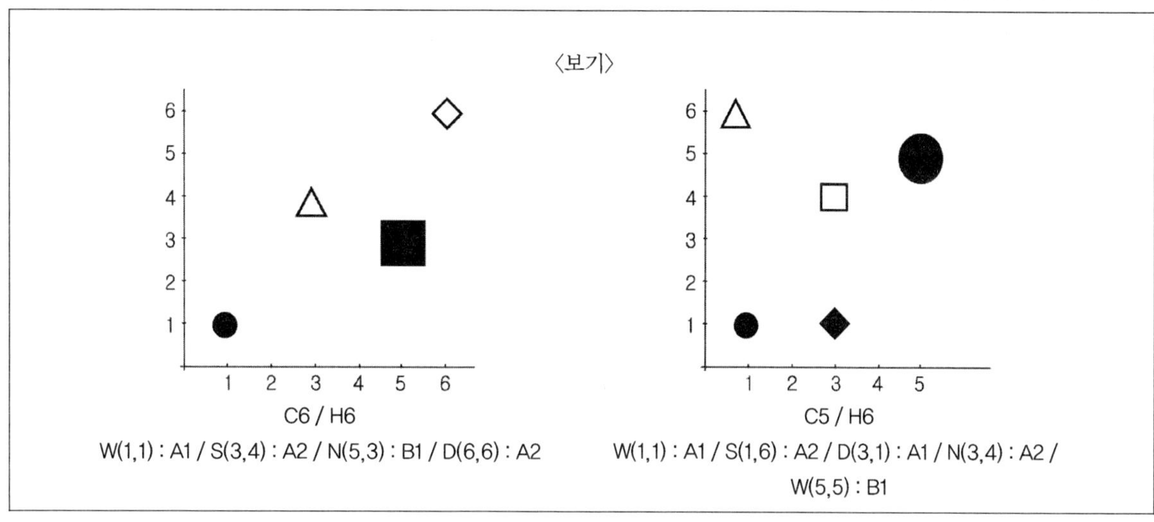

4

다음 그래프에 알맞은 명령어는 무엇인가?

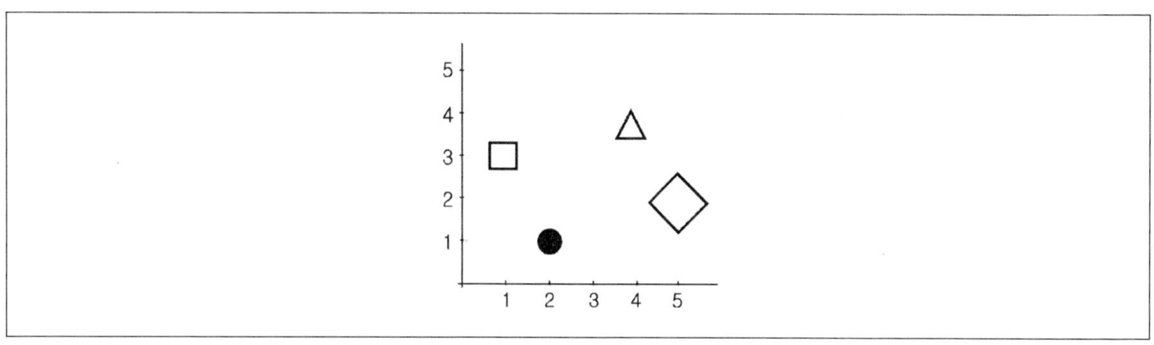

① C4 / H5　N(1,2) : A2 / W(2,1) : A1 / S(4,4) : A2 / D(5,2) : B1

② C5 / H4　N(1,3) : A2 / W(2,2) : A1 / S(4,4) : A2 / D(5,2) : B2

③ C5 / H5　N(1,2) : A2 / W(2,1) : A1 / S(4,4) : A1 / D(5,2) : B2

④ C5 / H5　N(1,3) : A2 / W(2,1) : A1 / S(4,4) : A2 / D(5,2) : B2

5

다음 명령어에 알맞은 그래프는 무엇인가?

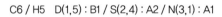

C6 / H5　D(1,5) : B1 / S(2,4) : A2 / N(3,1) : A1

①

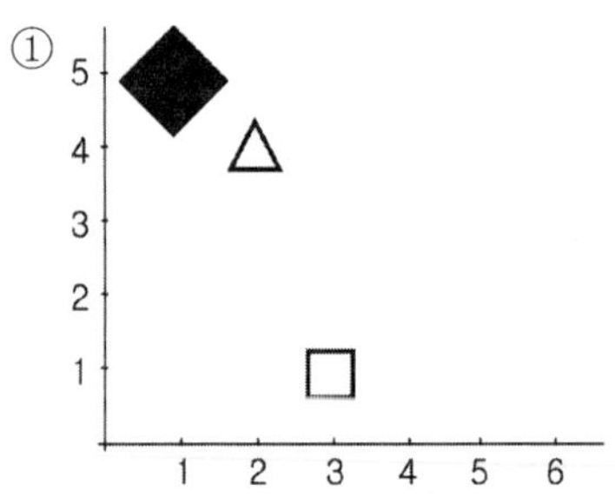

②

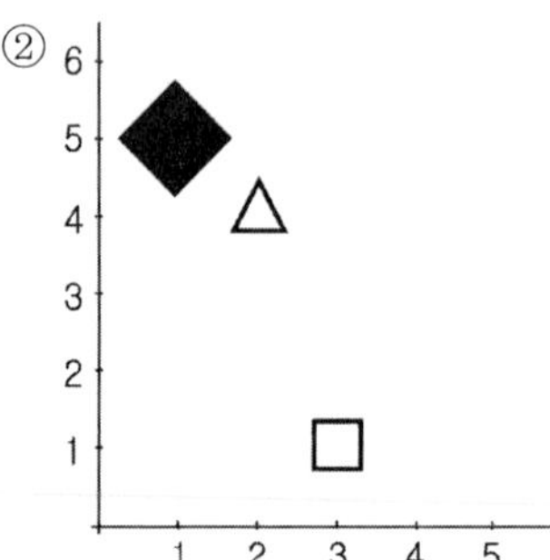

③

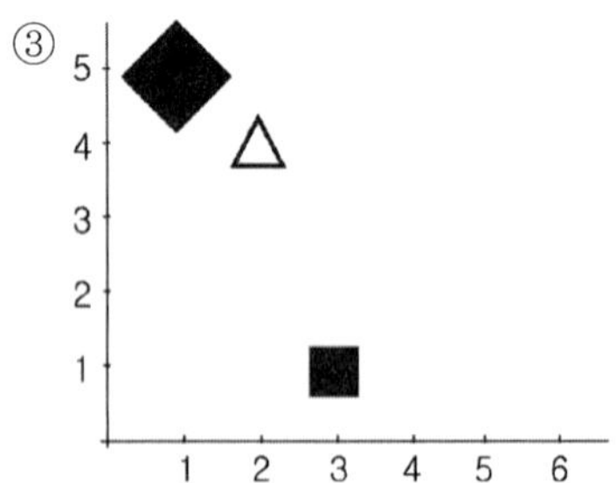

④

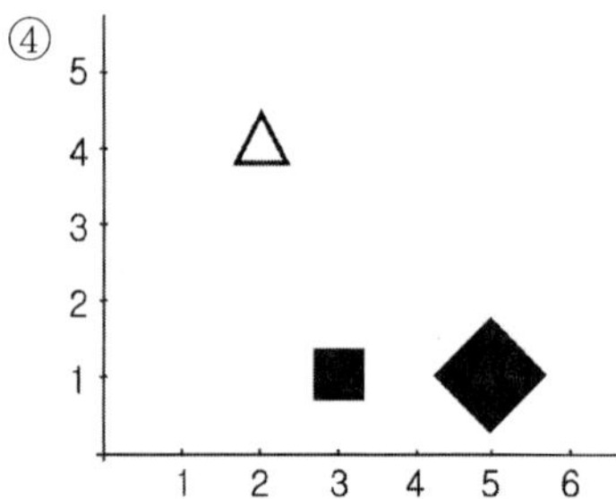

정답 및 해설 P.380 

자기개발능력 대표유형

자기개발이란 자신의 능력, 적성 및 특성 등에 있어 강점과 약점을 확인하고 강점은 강화시키고 약점은 관리하여 성장을 위한 기회로 활용하는 것이다. 자기개발능력에서는 자아인식능력, 자기관리능력, 경력개발능력에 관한 모듈형 문제와 업무와 관련하여 바람직한 자기개발에 대해 묻는 문제가 주로 출제된다.

1

다음 사례에서 목표 달성에 실패하지 않으려면 Y씨에게 필요한 것은 무엇인가?

> Y씨는 최근 외국과의 거래가 많아지면서 영어를 공부하기로 결심하고 퇴근 후에 회사 앞에 있는 학원에서 1시간 동안 영어회화 강의를 수강하기로 하였다. 처음 일주일은 학원을 잘 다녔으나 어느 날은 쉬고 싶은 마음에 학원을 안 가기도 하고, 직장 동료들이 함께 밥을 먹자는 제안에 동료들과 친해지고 싶어서 학원을 안 가기도 하였다. 그러다 보니 Y씨의 목표는 흐지부지되고 말았다.

① 시간 분배
② 인간의 욕구와 감정 통제
③ 문화적인 장애 극복
④ 리더십 개발

2

다음 상황에서 A의 상사가 개선해야 하는 사항으로 옳은 것은?

> 민원 관련으로 공공기관 방문이 많은 부서에서 일하고 있는 A씨는 상사의 지시가 있으면 구청을 방문하곤 했다. 오늘도 어김없이 구청을 방문하고 복귀하는데 회사에 거의 다 온 시점에서 상사의 전화가 왔다. 상사가 말하길 "아까 지시 못한 일이 있는데 검찰청에 들러서 일을 처리하고 오라."라고 하는 것이었다. 구청 근처에 검찰청이 있기 때문에 A씨는 다시 돌아가야 해서 짜증이 났다. 오늘뿐만 아니라 여태까지 상사가 일을 지시하는 방법이 이러했기 때문이다.

① 직원이 창의적인 사고를 가질 수 있도록 다른 사람과 다른 방식으로 지시해야 한다.
② 직원에게 지시하지 말고 상사가 직접 구청과 검찰청에 방문해야 한다.
③ 비슷한 곳에 업무가 있을 때에는 한 번에 처리하도록 지시하여 같은 곳을 반복해서 가지 않도록 해야 한다.
④ 회사와 팀의 업무 지침을 무시하지 말고 따르도록 해야 한다.

3

일본을 상대로 하는 무역회사에 다니고 있는 김 대리는 지금 하고 있는 일이 너무 익숙해져버려서 변화를 주어야겠다는 느낌을 받고 자기개발을 하려고 한다. 김 대리는 업무에 필요한 기초적인 일본어는 가능하지만 고급 일본어 구사에 부족함을 느껴 일본어를 공부하기로 마음을 먹었다. 다음은 김 대리가 목표와 계획을 작성한 것이다. 이를 본 상사의 반응으로 옳지 않은 것은?

〈김 대리의 자기개발 계획〉

- 목표 : 고급 일본어 공부하기
- 계획 : 일주일에 3일 고급 일본어 강의 수강
- 방법 : 퇴근하고 화, 목, 토요일 저녁 8~9시까지 집 근처 학원에서 고급 일본어를 수강

〈학원 강의 시간표〉

시간	월	화	수	목	금	토
07:00 ~ 08:00	고급 일본어	초급 중국어	고급 일본어	초급 중국어	고급 일본어	초급 중국어
20:00 ~ 21:00	초급 중국어	고급 일본어	초급 중국어	고급 일본어	초급 중국어	고급 일본어

① 목표를 장 · 단기로 나눠서 구체적으로 정하는 것이 더 좋을 것 같은데.

② 우리 회사의 특성상 야근이 많을 수 있으므로 퇴근 후보다는 출근 전에 학원을 가는 것이 좋지 않겠나?

③ 김 대리는 일본어는 기본적인 대화가 가능하니까, 이참에 중국어를 배워보는 건 어떻겠나?

④ 자기개발은 현재 직무를 고려해야 하는데 현재의 직무를 고려하지 않은 것이 흠이군.

| 4~5 | 다음은 자기관리의 단계를 나타낸 것이다. 이를 보고 물음에 답하시오.

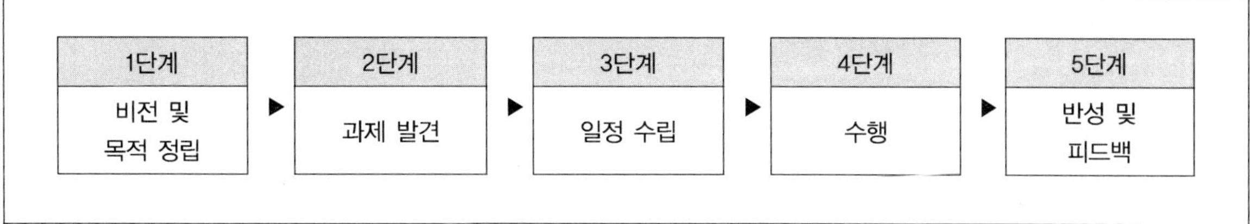

4

회사에 갓 입사한 신입사원 甲은 대학 졸업 후 첫 직장이라 자기관리에 서툴다. 이에 반해 상사인 乙 대리는 철저한 자기관리로 차분하게 일을 처리하는 성격이다. 이를 부러워한 甲은 乙 대리의 자기관리능력을 본받고자 乙 대리를 관찰한 결과 자기관리에도 단계별 절차가 있다는 것을 깨달았다. 이에 甲은 1단계부터 실행해 보려고 한다. 1단계 비전 및 목적을 정립하기 위하여 필요한 질문으로 옳지 않은 것은?

① 나의 가치관은 무엇인가?

② 나에게 가장 중요한 것은 무엇인가?

③ 일을 수행하는 동안 어떤 문제에 직면했는가?

④ 내 삶의 의미는 무엇인가?

5

다음의 사례는 자기관리의 어느 단계에 해당하는가?

> 사원 丙은 현재 자신의 역할 및 능력을 다음의 질문을 통해 검토하고, 할 일을 조정하여 자신이 수행해야 될 역할들을 도출하였다.
> • 자신이 현재 수행하고 있는 역할과 능력은 무엇인가?
> • 역할들 간에 상충되는 것은 없는가?
> • 현재 변화되어야 할 것은 없는가?

① 과제 발견　　② 일정 수립

③ 수행　　④ 반성 및 피드백

대인관계능력 대표유형

대인관계란 집단생활 속 구성원 상호 간의 관계로, 직장생활에서 대인관계는 조직구성원 간의 관계뿐만 아니라 조직 외부의 관계자, 고객 등과의 관계를 전제로 한다. 리더십능력, 갈등관리능력, 협상능력, 고객서비스능력 등이 대인관계능력을 측정하기 위한 문제로 출제된다.

1

다음 사례에서 나오는 마부장의 리더십은 어떤 유형인가?

ㅇㅇ그룹의 마부장은 이번에 새로 보직 이동을 하면서 판매부서로 자리를 옮겼다. 그런데 판매부서는 ㅇㅇ그룹에서도 알아주는 문제가 많은 부서 중에 한 곳으로 모두들 이곳으로 옮기기를 꺼려한다. 그런데 막상 이곳으로 온 마부장은 이곳 판매부서가 비록 직원이 3명밖에 없는 소규모의 부서이지만 세 명 모두가 각자 나름대로의 재능과 경험을 가지고 있고 단지 서로 화합과 협력이 부족하여 성과가 저조하게 나타났음을 깨달았다. 또한 이전 판매부장은 이를 간과한 채 오직 성과내기에 급급하여 직원들을 다그치기만 하자 팀 내 사기마저 떨어지게 된 것이다. 이에 마부장은 부원들의 단합을 위해 매주 등산모임을 만들고 수시로 함께 식사를 하면서 많은 대화를 나눴다. 또한 각자의 능력을 살릴 수 있도록 업무를 분담해 주고 작은 성과라도 그에 맞는 보상을 해 주었다. 이렇게 한 달, 두 달이 지나자 판매부서의 성과는 눈에 띄게 높아졌으며 직원들의 사기 역시 높게 나타났다.

① 카리스마 리더십
② 독재자형 리더십
③ 변혁적 리더십
④ 거래적 리더십

2

다음 사례에서 민수의 행동 중 잘못된 행동은 무엇인가?

> 민수는 Y기업 판매부서의 부장이다. 그의 부서는 크게 3개의 팀으로 구성되어 있는데 이번에 그의 부서에서 본사의 중요한 프로젝트를 맡게 되었고 그는 세 팀의 팀장들에게 이번 프로젝트를 성공시키면 전원 진급을 시켜주겠다고 약속하였다. 각 팀의 팀장들은 민수의 말을 듣고 한 달 동안 야근을 하면서 마침내 거액의 계약을 따내게 되었다. 이로 인해 각 팀의 팀장들은 회사로부터 약간의 성과급을 받게 되었지만 정작 진급은 애초에 세 팀 중에 한 팀만 가능하다는 사실을 뒤늦게 통보받았다. 각 팀장들은 민수에게 불만을 표시했고 민수는 미안하게 됐다며 성과급 받은 것으로 만족하라는 말만 되풀이하였다.

① 상대방에 대한 이해
② 기대의 명확화
③ 사소한 일에 대한 관심
④ 약속의 불이행

3

다음 사례에서 이 고객의 불만유형으로 적절한 것은?

> 훈재가 근무하고 있는 △△핸드폰 대리점에 한 고객이 방문하여 깨진 핸드폰 케이스를 보여주며 무상으로 바꿔달라고 요구하고 있다. 이 핸드폰 케이스는 이번에 새로 출시된 핸드폰에 맞춰서 이벤트 차원에서 한 달간 무상으로 지급한 것이며 현재는 이벤트 기간이 끝나 돈을 주고 구입을 해야 한다. 훈재는 깨진 핸드폰 케이스는 고객의 실수에 의한 것으로 무상으로 바꿔줄 수 없으며 새로 다시 구입을 해야 한다고 설명하였다. 하지만 이 고객은 본인은 핸드폰을 구입할 때 이미 따로 보험에 가입을 했으며 핸드폰 케이스는 핸드폰의 부속품이므로 마땅히 무상 교체를 해줘야 한다고 트집을 잡고 있다.

① 의심형
② 빨리빨리형
③ 거만형
④ 트집형

4

다음 사례에서 박부장이 취할 수 있는 행동으로 적절하지 않은 것은?

> ◈◈기업에 다니는 박부장은 최근 경기침체에 따른 회사의 매출부진과 관련하여 근무환경을 크게 변화시키기로 결정하였다. 하지만 그의 부하들은 물론 상사와 동료들조차도 박부장의 결정에 회의적이었고 부정적인 시각을 내보였다. 그들은 변화에 소극적이었으며 갑작스런 변화는 오히려 회사의 존립자체를 무너뜨릴 수 있다고 판단하였다. 하지만 박부장은 갑작스런 변화가 처음에는 회사를 좀 더 어렵게 할 수는 있으나 장기적으로 본다면 틀림없이 회사에 큰 장점으로 작용할 것이라고 확신하고 있었고 여기에는 전 직원의 협력과 노력이 필요하였다.

① 직원들의 감정을 세심하게 살핀다.　　② 변화의 긍정적인 면을 강조한다.

③ 주관적인 자세를 유지한다.　　④ 변화에 적응할 시간을 준다.

5

다음 사례에서 유팀장이 부하직원들의 동기부여를 위해 행한 방법으로 옳지 않은 것은?

> 전자제품을 생산하고 있는 △△기업은 매년 신제품을 출시하는 것으로 유명하다. 그것도 시리즈 별로 하나씩 출시하기 때문에 실제로 출시되는 신제품은 1년에 2~3개가 된다. 이렇다 보니 자연히 직원들은 새로운 제품을 출시하고도 곧바로 또 다른 제품에 대한 아이디어를 내야하고 결국 이것이 스트레스로 이어져 업무에 대한 효율성이 떨어지게 되었다. 유팀장의 부하직원들 또한 이러한 이유로 고민을 하고 있다. 따라서 유팀장은 자신의 팀원들에게 아이디어를 하나씩 낼 때마다 게시판에 적힌 팀원들 이름 아래 스티커를 하나씩 붙이고 스티커가 다 차게 되면 휴가를 보내주기로 하였다. 또한 최근 들어 출시되는 제품들이 모두 비슷하기만 할 뿐 새로운 면을 찾아볼 수 없어 뭔가 혁신적인 기술을 제품에 넣기로 하였다. 특히 △△기업은 전자제품을 주로 취급하다 보니 자연히 보안에 신경을 쓸 수밖에 없었고 유팀장은 이 기회에 새로운 보안시스템을 선보이기로 하였다. 그리하여 부하직원들에게 지금까지 아무도 시도하지 못한 새로운 보안시스템을 개발해 보자고 제안하였고 팀원들도 그 의견에 찬성하였다. 나아가 유팀장은 직원들의 스트레스를 좀 더 줄이고 업무효율성을 극대화시키기 위해 기존에 유지되고 있던 딱딱한 업무환경을 개선할 필요가 있음을 깨닫고 직원들에게 자율적으로 출퇴근을 할 수 있도록 하는 한편 사내에 휴식공간을 만들어 수시로 직원들이 이용할 수 있도록 변화를 주었다. 그 결과 이번에 새로 출시된 제품은 △△기업 사상 최고의 매출을 올리며 큰 성과를 거두었고 팀원들의 사기 또한 하늘을 찌르게 되었다.

① 긍정적 강화법을 활용한다.　　② 새로운 도전의 기회를 부여한다.

③ 지속적으로 교육한다.　　④ 변화를 두려워하지 않는다.

정답 및 해설 P.382 

직업윤리 대표유형

직업윤리란 직업인이라면 반드시 지켜야 할 공통적인 윤리규범이다. 업무상 행해지는 개인의 판단과 행동은 사회적 파급력이 큰 기업시스템을 통하여 다수의 이해관계자와 관련되다. 따라서 기업에서는 직업윤리 의식이 투철한 지원자를 뽑고자 한다. 직업윤리는 모듈형 문제 외에 인성검사와 유사한 유형의 문제들이 출제되고 있다.

1

개인윤리와 직업윤리의 조화에 대한 설명으로 옳지 않은 것은?

① 업무상 개인의 판단과 행동이 사회적 영향력이 큰 기업시스템을 통하여 다수의 이해관계자와 관련된다.

② 수많은 사람이 관련되어 고도화된 공동의 협력을 요구하므로 맡은 역할에 대한 책임완수가 필요하다.

③ 직장이라는 집단적 인간관계에서도 가족관계, 개인적 선호에 의한 친분 관계와 유사한 측면의 배려가 필요하다.

④ 각각의 직무에서 오는 특수한 상황에서는 개인적 덕목 차원의 일반적인 상식과 기준으로 규제할 수 없는 경우가 많다.

2

정직과 신용을 구축하기 위한 지침으로 옳지 않은 것은?

① 정직과 신뢰는 한 번에 높게 쌓아야 한다.

② 잘못된 것도 정직하게 밝혀야 한다.

③ 정직하지 못한 것을 눈감아 주지 않아야 한다.

④ 자신의 일에 최선을 다한다.

3

다음 제시된 직장 내 예절교육의 항목 중 적절한 내용으로 보기 어려운 설명을 모두 고른 것은?

가. 악수를 하는 동안에는 상대의 눈을 맞추기보다는 맞잡은 손에 집중한다.
나. 내가 속해 있는 회사의 관계자를 타 회사의 관계자에게 소개한다.
다. 처음 만나는 사람과 악수할 경우에는 가볍게 손끝만 잡는다.
라. 상대방에게서 명함을 받으면 받은 즉시 명함지갑에 넣지 않는다.
마. e-mail 메시지는 길고 자세한 것보다 명료하고 간략하게 만든다.
바. 정부 고관의 직급명은 퇴직한 사람을 소개할 경우엔 사용을 금지한다.
사. 명함에 부가 정보는 상대방과의 만남이 끝난 후에 적는다.

① 나, 라, 마, 사
② 가, 다, 라
③ 나, 마, 바, 사
④ 가, 다, 바

4

영업팀에서 근무하는 조 대리는 아래와 같은 상황을 갑작스레 맞게 되었다. 다음 중 조 대리가 취해야 할 행동으로 가장 적절한 것은?

조 대리는 오늘 휴일을 맞아 평소 자주 방문하던 근처 고아원을 찾아가기로 하였다. 매번 자신의 아들인 것처럼 자상하게 대해주던 영수에게 줄 선물도 준비하였고 선물을 받고 즐거워할 영수의 모습에 설레는 마음을 감출 수 없었다.

그러던 중 갑자기 일본 지사로부터, 내일 방문하기로 예정되어 있던 바이어 일행 중 한 명이 현지 사정으로 인해 오늘 입국하게 되었다는 소식을 전해 들었다. 바이어의 한국 체류 시 모든 일정을 동행하며 계약 체결에 차질이 없도록 접대해야 하는 조 대리는 갑자기 공항으로 서둘러 출발해야 하는 상황에 놓이게 되었다.

① 업무상 긴급한 상황이지만, 휴일인 만큼 계획대로 영수와의 시간을 갖는다.
② 지사에 전화하여 오늘 입국은 불가하며 내일 비행기 편을 다시 알아봐 줄 것을 요청한다.
③ 영수에게 아쉬움을 전하며 다음 기회를 약속하고 손님을 맞기 위해 공항으로 나간다.
④ 지난 번 도움을 주었던 차 대리에게 연락하여 대신 공항픽업부터 호텔 투숙, 저녁 식사까지만 대신 안내를 부탁한다.

5

다음 상황에서 당신이 가장 하지 않을 것 같은 행동을 고르면?

당신은 100억대 규모 프로젝트의 팀원으로 업무를 수행하고 있던 중 우연한 기회에 본 프로젝트의 책임자인 상사가 하청업체로부터 억대의 뇌물을 받는 등 회사 윤리규정에 반하는 일을 하고 있다는 정보를 입수하게 되었다. 상사는 평소 직원들로부터 신뢰와 존경을 받아왔으며 당신은 그 상사와 입사 때부터 각별한 친분을 쌓아왔고 멘토로 생각해왔던 터라 도저히 믿어지지 않았고 충격도 크다.

① 인간은 누구나 실수를 할 수 있고 또 처음 있는 일이니 그 동안 쌓인 정을 봐서 이번 한 번은 모른 체 넘어간다.

② 상사가 잘못을 인정하면서 한 번만 봐 달라고 사정하면, '다시는 그러지 말라'고 하고 덮어둔다.

③ 상사에게 당신이 상사의 부정 사실을 알고 있다고 말하고 돈을 하청업체에 돌려주라고 말한다.

④ 회사에 알린다.

NCS 예상문제

01 의사소통능력
02 수리능력
03 문제해결능력
04 조직이해능력
05 정보능력
06 자원관리능력
07 기술능력
08 자기개발능력
09 대인관계능력
10 직업윤리

01 의사소통능력

정답 및 해설 p.384

1 다음은 서울교통공사 정관 및 사규 중 9호선 운영부문 업무용 교통카드 관리예규에 대한 내용을 일부 발췌한 것이다. 이를 읽고 아래의 내용을 가장 잘 이해하고 있는 사람을 고르면?

제2장 발급 및 관리

제4조(지급대상 및 용도)

1. 부문은 업무상 필요하다고 판단되는 경우 부서 또는 직원 1인당 업무용 교통카드 1매를 지급한다.
2. 부문은 업무상 필요하다고 판단되는 경우 용역직에게도 업무용 교통카드를 지급할 수 있다.
3. 업무용 교통카드는 9호선 전체 구간에서 업무용으로 사용한다.

제5조(일반관리책임)

1. 기술처는 업무용 교통카드의 (재)발급신청, 지급, 분실접수(별첨 3) 등 운영 및 관리에 대한 제반 사항을 관리한다.
2. 기술처는 업무용 교통카드에 대한 사용정지 및 해제를 관리한다.
3. 기술처는 업무용 교통카드의 보유 및 관리실태, 부정사용 여부 등에 대해 분기별 정기적으로 점검하고 기술처장에게 보고한다.
4. 기술처는 부정사용 여부가 확인 될 경우 "제10조 (위반행위에 대한 벌칙)"을 적용하여 운영처장에게 적용을 요구하며 운영처장은 적용 결과에 대해 기술처장에게 통보한다.
5. 기술처는 직원의 실수로 인한 오사용 보고 시 기록 및 관리하여 불이익이 발생하지 않도록 한다.

제6조(직원관리책임)

1. 업무용 교통카드를 지급받은 직원은 업무용 교통카드 분실, 파손되지 않도록 주의하여 관리하여야 한다.
2. 용역직에게 지급한 업무용 교통카드는 감독부서 부서장이 해당 업무용 교통카드의 분실, 파손 및 부정사용에 대한 관리책임을 부담한다.
3. 업무용 교통카드가 정상적으로 기능하지 않거나 분실, 파손 등의 사유로 사용할 수 없는 경우에는 직원 및 감독부서 부서장은 이를 기술처에 신고하여 정상적인 업무용 교통카드로 교체, 발급받아야 한다.
4. 업무용 교통카드의 오사용 발생 시 기술처에 즉시 보고한다.

제7조(직원 의무사항)
1. 직원은 업무용 교통카드를 업무 용도로만 사용하여야 하고, 출. 퇴근 등 업무 외적인 목적으로 사용하여서는 아니 된다.
2. 직원은 업무용 교통카드를 타인에게 양도하거나 대여해서는 아니 된다.
3. 직원은 업무시간 중 항시 업무용 교통카드를 소지하여 게이트 출입 시 이를 사용해서 통과하여야 하며, 게이트를 임의로 통과하여서는 아니 된다.

① 원갑 : 업무 상 필요할 때는 부서나 직원에게 인당 업무용 교통카드를 2개 이상 지급해야 해야 한다고 하는군
② 주연 : 용역직은 정직원이 아니니까 업무 상이라 하더라도 업무용 교통카드를 지급할 수 없어
③ 현구 : 업무용 교통카드가 제 기능을 못하고 분실될 경우 총무팀에 신고해서 정상적인 것으로 교체 및 발급받아야 해
④ 성수 : 직원이라 하더라도 업무용 교통카드는 업무 외적인 일로 사용하면 안 돼
⑤ 세은 : 직원들은 업무용 교통카드를 임의로 빌려주거나 하는 등의 행동을 해서는 안 돼

2 다음 중 공문서에 대한 설명으로 옳지 않은 것은?

① 정부 행정기관에서 대내적, 혹은 대외적 공무를 집행하기 위해 작성하는 문서이다.
② 정부기관이 일반회사, 또는 단체로부터 접수하는 문서 및 일반회사에서 정부기관을 상대로 사업을 진행하려고 할 때 작성하는 문서도 포함된다.
③ 엄격한 규격과 양식에 따라 정당한 권리를 가지 사람이 작성해야 한다.
④ 문서번호, 시행일자, 수신인, 참조인, 담당자 등의 내용이 포함된다.
⑤ 최종 결재권자의 결재가 없어도 문서로서의 기능이 성립된다.

3 다음 중 언어적인 의사소통과 비교한 문서적 측면으로서 의사소통의 특징이 아닌 것은?

① 권위감이 있다.
② 정확성을 기하기 쉽다.
③ 전달성이 높다.
④ 상대방의 반응이나 감정을 살필 수 있다.
⑤ 보존성이 크다.

4 다음의 괄호에 알맞은 한자성어는?

> 일을 하다 보면 균형과 절제가 필요하다는 것을 알게 된다. 일의 수행 과정에서 부분적 잘못을 바로 잡으려다 정작 일 자체를 뒤엎어 버리는 경우가 왕왕 발생하기 때문이다. 흔히 속담에 "빈대 잡으려다 초가삼간 태운다."라는 말은 여기에 해당할 것이다. 따라서 부분적 결점을 바로잡으려다 본질을 해치는 (　　)의 어리석음을 저질러서는 안 된다.

① 개과불린(改過不吝)
② 경거망동(輕擧妄動)
③ 교각살우(矯角殺牛)
④ 부화뇌동(附和雷同)
⑤ 낭중지추(囊中之錐)

5 다음은 강원지역 모터사이클 동아리 친구인 우진, 규호, 원모, 연철, 형일이는 서울 여행을 하기 위해 사당역에서 역무원으로부터 운송약관에 대한 설명을 듣고 있다. 아래에 제시된 자료는 이들이 듣고 있던 서울교통공사의 운송약관 중 일부를 발췌한 내용이다. 이를 참조하여 아래의 약관을 잘못 이해하고 있는 사람을 고르면?

제3조 (정의)

1. "역"이라 함은 도시철도구간의 열차를 이용하고자 하는 여객을 운송하기 위한 설비를 갖추고 열차가 정차하는 장소를 말합니다.
2. "여행시작"이라 함은 여객이 여행을 시작하는 역에서 승차권을 개표한 때를 말합니다.
3. "연락운송"이라 함은 도시철도법 제34조에 따라 서울교통공사구간과 한국철도광역전철구간, 인천 교통공사 구간, 서울시 메트로 9호선구간, 공항철도 청라국제도시~서울역구간, 신분당선구간, 용인경량전철구간, 의정부경전철구간을 서로 연속하여 여객을 운송하는 것을 말합니다.
4. "연계운송"이라 함은 도시철도와 운임체계가 다른 전철구간 간에 각각의 운임을 합산 적용 후 해당운임만큼 분배를 전제로 서로 연속하여 여객을 운송하는 것을 말합니다.
5. "도시철도"라 함은 도시철도법에 따라 서울교통공사구간과 연락 운송하는 노선(이하 "도시철도구간"이라 합니다) 및 그 부대설비, 열차 등을 통틀어 말합니다.
6. "서울교통공사"이라 함은 도시철도구간 중 1호선 지하 서울~지하청량리간, 2호선 시청~왕십리 경유~시청간과 신설동~성수 간, 신도림~까치산간, 3호선 지축~오금 간, 4호선 당고개~남태령 간, 5호선 방화~마천 간과 강동~상일동 간, 6호선 응암~봉화산 간, 7호선 장암 ~ 부평구청 간, 8호선 암사~모란 간, 9호선 언주~종합운동장 구간을 말합니다.

제6조(여객운송의 조정)

③ 서울교통공사는 다음 각 호의 어느 하나에 해당하는 행위를 하는 자에 대해서는 운송을 거절하거나 여행 도중 역 밖으로 나가게 할 수 있습니다.

1. 열차 내에 별표 1의 위해물품을 휴대하는 행위
2. 여객의 행동, 나이 또는 정신적·육체적 조건으로 인하여 단독으로 여행이 곤란함에도 보호자가 동반하지 않은 경우
3. 다른 여객에게 불쾌감이나 위험 등의 피해를 주거나 줄 우려가 있는 경우
4. 유효한 승차권을 소지하지 아니하였거나 승차권의 확인을 거부하는 경우
5. 역이나 열차 내에서 여객 또는 공중에게 기부를 청하거나 물품의 판매, 연설, 권유 등의 행위를 하는 경우
6. 공중이 이용하는 역 구내 또는 열차 내에서 폭언 또는 고성방가 등 소란을 피우는 행위
7. 열차가 운행되고 있는 도중 타고 내리거나 고의적으로 승강용 출입문의 개폐를 방해하여 열차운행에 지장을 초래하는 행위
8. 흡연이 금지된 역 구내 또는 열차 내에서 흡연하는 행위
9. 직원의 허락 없이 역 구내 또는 열차 내에서 광고물을 부착하거나 배포하는 행위

10. 직원의 직무상 요구를 따르지 아니하거나 폭행 · 협박으로 직무집행을 방해하는 행위
11. 정당한 사유 없이 여객출입 금지장소에 출입하는 행위
12. 역 구내 또는 열차 내에서 노숙하는 행위
13. 역 구내 또는 열차 내에 산업폐기물, 생활폐기물, 오물을 버리는 행위
14. 정당한 사유 없이 역 구내의 비상정지버튼을 누르거나 열차의 승강용 출입문을 여는 등 열차의 장치 또는 기구 등을 조작하는 행위
15. 열차 밖에 있는 사람에게 위험을 끼칠 염려가 있는 물건을 열차 밖으로 던지는 행위
16. 그 밖의 공중 또는 여객에게 위해를 끼치는 행위 등

〈별표1〉 위해물품(제6조 제3항 및 제34조 제1항 관련)

종류	품목별 내역
화약류	「총포 · 도검 · 화약류 등 단속법」에 의한 화약 · 폭약 · 화공품과 그 밖에 폭발성이 있는 물질
고압가스	섭씨 50도 미만의 임계온도를 가진 물질, 섭씨 50도에서 300킬로 파스칼을 초과하는 절대압력(진공을 영으로 하는 압력을 말한다. 이하 같다)을 가진 물질, 섭씨 21.1도에서 280킬로 파스칼을 초과하거나 섭씨 54.4도에서 730킬로 파스칼을 초과하는 절대압력을 가진 물질 또는 섭씨 37.8도에서 280킬로 파스칼을 초과하는 절대가스압력(진공을 영으로 하는 가스압력을 말한다)을 가진 액체상태의 인화성 물질
인화성 액체	밀폐식인화점 측정법에 의한 인화점이 섭씨 60.5도 이하인 액체 또는 개방식인화점 측정법에 의한 인화점이 섭씨 65.6도 이하인 액체
가연성 물질류	• 가연성 고체 : 화기 등에 의하여 용이하게 점화되며 화재를 조장할 수 있는 가연성 고체 • 자연발화성 물질 : 통상적인 운송 상태에서 마찰 · 습기흡수 · 화학변화 등으로 인하여 자연발열 또는 자연발화하기 쉬운 물질 • 그 밖의 가연성 물질 : 물과 작용하여 인화성 가스를 발생하는 물질
산화성 물질류	• 산화성 물질 : 다른 물질을 산화시키는 성질을 가진 물질로서 유기과산화물 외의 것 • 유기과산화물 : 다른 물질을 산화시키는 성질을 가진 유기물질
독물류	• 독물 : 사람이 그 물질을 흡입 · 접촉 또는 체내에 섭취한 경우에 강력한 독작용 또는 자극을 일으키는 물질 • 병독을 옮기기 쉬운 물질 : 살아있는 병원체 및 살아있는 병원체를 함유하거나 병원체가 부착되어 있다고 인정되는 물질
방사성 물질	• 「원자력법」 제2조의 규정에 의한 핵물질 및 방사성물질 또는 이로 인하여 오염된 물질로서 방사능의 농도가 매 킬로그램 당 74킬로 베크렐(매 그램당 0.002마이크로 큐리) 이상인 것
부식성 물질	• 생물체의 조직에 접촉한 경우 화학반응에 의하여 조직에 심한 위해를 주는 물질 또는 열차의 차체 · 적하물 등에 접촉한 경우 물질적 손상을 주는 물질
마취성 물질	• 고통이나 불편함을 발생시키는 마취성이 있는 물질 또는 그와 유사한 성질을 가진 물질
총포 · 도검류 등	• 「총포 · 도검 · 화약류 등 단속법」에 의한 총포 · 도검 및 이에 준하는 흉기류
기타 유해물질	• 화학변화 등에 의하여 사람에게 위해를 줄 수 있는 물질

제10조(여객의 구분)

① 여객은 다음 각 호와 같이 구분합니다.

1. 유아 : 만 6세 미만의 사람. 다만, 유아가 단독으로 여행하거나 보호자 1인이 동반하는 유아가 3인을 초과할 때 그 초과된 유아 및 유아가 단체로 여행할 때는 어린이로 봅니다.
2. 어린이 : 만 6세 이상 만13세 미만의 사람. 다만, 만 13세 이상이라도 초등학생은 어린이로 봅니다.
3. 청소년 : 청소년복지지원법에 의하여 운임이 감면되는 만 13세 이상 만 18세 이하의 사람. 다만,「초 · 중등교육법」제2조에 따른 학교에 재학 중인 18세 초과 24세 이하인 학생은 청소년으로 봅니다.
4. 어른 : 만13세 이상 만65세 미만의 사람
5. 노인 : 노인복지법의 적용을 받는 만 65세 이상의 사람
6. 장애인 : 장애인복지법의 적용을 받는 장애인

① 우진 : 우리 모두는 현재 사당역에 있고, 이 역의 다음이 남태령역이니까 우리는 현재 도시철도구간 중 4호선에 해당하는 곳에 있다고 할 수 있지

② 규호 : 맞아, 그리고 우리 모두는 현재 승차권을 구입해 개표하고 전철 플랫폼으로 내려왔으니까 여행시작이라고 할 수 있어

③ 원모 : 내가 올해 68세이니까 난 노인복지법의 적용을 받는 축에 속하게 되겠군.

④ 연철 : 손님은 왕이야, 그러니까 내가 열차를 타고 가면서 고성방가를 해도 그 누구도 나를 쫓아내거나 내가 열차 이용한다고 해서 운송거부를 하지 못해

⑤ 형일 : 나의 큰 아들은 아직 10살 밖에 안 되었으니 어린이에 속하겠군

6 다음은 사내홍보물에 사용하기 위한 인터뷰 내용이다. ㉠~㉣에 대한 설명으로 적절하지 않은 것을 고르면?

> 甲 : 안녕하세요. 저번에 인사드렸던 홍보팀 대리 甲입니다. 바쁘신 데도 이렇게 인터뷰에 응해 주셔서 감사합니다. ㉠ <u>이번 호 사내 홍보물 기사에 참고하려고 하는데 혹시 녹음을 해도 괜찮을까요?</u>
>
> 乙 : 네, 그렇게 하세요.
>
> 甲 : 그럼 ㉡ <u>우선 사랑의 도시락 배달이란 무엇이고 어떤 목적을 갖고 있는지 간단히 말씀해 주시겠어요?</u>
>
> 乙 : 사랑의 도시락 배달은 끼니를 챙겨 드시기 어려운 독거노인분들을 찾아가 사랑의 도시락을 전달하는 일이에요. 이 활동은 회사 이미지를 홍보하는 데 기여할 뿐만 아니라 개인적으로는 마음 따뜻해지는 보람을 느끼게 된답니다.
>
> 甲 : 그렇군요. ㉢ <u>한 번 봉사를 할 때에는 하루에 몇 십 가구를 방문하신다고 들었는데요, 어떻게 그렇게 많은 가구들을 다 방문할 수가 있나요?</u>
>
> 乙 : 아, 비결이 있다면 역할을 분담한다는 거예요.
>
> 甲 : 어떻게 역할을 나누나요?
>
> 乙 : 도시락을 포장하는 일, 배달하는 일, 말동무 해드리는 일 등을 팀별로 분담해서 맡으니 효율적으로 운영할 수 있어요.
>
> 甲 : ㉣ <u>(고개를 끄덕이며) 그런 방법이 있었군요. 마지막으로 이런 봉사활동에 관심 있는 사원들에게 한 마디 해주세요.</u>
>
> 乙 : ㉤ <u>주중 내내 일을 하고 주말에 또 봉사활동을 가려고 하면 몸은 굉장히 피곤합니다. 하지만 거기에서 오는 보람은 잠깐의 휴식과 비교할 수 없으니 꼭 한번 참석해 보시라고 말씀드리고 싶네요.</u>
>
> 甲 : 네, 그렇군요. 오늘 귀중한 시간을 내어 주셔서 감사합니다.

① ㉠ : 기록을 위한 보조기구를 사용하기 위해서 사전에 허락을 구하고 있다.

② ㉡ : 면담의 목적을 분명히 밝히면서 동의를 구하고 있다.

③ ㉢ : 미리 알고 있던 정보를 바탕으로 질문을 하고 있다.

④ ㉣ : 적절한 비언어적 표현을 사용하며 상대방의 말에 반응하고 있다.

⑤ ㉤ : 자신의 경험을 바탕으로 봉사활동에 참석하기를 권유하고 있다.

7 다음 글은 합리적 의사결정을 위해 필요한 절차적 조건 중의 하나에 관한 설명이다. 다음 보기 중 이 조건을 위배한 것끼리 묶은 것은?

> 합리적 의사결정을 위해서는 정해진 절차를 충실히 따르는 것이 필요하다. 고도로 복잡하고 불확실하나 문제상황 속에서 결정의 절차가 합리적이기 위해서는 다음과 같은 조건이 충족되어야 한다.
>
> 〈조건〉
>
> 정책결정 절차에서 논의되었던 모든 내용이 결정절차에 참여하지 않은 다른 사람들에게 투명하게 공개되어야 한다. 그렇지 않으면 이성적 토론이 무력해지고 객관적 증거나 논리 대신 강압이나 회유 등의 방법으로 결론이 도출되기 쉽기 때문이다.

〈보기〉

㉠ 심의에 참여한 분들의 프라이버시 보호를 위해 오늘 회의의 결론만 간략히 알려드리겠습니다.
㉡ 시간이 촉박하니 회의 참석자 중에서 부장급 이상만 발언하도록 합시다.
㉢ 오늘 논의하는 안건은 매우 민감한 사안이니만큼 비참석자에게는 그 내용을 알리지 않을 것입니다. 그러니 회의자료 및 메모한 내용도 두고 가시기 바랍니다.
㉣ 우리가 외부에 자문을 구한 박사님은 이 분야의 최고 전문가이기 때문에 참석자 간의 별도 토론 없이 박사님의 의견을 그대로 채택하도록 합시다.
㉤ 오늘 안건은 매우 첨예한 이해관계가 걸려 있으니 상대방에 대한 반론은 자제해주시고 자신의 주장만 말씀해주시기 바랍니다.

① ㉠, ㉡　② ㉠, ㉢
③ ㉢, ㉣　④ ㉢, ㉤
⑤ ㉣, ㉤

8 아래의 내용은 서울고속버스터미널의 소화물 운송약관의 일부를 발췌한 것이다. 이 날 모든 운행을 마친 승무원 5명(A, B, C, D, E)이 아래에 제시된 약관을 보며 토론을 하고 있다. 이를 보고 판단한 내용으로 바르지 않은 것을 고르면?

제2조(용어의 정의)

1. 고객 : 회사에 소화물 운송을 위탁하는 자로서 송장에 명시되어있는 자
2. 고속버스 소화물 운송 : 고속버스를 이용하여 출발지에서 도착지까지 물품을 운송하는 서비스
3. 송장 : 고객이 위탁할 화물 내용을 기재하여 회사에 제출하는 증서
4. 요금 : 회사가 본 서비스 제공을 위해 별도로 산출한 운송료
5. 물품신고가액 : 화물의 분실 손상의 경우 회사의 배상 책임한도액을 산정하기 위하여 고객이 신고하는 화물의 가격 (현 시세 기준)
6. 탁송 : 고객이 회사에 화물 운송을 신청하는 것
7. 수탁 : 회사가 고객의 운송신청을 수락하는 것
8. 인도 : 회사가 송장에 기재한 화물을 고객에게 넘겨주는 것
9. 수취인 : 운송된 화물을 인수하는 자

제15조(인수거절)

1. 수취인 부재 또는 인수 지연이나 인수를 거절하는 경우 회사는 고객에게 그 사실을 통보하고 고객의 요청에 따라 처리하여야 하며, 이 경우 발생하는 보관비용 등 추가 비용은 고객이 부담한다. 단, 수취인이 15일 이상 물품 인수를 거부하는 경우 고객의 승낙 없이도 회사가 임의로 화물을 처분 또는 폐기할 수 있으며 이로 인해 발생한 비용을 고객에게 요청할 수 있다.
2. 물품 인도예정일로부터 3일이 경과하는 시점까지 수취인이 물품을 인수하지 아니 하는 경우 초과일수에 대하여는 보관료를 수취인에게 징수할 수 있으며, 그 보관료는 인도 초과 일수 ×운송요금×0.2로 한다.

제16조(인도불능화물의 처분)

2. 인도화물이 다음 각 호에 해당할 때는 고객의 동의를 확인하고 처리한다.
   1) 운송화물의 수취인이 분명하지 않은 때
   2) 도착 통지를 한 후 상당기간이 경과하여도 인도청구가 없는 경우
   3) 수취인이 수령을 거절할 때
   4) 인도에 관하여 다툼이 있을 때
   5) 화물 보관에 따른 변질이나 부패 등이 예상될 때
   6) 화물 보관에 과도한 비용이 소요될 때
   7) 화물 인도지연에 따른 가액 감소가 예상될 때

제17조(회사의 책임)

1. 회사는 화물을 수탁한 이후부터 운송도중의 화물에 대한 보호, 관리의 책임을 진다.
2. 화물의 운송에 부수하여 회사가 행하는 모든 업무로 기인하는 화물의 손상, 분실 등에 대한 배상금은 고객이 송장에 기재한 물품신고가액을 초과할 수 없다.
3. 고객이 송장에 허위로 기재하여 발생한 사고 시에는 이를 책임지지 않는다.
4. 회사는 다음 각 호의 경우로 발생된 손해에 대하여는 책임을 지지 아니한다.
   1) 정부에서 운송중지를 요구하는 경우
   2) 천재지변, 전쟁, 쟁의, 소요, 악천후 등 불가항력의 사유가 발생한 경우
   3) 화물의 변질 또는 이에 준하는 경우
   4) 포장의 불완전, 기재내용의 허위가 발견된 경우
   5) 화물주의 과실로 인해 문제발생 된 경우
   6) 교통사고 및 도로사정 등으로 인하여 지연도착이 된 경우
   7) 송장에 명기된 이외의 사항
   8) 도착 후 수취거부 등으로 발생하는 손해

① A : 어떤 아저씨 손님이 본인의 물품을 수령하기를 거부하는 거야. 그렇게 거부한 날이 오늘로써 25일째야. 더 이상은 나도 어쩔 수 없어. 이제는 그 아저씨 의지하고는 관계없이 회사에서 알아서 처분할거야

② B : 난 이런 일이 있었어. 물품 인도예정일로부터 오늘이 7일째인데 물품 주인 아가씨가 인수를 안 하는 거야. 운송가격은 15,700원이더라고. 그래서 초과된 일수만큼 보관료를 징수했어. 약관상에 나온 일수에 따라 계산해 보니 32,751원이 되더라고

③ C : 맞아, 또한 운송된 화물이 보관에 의해 변하거나 부패될 거 같으면 고객의 동의를 확인한 후에 처리해야 해

④ D : 난 오늘 운행을 하다가 물품 운송 중에 빗길에 차가 미끄러져서 몇몇 고객의 화물이 파손되었어. 나중에 들었는데 회사에서 파손물품에 대한 책임을 졌다고 하더라고

⑤ E : 나는 오늘 황당한 일을 겪었어. 나도 D랑 같은 방향으로 운행을 하다 빗길에 미끄러져서 한 명 고객의 물품에 손상이 발생했는데, 알고 보니까 물품의 고객이 송장에 허위로 기재를 했었더라고 그래서 이에 대한 변상을 하지 않아도 된다고 하더라고

| 9~10 | 다음 내용을 읽고 물음에 답하시오.

> 공급업체 : 과장님, 이번 달 인쇄용지 주문량이 급격히 ㉠감소하여 이렇게 방문하였습니다. 혹시 저희 물품에 어떠한 문제가 있는 건가요?
>
> 총무과장 : 지난 10년간 ㉡납품해 주고 계신 것에 저희는 정말 만족하고 있습니다. 하지만 요즘 경기가 안 좋아서 비용절감차원에서 주문량을 줄이게 되었습니다.
>
> 공급업체 : 아, 그렇군요. 얼마 전 다른 업체에서도 ㉢견적 받으신 것을 우연히 알게 되어서요, 괜찮으시다면 어떠한 점 때문에 견적을 받아보신지 알 수 있을까요? 저희도 참고하려 하니 말씀해주시면 감사하겠습니다.
>
> 총무과장 : 아, 그러셨군요. 사실 내부 회의 결과, 인쇄용지의 ㉣지출이 너무 높다는 지적이 나왔습니다. 품질은 우수하지만 가격적인 면 때문에 그러한 ㉤결정을 하게 되었습니다.

9 다음 대화 중 밑줄 친 단어가 한자로 바르게 표기된 것을 고르면?

① ㉠ – 減小(감소)
② ㉡ – 納稟(납품)
③ ㉢ – 見積(견적)
④ ㉣ – 持出(지출)
⑤ ㉤ – 結晶(결정)

10 다음 중 거래처 관리를 위한 총무과장의 업무방식으로 가장 바람직한 것은?

① 같은 시장에 신규 유입 기업은 많으므로 가격 및 서비스 비교를 통해 적절한 업체로 자주 변경하는 것이 바람직하다.
② 사내 임원이나 지인의 추천으로 거래처를 소개받았을 경우에는 기존의 거래처에서 변경하는 것이 바람직하다.
③ 믿음과 신뢰를 바탕으로 한 번 선정된 업체는 변경하지 않고 동일조건 하에 계속 거래를 유지하는 것이 바람직하다.
④ 오랫동안 거래했던 업체라 하더라도 가끔 상호관계와 서비스에 대해 교차점검을 하는 것이 바람직하다.
⑤ 다른 업체의 견적 결과를 가지고 현재 거래하는 업체에게 가격 인하를 무리하게 요구하여 지출을 줄이는 것이 바람직하다.

11 올해로 20살이 되는 5명의 친구들이 바다로 추억여행을 떠나기 위해 목적지, 교통편 등을 알아보고 마지막으로 숙소를 정하게 되었다. 도중에 이들은 국내 숙박업소에 대한 예약 · 취소 · 환불에 관한 기사 및 그래프를 접하게 되었다. 이를 보고 내용을 잘못 파악하고 있는 사람이 누구인지 고르면?

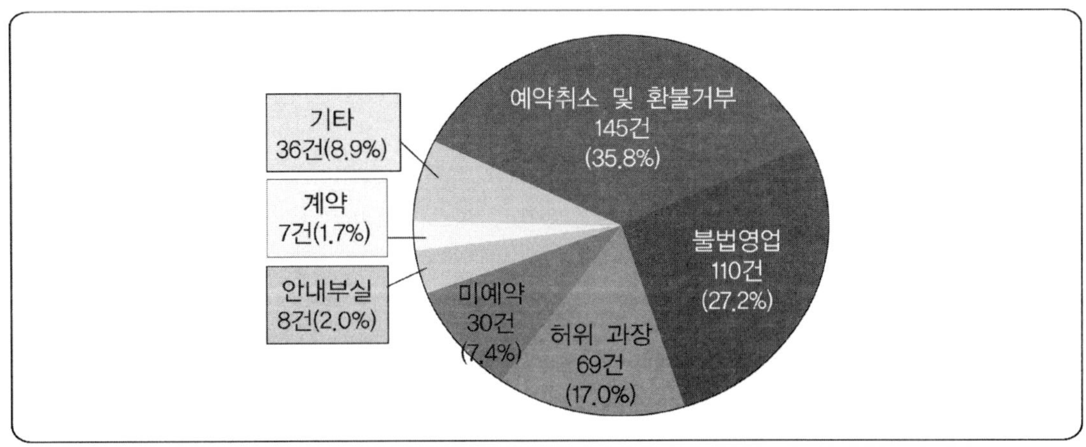

① A : 그래프에서 보면 숙박 애플리케이션 이용자들은 예약 취소 및 환불 거부 등에 가장 큰 불만을 가지고 있음을 알 수 있어

② B : 불법영업 및 허위 · 과장 등도 A가 지적한 원인 다음으로 많은데 이 두 건의 차이는 41건이야

③ C : 국내하고는 다르게 해외 업체의 경우에는 주로 불법영업 단속 요청이 많음을 알 수 있어

④ D : 위 그래프에 제시된 것으로 보아 이용자들이 불편을 느끼는 부분들에 대해 1순위는 예약취소 및 환불거부, 2순위는 불법영업, 3순위는 허위 · 과장, 4순위는 미예약, 5순위는 안내부실, 6순위는 계약, 7순위는 기타의 순이야

⑤ E : 아무래도 숙박 어플리케이션을 사용할 시에는 약관을 꼼꼼하게 살펴보고 숙박업소의 정보가 정확한지 확인할 필요가 있다고 생각해

12 다음 공고를 보고 잘못 이해한 것을 고르면?

〈신입사원 정규채용 공고〉

분야	인원	응시자격	연령	비고
콘텐츠 기획	5	• 해당분야 유경험자(3년 이상) • 외국어 사이트 운영 경력자 우대 • 외국어(영어/일어) 전공자	제한 없음	정규직
제휴 마케팅	3	• 해당분야 유경험자(5년 이상) • 웹 프로모션 경력자 우대 • 콘텐츠산업(온라인) 지식 보유자	제한 없음	정규직
웹디자인	2	• 응시제한 없음 • 웹디자인 유경험자 우대	제한 없음	정규직

■ 입사지원서 및 기타 구비서류

(1) 접수방법

- 인터넷(www.seowon.co.kr)을 통해서만 접수(우편 이용 또는 방문접수 불가)
- 채용분야별 복수지원 불가

(2) 입사지원서 접수 시 유의사항

- 입사지원서는 인터넷 접수만 가능함
- 접수 마감일에는 지원자 폭주 및 서버의 네트워크 사정에 따라 접속이 불안정해질 수 있으니 가급적 마감일 1~2일 전까지 입사지원서 작성바람
- 입사지원서를 작성하여 접수하고 수험번호가 부여된 후 재입력이나 수정은 채용 공고 종료일 18:00까지만 가능하오니, 기재내용 입력에 신중을 기하여 정확하게 입력하기 바람

(3) 구비서류 접수

- 접수방법 : 최종면접 전형 당일 시험장에서만 접수하며, 미제출자는 불합격 처리
  - 최종학력졸업증명서 1부
  - 자격증 사본 1부(해당자에 한함)

■ 기타 사항

- 상기 모집분야에 대해 최종 전형결과 적격자가 없는 것으로 판단될 경우, 선발하지 아니 할 수 있으며, 추후 입사지원서의 기재사항이나 제출서류가 허위로 판명될 경우 합격 또는 임용을 취소함
- 최종합격자라도 신체검사에서 불합격 판정을 받거나 공사 인사규정상 채용 결격사유가 발견될 경우 임용을 취소함
- 3개월 인턴 후 평가(70점 이상)에 따라 정식 고용 여부를 결정함

■ 문의 및 접수처

- 기타 문의사항은 ㈜서원 홈페이지(www.seowon.co.kr) 참고

① 우편 및 방문접수는 불가하며 입사지원은 인터넷 접수만 가능하다.
② 지원서 수정은 마감일 이후 불가능하다.
③ 최종합격자라도 신체검사에서 불합격 판정을 받으면 임용이 취소된다.
④ 자격증 사본은 해당자에 한해 제출하면 된다.
⑤ 3개월 인턴과정을 거치고 나면 별도의 제약 없이 정식 고용된다.

13 다음 사례를 통해 알 수 있는 소셜미디어의 특징으로 가장 적절한 것은?

> ○○일보
>
> 2018년 1월 15일
>
> 소셜미디어의 활약, 너무 반짝반짝 눈이 부셔!
>
> 자연재해 시마다 소셜미디어의 활약이 눈부시다. 지난 14일 100년만의 폭설로 인해 지하철 운행이 중단되고 곳곳의 도로가 정체되는 등 교통대란이 벌어졌지만 많은 사람들이 스마트폰의 도움으로 최악의 상황을 피할 수 있었다.
>
> 누리꾼들은,
>
> '폭설로 인한 전력공급 중단으로 지하철 1호선 영등포역 정차 중'
>
> '올림픽대로 상행선 가양대교부터 서강대교까지 정체 중'
>
> 등 서로 소셜미디어를 통해 실시간 피해상황을 주고받았으며 이로 인해 출근 준비 중이던 대부분의 시민들은 다른 교통수단으로 혼란 없이 회사로 출근할 수 있었다.

① 정보전달방식이 일방적이다.
② 상위계층만 누리던 고급문화가 대중화된 사례이다.
③ 정보의 무비판적 수용을 조장한다.
④ 정보수용자와 제공자 간의 경계가 모호하다.
⑤ 정보 습득을 위한 비용이 많이 든다.

▌14~15▐ 다음 대화를 읽고 물음에 답하시오.

상담원 : 네, ㈜애플망고 소비자센터입니다.
고객 : 제가 최근에 인터넷으로 핸드폰을 구입했는데요, 제품에 문제가 있는 것 같아서요.
상담원 : 아, 어떤 문제가 있으신지 여쭈어 봐도 될까요?
고객 : 제가 물건을 받고 핸드폰을 사용했는데 통화음질도 안 좋을 뿐더러 통화 연결이 잘 안 되더라고요. 그래서 통신 문제인 줄 알고 통신사 고객센터에 연락해보니 테스트해보더니 통신의 문제는 아니라고 해서요, 제가 보기엔 핸드폰 기종 자체가 통화 음질이 떨어지는 거 같거든요? 그래서 구매한 지 5일 정도 지났지만 반품하고 싶은데 가능할까요?
상담원 : 네, 고객님. 「전자상거래 등 소비자보호에 관한 법」에 의거해서 물건 수령 후 7일 이내에 청약철회가 가능합니다. 저희 쪽에 물건을 보내주시면 곧바로 환불처리 해 드리겠습니다.
고객 : 아, 감사합니다.
상담원 : 행복한 하루 되세요. 상담원 ○○○였습니다.

14 위 대화의 의사소통 유형으로 적절한 것은?

① 대화하는 사람들의 친교와 관계유지를 위한 의사소통이다.
② 화자가 청자의 긍정적 반응을 유도하는 의사소통이다.
③ 일대일 형식의 공식적 의사소통이다.
④ 정보전달적 성격의 비공식적 의사소통이다.
⑤ 객관적인 증거를 들어 청자를 설득하기 위한 의사소통이다.

15 위 대화에서 상담원의 말하기 방식으로 적절한 것은?

① 상대방이 알고자 하는 정보를 정확히 제공한다.
② 타협을 통해 문제 해결방안을 찾고자 한다.
③ 주로 비언어적 표현을 활용하여 설명하고 있다.
④ 상대방을 배려하기보다 자신의 의견을 전달하는데 중점을 두고 있다.
⑤ 직설적인 표현을 삼가고, 에둘러 표현하고 있다.

16 아래의 글을 읽고 ⓐ의 내용을 뒷받침할 수 있는 경우로 보기 가장 어려운 것을 고르면?

범죄 사건을 다루는 언론 보도의 대부분은 수사기관으로부터 얻은 정보에 근거하고 있고, 공소제기 전인 수사 단계에 집중되어 있다. 따라서 언론의 범죄 관련 보도는 범죄사실이 인정되는지 여부를 백지상태에서 판단하여야 할 법관이나 배심원들에게 유죄의 예단을 심어줄 우려가 있다. 이는 헌법상 적법절차 보장에 근거하여 공정한 형사재판을 받을 피고인의 권리를 침해할 위험이 있어 이를 제한할 필요성이 제기된다. 실제로 피의자의 자백이나 전과, 거짓말탐지기 검사 결과 등에 관한 언론 보도는 유죄판단에 큰 영향을 미친다는 실증적 연구도 있다. 하지만 보도 제한은 헌법에 보장된 표현의 자유에 대한 침해가 된다는 반론도 만만치 않다. 미국 연방대법원은 어빈 사건 판결에서 지나치게 편향적이고 피의자를 유죄로 취급하는 언론 보도가 예단을 형성시켜 실제로 재판에 영향을 주었다는 사실이 입증되면, 법관이나 배심원이 피고인을 유죄라고 확신하더라도 그 유죄판결을 파기하여야 한다고 했다. 이 판결은 이른바 '현실적 예단'의 법리를 형성시켰다. 이후 리도 사건 판결에 와서는, 일반적으로 보도의 내용이나 행태 등에서 예단을 유발할 수 있다고 인정이 되면, 개개의 배심원이 실제로 예단을 가졌는지의 입증 여부를 따지지 않고, 적법 절차의 위반을 들어 유죄판결을 파기할 수 있다는 '일반적 예단'의 법리로 나아갔다.

셰퍼드 사건 판결에서는 유죄 판결을 파기하면서, '침해 예방'이라는 관점을 제시하였다. 즉, 배심원 선정 절차에서 상세한 질문을 통하여 예단을 가진 후보자를 배제하고, 배심원이나 증인을 격리하며, 재판을 연기하거나, 관할을 변경하는 등의 수단을 언급하였다. 그런데 법원이 보도기관에 내린 '공판 전 보도금지명령'에 대하여 기자협회가 연방대법원에 상고한 네브래스카 기자협회 사건 판결에서는 침해의 위험이 명백하지 않은데도 가장 강력한 사전 예방 수단을 쓰는 것은 위헌이라고 판단하였다.

이러한 판결들을 거치면서 미국에서는 언론의 자유와 공정한 형사절차를 조화시키면서 범죄 보도를 제한할 수 있는 방법을 모색하였다. 그리하여 셰퍼드 사건에서 제시된 수단과 함께 형사 재판의 비공개, 형사소송 관계인의 언론에 대한 정보제공금지 등이 시행되었다. 하지만 ⓐ 예단 방지 수단들의 실효성을 의심하는 견해가 있고, 여전히 표현의 자유와 알 권리에 대한 제한의 우려도 있어, 이 수단들은 매우 제한적으로 시행되고 있다. 그런데 언론 보도의 자유와 공정한 재판이 꼭 상충된다고만 볼 것은 아니며, 피고인 측의 표현의 자유를 존중하는 것이 공정한 재판에 도움이 된다는 입장에서 네브래스카 기자협회 사건 판결의 의미를 새기는 견해도 있다. 이 견해는 수사기관으로부터 얻은 정보에 근거한 범죄 보도로 인하여 피고인을 유죄로 추정하는 구조에 대항하기 위하여 변호인이 적극적으로 피고인 측의 주장을 보도기관에 전하여, 보도가 일방적으로 편향되는 것을 방지할 필요가 있다고 한다. 일반적으로 변호인이 피고인을 위하여 사건에 대해 발언하는 것은 범죄 보도의 경우보다 적법절차를 침해할 위험성이 크지 않은데도 제한을 받는 것은 적절하지 않다고 보며, 반면에 수사기관으로부터 얻은 정보를 기반으로 하는 언론 보도는 예단 형성의 위험성이 큰데도 헌법상 보호를 두텁게 받는다고 비판한다. 미국과 우리나라의 헌법상 변호인의 조력을 받을 권리는 변호인의 실질적 조력을 받을 권리를 의미한다. 실질적 조력에는 법정 밖의 적극적 변호 활동도 포함된다. 따라서 형사절차에서 피고인 측에게 유리한 정보를 언론에 제공할 기회나 반론권을 제약하지 말고, 언론이 검사 측 못지않게 피고인 측에게도 대등한 보도를 할 수 있도록 해야 한다.

① 법원이 재판을 장기간 연기했지만 재판 재개에 임박하여 다시 언론 보도가 이어진 경우
② 검사가 피의자의 진술거부권 행사 사실을 공개하려고 하였으나 법원이 검사에게 그 사실에 대한 공개 금지명령을 내린 경우
③ 변호사가 배심원 후보자에게 해당 사건에 대한 보도를 접했는지에 대해 질문했으나 후보자가 정직하게 답변하지 않은 경우
④ 법원이 관할 변경 조치를 취하였으나 이미 전국적으로 보도가 된 경우
⑤ 법원이 배심원을 격리하였으나 격리 전에 보도가 있었던 경우

17 다음 말하기의 문제점을 해결하기 위한 의사소통 전략으로 적절한 것은?

- (부장님이 팀장님께) "어이, 김팀장 이번에 성과 오르면 내가 술 사줄게."
- (팀장님이 거래처 과장에게) "그럼 그렇게 일정을 맞혀보도록 하죠."
- (뉴스에서 아나운서가) "이번 부동산 정책은 이전과 비교해서 많이 틀려졌습니다."

① 청자의 배경지식을 고려해서 표현을 달리한다.
② 문화적 차이에서 비롯되는 갈등에 효과적으로 대처한다.
③ 상대방의 공감을 이끌어 낼 수 있는 전략을 효과적으로 활용한다.
④ 상황이나 어법에 맞는 적절한 언어표현을 사용한다.
⑤ 정확한 의사전달을 위해 비언어적 표현을 효과적으로 사용한다.

18 다음은 스티븐 씨의 한국방문일정이다. 정확하지 않은 것은?

> <u>Tues. march. 24, 2018</u>
> 10:30 Arrive Seoul (KE 086)
> 12:00~14:00 Luncheon with Directors at Seoul Branch
> 14:30~16:00 Meeting with Suppliers
> 16:30~18:00 Tour of Insa-dong
> 19:00 Depart for Dinner
>
> <u>Wed. march. 25, 2018</u>
> 8:30 Depart for New York (OZ 222)
> 11:00 Arrive New York

① 총 2대의 비행기를 이용할 것이다.
② 오후에 인사동을 관광할 것이다.
③ 서울에 도착 후 이사와 오찬을 먹을 것이다.
④ 둘째 날 일정은 오후 11시에 끝난다.
⑤ OZ 222편으로 뉴욕으로 돌아간다.

19 아래에 제시된 글을 읽고 20세기 중반 이후의 정당 체계에서 발생한 정당 기능의 변화로 볼 수 없는 것을 고르면?

> 대의 민주주의에서 정당의 역할에 대한 대표적인 설명은 책임 정당정부 이론이다. 이 이론에 따르면 정치에 참여하는 각각의 정당은 자신의 지지 계급과 계층을 대표하고, 정부 내에서 정책 결정 및 집행 과정을 주도하며, 다음 선거에서 유권자들에게 그 결과에 대해 책임을 진다. 유럽에서 정당은 산업화 시기 생성된 노동과 자본 간의 갈등을 중심으로 다양한 사회 경제적 균열을 이용하여 유권자들을 조직하고 동원하였다. 이 과정에서 정당은 당원 중심의 운영 구조를 지향하는 대중정당의 모습을 띠었다. 당의 정책과 후보를 당원 중심으로 결정하고, 당내 교육과정을 통해 정치 엘리트를 충원하며, 정치인들이 정부 내에서 강한 기율을 지니는 대중정당은 책임정당정부 이론을 뒷받침하는 대표적인 정당 모형이었다. 대중정당의 출현 이후 정당은 의회의 정책 결정과 행정부의 정책 집행을 통제하는 정부 속의 정당 기능, 지지자들의 이익을 집약하고 표출하는 유권자 속의 정당 기능, 그리고 당원을 확충하고 정치 엘리트를 충원하고 교육하는 조직으로서의 정당 기능을 갖추어 갔다. 그러나 20세기 중반 이후 발생한 여러 원인으로 인해 정당은 이러한 기능에서 변화를 겪게 되었다. 산업 구조와 계층 구조가 다변화됨에 따라 정당들은 특정 계층이나 집단의 지지만으로는 집권이 불가능해졌고 이에 따라 보다 광범위한 유권자 집단으로부터 지지를 획득하고자 했다. 그 결과 정당 체계는 특정 계층을 뛰어넘어 전체 유권자 집단에 호소하여 표를 구하는 포괄정당 체계의 모습을 띠게 되었다. 선거 승리라는 목표가 더욱 강조될 경우 일부 정당은 외부 선거 전문가로 당료들을 구성하는 선거전문가정당 체계로 전환되기도 했다. 이 과정에서 계층과 직능을 대표하던 기존의 조직 라인은 당 조직의 외곽으로 밀려나기도 했다. 조직의 외곽으로 밀려나기도 했다. 한편 탈산업사회의 도래와 함께 환경, 인권, 교육 등에서 좀 더 나은 삶의 질을 추구하는 탈물질주의가 등장함에 따라 새로운 정당의 출현에 대한 압박이 생겨났다. 이는 기득권을 유지해온 기성 정당들을 위협했다. 이에 정당들은 자신의 기득권을 유지하기 위해 공적인 정치 자원의 과점을 통해 신생 혹은 소수당의 원 내 진입이나 정치 활동을 어렵게 하는 카르텔정당 체계를 구성하기도 했다. 다양한 정치관계법은 이런 체계를 유지하는 대표적인 수단으로 활용되었다.
>
> 정치관계법과 관련된 선거 제도의 예를 들면, 비례대표제에 비해 다수대표제는 득표 대비 의석 비율을 거대정당에 유리하도록 만들어 정당의 카르텔화를 촉진하는 데 활용되기도 한다. 이러한 정당의 변화 과정에서 정치 엘리트들의 자율성은 증대되었고, 정당 지도부의 권력이 강화되어 정부 내 자당 소속의 정치인들에 대한 통제력이 증가되었다. 하지만 반대로 평당원의 권력은 약화되고 당원 수는 감소하여 정당은 지지 계층 및 집단과의 유대를 잃어가기 시작했다. 뉴미디어가 발달하면서 정치에 관심은 높지만 정당과는 거리를 두는 '인지적' 시민이 증가함에 따라 정당 체계는 또 다른 도전에 직면하게 되었다. 정당 조직과 당원들이 수행했던 기존의 정치적 동원은 소셜 네트워크 내 시민들의 자기 조직적 참여로 대체 되었다. 심지어 정당을 우회하는 직접 민주주의의 현상도 나타났다.

이에 일부 정당은 카르텔 구조를 유지하면서도 공직 후보 선출 권을 일반 국민에게 개방하는 포스트카르텔정당 전략이나, 비록 당원으로 유입시키지 못할지라도 온라인 공간에서 인지적 시민과의 유대를 강화하려는 네트워크정당 전략으로 위기에 대응하고자 했다. 그러나 이러한 제반의 개혁 조치가 대중 정당으로의 복귀를 의미하지는 않았다. 오히려 당원이 감소되는 상황에서 선출권자나 후보들을 정당 밖에서 충원함으로써 적 의미의 정당 기능은 약화되었다. 물론 이러한 상황에서도 20세기 중반 이후 정당 체계들이 여전히 책임정당정치를 일정하게 구현하고 있다는 주장이 제기되기도 했다.

예를 들어 국가 간 비교를 행한 연구는 최근의 정당들이 구체적인 계급, 계층 집단을 조직하고 동원하지는 않지만 일반 이념을 매개로 정치 영역에서 유권자들을 대표하는 기능을 강화했음을 보여주었다. 유권자들은 좌우의 이념을 통해 정당의 정치적 입장을 인지하고 자신과 이념적으로 가까운 정당에 정치적 이해를 표출하며, 정당은 집권 후 이를 고려하여 책임정치를 일정하게 구현하고 있다는 것이다. 이때 정당은 포괄정당에서 네트 워크정당까지 다양한 모습을 띨 수 있지만, 이념을 매개로 유권자의 이해와 정부의 책임성 간의 선순환적 대의 관계를 잘 유지하고 있다는 것이다. 이와 같이 정당의 이념적 대표성을 긍정적으로 평가하는 주장에 대해 몇몇 학자 및 정치인들은 대중정당론에 근거한 반론을 제기하기도 한다. 이들은 여전히 정당이 계급과 계층을 조직적으로 대표해야 하며, 따라서 정당의 전통적인 기능과 역할을 복원하여 책임정당정치를 강화해야 한다는 주장을 제기하고 있다.

① 조직으로서의 정당 기능의 강화
② 유권자의 일반 이념을 대표하는 기능의 강화
③ 유권자를 정치적으로 동원하는 기능의 약화
④ 정부 속의 정당 기능의 강화
⑤ 유권자 속의 정당 기능의 약화

20 다음 빈칸에 들어갈 단어로 적절한 것은?

> People ask you for criticism, but they only want ________.

① praise
② dissatisfaction
③ honor
④ wealth
⑤ fact

21 다음 밑줄 친 단어의 의미와 동일하게 쓰인 것을 고르시오.

> 김동연 경제부총리 겸 기획재정부 장관은 26일 최근 노동이슈 관련 "다음 주부터 시행되는 노동시간 단축 관련 올해 말까지 계도기간을 설정해 단속보다는 제도 정착에 초점을 두고 추진할 것"이라고 밝혔다.
>
> 김동연 부총리는 이날 정부서울청사에서 노동현안 관련 경제현안간담회를 주재하고 "7월부터 노동시간 단축제도가 시행되는 모든 기업에 대해 시정조치 기간을 최장 6개월로 <u>늘리고</u>, 고소·고발 등 법적인 문제의 처리 과정에서도 사업주의 단축 노력이 충분히 참작될 수 있도록 하겠다."라며 이같이 말했다.
>
> 김 부총리는 "노동시간 단축 시행 실태를 면밀히 조사해 탄력 근로단위기간 확대 등 제도개선 방안도 조속히 마련하겠다."라며 "불가피한 경우 특별 연장근로를 인가받아 활용할 수 있도록 구체적인 방안을 강구할 것"이라고 밝혔다.

① 우리는 10년 만에 넓은 평수로 <u>늘려</u> 이사했다.
② 그 집은 알뜰한 며느리가 들어오더니 금세 재산을 <u>늘려</u> 부자가 되었다.
③ 적군은 세력을 <u>늘린</u> 후 다시 침범하였다.
④ 실력을 <u>늘려서</u> 다음에 다시 도전해 보아라.
⑤ 대학은 학생들의 건의를 받아들여 쉬는 시간을 <u>늘리는</u> 방안을 추진 중이다.

22 다음에 제시되는 글과 내용에 포함된 표를 참고할 때, 뒤에 이어질 단락에서 다루어질 내용이라고 보기 어려운 것은 어느 것인가?

가구원수	비율	가구소득(천 원, %)	연료비(원, %)	연료비 비율
1명	17.0%	1,466,381 (100.0)	59,360 (100.0)	8.18%
2명	26.8%	2,645,290 (180.4)	96,433 (162.5)	6.67%
3명	23.4%	3,877,247 (264.4)	117,963 (198.7)	4.36%
4명	25.3%	4,470,861 (304.9)	129,287 (217.8)	3.73%
5명 이상	7.5%	4,677,671 (319.0)	148,456 (250.1)	4.01%

에너지의 사용량을 결정하는 매우 중요한 핵심인자는 함께 거주하는 가구원의 수이다. 다음의 표에서 가구원수가 많아질수록 연료비 지출액 역시 함께 증가하는 것을 확인할 수 있다.

하지만 가구원수와 연료비는 비례하여 증가하는 것은 아니며, 특히 1인 가구의 지출액은 3인이나 4인 가구의 절반 수준, 2인 가구와 비교하여서도 61.5% 수준에 그친다. 연료비 지출액이 1인 가구에서 상대적으로 큰 폭으로 떨어지는 이유는 1인 가구의 가구유형에서 찾을 수 있다. 1인 가구의 40.8%가 노인가구이며, 노인가구의 낮은 소득수준이 연료비 지출을 더욱 압박하는 효과를 가져왔을 것이다. 하지만 1인 가구의 연료비 감소폭에 비해 가구소득의 감소폭이 훨씬 크며, 그 결과 1인 가구의 연료비 비율 역시 3인 이상인 가구들에 비해 두 배 가까이 높게 나타난다. 한편, 2인 가구 역시 노인가구의 비율이 21.7%로, 3인 이상 가구 6.8%에 비해 3배 이상 높게 나타난다.

① 가구 소득분위별 연료비 지출 현황
② 가구의 유형별 연료비 지출 현황
③ 연령대별 가구소득 및 노인 가구 소득과의 격차 비교
④ 가구주 연령대별 연료비 지출 내역
⑤ 과거 일정 기간 동안의 연료비 증감 내역

23 다음 글의 문맥상 빈 칸 ㈎에 들어갈 가장 적절한 말은 어느 것인가?

여름이 빨리 오고 오래 가다보니 의류업계에서 '쿨링'을 컨셉으로 하는 옷들을 앞다퉈 내놓고 있다. 그물망 형태의 옷감에서 냉감(冷感)을 주는 멘톨(박하의 주성분)을 포함한 섬유까지 접근 방식도 제각각이다. 그런데 가까운 미래에는 미생물을 포함한 옷이 이 대열에 합류할지도 모르겠다. 박테리아 같은 미생물은 여름철 땀냄새의 원인이라는데 어떻게 옷에 쓰일 수 있을까.

생물계에서 흡습형태변형은 널리 관찰되는 현상이다. 솔방울이 대표적인 예로 습도가 높을 때는 비늘이 닫혀있어 표면이 매끈한 덩어리로 보이지만 습도가 떨어지면 비늘이 삐죽삐죽 튀어나온 형태로 바뀐다. 밀이나 보리의 열매(낟알) 끝에 달려 있는 까끄라기도 습도가 높을 때는 한 쌍이 거의 나란히 있지만 습도가 낮아지면 서로 벌어진다. 이런 현상은 한쪽 면에 있는 세포의 길이(크기)가 반대 쪽 면에 있는 세포에 비해 습도에 더 민감하게 변하기 때문이다. 즉 습도가 낮아져 세포 길이가 짧아지면 그쪽 면을 향해 휘어지는 것이다.

MIT의 연구자들은 미생물을 이용해서도 이런 흡습형태변형을 구현할 수 있는지 알아보기로 했다. 즉 습도에 영향을 받지 않는 재질인 천연라텍스 천에 농축된 대장균 배양액을 도포해 막을 형성했다. 대장균은 별도의 접착제 없이도 소수성 상호작용으로 라텍스에 잘 달라붙는다. 라텍스 천의 두께는 150~500㎛(마이크로미터. 1㎛는 100만분의 1m)이고 대장균 막의 두께는 1~5㎛다. 이 천을 상대습도 15%인 건조한 곳에 두자 대장균 세포에서 수분이 빠져나가며 대장균 막이 도포된 쪽으로 휘어졌다. 이 상태에서 상대습도 95%인 곳으로 옮기자 천이 서서히 펴지며 다시 평평해졌다. 이 과정을 여러 차례 반복해도 같은 현상이 재현됐다.

연구자들은 원자힘현미경(AFM)으로 대장균 막을 들여다봤고 상대습도에 따라 크기(부피)가 변한다는 사실을 확인했다. 즉 건조한 곳에서는 대장균 세포부피가 30% 정도 줄어드는데 이 효과가 천에서 세포들이 나란히 배열된 쪽을 수축시키는 현상으로 나타나 그 방향으로 휘어지는 것이다. 연구자들은 이런 흡습형태변형이 대장균만의 특성인지 미생물의 일반 특성인지 알아보기 위해 몇 가지 박테리아와 단세포 진핵생물인 효모에 대해서도 같은 실험을 해봤다. 그 결과 정도의 차이는 있었지만 패턴은 동일했다.

다음으로 연구자들은 양쪽 면에 미생물이 코팅된 천이 쿨링 소재로 얼마나 효과적인지 알아보기로 했다. 연구팀은 흡습형태변형이 효과를 낼 수 있도록 독특한 형태로 옷을 디자인했다. 즉,
(㈎)

그 결과 공간이 생기면서 땀의 배출을 돕는다. 측정 결과 미생물이 코팅된 천으로 만든 옷을 입을 경우 같은 형태의 일반 천으로 만든 옷에 비해 피부 표면 공기의 온도가 2도 정도 낮아 쿨링 효과가 있는 것으로 나타났다.

① 체온이 높은 등 쪽으로 천이 휘어지게 되는 성질을 이용해 평상시에는 옷이 바깥쪽으로 더 튀어나오도록 디자인했다.

② 미생물이 코팅된 천이 땀으로 인한 습도의 영향을 잘 받을 수 있도록 옷의 안쪽 면에 부착하여 옷의 바깥쪽과는 완전히 다른 환경을 유지할 수 있도록 디자인했다.

③ 땀이 많이 나는 등 쪽에 칼집을 낸 형태로 만들어 땀이 안 날 때는 평평하다가 땀이 나면 피부 쪽 면의 습도가 높아져 미생물이 팽창해 천이 바깥쪽으로 휘어지도록 디자인했다.

④ 땀이 나서 습도가 올라가면 등 쪽의 세포 길이가 짧아질 것을 고려해 천이 안쪽으로 휘어져 공간이 생길 수 있도록 디자인했다.

⑤ 땀이 흐르는 등과 천 사이에 일정한 공간이 유지될 수 있도록 천에 미생물 코팅 면을 부착해 공간 사이로 땀이 흘러내리며 쿨링 효과를 일으킬 수 있도록 디자인했다.

24 다음 글의 내용을 참고할 때, 빈 칸에 들어갈 가장 적절한 말은 어느 것인가?

> 사람을 비롯한 포유류에서 모든 피를 만드는 줄기세포는 뼈에 존재한다. 그러나 물고기의 조혈 줄기세포(조혈모세포)는 신장에 있다. 신체의 특정 위치 즉 '조혈 줄기세포 자리(blood stem cell niche)'에서 피가 만들어진다는 사실을 처음 알게 된 1970년대 이래, 생물학자들은 생물들이 왜 서로 다른 부위에서 이 기능을 수행하도록 진화돼 왔는지 궁금하게 여겨왔다. 그 40년 뒤, 중요한 단서가 발견됐다. 조혈 줄기세포가 위치한 장소는 (　　　　　　　　　　　　　　　　　　) 진화돼 왔다는 사실이다.
>
> 이번에 발견된 '조혈 줄기세포 자리' 퍼즐 조각은 조혈모세포 이식의 안전성을 증진시키는데 도움이 될 것으로 기대된다. 연구팀은 실험에 널리 쓰이는 동물모델인 제브라피쉬를 관찰하다 영감을 얻게 됐다.
>
> 프리드리히 카프(Friedrich Kapp) 박사는 "현미경으로 제브라피쉬의 조혈 줄기세포를 관찰하려고 했으나 신장 위에 있는 멜라닌세포 층이 시야를 가로막았다"고 말했다. 멜라닌세포는 인체 피부 색깔을 나타내는 멜라닌 색소를 생성하는 세포다.
>
> 카프 박사는 "신장 위에 있는 멜라닌세포의 모양이 마치 파라솔을 연상시켜 이 세포들이 조혈 줄기세포를 자외선으로부터 보호해 주는 것이 아닐까 하는 생각을 하게 됐다"고 전했다. 이런 생각이 들자 카프 박사는 정상적인 제브라피쉬와 멜라닌세포가 결여된 변이 제브라피쉬를 각각 자외선에 노출시켰다. 그랬더니 변이 제브라피쉬의 조혈 줄기세포가 줄어드는 현상이 나타났다. 이와 함께 정상적인 제브라피쉬를 거꾸로 뒤집어 자외선을 쬐자 마찬가지로 줄기세포가 손실됐다.
>
> 이 실험들은 멜라닌세포 우산이 물리적으로 위에서 내리쬐는 자외선으로부터 신장을 보호하고 있다는 사실을 확인시켜 주었다.

① 줄기세포가 햇빛과 원활하게 접촉할 수 있도록
② 줄기세포에 일정한 양의 햇빛이 지속적으로 공급될 수 있도록
③ 멜라닌 색소가 생성되기에 최적의 공간이 형성될 수 있도록
④ 멜라닌세포 층과 햇빛의 반응이 최소화될 수 있도록
⑤ 햇빛의 유해한 자외선(UV)으로부터 이 줄기세포를 보호하도록

25 다음은 농어촌 주민의 보건복지 증진을 위해 추진하고 있는 방안을 설명하는 글이다. 주어진 단락 (가)~(마) 중 농어촌의 사회복지서비스를 소개하고 있는 단락은 어느 것인가?

(가) 「쌀 소득 등의 보전에 관한 법률」에 따른 쌀 소득 등 보전직접 지불금 등은 전액 소득인정액에 반영하지 않으며, 농어민 가구가 자부담한 보육비용의 일부, 농어업 직접사용 대출금의 상환이자 일부 등을 소득 산정에서 제외하고 있다. 또한 경작농지 등 농어업과 직접 관련되는 재산의 일부에 대해서도 소득환산에서 제외하고 있다.

(나) 2019년까지 한시적으로 농어민에 대한 국민연금보험료 지원을 실시하고 있다. 기준소득 금액은 910천 원으로 본인이 부담할 연금보험료의 1/2를 초과하지 않는 범위 내에서 2015년 최고 40,950원을 지원하였다.

(다) 급격한 농어촌 고령화에 따라 농어촌 지역에 거주하는 보호가 필요한 거동불편노인, 독거노인 등에게 맞춤형 대책을 제공하기 위한 노인돌보기, 농어촌 지역 노인의 장기요양 욕구 충족 및 부양가족의 부담 경감을 위한 노인요양시설 확충 등을 추진하고 있다.

(라) 농어촌 지역 주민의 암 조기발견 및 조기치료를 유도하기 위한 국가 암 검진 사업을 지속적으로 추진하고, 농어촌 재가암환자서비스 강화를 통하여 농어촌 암환자의 삶의 질 향상, 가족의 환자 보호 · 간호 등에 따른 부담 경감을 도모하고 있다.

(마) 휴 · 폐경농지, 3년 이상 계속 방치된 빈 축사 및 양식장 등은 건강보험료 산정 시 재산세 과세표준금액의 20%를 감액하여 적용하는 등 보험료 부과 기준을 완화하여 적용하고 있다. 소득 · 재산 등 보험료 납부 능력 여부를 조사하여 납부 능력이 없는 세대는 체납보험료를 결손 처분하고 의료급여 수급권자로 전환하고 있다.

① (가)
② (나)
③ (다)
④ (라)
⑤ (마)

※ 철도안전법령 및 4차 산업혁명 관련문제

26 다음 철도안전법에 관한 내용 중 용어에 대한 정의가 바르지 않은 것을 고르면?

① "열차"란 선로를 운행할 목적으로 철도운영자가 편성하여 열차번호를 부여한 철도차량을 말한다.
② "선로"란 철도차량을 운행하기 위한 궤도와 이를 받치는 노반(路盤) 또는 인공구조물로 구성된 시설을 말한다.
③ "철도운영자"란 철도운영에 관한 업무를 수행하는 자를 말한다.
④ "철도시설관리자"란 철도시설의 건설 또는 관리에 관한 업무를 수행하는 자를 말한다.
⑤ "철도차량정비" 철도차량정비에 관한 자격, 경력 및 학력 등을 갖추어 국토교통부장관의 인정을 받은 사람을 말한다.

27 국토교통부장관은 5년마다 철도안전에 관한 종합계획을 수립하여야 하는데, 이러한 철도안전 종합계획에 포함되어야 하는 사항으로 옳지 않은 것은?

① 철도안전 종합계획의 추진 목표 및 방향
② 철도차량의 정비 및 점검 등에 관한 사항
③ 철도안전 관계 법령의 정비 등 제도개선에 관한 사항
④ 철도안전 관련 교육훈련에 관한 사항
⑤ 철도안전에 관한 사항으로서 행정안전부장관이 필요하다고 인정하는 사항

28 철도안전법에 따른 운전면허의 결격사유에 대한 내용으로 가장 옳지 않은 것은?

① 19세 미만인 사람
② 운전면허가 취소된 날부터 4년이 지나지 아니하였거나 운전면허의 효력정지 기간 중인 사람
③ 두 귀의 청력을 완전히 상실한 사람, 두 눈의 시력을 완전히 상실한 사람, 그 밖에 대통령령으로 정하는 신체장애인
④ 철도차량 운전상의 위험과 장해를 일으킬 수 있는 정신질환자 또는 뇌전증 환자로서 대통령령으로 정하는 사람
⑤ 철도차량 운전상의 위험과 장해를 일으킬 수 있는 약물 또는 알코올 중독자로서 대통령령으로 정하는 사람

29 철도안전법에 따른 철도차량 제작자 승인의 결격사유로 가장 바르지 않은 것은?

① 피성년후견인
② 파산선고를 받고 복권되지 아니한 사람
③ 제작자승인이 취소된 후 3년이 경과되지 아니한 자
④ 이 법 또는 대통령령으로 정하는 철도 관계 법령을 위반하여 징역형의 집행유예 선고를 받고 그 유예기간 중에 있는 사람
⑤ 이 법 또는 대통령령으로 정하는 철도 관계 법령을 위반하여 징역형의 실형을 선고받고 그 집행이 종료되거나 집행이 면제된 날부터 2년이 경과되지 아니한 사람

30 철도차량정비기술자는 자격, 경력 및 학력에 따라 등급별로 구분하여 인정되는데 1등급 철도차량 정비기술자의 역량지수는 얼마인지 고르면?

① 10점 이상 30점 미만
② 20점 이상 40점 미만
③ 30점 이상 50점 미만
④ 50점 이상 60점 미만
⑤ 80점 이상

31 관제교육훈련기관으로 지정받으려는 자는 관제교육훈련기관 지정신청서에 서류를 첨부하여 국토교통부장관에게 제출하여야 한다. 이 경우 국토교통부장관은 행정정보의 공동이용을 통하여 법인 등기사항증명서를 확인하여야 하는데 다음 중 이러한 확인사항에 해당하지 않는 것은?

① 관제교육훈련기관에서 근무하는 직원의 인적사항
② 관제교육훈련기관에서 사용하는 직인의 인영
③ 관제교육훈련에 필요한 강의실 등 시설 내역서
④ 관제교육훈련에 필요한 모의관제시스템 등 장비 내역서
⑤ 관제교육훈련기관 운영규정

32 철도용품 형식승인의 경미한 사항 변경에 관한 내용 중 국토교통부령으로 정하는 경미한 사항을 변경하려는 경우에 해당하지 않는 것을 고르면?

① 철도용품의 안전에 영향을 미치지 아니하는 설비의 변경
② 철도용품의 안전 및 성능에 영향을 미치지 아니하는 형상 변경
③ 동일하지 않은 성능으로 입증할 수 있는 부품의 규격 변경
④ 철도용품의 안전 및 성능에 영향을 미치지 아니한다고 국토교통부장관이 인정하는 사항의 변경
⑤ 중량분포 및 크기에 영향을 미치지 아니하는 장치 또는 부품의 배치 변경

33 철도안전법에 관한 내용 중 여객열차에서의 금지행위가 아닌 것은?

① 철도종사자와 여객 등에게 성적(性的) 수치심을 일으키는 행위
② 여객열차 밖에 있는 사람을 위험하게 할 우려가 있는 물건을 여객열차 밖으로 던지는 행위
③ 정당한 사유 없이 운행 중에 비상정지버튼을 누르거나 철도차량의 옆면에 있는 승강용 출입문을 여는 등 철도차량의 장치 또는 기구 등을 조작하는 행위
④ 정당한 사유 없이 행정안전부령으로 정하는 여객출입 금지장소에 출입하는 행위
⑤ 술을 마시거나 약물을 복용하고 다른 사람에게 위해를 주는 행위

34 철도안전법에 관한 내용 중 철도종사자가 사람 또는 물건을 열차 밖이나 대통령령으로 정하는 지역 밖으로 퇴거시키거나 철거할 수 있는 경우가 아닌 것은?

① 금지행위를 한 사람 및 그 물건
② 보안검색에 따르는 사람
③ 운송 금지 위험물을 탁송하거나 운송하는 자 및 그 위험물
④ 여객열차에서 위해물품을 휴대한 사람 및 그 위해물품
⑤ 행위 금지·제한 또는 조치 명령에 따르지 아니하는 사람 및 그 물건

35 다음 중 철도차량의 종류별 운전면허로 옳지 않은 것은?

① 고속철도차량 운전면허
② 제1종 전기차량 운전면허
③ 제4종 전기차량 운전면허
④ 디젤차량 운전면허
⑤ 철도장비 운전면허

36 클라우스 슈밥이 2016년 다보스포럼에서 처음 사용한 것으로 2010년대 이후 인공지능(AI)과 사물인터넷(IoT) 기술을 통해 현실세계와 가상세계가 융합되는 새로운 기술 혁신을 무엇이라고 하는가?

① 제1차 산업혁명
② 제2차 산업혁명
③ 제3차 산업혁명
④ 제4차 산업혁명
⑤ 제5차 산업혁명

37 4차 산업혁명에 대한 설명으로 가장 바르지 않은 것은?

① "3차 산업혁명을 기반으로 디지털, 바이오와 물리학 사이의 모든 경계를 허무는 융합 기술 혁명이다.
② 4차 산업혁명의 핵심 기술들은 정보를 자동으로 데이터화하고 분석하여 현실과 가상의 세계를 하나로 연결한 O2O(Online-To-Offline) 체계를 구축하였다
③ 4차 산업혁명은 자동으로 처리된 오프라인과 온라인상의 정보를 바탕으로 개인별 맞춤형 생산을 촉진한다는 점에서 정보를 수동적으로 온라인에 입력해야 했던 3차 산업혁명과 구별된다.
④ 4차 산업혁명은 인류가 전혀 경험하지 못할 만큼 빠른 속도로 획기적인 기술의 진보와 전 산업 분야의 혁신적인 개편을 불러일으킬 것이다.
⑤ 4차 산업혁명은 '연결성', '비지능화', '비융합화'에 기반하여 '모든 것이 상호 연결되고 보다 지능화된 사회로 변화'한다는 특징이 있다.

38 4차 산업혁명에서 변화를 이끄는 주요 기술이 아닌 것은?

① 인공지능
② 스몰데이터
③ 로봇공학
④ 3D 프린팅
⑤ 사물인터넷

39 어떤 특정 환경 또는 상황 등을 컴퓨터로 구현해 그것을 사용하는 사람이 마치 실제 주변 상황 · 환경과 상호작용을 하고 있는 것처럼 만들어 주는 인간-컴퓨터 사이의 인터페이스를 무엇이라고 하는가?

① 인공지능
② 알고리즘
③ 가상현실
④ 로봇 공학
⑤ 사물인터넷

02 수리능력

정답 및 해설 p.392

1 오늘 서울의 기온은 32℃이다. 이는 화씨(℉)로 변환하면?

① 64℉
② 72.4℉
③ 89.6℉
④ 94.8℉
⑤ 106.2℉

2 무게의 단위 관계를 잘못 나타낸 것은?

① 200t = 200,000kg
② 3.6t = 3,600kg
③ 27,000kg = 2.7t
④ 50t = 50,000kg
⑤ 3t = 3,000,000g

3 마을에 350ha의 과수원과 10km^2의 논이 있다. 과수원과 논의 합은 몇 km^2인가?

① 10.35km^2
② 13.5km^2
③ 45km^2
④ 10.035km^2
⑤ 100.35km^2

4 다음은 어느 TV 제조업체의 최근 5개월 동안 컬러 TV 판매량을 나타낸 것이다. 6월의 컬러 TV 판매량을 단순 이동평균법, 가중이동평균법, 단순지수평활법을 이용하여 예측한 값을 각각 ㉠, ㉡, ㉢이라고 할 때, 그 크기를 비교한 것으로 옳은 것은? (단, 이동평균법에서 주기는 4개월, 단순지수평활법에서 평활상수는 0.4를 각각 적용한다)

(단위 : 천대)

	1월	2월	3월	4월	5월	6월
판매량	10	14	9	13	15	
가중치	0.0	0.1	0.2	0.3	0.4	

① ㉠>㉡>㉢
② ㉡>㉠>㉢
③ ㉠>㉢>㉡
④ ㉡>㉢>㉠
⑤ ㉢>㉡>㉠

5 가로가 600cm, 세로가 500cm인 거실의 넓이는 몇 m^2인가?

① $0.03m^2$
② $0.3m^2$
③ $3m^2$
④ $30m^2$
⑤ $300m^2$

6 다음 제시된 숫자의 배열을 보고 규칙을 찾아 빈칸에 들어갈 알맞은 숫자를 고르면?

> 5 2 10 4 20 ( ) 40 8

① 30
② 8
③ 40
④ 6
⑤ 50

7 다음은 일정한 규칙에 따라 배열된 수이다. 빈칸에 알맞은 수를 고르면?

> <u>8 3 2</u> <u>14 4 3</u> <u>20 6 3</u> <u>( ) 7 4</u>

① 25
② 27
③ 30
④ 34
⑤ 36

8 아래에서 S기업이 물류비용 5%를 추가로 절감할 경우, S 기업은 얼마의 매출액을 증가시키는 것과 동일한 효과를 얻게 되는가?

> • S기업 총 매출액 : 100억 원
> • 매출액 대비 물류비 비중 : 10%
> • 매출액 대비 이익률 : 5%

① 1억 원
② 1억 1천만 원
③ 10억 원
④ 11억 원
⑤ 110억 원

9 △△ 인터넷 사이트에 접속하기 위한 비밀번호의 앞 세 자리는 영문으로, 뒤 네 자리는 숫자로 구성되어 있다. △△ 인터넷 사이트에 접속하려 하는데 비밀번호 끝 두 자리가 생각나지 않아서 접속할 수가 없다. 기억하고 있는 사실이 다음과 같을 때, 사이트 접속 비밀번호를 구하면?

> ㉠ 비밀번호 :
>
> | a | b | c | 4 | 2 | ? | ? |
> |---|---|---|---|---|---|---|
>
> ㉡ 네 자리 숫자의 합은 15
> ㉢ 맨 끝자리의 숫자는 그 바로 앞자리 수의 2배

① abc4200
② abc4212
③ abc4224
④ abc4236
⑤ abc4248

10 다음은 주어진 문제에 대한 갑과 을의 대화이다. 을이 갑의 풀이가 옳지 않다고 했을 때, 책의 쪽수가 될 수 없는 것은?

> 어떤 책을 하루에 40쪽씩 읽으면 13일째에 다 읽는다고 한다. 이 책은 모두 몇 쪽인가?

> 갑 : 하루에 40쪽씩 읽고 13일째에 다 읽으니까 40×13=520(쪽), 즉 이 책의 쪽수는 모두 520쪽이네.
> 을 : 꼭 그렇지만은 않아.

① 480쪽
② 485쪽
③ 490쪽
④ 500쪽
⑤ 510쪽

11 A사는 1억 원을 투자하여 연간 15%의 수익률을 올리는 것을 목표로 새로운 택배서비스를 시작하였다. 이때, 택배서비스의 목표수입가격은 얼마가 적당한가? (단, 예상 취급량 30,000개/연, 택배서비스 취급원가 1,500원/개)

① 1,000원
② 1,500원
③ 2,000원
④ 2,500원
⑤ 3,000원

12 어느 인기 그룹의 공연을 준비하고 있는 기획사는 다음과 같은 조건으로 총 1,500장의 티켓을 판매하려고 한다. 티켓 1,500장을 모두 판매한 금액이 6,000만 원이 되도록 하기 위해 판매해야 할 S석 티켓의 수를 구하면?

> (가) 티켓의 종류는 R석, S석, A석 세 가지이다.
> (나) R석, S석, A석 티켓의 가격은 각각 10만 원, 5만 원, 2만 원이고, A석 티켓의 수는 R석과 S석 티켓의 수의 합과 같다.

① 450장 ② 600장
③ 750장 ④ 900장
⑤ 1,050장

13 그림은 ∠B = 90°인 직각삼각형 ABC의 세 변을 각각 한 변으로 하는 정사각형을 그린 것이다. □ADEB의 넓이는 9이고 □BFGC의 넓이가 4일 때, □ACHI의 넓이는?

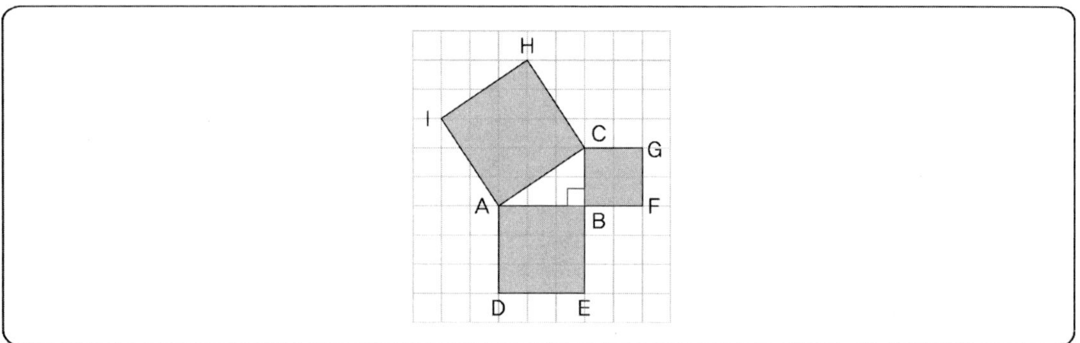

① 13 ② 14
③ 15 ④ 16
⑤ 17

14 아래의 조건을 활용하여 트럭의 철도에 대한 경쟁가능거리한도를 구하면?

- y = 트럭의 경쟁가능 거리 한도
- t = 톤 당 철도운임 : 9,000원
- m = 트럭의 톤 km당 운임 : 60원
- r = 철도의 톤 km당 운임 : 30원

① 100km
② 200km
③ 300km
④ 400km
⑤ 500km

15 차고 및 A, B, C 간의 거리는 아래의 표와 같다. 차고에서 출발하여 A, B, C 3개의 수요지를 각각 1대의 차량이 방문하는 경우에 비해, 1대의 차량으로 3개의 수요지를 모두 방문하고 차고지로 되돌아오는 경우, 수송 거리가 최대 몇 km 감소되는가?

구분	A	B	C
차고	10	13	12
A	–	5	10
B	–	–	7

① 24
② 30
③ 36
④ 46
⑤ 58

16 다음 ABC무역주식회사는 플라즈마 TV 핵심부품을 항공편으로 미국 뉴욕에 수출할 예정이다. 수출 시 보험과 다른 수송비 등 여타조건은 무시하고 아래 사항만을 고려할 경우에 항공운임은 얼마인가?

> ㉠ 플라즈마 TV 핵심부품이 내장되고 포장된 상자의 무게는 40kg이다.
> ㉡ 상기 상자의 용적은 가로 80cm, 세로 60cm, 높이 70cm인 직육면체이다.
> ㉢ 항공운임은 중량 또는 부피 중 큰 것을 적용하기로 한다.
> ㉣ 요율(최저운임은 US$ 200)
> • 50kg 미만 : US$ 17/kg
> • 50kg 이상~60kg 미만 : US$ 13/kg
> • 60kg 이상~80kg 미만 : US$ 10/kg
> • 80kg 이상~100kg 미만 : US$ 7/kg

① US$ 315　② US$ 334
③ US$ 680　④ US$ 720
⑤ US$ 728

17 3개월의 인턴기간 동안 업무평가 점수가 가장 높았던 甲, 乙, 丙, 丁 네 명의 인턴에게 성과급을 지급했다. 제시된 조건에 따라 성과급은 甲 인턴부터 丁 인턴까지 차례로 지급되었다고 할 때, 네 인턴에게 지급된 성과급 총액은 얼마인가?

> • 甲 인턴은 성과급 총액의 1/3보다 20만 원 더 받았다.
> • 乙 인턴은 甲 인턴이 받고 남은 성과급의 1/2보다 10만 원을 더 받았다.
> • 丙 인턴은 乙 인턴이 받고 남은 성과급의 1/3보다 60만 원을 더 받았다.
> • 丁 인턴은 丙 인턴이 받고 남은 성과급의 1/2보다 70만 원을 더 받았다.

① 860만 원　② 900만 원
③ 940만 원　④ 960만 원
⑤ 1,020만 원

18 다음 표는 ㈎, ㈏, ㈐ 세 기업의 남자 사원 400명에 대해 현재의 노동 조건에 만족하는가에 관한 설문 조사를 실시한 결과이다. ㉠~㉣ 중에서 옳은 것은 어느 것인가?

구분	불만	보통	만족	계
㈎회사	34	38	50	122
㈏회사	73	11	58	142
㈐회사	71	41	24	136

㉠ 이 설문 조사에서는 현재의 노동 조건에 대해 불만을 나타낸 사람은 과반수를 넘지 않는다.
㉡ 가장 불만 비율이 높은 기업은 ㈐회사이다.
㉢ '보통'이라고 회답한 사람이 가장 적은 ㈏회사는 가장 노동조건이 좋은 기업이다.
㉣ 만족이라고 답변한 사람이 가장 많은 ㈏회사가 가장 노동조건이 좋은 회사이다.

① ㉠, ㉡
② ㉠, ㉢
③ ㉠, ㉣
④ ㉡, ㉢
⑤ ㉢, ㉣

19 A사는 10대의 화물자동차를 운영하고 있다. 개별 차의 연간 총 운행거리는 50,000km이며, 각 차량은 4개의 타이어를 부착하고 있고, 타이어 교환주기는 25,000km이다. 타이어 한 개의 가격을 10만 원이라 할 때 A사의 연간타이어 소모비용은 얼마인가?

① 800만 원
② 1,000만 원
③ 1,600만 원
④ 2,000만 원
⑤ 2,400만 원

20 새로운 철로건설 계획에 따라 A, B, C의 세 가지 노선이 제시되었다. 철로 완공 후 연간 평균 기차 통행량은 2만 대로 추산될 때, 건설비용과 사회적 손실비용이 가장 큰 철로를 바르게 짝지은 것은?

- 각 노선의 총 길이는 터널구간 길이와 교량구간 길이 그리고 일반구간 길이로 구성된다.
- 건설비용은 터널구간, 교량구간, 일반구간 각각 1km당 1,000억 원, 200억 원, 100억 원이 소요된다.
- 운행에 따른 사회적 손실비용은 기차 한 대가 10km를 운행할 경우 1,000원이다.
- 다음 표는 각 노선의 구성을 보여 주고 있다.

노선	터널구간 길이	교량구간 길이	총 길이
A	1.2km	0.5km	10km
B	0	0	20km
C	0.8km	1.5km	15km

	건설비용이 가장 큰 철로	사회적 손실비용이 가장 큰 철로
①	A	B
②	B	C
③	C	A
④	A	C
⑤	C	B

21 ㈜ A사의 배송센터에 도착한 트럭의 수는 4월에서 8월까지 다음 자료와 같다. 3개월 이동평균법으로 9월에 도착할 트럭의 수를 예측하면?

월	4월	5월	6월	7월	8월
트럭 수	450	200	480	300	420

① 300
② 350
③ 400
④ 450
⑤ 500

22 갑 회사의 5월 중 자재에 관한 거래 내역은 다음과 같다. 선입선출(FIFO) 방법으로 5월에 출고한 자재의 재료비를 구하면 얼마인가?

일자	활동내역	개수	단가
5월 2일	매입	50개	₩100
5월 10일	매입	50개	₩120
5월 15일	출고	60개	
5월 20일	매입	50개	₩140
5월 25일	출고	70개	

① ₩18,000
② ₩15,200
③ ₩9,000
④ ₩7,600
⑤ ₩6,000

23 아래와 같은 조건의 창고에서 포크리프트는 몇 대가 필요한가?

- 창고의 팰릿 보관능력 : 5,000개
- 창고의 연간 재고 회전율 : 12회
- 포크리프트의 연간 가동 일수 : 300일
- 포크리프트의 1일 작업시간 : 10시간
- 포크리프트 1대가 1개의 팰릿을 처리하는 데 걸리는 시간 : 30분

① 10대
② 12대
③ 15대
④ 20대
⑤ 25대

▌24~25▐ 다음은 우리나라의 에너지 수입액 및 수입의존도에 대한 자료이다. 자료를 읽고 질문에 답하시오.

〈에너지 수입액〉

(단위 : 만 달러)

구분 \ 년도	2008	2009	2010	2011
총수입액	435,275	323,085	425,212	524,413
에너지수입합계	141,474	91,160	121,654	172,490
석탄	12,809	9,995	13,131	18,477
석유	108,130	66,568	90,902	129,346
천연가스	19,806	13,875	17,006	23,859
우라늄	729	722	615	808

※ 총수입액은 에너지수입액을 포함한 국내로 수입되는 모든 제품의 수입액을 의미함

〈에너지 수입의존도〉

(단위 : %)

구분 \ 년도		2008	2009	2010	2011
에너지 수입의존도	원자력발전제외	96.4	96.4	96.5	96.4
	원자력발전포함	83.0	83.4	84.4	84.7

※ 에너지 수입의존도는 1차 에너지 공급량 중 순수입 에너지가 차지하는 비중을 의미함

24 다음 중 위 자료를 바르게 설명한 것은?

① 에너지의 수입합계는 2008년에 가장 컸다.
② 에너지 중 천연가스의 수입액은 꾸준히 증가하고 있다.
③ 에너지 중 우라늄의 수입액은 백만 달러 미만의 작은 폭으로 변화하였다.
④ 2009년에 비해 2011년에 총수입액 중 에너지수입 합계의 비중이 늘어났다.
⑤ 2008년 석탄과 석유 수입액은 2011년 석유 수입액보다 많다.

25 다음 중 위 자료에 대해 적절하게 설명하지 못한 사람은?

① 시욱 : 2009년에 에너지 수입의존도 중 원자력 발전의 의존도는 13.0%라고 할 수 있어.
② 준성 : 2009년에 에너지 수입합계가 급격하게 감소했고, 그 이후로는 다시 꾸준히 증가하고 있어.
③ 규태 : 우리나라는 에너지 수입의존도가 높은 것으로 보아 에너지를 만들 수 있는 1차 자원을 대부분 자국 내에서 공급하지 못하고 있다는 것을 알 수 있어.
④ 대선 : 원자력 발전을 포함했을 때 에너지 수입의존도가 낮아지는 것을 보면, 원자력 에너지는 수입에 의존하지 않고 자국 내에서 공급하는 비중이 높은 것 같아.
⑤ 2008년 이후 에너지 수입의존도의 변화 추이는 원자력발전 포함 여부에 따라 다르다.

03 문제해결능력

정답 및 해설 p.397

1 다음 중 업무수행과정에서 발생하는 문제 유형에 대한 설명으로 옳지 않은 것은?

① 발생형 문제는 보이는 문제로, 현재 직면하여 해결하기 위해 고민하는 문제이다.
② 발생형 문제는 원인이 내재되어 있는 문제로, 일탈문제와 미달문제가 있다.
③ 탐색형 문제는 찾는 문제로, 시급하지 않아 방치하더라도 문제가 되지 않는다.
④ 설정형 문제는 장래의 경영전략을 생각하는 것으로 앞으로 어떻게 할 것인가 하는 미래 문제이다.
⑤ 설정형 문제는 문제해결에 창조적인 노력이 요구되어 창조적 문제라고도 한다.

2 정원이는 이번 여름휴가에 친구들이랑 걸어서 부산으로 여행을 계획하고 있다. 그러던 중 여러 가지 상황이 변수 (날씨, 직장 등)로 작용하여 여러 가지 교통수단을 생각하게 되었다. 이 때 아래의 표를 참조하여 보완적 평가방식을 활용해 정원이와 친구들이 부산까지 가는 데 있어 효율적으로 이동이 가능한 교통운송 수단을 고르면 어떤 대안의 선택이 가능하게 되겠는가? (보완적 평가방식 : 각 상표에 있어 어떤 속성의 약점을 다른 속성의 강점에 의해 보완하여 전반적인 평가를 내리는 방식을 말함)

평가의 기준	중요도	교통운송수단에 관한 평가			
		비행기	기차	고속버스	승용차
경제성	20	4	5	4	3
디자인	30	4	4	5	7
승차감	40	7	5	7	8
속도	50	9	8	5	6

① 기차　　② 비행기
③ 고속버스　　④ 승용차
⑤ 정답 없음

3 아이디어를 얻기 위해 의도적으로 시험할 수 있는 7가지 규칙인 SCAMPER 기법에 대한 설명으로 옳지 않은 것은?

① S : 기존의 것을 다른 것으로 대체해 보라.

② C : 제거해 보라.

③ A : 다른 데 적용해 보라.

④ M : 변경, 축소, 확대해 보라.

⑤ R : 거꾸로 또는 재배치해 보라.

4 지현이는 부산에서 서울로 이사를 왔는데, 주말이 되어 친구들을 만나기 위해 지하철을 타고 가기로 했다. 아래의 지하철 노선도를 참조하여 다음 중 지현이가 목적지까지 가는 동안 전철을 갈아타는 횟수를 구하면? (단, 출발역 : 대화역, 목적지 : 옥수역)

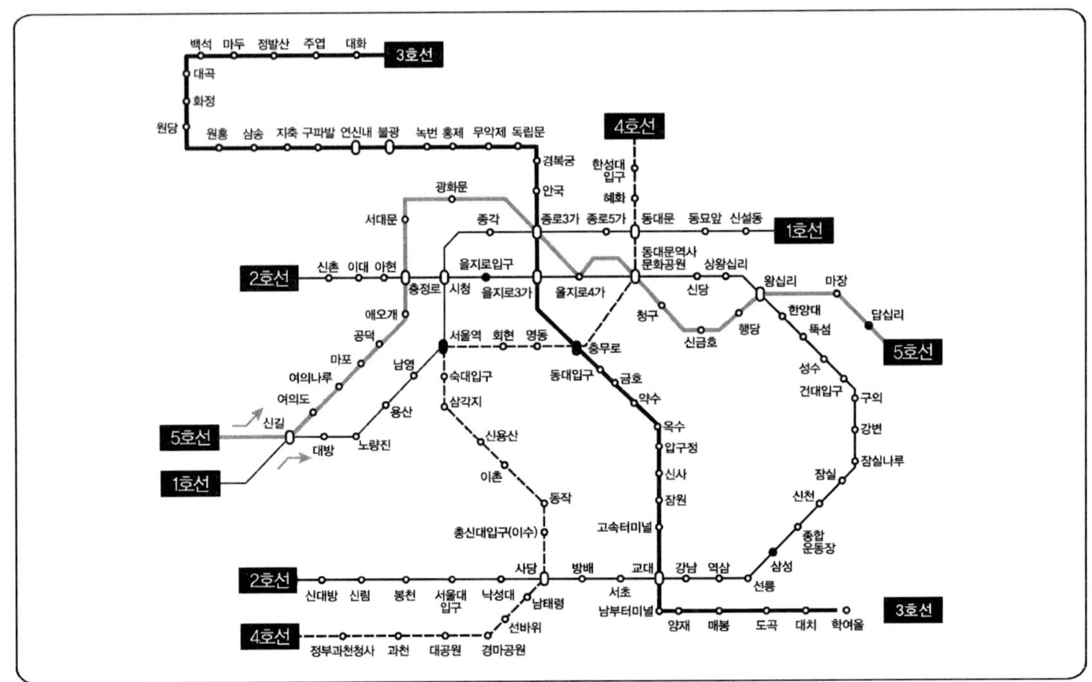

① 4　　② 3

③ 2　　④ 1

⑤ 0

5 다음은 3C 분석을 위한 도표이다. 빈칸에 들어갈 질문으로 옳지 않은 것은?

구분	내용
고객/시장(Customer)	• 우리의 현재와 미래의 고객은 누구인가? • ___㉠___ • ___㉡___ • 시장의 주 고객들의 속성과 특성은 어떠한가?
경쟁사(Competitor)	• ___㉢___ • 현재의 경쟁사들의 강점과 약점은 무엇인가? • ___㉣___
자사(Company)	• 해당 사업이 기업의 목표와 일치하는가? • 기존 사업의 마케팅과 연결되어 시너지효과를 낼 수 있는가? • ___㉤___

① ㉠ : 새로운 경쟁사들이 시장에 진입할 가능성은 없는가?

② ㉡ : 성장 가능성이 있는 사업인가?

③ ㉢ : 고객들은 경쟁사에 대해 어떤 이미지를 가지고 있는가?

④ ㉣ : 경쟁사의 최근 수익률 동향은 어떠한가?

⑤ ㉤ : 인적 · 물적 · 기술적 자원을 보유하고 있는가?

6 연중 가장 무더운 8월의 어느 날 우진이는 여자친구, 두 명의 조카들과 함께 서울고속버스터미널에서 출발하여 부산고속버스터미널까지 가는 왕복 프리미엄 고속버스로 휴가를 떠나려고 한다. 이 때 아래에 나타난 자료 및 조건을 토대로 우진이와 여자친구, 조카들의 프리미엄 고속버스의 비용을 구하면?

〈주어진 조건〉

- 조카 1(남 : 만 3세)
- 조카 2(여 : 만 6세)
- 서울에서 부산으로 가는 동안(하행선) 조카 1은 우진이의 무릎에 앉아서 가며, 반대로 부산에서 서울로 올라올 시(상행선)에는 좌석을 지정해서 간다.

〈자료〉

1. 서울–부산 간 프리미엄 고속버스 운임요금은 37,000원이다.
2. 만 4세 미만은 어른 요금의 75%를 할인 받는다.
3. 만 4~6세 사이는 어른 요금의 50%를 할인 받는다.
4. 만 4세 미만의 경우에는 승차권을 따로 구매하지 않고 해당 보호자와 함께 동승이 가능하다.

① 162,798원
② 178,543원
③ 194,250원
④ 205,840원
⑤ 231,980원

7 甲회사 인사부에 근무하고 있는 H부장은 각 과의 요구를 모두 충족시켜 신규직원을 배치하여야 한다. 각 과의 요구가 다음과 같을 때 홍보과에 배정되는 사람은 누구인가?

〈신규직원 배치에 대한 각 과의 요구〉
- 관리과 : 5급이 1명 배정되어야 한다.
- 홍보과 : 5급이 1명 배정되거나 6급이 2명 배정되어야 한다.
- 재무과 : B가 배정되거나 A와 E가 배정되어야 한다.
- 총무과 : C와 D가 배정되어야 한다.

〈신규직원〉
- 5급 2명(A, B)
- 6급 4명(C, D, E, F)

① A
② B
③ C와 D
④ D와 F
⑤ E와 F

8 수인이와 혜인이는 주말에 차이나타운(인천역)에 가서 자장면도 먹고 쇼핑도 할 계획이다. 지하철노선도를 보고 계획을 짜고 있는 상황에서 아래의 노선도 및 각 조건에 맞게 상황을 대입했을 시에 두 사람의 개인 당 편도 운임 및 역의 수가 바르게 짝지어진 것은?

> (조건 1) 두 사람의 출발역은 청량리역이며, 환승하지 않고 직통으로 간다. (1호선)
> (조건 2) 추가요금은 기본운임에 연속적으로 더한 금액으로 한다. 청량리~서울역 구간은 1,250원(기본운임)이며, 서울역~구로역까지 200원 추가, 구로역~인천역까지 300원씩 추가된다.

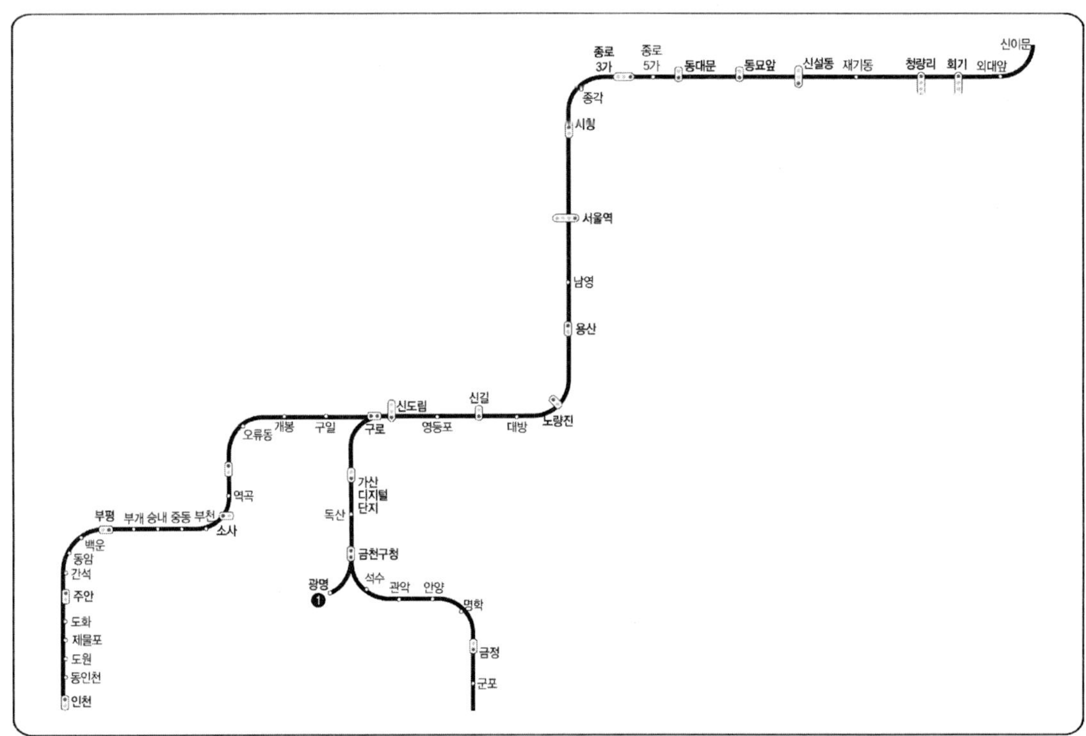

편도 금액	역의 수
① ㉠ 1,600원	㉡ 33개 역
② ㉠ 1,650원	㉡ 37개 역
③ ㉠ 1,700원	㉡ 31개 역
④ ㉠ 1,750원	㉡ 37개 역
⑤ ㉠ 1,800원	㉡ 35개 역

▌9~10▌ 다음은 ○○협회에서 주관한 학술세미나 일정에 관한 것으로 다음 세미나를 준비하는 데 필요한 일, 각각의 일에 걸리는 시간, 일의 순서 관계를 나타낸 표이다. 제시된 표를 바탕으로 물음에 답하시오. (단, 모든 작업은 동시에 진행할 수 없다)

▣ 세미나 준비 현황

구분	작업	작업시간(일)	먼저 행해져야 할 작업
가	세미나 장소 세팅	1	바
나	현수막 제작	2	다, 마
다	세미나 발표자 선정	1	라
라	세미나 기본계획 수립	2	없음
마	세미나 장소 선정	3	라
바	초청자 확인	2	라

9 현수막 제작을 시작하기 위해서는 최소 며칠이 필요하겠는가?

① 3일
② 4일
③ 5일
④ 6일
⑤ 7일

10 세미나 기본계획 수립에서 세미나 장소 세팅까지 모든 작업을 마치는 데 필요한 시간은?

① 10일
② 11일
③ 12일
④ 13일
⑤ 14일

11 사과 사탕, 포도 사탕, 딸기 사탕이 각각 2개씩 있다. 甲~戊 다섯 명의 사람 중 한 명이 사과 사탕 1개와 딸기 사탕 1개를 함께 먹고, 다른 네 명이 남은 사탕을 각각 1개씩 먹었다. 모두 진실을 말하였다고 할 때, 사과 사탕 1개와 딸기 사탕 1개를 함께 먹은 사람과 戊가 먹은 사탕을 옳게 짝지은 것은?

> 甲 : 나는 포도 사탕을 먹지 않았어.
> 乙 : 나는 사과 사탕만을 먹었어.
> 丙 : 나는 사과 사탕을 먹지 않았어.
> 丁 : 나는 사탕을 한 종류만 먹었어.
> 戊 : 너희 말을 다 듣고 아무리 생각해봐도 나는 딸기 사탕을 먹은 사람 두 명 다 알 수는 없어.

① 甲, 포도 사탕 1개
② 甲, 딸기 사탕 1개
③ 丙, 포도 사탕 1개
④ 丙, 딸기 사탕 1개
⑤ 戊, 사과 사탕 1개와 딸기 사탕 1개

12 다음으로부터 바르게 추론한 것으로 옳은 것을 보기에서 고르면?

- 5개의 갑, 을, 병, 정, 무 팀이 있다.
- 현재 '갑'팀은 0개, '을'팀은 1개, '병'팀은 2개, '정'팀은 2개, '무'팀은 3개의 프로젝트를 수행하고 있다.
- 8개의 새로운 프로젝트 a, b, c, d, e, f, g, h를 5개의 팀에게 분배하려고 한다.
- 5개의 팀은 새로운 프로젝트 1개 이상을 맡아야 한다.
- 기존에 수행하던 프로젝트를 포함하여 한 팀이 맡을 수 있는 프로젝트 수는 최대 4개이다.
- 기존의 프로젝트를 포함하여 4개의 프로젝트를 맡은 팀은 2팀이다.
- 프로젝트 a, b는 한 팀이 맡아야 한다.
- 프로젝트 c, d, e는 한 팀이 맡아야 한다.

〈보기〉

㉠ a를 '을'팀이 맡을 수 없다.
㉡ f를 '갑'팀이 맡을 수 있다.
㉢ 기존에 수행하던 프로젝트를 포함해서 2개의 프로젝트를 맡는 팀이 있다.

① ㉠
② ㉡
③ ㉢
④ ㉠㉢
⑤ ㉡㉢

13 다음은 글로벌 컴퓨터 회사 중 하나인 D사에 해외시장을 넓히기 위해 각종 광고매체수단과 함께 텔레마케터를 고용하여 현지 마케팅을 진행 중에 있다. 아래의 내용을 읽고 조건에 비추어 보았을 때 상담원 입장으로서는 고객으로부터 자사 제품에 대한 호기심 및 관심을 끌어내야 하는 어려운 상황에 처해 있다. 이 때 C에 들어갈 말로 가장 적절한 항목을 고르면?

(조건 1) C에서 정황 상 고객은 경쟁사의 제품을 구입하고자 마음을 정한 상황이다.

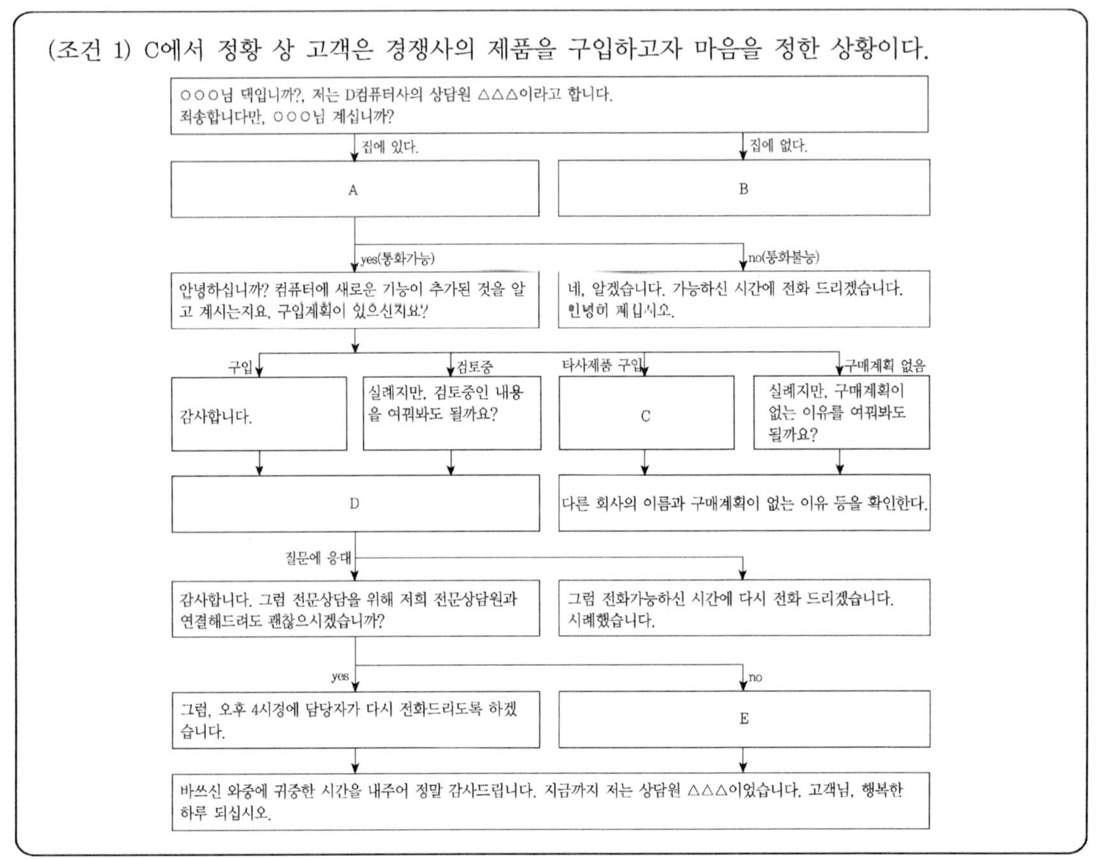

① 지금 고객님께서 부재중이시니 언제쯤 통화가 될 수 있는지 여쭤봐도 될런지요? 저의 명함을 드리고 갈 테니 고객님께서 돌아오시면 제가 방문 드렸다고 메모 부탁드리겠습니다.

② 고객님께서 상당히 많이 바쁘신 것 같습니다. 추후에 고객님께서 통화가능하신 시간에 다시 전화 드리도록 하겠습니다.

③ 저는 D 컴퓨터사 상담원인데, 저희 회사에서 이번에 출시된 보급형 컴퓨터가 나왔는데 지금 통화 가능하신지요?

④ 저희 회사 컴퓨터 구매 시에 30% 할인과 1년 동안 감사이벤트가 적용되십니다.

⑤ 그러면 고객님 실례지만 고객님께서 구매하고자 하는 컴퓨터는 어느 회사의 제품인지, 또한 그 제품을 선택하신 이유가 무엇인지 여쭤봐도 될런지요?

Ⅰ14~15Ⅰ **다음 5개의 팀에 인터넷을 연결하기 위해 작업을 하려고 한다. 5개의 팀 사이에 인터넷을 연결하기 위한 시간이 다음과 같을 때 제시된 표를 바탕으로 물음에 답하시오(단, 가팀과 나팀이 연결되고 나팀과 다팀이 연결되면 가팀과 다팀이 연결된 것으로 간주한다).**

구분	가	나	다	라	마
가	–	3	6	1	2
나	3	–	1	2	1
다	6	1	–	3	2
라	1	2	3	–	1
마	2	1	2	1	–

14 가팀과 다팀을 인터넷 연결하기 위해 필요한 최소의 시간은?

① 7시간
② 6시간
③ 5시간
④ 4시간
⑤ 3시간

15 다팀과 마팀을 인터넷 연결하기 위해 필요한 최소의 시간은?

① 1시간
② 2시간
③ 3시간
④ 4시간
⑤ 5시간

16 에너지 신산업에 대한 다음과 같은 정의를 참고할 때, 다음 중 에너지 신산업 분야의 사업으로 보기에 가장 적절하지 않은 것은 어느 것인가?

> 2015년 12월, 세계 195개국은 프랑스 파리에서 UN 기후변화협약을 체결, 파리기후변화협약에 따른 신기후체제의 출범으로 온실가스 감축은 선택이 아닌 의무가 되었으며, 이에 맞춰 친환경 에너지시스템인 에너지 신산업이 대두되었다. 에너지 신산업은 기후변화 대응, 미래 에너지 개발, 에너지 안보, 수요 관리 등 에너지 분야의 주요 현안을 효과적으로 해결하기 위한 '문제 해결형 산업'이다. 에너지 신산업 정책으로는 전력 수요관리, 에너지관리 통합서비스, 독립형 마이크로그리드, 태양광 렌탈, 전기 차 서비스 및 유료충전, 화력발전 온배수열 활용, 친환경에너지타운, 스마트그리드 확산사업 등이 있다.

① 에너지 프로슈머 시장의 적극 확대를 위한 기반 산업 보강
② 전기차 확대보급을 실시하기 위하여 전기차 충전소 미비 지역에 충전소 보급 사업
③ 신개념 건축물에 대한 관심도 제고를 위한 고효율 제로에너지 빌딩 확대 사업
④ 폐열과 폐냉기의 재활용을 통한 에너지 사용량 감축과 친환경 에너지 창출 유도 산업
⑤ 분산형 전원으로 에너지 자립 도시 건립을 위한 디젤 발전기 추가 보급 사업

17 다음 글과 표를 근거로 판단할 때 세 사람 사이의 관계가 모호한 경우는?

• 조직 내에서 두 사람 사이의 관계는 '동갑'과 '위아래' 두 가지 경우로 나뉜다.
- 두 사람이 태어난 연도가 같은 경우 입사년도에 상관없이 '동갑' 관계가 된다.
- 두 사람이 태어난 연도가 다른 경우 '위아래' 관계가 된다. 이때 생년이 더 빠른 사람이 '윗사람', 더 늦은 사람이 '아랫사람'이 된다.
- 두 사람이 태어난 연도가 다르더라도 입사년도가 같고 생년월일의 차이가 1년 미만이라면 '동갑' 관계가 된다.

• 두 사람 사이의 관계를 바탕으로 임의의 세 사람(A～C) 사이의 관계는 '명확'과 '모호' 두 가지 경우로 나뉜다.
- A와 B, A와 C가 '동갑' 관계이고 B와 C 또한 '동갑' 관계인 경우 세 사람 사이의 관계는 '명확'하다.
- A와 B가 '동갑' 관계이고 A가 C의 '윗사람', B가 C의 '윗사람'인 경우 세 사람 사이의 관계는 '명확'하다.
- A와 B, A와 C가 '동갑' 관계이고 B와 C가 '위아래' 관계인 경우 세 사람 사이의 관계는 '모호'하다.

이름	생년월일	입사년도
甲	1992. 4. 11.	2017
乙	1991. 10. 3.	2017
丙	1991. 3. 1.	2017
丁	1992. 2. 14.	2017
戊	1993. 1 7.	2018

① 甲, 乙, 丙
② 甲, 乙, 丁
③ 甲, 丁, 戊
④ 乙, 丁, 戊
⑤ 丙, 丁, 戊

18 공연기획사인 A사는 이번에 주최한 공연을 보러 오는 관객을 기차역에서 공연장까지 버스로 수송하기로 하였다. 다음의 표와 같이 공연 시작 4시간 전부터 1시간 단위로 전체 관객 대비 기차역에 도착하는 관객의 비율을 예측하여 버스를 운행하고자 하며, 공연 시작 시간까지 관객을 모두 수송해야 한다. 다음을 바탕으로 예상한 수송 시나리오 중 옳은 것을 모두 고르면?

▣ 전체 관객 대비 기차역에 도착하는 관객의 비율

시각	전체 관객 대비 비율(%)
공연 시작 4시간 전	a
공연 시작 3시간 전	b
공연 시작 2시간 전	c
공연 시작 1시간 전	d
계	100

- 전체 관객 수는 40,000명이다.
- 버스는 한 번에 대당 최대 40명의 관객을 수송한다.
- 버스가 기차역과 공연장 사이를 왕복하는 데 걸리는 시간은 6분이다.

▣ 예상 수송 시나리오

㉠ a = b = c = d = 25라면, 회사가 전체 관객을 기차역에서 공연장으로 수송하는 데 필요한 버스는 최소 20대이다.

㉡ a = 10, b = 20, c = 30, d = 40이라면, 회사가 전체 관객을 기차역에서 공연장으로 수송하는 데 필요한 버스는 최소 40대이다.

㉢ 만일 공연이 끝난 후 2시간 이내에 전체 관객을 공연장에서 기차역까지 버스로 수송해야 한다면, 이때 회사에게 필요한 버스는 최소 50대이다.

① ㉠ ② ㉡

③ ㉠, ㉡ ④ ㉠, ㉢

⑤ ㉡, ㉢

| 19~20 | 인사팀에 근무하는 S는 2017년도에 새롭게 변경된 사내 복지 제도에 따라 경조사 지원 내역을 정리하는 업무를 담당하고 있다. 다음을 바탕으로 물음에 답하시오.

❐ 2017년도 변경된 사내 복지 제도

종류	주요 내용
주택 지원	• 사택 지원(가~사 총 7동 175가구) 최소 1년 최장 3년 • 지원 대상 - 입사 3년 차 이하 1인 가구 사원 중 무주택자(가~다동 지원) - 입사 4년 차 이상 본인 포함 가구원이 3인 이상인 사원 중 무주택자(라~사동 지원)
경조사 지원	• 본인/가족 결혼, 회갑 등 각종 경조사 시 • 경조금, 화환 및 경조휴가 제공
학자금 지원	• 대학생 자녀의 학자금 지원
기타	• 상병 휴가, 휴직, 4대 보험 지원

❐ 2017년도 1/4분기 지원 내역

이름	부서	직위	내역	변경 전	변경 후	금액(천원)
A	인사팀	부장	자녀 대학진학	지원 불가	지원 가능	2,000
B	총무팀	차장	장인상	변경 내역 없음		100
C	연구1팀	차장	병가	실비 지급	추가 금액 지원	50 (실비 제외)
D	홍보팀	사원	사택 제공(가-102)	변경 내역 없음		-
E	연구2팀	대리	결혼	변경 내역 없음		100
F	영업1팀	차장	모친상	변경 내역 없음		100
G	인사팀	사원	사택 제공(바-305)	변경 내역 없음		-
H	보안팀	대리	부친 회갑	변경 내역 없음		100
I	기획팀	차장	결혼	변경 내역 없음		100
J	영업2팀	과장	생일	상품권	기프트 카드	50
K	전략팀	사원	생일	상품권	기프트 카드	50

19 당신은 S가 정리해 온 2017년도 1/4분기 지원 내역을 확인하였다. 다음 중 잘못 구분된 사원은?

지원 구분	이름
주택 지원	D, G
경조사 지원	B, E, H, I, J, K
학자금 지원	A
기타	F, C

① B
② D
③ F
④ H
⑤ K

20 S는 2017년도 1/4분기 지원 내역 중 변경 사례를 참고하여 새로운 사내 복지 제도를 정리해 추가로 공시하려 한다. 다음 중 S가 정리한 내용으로 옳지 않은 것은?

① 복지 제도 변경 전후 모두 생일에 현금을 지급하지 않습니다.
② 복지 제도 변경 후 대학생 자녀에 대한 학자금을 지원해드립니다.
③ 변경 전과 달리 미혼 사원의 경우 입주 가능한 사택동 제한이 없어집니다.
④ 변경 전과 같이 경조사 지원금은 직위와 관계없이 동일한 금액으로 지원됩니다.
⑤ 변경 전과 달리 병가 시 실비 외에 5만 원을 추가로 지원합니다.

21 다음 글에서 언급된 밑줄 친 '합리적 기대이론'에 대한 설명으로 적절하지 않은 것은 무엇인가?

> 과거에 중앙은행들은 자신이 가진 정보와 향후의 정책방향을 외부에 알리지 않는 이른바 비밀주의를 오랜 기간 지켜왔다. 통화정책 커뮤니케이션이 활발하지 않았던 이유는 여러 가지가 있었지만 무엇보다도 통화정책 결정의 영향이 파급되는 경로가 비교적 단순하고 분명하여 커뮤니케이션의 필요성이 크지 않았기 때문이었다. 게다가 중앙은행에게는 권한의 행사와 그로 인해 나타난 결과에 대해 국민에게 설명할 어떠한 의무도 부과되지 않았다.
>
> 중앙은행의 소극적인 의사소통을 옹호하는 주장 가운데는 비밀주의가 오히려 금융시장의 발전을 가져올 수 있다는 견해가 있었다. 중앙은행이 모호한 표현을 이용하여 자신의 정책의도를 이해하기 어렵게 설명하면 금리의 변화 방향에 대한 불확실성이 커지고 그 결과 미래 금리에 대한 시장의 기대가 다양하게 형성된다. 이처럼 미래의 적정금리에 대한 기대의 폭이 넓어지면 금융거래가 더욱 역동적으로 이루어짐으로써 시장의 규모가 커지는 등 금융시장이 발전하게 된다는 것이다. 또한 통화정책의 효과를 극대화하기 위해 커뮤니케이션을 자제해야 한다는 생각이 통화정책 비밀주의를 오래도록 유지하게 한 요인이었다. 합리적 기대이론에 따르면 사전에 예견된 통화정책은 경제주체의 기대 변화를 통해 가격조정이 정책의 변화 이전에 이루어지기 때문에 실질생산량, 고용 등의 변수에 변화를 가져올 수 없다. 따라서 단기간 동안이라도 실질변수에 변화를 가져오기 위해서는 통화정책이 예상치 못한 상황에서 수행되어야 한다는 것이다.
>
> 이 외에 통화정책결정에 있어 중앙은행의 독립성이 확립되지 않은 경우 비밀주의를 유지하는 것이 외부의 압력으로부터 중앙은행을 지키는 데 유리하다는 견해가 있다. 중앙은행의 통화정책이 공개되면 이해관계가 서로 다른 집단이나 정부 등이 정책결정에 간섭할 가능성이 커지고 이들의 간섭이 중앙은행의 독립적인 정책수행을 어렵게 할 수 있다는 것이다.

① 사람들은 현상을 충분히 합리적으로 판단할 수 있으므로 어떠한 정책 변화도 미리 합리적으로 예상하여 행동한다.

② 경제주체들이 자신의 기대형성 방식이 잘못되었다는 것을 알면서도 그런 방식으로 계속 기대를 형성한다고 가정하는 것이다.

③ 예상하지 못한 정책 충격만이 단기적으로 실질변수에 영향을 미친다.

④ 1년 후의 물가가 10% 오를 것으로 예상될 때 10% 이하의 금리로 돈을 빌려 주면 손실을 보게 되기 때문에, 대출 금리를 10% 이상으로 인상시켜 놓게 된다.

⑤ 임금이나 실업 수준 등에 실질적인 영향을 미치고자 할 때에는 사람들이 예상하지 못하는 방법으로 통화 공급을 변화시켜야 한다.

22 K지점으로부터 은행, 목욕탕, 편의점, 미용실, 교회 건물이 각각 다음과 같은 조건에 맞게 위치해 있다. 모두 K지점으로부터 일직선상에 위치해 있다고 할 때, 다음 설명 중 올바른 것은 어느 것인가? (언급되지 않은 다른 건물은 없다고 가정한다)

- K지점으로부터 50m 이상 떨어져 있는 건물은 목욕탕, 미용실, 은행이다.
- 목욕탕과 교회 건물 사이에는 편의점을 포함한 2개의 건물이 있다.
- 5개의 건물은 각각 K지점에서 15m, 40m, 60m, 70m, 100m 떨어진 거리에 있다.

① 목욕탕과 편의점과의 거리는 40m이다.
② 연이은 두 건물 간의 거리가 가장 먼 것은 은행과 편의점이다.
③ 미용실과 편의점의 사이에는 1개의 건물이 있다.
④ K지점에서 미용실이 가장 멀리 있다면 은행과 교회는 45m 거리에 있다.
⑤ K지점에서 미용실이 가장 멀리 있다면 교회와 목욕탕과의 거리는 편의점과 미용실과의 거리보다 멀다.

23 ○○기관의 김 대리는 甲, 乙, 丙, 丁, 戊 인턴 5명의 자리를 배치하고자 한다. 다음의 조건에 따를 때 옳지 않은 것은?

- 최상의 업무 효과를 내기 위해서는 성격이 서로 잘 맞는 사람은 바로 옆자리에 앉혀야 하고, 서로 잘 맞지 않는 사람은 바로 옆자리에 앉혀서는 안 된다.
- 丙과 乙의 성격은 서로 잘 맞지 않는다.
- 甲과 乙의 성격은 서로 잘 맞는다.
- 甲과 丙의 성격은 서로 잘 맞는다.
- 戊와 丙의 성격은 서로 잘 맞지 않는다.
- 丁의 성격과 서로 잘 맞지 않는 사람은 없다.
- 丁은 햇빛 알레르기가 있어 창문 옆(1번) 자리에는 앉을 수 없다.

■ 자리 배치도

창문	1	2	3	4	5

① 甲은 3번 자리에 앉을 수 있다.
② 乙은 5번 자리에 앉을 수 있다.
③ 丙은 2번 자리에 앉을 수 있다.
④ 丁은 3번 자리에 앉을 수 없다.
⑤ 戊는 2번 자리에 앉을 수 없다.

24 다음은 우리나라의 연도별 유형별 정치 참여도를 나타낸 자료이다. 〈보기〉에 주어진 조건을 참고할 때, ㉠~㉣에 들어갈 알맞은 정치 참여방법을 순서대로 올바르게 나열한 것은 어느 것인가?

	㉠	온라인상 의견 피력하기	정부나 언론에 의견제시	㉡	탄원서 · 진정서 · 청원서 제출하기	㉢	공무원 · 정치인에 민원전달	㉣
2014	53.9	15.0	9.5	21.2	8.8	9.2	10.3	12.8
2015	58.8	14.7	8.8	17.5	7.9	7.6	9.1	9.2
2016	69.3	13.3	6.7	14.9	5.6	6.9	6.1	10.3
2017	74.1	12.2	6.4	14.5	5.8	14.4	5.6	8.5

〈보기〉

1. 주변인과 대화를 하거나 시위 등에 참여하는 방법은 2014년보다 2017년에 그 비중이 더 증가하였다.
2. 2017년에 서명운동에 참여하거나 주변인과 대화를 하는 방법으로 정치에 참여하는 사람의 비중은 모두 온라인상 의견을 피력하는 방법으로 정치에 참여하는 사람의 비중보다 더 많다.
3. 2014~2016년 기간 동안은 시위에 참여하거나 불매운동을 하는 방법으로 정치에 참여한 사람의 비중이 온라인상 의견을 피력하는 방법으로 정치에 참여한 사람의 비중보다 항상 적었다.

① 서명운동 참여하기 – 주변인과 대화하기 – 시위 · 집회 참여하기 – 불매운동 참여하기
② 주변인과 대화하기 – 서명운동 참여하기 – 시위 · 집회 참여하기 – 불매운동 참여하기
③ 주변인과 대화하기 – 서명운동 참여하기 – 불매운동 참여하기 – 시위 · 집회 참여하기
④ 주변인과 대화하기 – 시위 · 집회 참여하기 – 서명운동 참여하기 – 불매운동 참여하기
⑤ 불매운동 참여하기 – 주변인과 대화하기 – 서명운동 참여하기 – 시위 · 집회 참여하기

25 다음의 진술을 참고할 때, 1층~5층 중 각기 다른 층에 살고 있는 사람들의 거주 위치에 관한 설명이 참인 것은 어느 것인가?

- 을은 갑과 연이은 층에 거주하지 않는다.
- 병은 무와 연이은 층에 거주하지 않는다.
- 정은 무와 연이은 층에 거주하지 않는다.
- 정은 1층에 위치하며 병은 2층에 위치하지 않는다.

① 갑은 5층에 거주한다.

② 을은 5층에 거주한다.

③ 병은 4층에 거주한다.

④ 무는 4층에 거주한다.

⑤ 무가 3층에 거주한다면 병은 5층에 거주한다.

04 조직이해능력

정답 및 해설 p.403

1 서울교통공사는 서울특별시 산하 공기업으로 서울메트로와 서울특별시 도시철도공사가 통합되어 출범하였다. 서울교통공사의 출범일은?

① 2016년 5월 31일
② 2016년 12월 1일
③ 2017년 5월 31일
④ 2017년 12월 1일
⑤ 2018년 5월 31일

2 아래의 그림은 서울교통공사의 캐릭터인 또타를 나타낸 것이다. 이에 대한 설명으로 가장 옳지 않은 사항을 고르면?

① 또타는 지하철을 이용하는 사람들과 함께하는 서울지하철의 모습을 밝고 유쾌한 이미지로 표현하고 있다.
② 전동차 측면 모양으로 캐릭터 얼굴을 디자인하였다.
③ 메인 컬러로 사용한 파란색은 정부와 공사 간의 두터운 신뢰를 상징하고 있다.
④ 일상적으로 이용하는 대중교통수단의 모습을 참신한 느낌으로 담아냈다
⑤ 서울교통공사의 공식 캐릭터이다.

3 다음은 서울교통공사의 CI이다. CI가 상징하지 않는 것은?

① 시민안전
② 공공서비스
③ 교통공사
④ 스마트워크
⑤ 교통수단

4 늦은 나이에 서울교통공사에 겨우 입사한 원모는 신입교육연수 중에 있다. 아래의 그림은 원모를 비롯한 많은 신입사원들이 서울교통공사의 조직도를 익히고 있는 상황이다. 이 때 원모를 비롯한, 연철, 우진, 형일, 지훈이 중에서 아래의 그림을 가장 잘못 이해하고 있는 신입사원은?

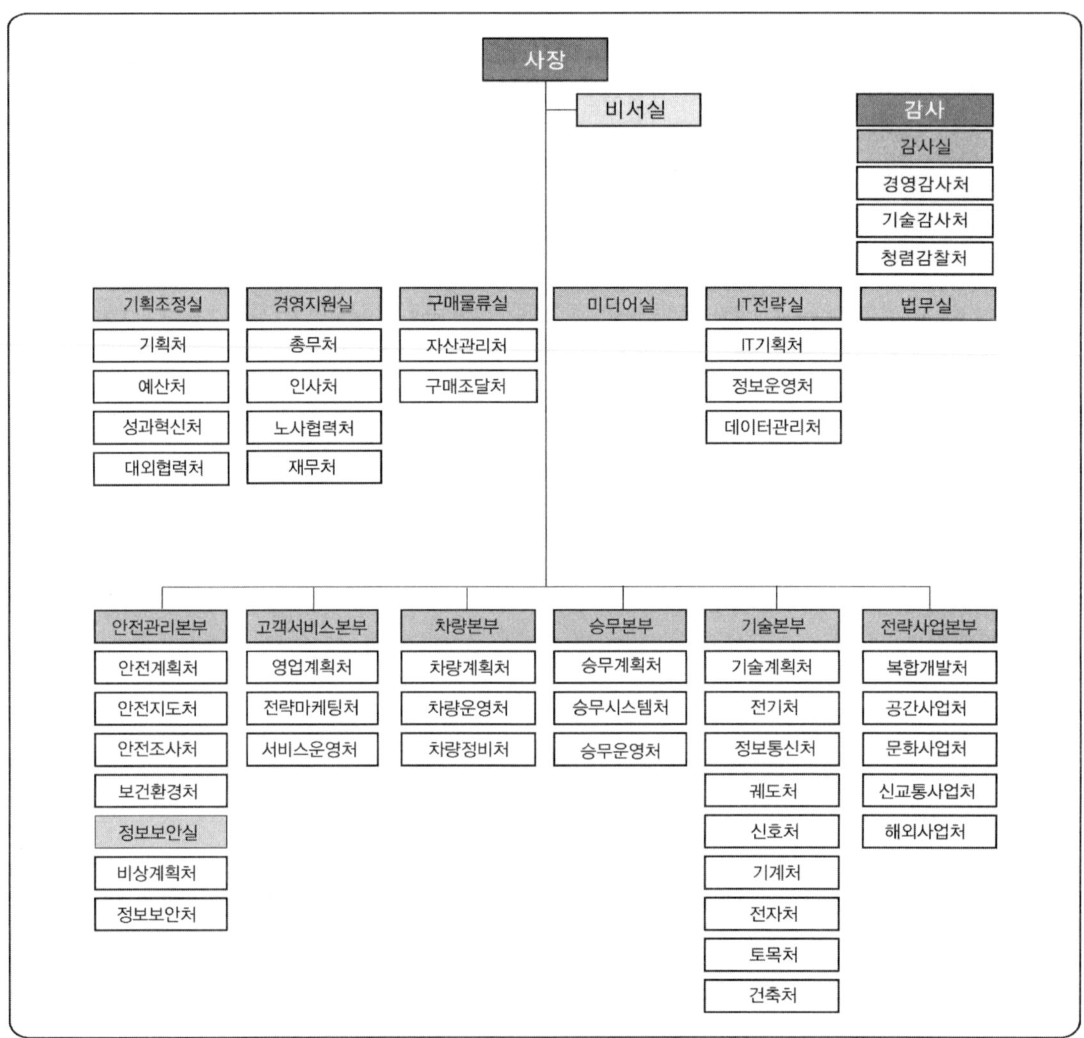

① 원모 : 미디어실과 법무실은 각각 실만 존재하고 처는 존재하지 않아

② 우진 : 고객서비스본부, 차량본부, 승무본부는 모두 1부 3처로 동일하게 구성되어 있어

③ 연철 : 기획조정실 및 경영지원실은 1실 4처로 똑같이 구성되어져 있어

④ 형일 : 어 그래 애들아, 전략사업본부는 1부 7처로 구성되어져 있고 동시에 각 부서 중 가장 많은 처로 구성되어져 있어

⑤ 지훈 : 비서실은 공사 사장님의 직속으로 되어 있어

5 경영전략 추진과정을 순서대로 바르게 나열한 것은?

① 환경분석 → 경영전략 도출 → 전략목표 설정 → 경영전략 실행 → 평가 및 피드백
② 환경분석 → 전략목표 설정 → 경영전략 도출 → 경영전략 실행 → 평가 및 피드백
③ 전략목표 설정 → 환경분석 → 경영전략 도출 → 경영전략 실행 → 평가 및 피드백
④ 전략목표 설정 → 경영전략 도출 → 환경분석 → 경영전략 실행 → 평가 및 피드백
⑤ 전략목표 설정 → 환경분석 → 경영전략 도출 → 평가 및 피드백 → 경영전략 실행

6 다음의 업무를 담당하고 있는 부서는?

- 경영계획 및 전략 수립
- 경영진단업무
- 실적관리 및 분석
- 중장기 사업계획의 종합 및 조정
- 종합예산수립 및 실적관리

① 총무부
② 인사부
③ 기획부
④ 회계부
⑤ 영업부

7 다음은 조문절차에 관한 내용을 기술한 것이다. 이 중 가장 옳지 않은 것을 고르시오

① 호상소에서 조객록 (고인이 남자인 경우) 또는 조위록 (고인이 여자인 경우)에 이름을 기록하고 부의금을 전달 후 영정 앞에서 분향이나 헌화 또는 절을 한다.
② 분향은 홀수인 3개 또는 1개의 향을 들고 불을 붙여서 이를 입으로 끄지 않고 손으로 세 번만에 끈 후 향로에 꼽고 묵례하고 기도하거나 또는 절을 한다.
③ 헌화 시 꽃송이를 가슴부위까지 들어 올려서 묵례를 하고 꽃송이 쪽이 나를 향하도록 해서 헌화한다. 이후에 다시금 묵례를 하고 기도나 또는 절을 한다.
④ 절을 할 시에 손의 위치는 남성은 오른손이 위로, 여성은 왼손이 위로 오도록 하며 잠시 묵례하고 명복을 빈 후에 큰절을 두 번 올린다.
⑤ 상제에게 맞절을 하고 위로의 인사말을 하는데, 절은 상제가 늦게 시작하고 먼저 일어나야 한다.

8 다음은 A라는 기업의 조직도를 나타낸 것이다. 이러한 조직형태에 관한 내용 중 추론 가능한 내용으로 보기 가장 어려운 것은?

기업의 조직도는 조직의 부문편성, 직위의 상호관계, 책임과 권한의 분담, 명령의 계통 등을 한 눈에 볼 수 있도록 일목요연하게 나타낸 표를 의미한다. 기업 조직은 주어진 업무에 따라 조직을 여러 개로 나누어 체계적으로 구성하고 있는데 이를 조직구조의 분화라고 하며, 회사의 규모에 따라 조직의 크기 및 형태 등이 달라진다. 조직구조의 분화는 수평적·수직적 분화로 나눌 수 있으며, 특히 수직적 분화는 의사결정 권한을 하부조직에게 할당하는 것으로 보고체계를 명시화 할 수 있기 때문에 많은 기업에서 도입하고 있는 추세이다. 최근에는 조직구조가 전문화되고 기능별로 세분화됨에 따라 수평적 기능조직으로 변하고 있으며 이에 따라 조직도가 점차적으로 다양화되고 슬림화 및 네트워크화 되고 있다.

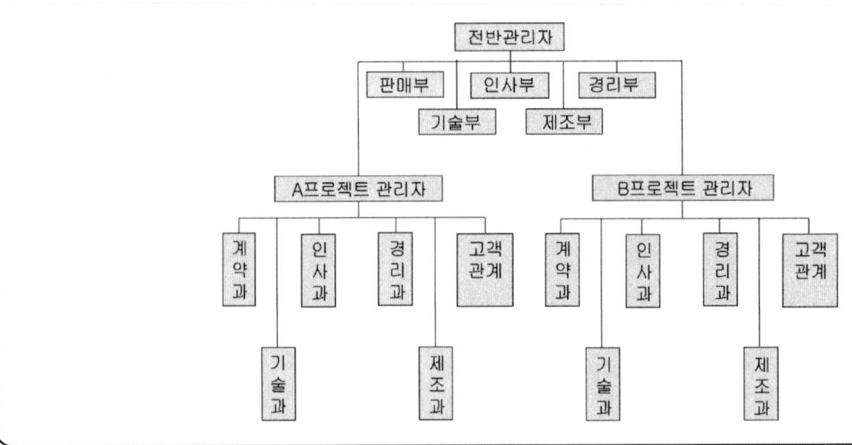

① 전문성 및 전문가 활용의 유용성이 높음과 동시에 부서 내 명확하게 정의되어진 책임 및 역할 등이 있다.

② 이러한 조직에서는 부서관점의 편협한 의사결정이 이루어질 수 있으며, 요구사항에 대한 대응이 느리다는 문제점이 있다.

③ 위 그림의 경우에는 특정한 사업 목표를 달성하기 위해 임시적으로 조직 내의 인적 및 물적 자원 등을 결합하는 조직의 형태라고 볼 수 있다.

④ 부서 간 책임분산으로 인해 통합 기능의 부재 및 갈등발생의 가능성이 없다.

⑤ 이러한 조직의 경우 해산을 전제로 하여 임시로 편성된 일시적 조직이며, 혁신적 및 비일상적인 과제의 해결을 위해 형성되는 동태적 조직이다.

9 아래의 그림을 참조하여 유추 가능한 내용으로 보기 가장 어려운 것을 고르면?

① 초반부터 소비자에 대한 신뢰도의 구축이 가능하다.
② 이러한 점포들이 많아질수록 통제에 따른 어려움이 따르게 된다.
③ 운영에 있어 각 점포의 실정에 맞지 않을 수 있다.
④ 실패에 대한 리스크가 낮다.
⑤ 가맹본부에 대한 낮은 의존도가 장점이다.

10 다음은 대표적인 국제매너를 설명한 것이다. 가장 옳지 않은 것은?

① 미국인과 인사할 때에는 눈이나 얼굴을 보는 것이 좋다.
② 라틴아메리카 사람들과 인사할 때에는 포옹을 하지 않는다.
③ 명함은 받으면 꾸기지 않고 보고나서 탁자 위에 보이는 채로 대화하거나 명함집에 넣는다.
④ 스프를 먹을 때에는 몸 쪽에서 바깥쪽으로 숟가락을 사용한다.
⑤ 생선요리는 뒤집어 먹지 않는다.

11 아래의 내용을 읽고 밑줄 친 부분과 관련된 고객의 개념을 가장 잘 나타내고 있는 것을 고르면?

> 지난해 항공업계를 흔들었던 '땅콩회항'의 피해자인 대한항공 소속 박○○ 사무장과 김○○ 승무원이 업무에 복귀한다. 6일 대한항공에 따르면 김○○ 승무원은 오는 7일인 요양기간 만료시점이 다가오자 회사 측에 복귀의사를 밝혔다. 박○○ 사무장은 앞서 지난달 18일 무급 병 휴직기간이 끝나자 복귀 의사를 밝힌 것으로 알려졌다. 이들 두 사람은 다른 휴직복귀자들과 함께 서비스안전교육을 이수한 후 현장에 투입될 예정이다.
>
> 지난 2014년 12월 5일 벌어진 '땅콩회항' 사건은 조○○ 전 대한항공 부사장이 김 승무원이 마카다미아를 포장 째 가져다줬다는 것을 이유로 여객기를 탑승 게이트로 되돌리고 박 사무장을 문책하면서 불거졌다. 이후 <u>박○○ 사무장과 김○○ 승무원</u> 모두 해당 사건으로 인한 정신적 피해를 호소하면서 회사 측에 휴직을 신청했다.
>
> 두 사람은 휴직 이외에도 뉴욕법원에 조 전 부사장을 상대로 손해배상소송을 제기했다. 그러나 재판부는 사건 당사자와 증인, 증거가 모두 한국에 있다는 이유로 각하됐다. 이에 대해 박 사무장만 항소의향서를 제출해 놓은 상태다. 대한항공 측은 "구체적인 복귀일정은 아직 미정"이라며 "두 승무원이 현장에 복귀해도 이전과 동일하게, 다른 동료 승무원들과도 동등한 대우를 받으며 근무하게 될 것"이라고 말했다.

① 위의 두 사람은 회사 측에서 보면 절대 고객이 될 수 없다.

② 자사에 관심을 보이고 있으며 추후에 신규고객이 될 가능성을 지니고 있는 사람들이다.

③ 두 사람은 자사의 이익 창출을 위한 매개체가 되는 직장상사 또는 부하직원 및 동료라 할 수 있다.

④ 자사의 제품 및 서비스 등을 지속적으로 구매하고 기업과의 강력한 유대관계를 형성하는 사람들이라 볼 수 있다.

⑤ 회사 밖에 위치하는 외부고객으로 매출에 영향을 미치지 않는다.

12 다음의 사례는 장례식장에서의 조문에 관한 것이다. 각 밑줄 친 부분에 관련한 내용을 고친 것으로 바르지 않은 것을 고르면?

> 얼마 전 지인의 어머님이 돌아가셔서 장례식장을 찾은 A씨. 그는 유독 장례식장만 들어서면 긴장을 한다. 장례식장을 찾는 것도 조심스러운데 그곳에서 어떻게 행동하고 말을 해야 할 지에 대해서도 별다른 지식이 없기 때문이다. 그렇다고 부의금만 내고 휑하니 돌아갈 수도 없는 일. 어설프게나마 상주와 고인에게 예를 표하고 돌아서지만 '혹시나 실수를 하지 않았나' 하는 찜찜한 마음이 생기는 것은 어쩔 수 없다.
>
> ① <u>올바른 조문복장</u>
> 조문을 할 때 남자는 검정색 양복에 흰 와이셔츠, 검정넥타이를 매는 것이 일반적이다.
>
> ② <u>장례식장 인사 예절</u>
> 장례식장 복도 등에서 동료, 지인 등을 만났을 때는 가볍게 목례를 하는 것이 좋다.
>
> ③ <u>헌화 꽃의 올바른 방향</u>
> 꽃은 받는 사람이 향기를 맡을 수 있도록 봉우리 방향으로 전달하는 것이 일반적이다.
>
> ④ <u>상복을 입지 않은 상주</u>
> 부고 소식을 접하고 첫째 날 장례식장에 조문을 갔다가 상주가 상복을 입고 있지 않은 경우를 목격하곤 한다.
>
> ⑤ <u>술자리 예절</u>
> 장례식장에서 배부르게 먹을 일은 없지만 자리를 지키며 반주를 먹게 되는 경우가 있다.

① 검정색 양복이 준비되지 않았을 경우 어두운 톤의 옷을 입어도 실례가 되지 않는다.
② 상주와 대면을 할 때는 '얼마나 상심이 크십니까', '뭐라 위로해 드릴 말씀이 없습니다.'와 같이 예의 바른 표현이 좋다.
③ 장례식장에서도 꽃의 봉우리가 고인의 영정으로 향하도록 하는 것이 맞다.
④ 이러한 경우는 상주가 조문예절을 모르는 것이 아니라 아직 고인을 입관하지 않았다는 뜻으로 보면 된다.
⑤ 분위기를 밝히기 위해 주변에 앉은 사람과 술잔을 부딪치는 것이 좋다.

13 D그룹 홍보실에서 근무하는 사원 민경씨는 2016년부터 적용되는 새로운 조직 개편 기준에 따라 홈페이지에 올릴 조직도를 만들려고 한다. 다음 조직도의 빈칸에 들어갈 것으로 옳지 않은 것은?

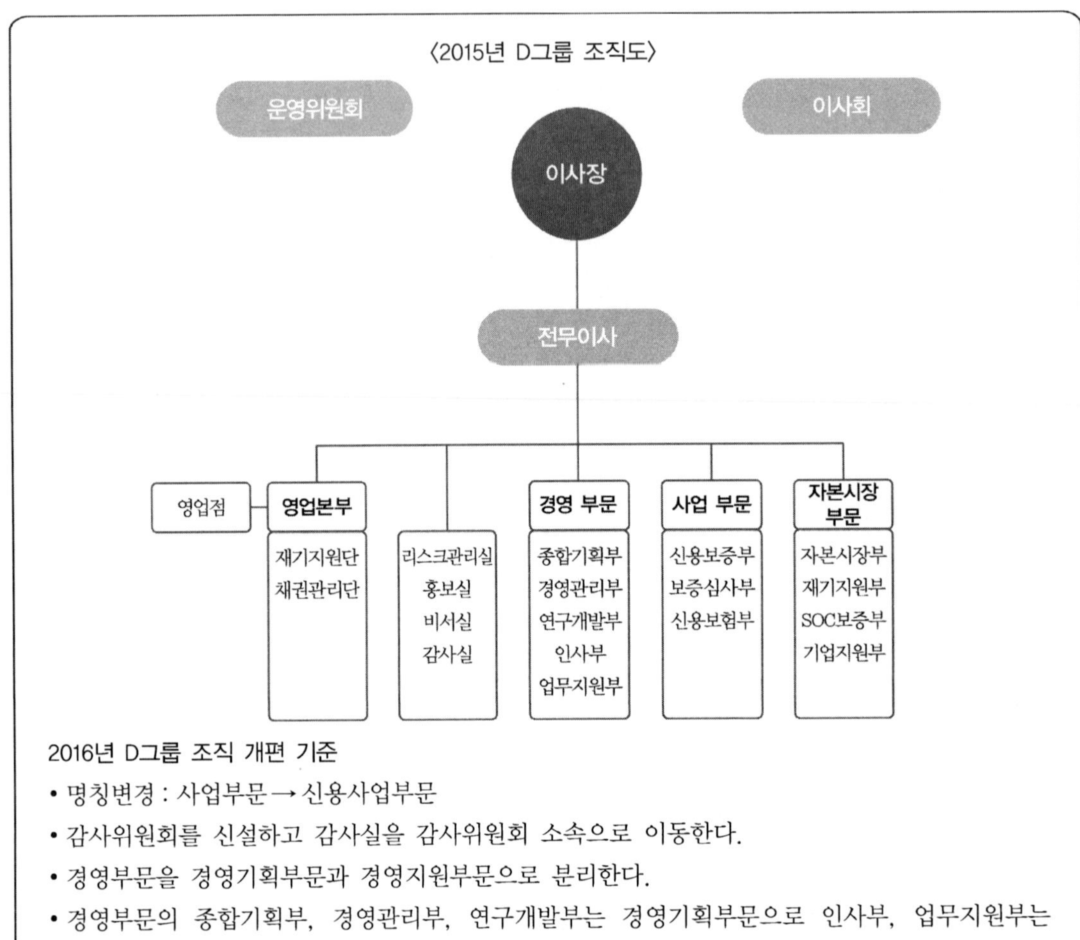

2016년 D그룹 조직 개편 기준

- 명칭변경 : 사업부문 → 신용사업부문
- 감사위원회를 신설하고 감사실을 감사위원회 소속으로 이동한다.
- 경영부문을 경영기획부문과 경영지원부문으로 분리한다.
- 경영부문의 종합기획부, 경영관리부, 연구개발부는 경영기획부문으로 인사부, 업무지원부는 경영지원부문으로 각각 소속된다.
- 업무지원부의 IT 관련 팀을 분리하여 IT전략부를 신설한다.

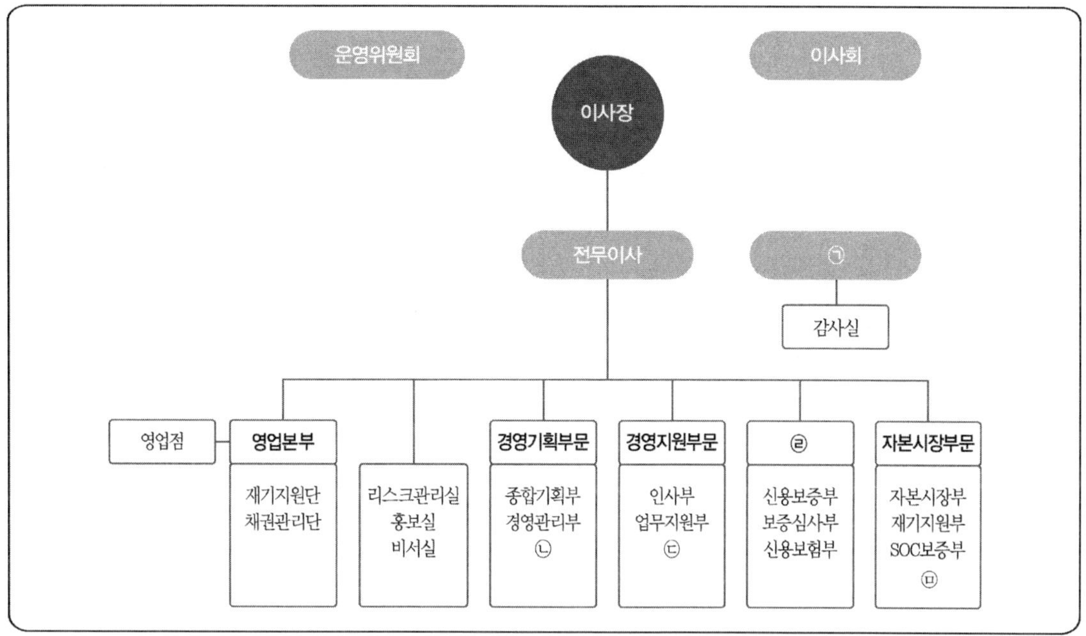

① ㉠ : 감사위원회

② ㉡ : 연구개발부

③ ㉢ : IT전략부

④ ㉣ : 사업부문

⑤ ㉤ : 기업지원부

14 21세기의 많은 기업 조직들은 불투명한 경영환경을 이겨내기 위해 많은 방법들을 활용하곤 한다. 이 중 브레인스토밍은 일정한 테마에 관하여 회의형식을 채택하고, 구성원의 자유발언을 통한 아이디어의 제시를 요구해 발상의 전환을 이루고 해법을 찾아내려는 방법인데 아래의 글을 참고하여 브레인스토밍에 관련한 것으로 보기 가장 어려운 것을 고르면?

> 전라남도는 지역 중소 · 벤처기업, 소상공인들이 튼튼한 지역경제의 버팀목으로 성장하도록 지원하는 정책 아이디어를 발굴하기 위해 27일 전문가 브레인스토밍 회의를 개최했다. 이날 회의는 정부의 경제성장 패러다임이 대기업 중심에서 중소 · 벤처기업 중심으로 전환됨에 따라 지역 차원에서 기업 지원 관련 기관, 교수, 상공인연합회, 중소기업 대표 등 관련 전문가들을 초청해 이뤄졌다. 회의에서는 중소 · 벤처기업, 소상공인 육성 · 지원과 청년창업 활성화를 위한 70여 건의 다양한 제안이 쏟아졌으며, 제안된 내용에 대해 구체적 실행 방안도 토론했다. 회의에 참석한 전문가들은 "중소 · 벤처기업이 변화를 주도하고, 혁신적 아이디어로 창업해 튼튼한 기업으로 성장하도록 정부와 지자체가 충분한 환경을 구축해주는 시스템의 변화가 필요하다."라고 입을 모았다.

① 쉽게 실행할 수 있고, 다양한 주제를 가지고 실행할 수 있다.
② 이러한 기법의 경우 아이디어의 양보다 질에 초점을 맞춘 것으로 볼 수 있다.
③ 집단의 작은 의사결정부터 큰 의사결정까지 복잡하지 않은 절차를 통해 팀의 구성원들과 아이디어를 공유가 가능하다.
④ 비판 및 비난을 자제하는 것을 원칙으로 한다.
⑤ 집단의 구성원들이 비교적 부담 없이 의견을 표출할 수 있다는 이점이 있다.

15 직장 내에서는 업무 상 이메일 (E-mail)을 많이 활용하게 된다. 다음 중 이메일 예절에 관한 내용으로 가장 거리가 먼 것을 고르시오

① 받는 사람이 개괄적인 내용을 가늠할 수 있도록 핵심적이고 구체적인 내용을 써야 한다.

② 비즈니스적인 부분이므로 인사말을 하는 것보다는 구체적인 업무에 대한 내용으로 들어가는 것이 원칙이다.

③ 내용 및 단락 등에 의해 한 행의 여백을 삽입하게 되면 메일을 받는 이가 읽기 훨씬 편하다.

④ 그림이나 사진 등의 이미지가 포함되는 경우 파일첨부 형식이 아닌 메일 내용에 바로 삽입해 한 화면 내에서 볼 수 있게끔 한다.

⑤ 메일을 보내는 사람을 표현할 수 있는 문구, 소속, 직함 및 연락처 등이 있는 서명을 추가하는 것이 좋다.

16 다음은 국제적 매너 중 하나인 악수에 대한 내용이다. 악수의 사례를 읽고 이를 분석한 내용으로 바르지 않은 것을 고르면?

> 국내에서도 번역 출간된 초오신타의 '세계의 인사법'이란 책에는 여러 나라 여러 민족의 다양한 인사법이 나온다. 포옹, 가벼운 키스, 서로 코를 맞대는 뉴질랜드 마오리족의 인사에서부터 반가움의 표시로 상대방의 발에 침을 뱉는 아프리카 키유크족의 인사까지 우리 관점에서 보면 기상천외한 인사법이 참으로 많다. 인사는 반가움을 표시하는 형식화되고 관습화된 행위다.
>
> 나라마다 문화마다 독특한 형식의 인사가 많지만 전 세계적으로 통용되는 가장 보편적인 인사법을 꼽으라면 역시 악수일 것이다. 악수는 원래 신(神)이 지상의 통치자에게 권력을 넘겨주는 의식에서 유래했다고 한다. 이것은 이집트어의 '주다'라는 동사에 잘 나타나 있는데, 상형문자로 쓰면 손을 내민 모양이 된다고 한다.
>
> 먼저 악수할 때는 반갑게 인사말을 건네며 적극적인 자세로 서로 손을 잡고 흔든다. 이 악수는 신체적 접촉으로 이루어지는 적극적이고 활달한 인사이므로 만약 지나치게 손을 흔든다거나, 힘없이 손끝만 살짝 쥐고 흔드는 시늉만 한다면 상대방은 몹시 불쾌해질 수 있다. 서양에서는 이런 행동을 "죽은 물고기 꼬리를 잡고 흔든다"고 말하며 모욕적인 행동으로 간주한다. 군대 내에서는 상관과 악수할 때 손에 힘을 빼라는 예법이 있다. 그것은 군대 내에서만 적용되는 악수법이니 외부인과 악수할 때에는 연하자라도 약간의 에너지를 주고 흔들면 된다. 다만, 연장자보다 힘을 덜 주면 되는 것이다.
>
> 원래 악수는 허리를 펴고 한 손으로 당당하게 나누는 인사다. 서양에서는 대통령이나 왕족을 대하는 경우에만 머리를 살짝 숙여 충성을 표시하는 데 반해, 우리나라에서는 지나치게 허리를 굽혀 악수를 하는 장면이 많이 보이는데 이는 세계적으로 통용되는 정통 악수법의 관점에서는 옳지 않다. 우리나라의 악수는 서양과 달리 절과 악수의 혼합형처럼 쓰이고 있으므로 웃어른이나 상사와 악수를 나눌 때는 왼손으로 오른쪽 팔을 받치고 고개를 약간 숙인 채 악수를 하는 것이 좋다. 그렇더라도 지나치게 허리까지 굽힌다면, 보기에도 좋지 않을뿐더러 마치 아부하는 것처럼 보일 수도 있으므로 이런 모습은 보이지 않도록 한다.
>
> 악수는 여성이 남성에게 먼저 청하는 것이 에티켓이며, 같은 맥락으로 연장자가 연소자에게, 상급자가 하급자에게 청하는 것이 옳은 방법이다. 때론 장난기 많은 사람들 중에 악수를 나누며 손가락으로 장난을 치는 사람들도 있는데, 세계화의 시대에 이런 모습은 사라져야겠다.

① 악수할 때에는 허리를 꼿꼿이 세워 대등하게 악수를 해야 한다.
② 웃어른의 뜻에 의해 악수, 또는 황송하다고 생각해서 허리를 많이 굽히거나 또는 두 손으로 감싸는 것은 상당히 매너 있는 행위이다.
③ 악수 시에는 손윗사람 (연장자)이 손아랫사람에게 손을 내민다.
④ 여성이 남성에게 손을 내민다.
⑤ 악수를 하면서 상대의 눈을 바라보아야 한다.

17 다음의 대화 내용을 설명하고 있는 가격결정 방법은?

> A : 면도기에 비해 면도날은 상당히 비싸다.
> B : 나 또한 프린터에 비해서 잉크는 상당히 비싸다고 생각해
> A : 하지만, 우리는 면도기랑 프린터가 있으니까 계속적으로 동일한 제품을 구입할 수밖에 없잖아!

① Value-Added Pricing

② Captive Pricing

③ Lowest Acceptable Price

④ Two Party Price Policy

⑤ Good-Value Pricing

▌18~19 ▌ 다음은 J기업의 결재라인에 대한 내용과 양식이다. 다음을 보고 물음에 답하시오.

〈결재규정〉

- 결재를 받으려는 업무에 대하여 최고결재권자 이하 직책자의 결재를 받아야 한다.
- '전결'이라 함은 회사의 경영활동이나 관리활동을 수행함에 있어 의사결정이나 판단을 요하는 일에 대하여 최고결재권자의 결재를 생략하고, 자신의 책임 하에 최종적으로 의사결정이나 판단을 하는 행위를 말한다.
- 전결사항에 대해서도 위임 받은 자를 포함한 이하 직책자의 결재를 받아야 한다.
- 결재를 올리는 자는 전결을 위임받은 자가 있는 경우 위임받은 자의 결재란에 전결이라 표시하고 생략된 결재란은 대각선으로 표시한다.
- 결재권자의 부득이한 부재(휴가, 출장 등) 시 그 직무를 대행하는 자가 대신 결재(대결)하며 대결 시 서명 상단에 "대결"이라 쓰고 날짜를 기입한다.

〈전결사항〉

구분	내용	금액기준	결재서류	팀장	부장	이사
잡비	사무용품 등	–	지출결의서	▲		
출장비	유류비(교통비) 숙식비 등	20만 원 이하	출장계획서 법인카드신청서	■	▲	
		100만 원 이하			■	▲
교육비	내부교육비	–	기안서 지출결의서 법인카드신청서	■▲		
	외부교육비	50만 원 이하		■	▲	
		100만 원 이하			■	▲

※ 전결사항에 없는 기타 결재서류는 모두 사장이 최종결재권자이다.

※ ■ : 출장계획서, 기안서

▲ : 지출결의서, 법인카드신청서

18 인사팀의 A씨는 다음 달에 있을 전문 연수원 기술교육을 위한 서류를 만드는 중이다. 숙박비 및 강사비 등으로 20만 원 초과, 100만 원 이하로 지출될 예정일 때, A씨가 작성할 결재양식으로 옳은 것은?

①

기안서					
결재	담당	팀장	부장	이사	최종결재
	A		전결	/	

②

기안서					
결재	담당	팀장	부장	이사	최종결재
	A			전결	

③

지출결의서					
결재	담당	팀장	부장	이사	최종결재
	A		전결	/	

④

지출결의서					
결재	담당	팀장	부장	이사	최종결재
	A				

⑤

지출결의서					
결재	담당	팀장	부장	이사	최종결재
	/	전결			

19 해외영업부 H씨는 파리출장을 계획하고 있다. 예산을 200만 원으로 잡고 있을 때, H씨가 작성할 결재양식으로 옳은 것은?

①

출장계획서					
결재	담당	팀장	부장	이사	최종결재
	H		전결	/	

②

출장계획서					
결재	담당	팀장	부장	이사	최종결재
	H			전결	

③

법인카드신청서					
결재	담당	팀장	부장	이사	최종결재
	II			전결	

④

법인카드신청서					
결재	담당	팀장	부장	이사	최종결재
	H				

⑤

법인카드신청서					
결재	담당	팀장	부장	이사	최종결재
	H		전결	/	

▌20~22▐ 다음은 L기업의 회의록이다. 다음을 보고 물음에 답하시오.

〈회의록〉

일시	2015. 00. 00 10:00~12:00	장소	7층 소회의실
참석자	영업본부장, 영업1부장, 영업2부장, 기획개발부장 불참자(1명) : 영업3부장(해외출장)		
회의제목	고객 관리 및 영업 관리 체계 개선 방안 모색		
의안	고객 관리 체계 개선 방법 및 영업 관리 대책 모색 - 고객 관리 체계 확립을 위한 개선 및 A/S 고객의 만족도 증진방안 - 자사 영업직원의 적극적인 영업활동을 위한 개선방안		
토의 내용	㉠ 효율적인 고객관리 체계의 개선 방법 • 고객 관리를 위한 시스템 정비 및 고객관리 업무 전담 직원 증원이 필요(영업2부장) • 영업부와 기획개발부 간의 지속적인 제품 개선 방안 협의 건의(기획개발부장) • 영업 조직 체계를 제품별이 아닌 기업별 담당제로 전환(영업1부장) • 고객 정보를 부장차원에서 통합관리(영업2부장) • 각 부서의 영업직원의 고객 방문 스케줄 공유로 방문처 중복을 방지(영업1부장) ㉡ 자사 영업직원의 적극적인 영업활동을 위한 개선방안 • 영업직원의 영업능력을 향상시키기 위한 교육프로그램 운영(영업본부장)		
협의사항	㉠ IT본부와 고객 리스트 관리 프로그램 교체를 논의해보기로 함 ㉡ 인사과와 협의하여 추가 영업 사무를 처리하는 전담 직원을 채용할 예정임 ㉢ 인사과와 협의하여 연 2회 교육세미나를 실시함으로 영업교육과 프레젠테이션 기술 교육을 받을 수 있도록 함 ㉣ 기획개발부 및 홍보부와 협의하여 제품에 대한 자세한 이해와 매뉴얼 숙지를 위해 신제품 출시에 맞춰 영업직원을 위한 설명회를 열도록 함 ㉤ 기획개발부와 협의하여 주기적인 회의를 갖도록 함		

20 다음 중 본 회의록으로 이해할 수 있는 내용이 아닌 것은?

① 회의 참석 대상자는 총 5명이었다.
② 영업본부의 업무 개선을 위한 회의이다.
③ 교육세미나의 강사는 인사과의 담당직원이다.
④ 영업1부와 2부의 스케줄 공유가 필요하다.
⑤ 추후에 주기적인 회의가 있을 예정이다.

21 다음 중 회의 후에 영업부가 협의해야 할 부서가 아닌 것은?

① IT본부
② 인사과
③ 기획개발부
④ 비서실
⑤ 홍보부

22 회의록을 보고 영업부 교육세미나에 대해 알 수 있는 내용이 아닌 것은?

① 교육내용
② 교육일시
③ 교육횟수
④ 교육목적
⑤ 협력부서

23 다음의 사례로 미루어 보아 CJ 오쇼핑이 제공하는 서비스와 가장 관련성이 높은 사항을 고르면?

> 스마트폰으로 팔고 싶은 물품의 사진이나 동영상을 인터넷에 올려 당사자끼리 직접 거래할 수 있는 모바일 오픈 마켓 서비스가 등장했다.
>
> CJ 오쇼핑은 수수료를 받지 않고 개인 간 물품거래를 제공하는 스마트폰 애플리케이션 '오늘마켓'을 서비스한다고 14일 밝혔다.
>
> 기존 오픈 마켓은 개인이 물건을 팔려면 사진을 찍어 PC로 옮기고, 인터넷 카페나 쇼핑몰에 판매자 등록을 한 뒤 사진을 올리는 복잡한 과정을 거쳐야 했다. 오늘마켓은 판매자가 휴대전화로 사진이나 동영상을 찍어 앱으로 바로 등록할 수 있고 전화나 문자메시지, e메일, 트위터 등 연락 방법을 다양하게 설정할 수 있다. 구매자는 상품 등록시간이나 인기 순으로 상품을 검색할 수 있고 위치 기반 서비스(LBS)를 바탕으로 자신의 위치와 가까운 곳에 있는 판매자의 상품만 선택해 볼 수도 있다. 애플 스마트폰인 아이 폰용으로 우선 제공되며 안드로이드 스마트폰용은 상반기 안으로 서비스될 예정이다.

① 홈뱅킹, 방송, 여행 및 각종 예약 등에 활용되는 형태이다.

② 원재료 및 부품 등의 구매 및 판매, 전자문서교환을 통한 문서발주 등에 많이 활용되는 형태이다.

③ 정보의 제공, 정부문서의 발급, 홍보 등에 주로 활용되는 형태이다.

④ 소비자와 소비자 간 물건 등을 매매할 수 있는 형태이다.

⑤ 정부에서 필요로 하는 조달 물품을 구입할 시에 흔히 사용하는 입찰방식이다.

| 24~25 | 다음 설명을 읽고 물음에 답하시오.

SWOT이란, 강점(Strength), 약점(Weakness), 기회(Opportunity), 위협(Threat)의 머리글자를 모아 만든 단어로 경영 전략을 수립하기 위한 도구이다. SWOT분석을 통해 도출된 조직의 외부/내부 환경 분석 결과를 통해 각각에 대응하는 전략을 도출하게 된다.

SO 전략이란 기회를 활용하면서 강점을 더욱 강화하는 공격적인 전략이고, WO 전략이란 외부환경의 기회를 활용하면서 자신의 약점을 보완하는 전략으로 이를 통해 기업이 처한 국면의 전환을 가능하게 할 수 있다. ST 전략은 외부환경의 위험요소를 회피하면서 강점을 활용하는 전략이며, WT 전략이란 외부환경의 위협요인을 회피하고 자사의 약점을 보완하는 전략으로 방어적 성격을 갖는다.

내부 / 외부	강점(Strength)	약점(Weakness)
기회(Opportunity)	SO 전략(강섬-기회 선략)	WO 전략(약점-기회 전략)
위협(Threat)	ST 전략(강점-위협 전략)	WT 전략(약점-위협 전략)

24 다음은 어느 패스트푸드 프랜차이즈 기업의 SWOT분석이다. 주어진 전략 중 가장 적절한 것은?

강점 (Strength)	• 성공적인 마케팅과 브랜드의 인지도 • 유명 음료 회사 A와의 제휴 • 종업원에 대한 전문적인 훈련
약점 (Weakness)	• 제품 개발력 • 다수의 프랜차이즈 영업점 관리의 미비
기회 (Opportunity)	• 아직 진출하지 않은 많은 해외 시장의 존재 • 증가하는 외식 시장
위협 (Threat)	• 건강에 민감한 소비자의 증가 • 다양한 경쟁자들의 위협

내부 / 외부	강점(Strength)	약점(Weakness)
기회 (Opportunity)	① 주기적인 영업점 방문 및 점검으로 청결한 상태 유지	② 개발부서의 전문인 경력직원을 확충하여 차별화된 제품 개발
위협 (Threat)	③ 더욱 공격적인 마케팅으로 경쟁자들의 위협을 방어	④ A와의 제휴를 강조하여 소비자의 관심을 돌림 ⑤ 전문적인 종업원 인력을 활용하여 신제품 개발

25 다음은 어느 어린이 사진관의 SWOT 분석이다. 주어진 전략 중 가장 적절한 것은?

강점 (Strength)	• 경영자의 혁신적인 마인드 • 인근의 유명 산부인과 및 조리원의 증가로 좋은 입지 확보 • 차별화된 시설과 내부 인테리어
약점 (Weakness)	• 회원관리능력의 부족 • 내부 회계능력의 부족
기회 (Opportunity)	• 아이에 대한 관심과 투자의 증가 • 사진 시장 규모의 확대
위협 (Threat)	• 낮은 출산율 • 스스로 아이 사진을 찍는 수준 높은 아마추어들의 증가

내부 / 외부	강점(Strength)	약점(Weakness)
기회 (Opportunity)	① 좋은 인테리어를 활용하여 부모가 직접 사진을 찍을 수 있도록 공간을 대여해 줌	② 회원관리를 전담하는 상담직원을 채용하여 부모들의 투자를 유도 ③ 한부모 가족을 위한 차별화된 상품 구축
위협 (Threat)	④ 인근에 새로 생긴 산부인과와 조리원에 집중적으로 마케팅하여 소비자 확보	⑤ 저렴한 가격정책을 내세워 소비자 확보

05 정보능력

정답 및 해설 p.407

1 한컴오피스 한글 프로그램에서 단축키 Alt + V는 어떤 작업을 실행하는가?

① 불러오기
② 모두 선택
③ 저장하기
④ 다른 이름으로 저장하기
⑤ 붙이기

2 바쁜 업무 일정을 마친 선영이는 혼자 제주도를 여행하기로 하고 제주공항에 도착해 간단한 점심을 먹고 숙소에 들어와서 날씨를 참조하며 다음 일정을 체크해 보고 있는 상황이다. 이에 대한 예측 및 분석으로 가장 옳지 않은 것을 고르면? (휴가일정 : 10월 13일~15일, 휴가지 도착시간 10월 13일 오전 10시 기준)

전국 제주특별자치도▼ 제주시▼ 읍/면/동▼

현재, 1시간 예보 (10.13. 10:30 발표)

10시 현재	11시 예보	12시 예보
20℃ 맑음 어제 기온과 같음 | 강수확률 0% 미세먼지 **보통** | 오존 **보통**	맑음	구름조금

3시간 예보 (10.13. 10:30 발표) 날씨/기온℃

오늘				내일								모레		
12	15	18	21	00	03	06	09	12	15	18	21	00	03	06
20	20	18	16	16	16	16	18	22	22	20	18	17	16	15

① 휴가 첫날인 오늘 오후 15시에 비해 밤 21시에는 4도 정도 떨어질 예정이다.
② 휴가 첫날은 온도의 높낮이에 관계없이 맑은 날씨로 인해 제주 해안을 볼 수 있다.
③ 휴가 마지막 날은 첫날에 비해 다소 구름이 낄 것이다.
④ 휴가가 끝나는 10월 13일의 미세먼지는 “아주 나쁨”이다.
⑤ 선영이가 일정검색을 하고 있는 현재 시간의 날씨는 맑고 비가 내릴 확률이 거의 없음을 알 수 있다.

3 다음 설명에 해당하는 엑셀 기능은?

> 입력한 데이터 정보를 기반으로 하여 데이터를 미니 그래프 형태의 시각적 표시로 나타내 주는 기능

① 클립아트
② 스파크라인
③ 하이퍼링크
④ 워드아트
⑤ 필터

4 다음 중 컴퓨터 보안 위협의 형태와 그 내용에 대한 설명이 올바르게 연결되지 않은 것은 어느 것인가?

① 피싱(Phishing) – 유명 기업이나 금융기관을 사칭한 가짜 웹 사이트나 이메일 등으로 개인의 금융정보와 비밀번호를 입력하도록 유도하여 예금 인출 및 다른 범죄에 이용하는 수법
② 스푸핑(Spoofing) – 악의적인 목적으로 임의로 웹 사이트를 구축해 일반 사용자의 방문을 유도한 후 시스템 권한을 획득하여 정보를 빼가거나 암호와 기타 정보를 입력하도록 속이는 해킹 수법
③ 디도스(DDoS) – 시스템에 불법적인 행위를 수행하기 위하여 다른 프로그램으로 위장하여 특정 프로그램을 침투시키는 행위
④ 스니핑(Sniffing) – 네트워크 주변을 지나다니는 패킷을 엿보면서 아이디와 패스워드를 알아내는 행위
⑤ 백 도어(Back Door) – 시스템의 보안 예방책을 침입하여 무단 접근하기 위해 사용되는 일종의 비상구

5 S회사에서 근무하고 있는 김 대리는 최근 업무 때문에 HTML을 배우고 있다. 아직 초보라서 신입사원 H씨로부터 도움을 많이 받고 있지만, H씨가 자리를 비운 사이 김 대리가 HTML에서 사용할 수 있는 tag를 써보았다. 잘못된 것은 무엇인가?

① 김 대리는 줄을 바꾸기 위해 〈br〉를 사용하였다.

② 김 대리는 글자의 크기, 모양, 색상을 설정하기 위해 〈font〉를 사용하였다.

③ 김 대리는 표를 만들기 위해 〈table〉을 사용하였다.

④ 김 대리는 이미지를 삽입하기 위해 〈form〉을 사용하였다.

⑤ 김 대리는 연락처 정보를 넣기 위해 〈address〉를 사용하였다.

6 U회사의 보안과에서 근무하는 J 과장은 회사 내 컴퓨터 바이러스 예방 교육을 담당하고 있으며 한 달에 한 번 직원들을 교육시키고 있다. J 과장의 교육 내용으로 옳지 않은 것은?

① 중요한 자료나 프로그램은 항상 백업을 해두셔야 합니다.

② 램에 상주하는 바이러스 예방 프로그램을 설치하셔야 합니다.

③ 최신 백신프로그램을 사용하여 디스크검사를 수행하셔야 합니다.

④ 의심 가는 메일은 반드시 열어본 후 삭제하셔야 합니다.

⑤ 실시간 보호를 통해 맬웨어를 찾고 디바이스에서 설치되거나 실행하는 것을 방지해야 합니다.

7 다음 중 아래 시트에서 야근일수를 구하기 위해 [B9] 셀에 입력할 함수로 옳은 것은?

	A	B	C	D	E
1			4월 야근 현황		
2	날짜	도준영	전아롱	이진주	강석현
3	4월15일		V		V
4	4월16일	V		V	
5	4월17일	V	V	V	
6	4월18일		V	V	V
7	4월19일	V		V	
8	4월20일	V			
9	야근일수				
10					

① =COUNTBLANK(B3:B8)

② =COUNT(B3:B8)

③ =COUNTA(B3:B8)

④ =SUM(B3:B8)

⑤ =SUMIF(B3:B8)

8 다음 자료는 '발전량' 필드를 기준으로 발전량과 발전량이 많은 순위를 엑셀로 나타낸 표이다. 태양광의 발전량 순위를 구하기 위한 함수식으로 'C3'셀에 들어가야 할 알맞은 것은 어느 것인가

	A	B	C
1	<에너지원별 발전량(단위: Mwh)>		
2	에너지원	발전량	순위
3	태양광	88	2
4	풍력	100	1
5	수력	70	4
6	바이오	75	3
7	양수	65	5

① =ROUND(B3,$B$3:$B$7,0)

② =ROUND(B3,$B$3:$B$7,1)

③ =RANK(B3,$B$3:$B$7,1)

④ =RANK(B3,$B$2:$B$7,0)

⑤ =RANK(B3,$B$3:$B$7,0)

┃9~10┃ 다음 사례를 읽고 물음에 답하시오.

> NS그룹의 오 대리는 상사로부터 스마트폰 신상품에 대한 기획안을 제출하라는 업무를 받았다. 이에 오 대리는 먼저 기획안을 작성하기 위해 필요한 정보가 무엇인지 생각을 하였는데 이번에 개발하고자 하는 신상품이 노년층을 주 고객층으로 한 실용적이면서도 조작이 간편한 제품이기 때문에 우선 50~60대의 취향을 파악할 필요가 있었다. 따라서 오 대리는 50~60대 고객들이 현재 사용하고 있는 스마트폰의 모델과 좋아하는 디자인, 사용하면서 불편해 하는 사항, 지불 가능한 액수 등에 대한 정보가 필요함을 깨달았고 이러한 정보는 사내에 저장된 고객정보를 통해 얻을 수 있음을 인식하였다. 오 대리는 다음 주까지 기획안을 작성하여 제출해야 하기 때문에 이번 주에 모든 정보를 수집하기로 마음먹었고 기획안 작성을 위해서는 방대한 고객정보 중에서도 특히 노년층에 대한 정보만 선별할 필요가 있었다. 이렇게 사내에 저장된 고객정보를 이용할 경우 따로 정보수집으로 인한 비용이 들지 않는다는 사실도 오 대리에게는 장점으로 작용하였다. 여기까지 생각이 미치자 오 대리는 고객정보를 얻기 위해 고객센터에 근무하는 조 대리에게 관련 자료를 요청하였고 가급적 연령에 따라 분류해 줄 것을 당부하였다.

9 다음 중 오 대리가 수집하고자 하는 고객정보 중에서 반드시 포함되어야 할 사항으로 옳지 않은 것은?

① 연령
② 사용하고 있는 모델
③ 거주지
④ 사용 시 불편사항
⑤ 좋아하는 디자인

10 다음 〈보기〉의 사항들 중 위 사례에 포함된 사항은 모두 몇 개인가?

〈보기〉

- WHAT(무엇을?)
- WHERE(어디에서?)
- WHEN(언제까지?)
- WHY(왜?)
- WHO(누가?)
- HOW(어떻게?)
- HOW MUCH(얼마나?)

① 3개
② 4개
③ 5개
④ 6개
⑤ 7개

11 검색엔진을 사용하여 인터넷에서 이순신 장군이 지은 책이 무엇인지 알아보려고 한다. 정보검색 연산자를 사용할 때 가장 적절한 검색식은 무엇인가? (단, 사용하려는 검색엔진은 AND 연산자로 '&', OR 연산자로 '+', NOT 연산자로 '!', 인접검색 연산자로 '~'을 사용한다.)

① 이순신 + 책
② 장군 & 이순신
③ 책 ! 장군
④ 이순신 & 책
⑤ 장군 ~ 이순신

12 다음은 K쇼핑몰의 날짜별 판매상품 정보 중 일부이다. 다음의 파일에 표시된 대분류 옆의 ▼를 누르면 많은 종류의 상품 중 보고 싶은 대분류(예를 들어, 셔츠)만을 한 눈에 볼 수 있다. 이 기능은 무엇인가?

	A	B	C	D	E	F	G
1	날짜 ▾	상품코드 ▾	대분류 ▾	상품명 ▾	사이즈▾	원가 ▾	판매기▾
2	2013-01-01	9E2S_NB4819	셔츠	플라워 슬리브리스 롱 셔츠	55	16,000	49,000
3	2013-01-01	9E2S_PT4845	팬츠	내추럴 스트링 배기 팬츠	44	20,000	57,800
4	2013-01-01	9E2S_OPS5089	원피스	뉴클래식컬러지퍼원피스	44	23,000	65,500
5	2013-01-01	9E2S_SK5085	스커트	더블플라운스밴딩스커트	44	12,000	41,500
6	2013-01-01	9E2S_VT4980	베스트	드로잉 포켓 베스트	44	19,000	55,500
7	2013-01-01	9E2S_PT5053	팬츠	라이트모드롤업9부팬츠	44	10,000	38,200
8	2013-01-02	9E2S_CD4943	가디건	라인 패턴 니트 볼레로	55	9,000	36,000
9	2013-01-02	9E2S_OPS4801	원피스	러블리 레이스 롱 체크 원피스	55	29,000	79,800
10	2013-01-02	9E2S_BL4906	블라우스	러블리 리본 플라워 블라우스	44	15,000	46,800
11	2013-01-02	9E2S_OPS4807	원피스	러블리 벌룬 쉬폰 원피스	55	25,000	70,000
12	2013-01-02	9E2S_OPS4789	원피스	러블리브이넥 레이스 원피스	55	25,000	70,000
13	2013-01-03	9E2S_OPS5088	원피스	레오파드사틴포켓원피스	44	21,000	60,500
14	2013-01-04	9E2S_OPS4805	원피스	로맨틱 언밸런스 티어드 원피스	55	19,000	55,500
15	2013-01-04	9E2S_BL4803	블라우스	로맨틱 셔링 베스트 블라우스	44	14,000	43,500
16	2013-01-04	9E2S_TS4808	티셔츠	루즈핏스트라이프슬리브리스	44	8,000	33,000

① 조건부 서식　　② 찾기

③ 필터　　④ 정렬

⑤ 가상 분석

13 엑셀 사용 시 발견할 수 있는 다음과 같은 오류 메시지 중 설명이 올바르지 않은 것은 어느 것인가?

① #DIV/0! – 수식에서 어떤 값을 0으로 나누었을 때 표시되는 오류 메시지

② #N/A – 함수나 수식에 사용할 수 없는 데이터를 사용했을 경우 발생하는 오류 메시지

③ #NULL! – 잘못된 인수나 피연산자를 사용했을 경우 발생하는 오류 메시지

④ #NUM! – 수식이나 함수에 잘못된 숫자 값이 포함되어 있을 경우 발생하는 오류 메시지

⑤ #REF! – 셀 참조가 유효하지 않을 경우 발생하는 오류 메시지

| 14~15 | 다음의 알고리즘을 보고 물음에 답하시오.

14 다음의 알고리즘에서 인쇄되는 S는?

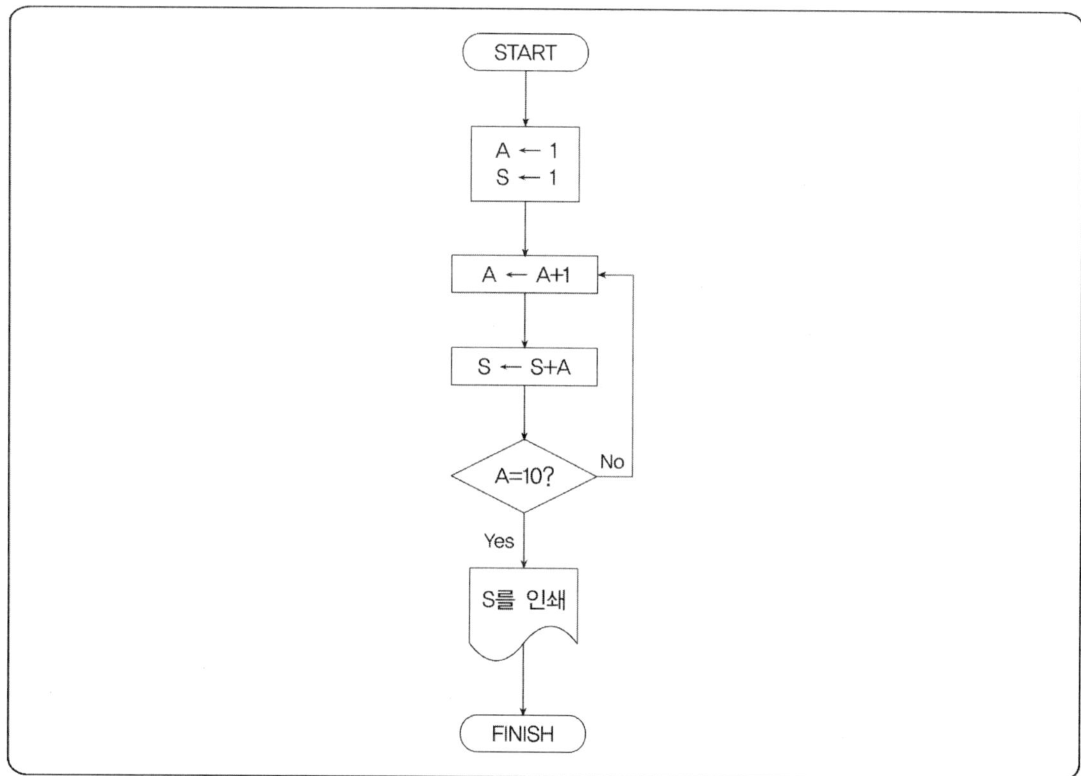

① 36
② 45
③ 55
④ 66
⑤ 75

15 다음의 알고리즘에서 인쇄되는 S는?

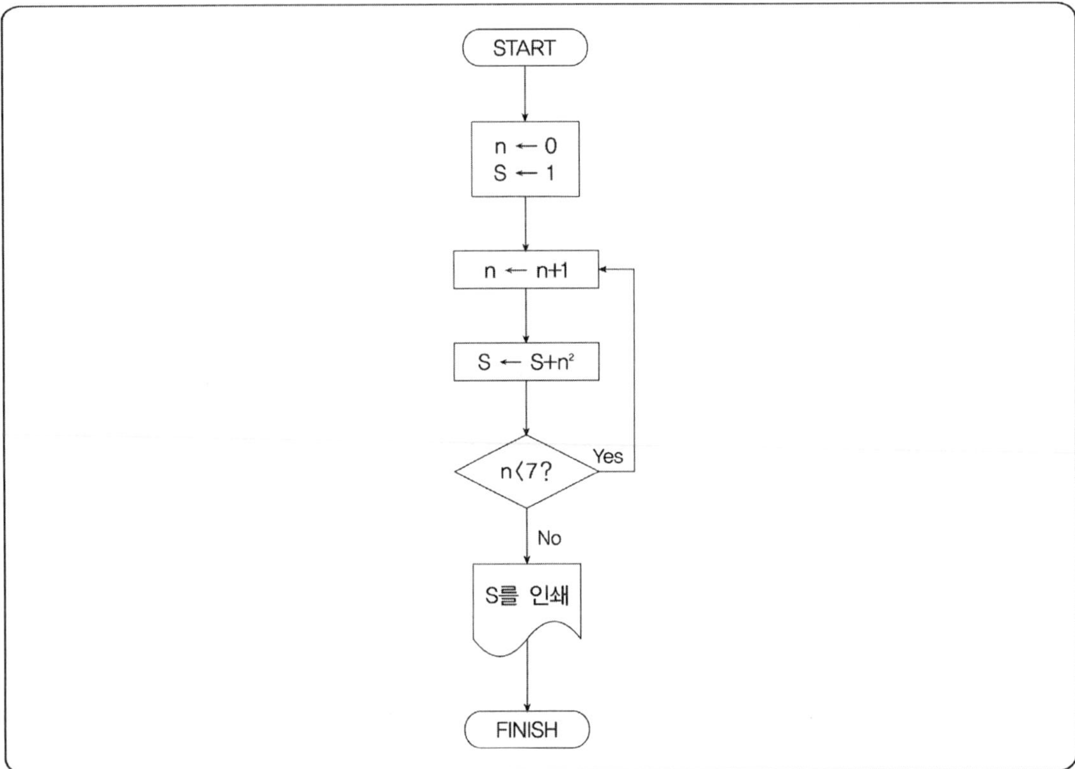

① 137　　② 139

③ 141　　④ 143

⑤ 145

16 다음 표에 제시된 통계함수와 함수의 기능이 서로 잘못 짝지어진 것은 어느 것인가?

함수명	기능
㉠ AVERAGEA	텍스트로 나타낸 숫자, 논리 값 등을 포함, 인수의 평균을 구함
㉡ COUNT	인수 목록에서 공백이 아닌 셀과 값의 개수를 구함
㉢ COUNTIFS	범위에서 여러 조건을 만족하는 셀의 개수를 구함
㉣ LARGE(범위, k번째)	범위에서 k번째로 큰 값을 구함
㉤ RANK	지정 범위에서 인수의 순위를 구함

① ㉠
② ㉡
③ ㉢
④ ㉣
⑤ ㉤

17 박 대리는 보고서를 작성하던 도중 모니터에 '하드웨어 충돌'이라는 메시지 창이 뜨자 혼란에 빠지고 말았다. 이 문제점을 해결하기 위해 할 수 있는 행동으로 옳은 것은?

① [F8]을 누른 후 메뉴가 표시되면 '부팅 로깅'을 선택한 후 문제의 원인을 찾는다.
② 사용하지 않는 Windows 구성 요소를 제거한다.
③ [Ctrl] + [Alt] + [Delete] 또는 [Ctrl] + [Shift] + [Esc]를 누른 후 [Windows 작업 관리자]의 '응용 프로그램'탭에서 응답하지 않는 프로그램을 종료한다.
④ [시스템] → [하드웨어]에서 〈장치 관리자〉를 클릭한 후 '장치 관리자'창에서 확인하여 중복 설치된 장치를 제거 후 재설치한다.
⑤ 드라이브 조각모음 및 최적화를 실행한다.

18 다음 중 컴퓨터의 기능에 관한 설명으로 옳지 않은 것은?

① 제어기능 : 주기억장치에 저장되어 있는 명령을 해독하여 필요한 장치에 신호를 보내어 자료 처리가 이루어지도록 하는 기능이다.
② 기억기능 : 처리 대상으로 입력된 자료와 처리결과로 출력된 정보를 기억하는 기능이다.
③ 연산기능 : 주기억장치에 저장되어 있는 자료들에 대하여 산술 및 논리연산을 행하는 기능이다.
④ 입력기능 : 자료를 처리하기 위해서 필요한 논리연산을 행하는 기능이다.
⑤ 출력기능 : 정보를 활용할 수 있도록 나타내 주는 기능이다.

19 다음에서 설명하고 있는 문자 자료 표현은 무엇인가?

- BCD코드의 확장코드이다.
- 8비트로 28(256)가지의 문자 표현이 가능하다.(zone : 4bit, digit : 4bit)
- 주로 대형 컴퓨터에서 사용되는 범용코드이다.
- EBCDIC 코드는 바이트 단위 코드의 기본으로 하나의 문자를 표현한다.

① BCD 코드
② ASCII 코드
③ 가중치 코드
④ EBCDIC 코드
⑤ 오류검출 코드

20 다음에서 설명하고 있는 것은 무엇인가?

1945년 폰노이만(Von Neumann, J)에 의해 개발되었다. 프로그램 데이터를 기억장치 안에 기억시켜 놓은 후 기억된 프로그램에 명령을 순서대로 해독하면서 실행하는 방식으로, 오늘날의 컴퓨터 모두에 적용되고 있는 방식이다.

① IC칩 내장방식
② 송팩 방식
③ 적외선 방식
④ 프로그램 내장방식
⑤ 네트워크 방식

21 T회사에서 근무하고 있는 N씨는 엑셀을 이용하여 작업을 하고자 한다. 엑셀에서 바로가기 키에 대한 설명이 다음과 같을 때 괄호 안에 들어갈 내용으로 알맞은 것은?

> 통합 문서 내에서 (㉠) 키는 다음 워크시트로 이동하고 (㉡) 키는 이전 워크시트로 이동한다.

	㉠	㉡
①	〈Ctrl〉+〈Page Down〉	〈Ctrl〉+〈Page Up〉
②	〈Shift〉+〈Page Down〉	〈Shift〉+〈Page Up〉
③	〈Tab〉+←	〈Tab〉+→
④	〈Alt〉+〈Shift〉+↑	〈Alt〉+〈Shift〉+↓
⑤	〈Ctrl〉+〈Shift〉+〈Page Down〉	〈Ctrl〉+〈Shift〉+〈Page Up〉

22 다음 워크시트에서 [A1] 셀에 '111'를 입력하고 마우스로 채우기 핸들을 아래로 드래그하여 숫자가 증가하도록 입력하려고 한다. 이 때 같이 눌러야 하는 키는 무엇인가?

	A
1	111
2	112
3	113
4	114
5	115
6	116
7	117
8	118
9	119
10	120

① F1　② Ctrl
③ Alt　④ Shift
⑤ Tab

| 23~25 | 다음은 우리나라에 수입되는 물품의 코드이다. 다음 코드 목록을 보고 이어지는 물음에 답하시오.

생산연월	생산지역				상품종류				순서
	지역코드		고유번호		분류코드		고유번호		
• 1602 2016년 2월 • 1608 2016년 8월 • 1702 2017년 2월	1	유럽	A	프랑스	01	가공식품류	001	소시지	00001부터 시작하여 수입된 물품 순서대로 5자리의 번호가 매겨짐
			B	영국			002	맥주	
			C	이탈리아			003	치즈	
			D	독일	02	육류	004	돼지고기	
	2	남미	E	칠레			005	소고기	
			F	볼리비아			006	닭고기	
	3	동아시아	C	일본	03	농수산식품류	007	파프리카	
			H	중국			008	바나나	
	4	동남아시아	I	말레이시아			009	양파	
			J	필리핀			010	할라피뇨	
			K	태국			011	후추	
			L	캄보디아			012	파슬리	
	5	아프리카	M	이집트	04	공산품류	013	의류	
			N	남아공			014	장갑	
	6	오세아니아	O	뉴질랜드			015	목도리	
			P	오스트레일리아			016	가방	
							017	모자	
	7	중동아시아	Q	이란			018	신발	
			H	터키					

〈예시〉

2016년 3월 남미 칠레에서 생산되어 31번째로 수입된 농수산식품류 파프리카 코드

1603 – 2E – 03007 – 00031

23 다음 중 2016년 5월 유럽 독일에서 생산되어 64번째로 수입된 가공식품류 소시지의 코드로 맞는 것은?

① 16051A0100100034
② 16051D0200500064
③ 16054K0100200064
④ 16051D0100100064
⑤ 16051D0100200064

24 다음 중 아시아 대륙에서 생산되지 않은 상품의 코드를 고르면?

① 16017Q0401800078
② 16054J0300800023
③ 14053G0401300041
④ 17035M0401400097
⑤ 17043H0100200001

25 상품코드 17034L0301100001에 대한 설명으로 옳지 않은 것은 무엇인가?

① 첫 번째로 수입된 상품이다.
② 동남아시아 캄보디아에서 수입되었다.
③ 2017년 6월 수입되었다.
④ 농수산식품류에 속한다.
⑤ 후추이다.

06 자원관리능력

정답 및 해설 p.411

1 다음은 시간계획 법칙 중 하나인 60 : 40의 Rule이다. ㉠~㉢의 내용이 알맞게 짝지어진 것은?

㉠ (60%)	㉡ (20%)	㉢ (20%)
총 시간		

	㉠	㉡	㉢
①	계획된 행동	계획 외의 행동	자발적 행동
②	계획 외의 행동	계획된 행동	자발적 행동
③	자발적 행동	계획 외의 행동	계획된 행동
④	계획된 행동	계획 외의 행동	부차적 행동
⑤	부차적 행동	자발적 행동	계획된 행동

2 실제중량이 5kg이며, 가로, 세로, 높이가 각각 30.5cm, 55cm, 24.5cm의 박스 3개를 항공화물로 운송하고자 할 때 운임적용 중량은? (단, 계산결과는 반올림하여 정수로 산정한다)

① 15kg
② 20kg
③ 21kg
④ 42kg
⑤ 45kg

3 〈그림 1〉은 배송센터에서 각 수요처까지 개별왕복운송 방법으로 수송하는 것을 나타내고 있다. 만약 〈그림 2〉의 형태로 순회 운송하는 방법을 채택할 경우 〈그림 1〉의 경우보다 운송거리는 얼마나 단축되는가? (단, 운송구간 위의 숫자는 편도운송거리 km이다)

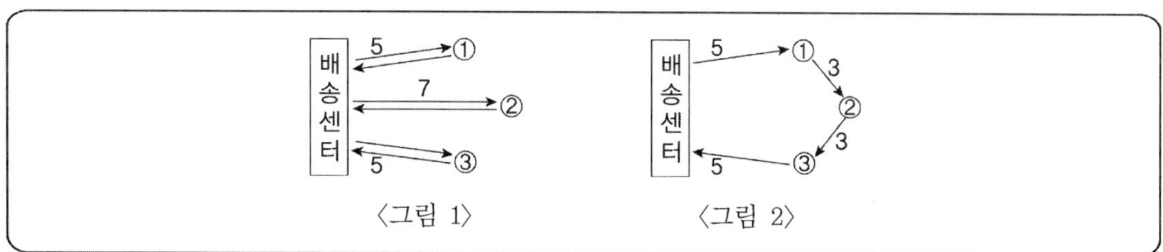

〈그림 1〉 〈그림 2〉

① 16km

② 20km

③ 14km

④ 13km

⑤ 18km

4 다음 글과 〈조건〉을 근거로 판단할 때, 중국으로 출장 가는 사람으로 짝지어진 것은?

C회사에서는 업무상 외국 출장이 잦은 편이다. 인사부 A씨는 매달 출장 갈 직원들을 정하는 업무를 맡고 있다. 이번 달에는 총 4국가로 출장을 가야 하며 인원은 다음과 같다.

미국	영국	중국	일본
1명	4명	3명	4명

출장을 갈 직원은 이과장, 김과장, 신과장, 류과장, 임과장, 장과장, 최과장이 있으며, 개인별 출장 가능한 국가는 다음과 같다.

국가 \ 직원	이과장	김과장	신과장	류과장	임과장	장과장	최과장
미국	○	×	○	×	×	×	×
영국	○	×	○	○	○	×	×
중국	×	○	○	○	○	×	○
일본	×	×	○	×	○	○	○

※ ○ : 출장 가능, × : 출장 불가능

※ 어떤 출장도 일정이 겹치진 않는다.

〈조건〉

- 한 사람이 두 국가까지만 출장 갈 수 있다.
- 모든 사람은 한 국가 이상 출장을 가야 한다.

① 김과장, 최과장, 류과장

② 김과장, 신과장, 류과장

③ 신과장, 류과장, 임과장

④ 김과장, 임과장, 최과장

⑤ 신과장, 류과장, 최과장

5 다음은 S공사의 지역본부 간 인사이동과 관련된 자료이다. 이에 대한 〈보고서〉의 내용 중 옳지 않은 것은?

〈2015년 직원 인사이동 현황〉

전출 \ 전입	A지역본부	B지역본부	C지역본부	D지역본부
A지역본부		190명	145명	390명
B지역본부	123명		302명	260명
C지역본부	165명	185명		110명
D지역본부	310명	220명	130명	

※ 인사이동은 A~D지역본부 간에서만 이루어진다.

※ 2015년 인사이동은 2015년 1월 1일부터 12월 31일까지 발생하며 동일 직원의 인사이동은 최대 1회로 제한된다.

※ 위 표에서 190은 A지역본부에서 B지역본부로 인사이동하였음을 의미한다.

〈2015~2016년 지역본부별 직원 수〉

지역본부 \ 연도	2015년	2016년
A지역본부	3,232명	3,105명
B지역본부	3,120명	3,030명
C지역본부	2,931명	(　　)명
D지역본부	3,080명	(　　)명

※ 직원 수는 매년 1월 1일 0시를 기준으로 한다.

※ 직원 수는 인사이동에 의해서만 변하며, 신규로 채용되거나 퇴사한 직원은 없다.

〈보고서〉

S공사의 지역본부 간 인사이동을 파악하기 위해 ① 2015년의 전입·전출을 분석한 결과 총 2,530명이 근무지를 이동한 것으로 파악되었다. S공사의 4개 지역본부 가운데 ② 전출직원 수가 가장 많은 지역본부는 A이다. 반면, ④ 전입직원 수가 가장 많은 지역본부는 A, B, D로부터 총 577명이 전입한 C이다. 2015년 인사이동 결과, ④ 2016년 직원이 가장 많은 지역본부는 D이며, ⑤ 2015년과 2016년의 직원 수 차이가 가장 큰 지역본부는 A이다.

6 다음은 신입사원 A가 2017년 1월에 현금으로 지출한 생활비 내역이다. 만약 A가 카드회사에서 권유한 A~C카드 중 하나를 발급받아 2017년 2월에도 1월과 동일하게 발급받은 카드로만 생활비를 지출하였다면 예상청구액이 가장 적은 카드는 무엇인가?

〈신입사원 A의 2017년 1월 생활비 지출내역〉

분류	세부항목		금액(만 원)
교통비	버스 · 지하철 요금		8
	택시 요금		2
	KTX 요금		10
식비	외식비	평일	10
		주말	5
	카페 지출액		5
	식료품 구입비	대형마트	5
		재래시장	5
의류구입비	온라인		15
	오프라인		15
여가 및 자기계발비	영화관람료(1만 원/회 × 2회)		2
	도서구입비 (2만 원/권 × 1권, 1만 5천 원/권 × 2권, 1만 원/권 × 3권)		8
	학원 수강료		20

〈신용카드별 할인혜택〉

A신용카드	• 버스 · 지하철, KTX 요금 20% 할인(단, 할인액의 한도는 월 2만 원) • 외식비 주말 결제액 5% 할인 • 학원 수강료 15% 할인 • 최대 총 할인한도액 없음 • 연회비 1만 5천 원이 발급 시 부과되어 합산됨
B신용카드	• 버스 · 지하철, KTX 요금 10% 할인(단, 할인액의 한도는 월 1만 원) • 온라인 의류구입비 10% 할인 • 도서구입비 권당 3천 원 할인(단, 권당 가격이 1만 2천 원 이상인 경우에만 적용) • 최대 총 할인한도액은 월 3만 원 • 연회비 없음
C신용카드	• 버스 · 지하철, 택시 요금 10% 할인(단, 할인액의 한도는 월 1만 원) • 카페 지출액 10% 할인 • 재래시장 식료품 구입비 10% 할인 • 영화관람료 회당 2천 원 할인(월 최대 2회) • 최대 총 할인한도액은 월 4만 원 • 연회비 없음

① A
② B
③ C
④ A와 C
⑤ 세 카드의 예상청구액이 모두 동일하다.

┃7~8┃ 다음 예제를 보고 물음에 답하시오.

〈프로젝트의 단위활동〉

활동	직전 선행활동	활동시간(일)
A	–	3
B	–	5
C	A	3
D	B	2
E	C, D	4

〈프로젝트의 PERT 네트워크〉

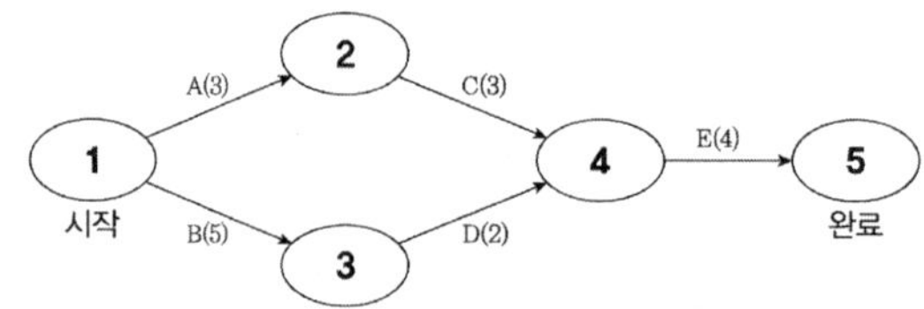

이 프로젝트의 단위활동과 PERT 네트워크를 보면

- A와 B활동은 직전 선행활동이 없으므로 동시에 시작할 수 있다.
- A활동 이후에 C활동을 하고, B활동 이후에 D활동을 하며, C와 D활동이 끝난 후 E활동을 하므로 한 눈에 볼 수 있는 표로 나타내면 다음과 같다.

<table>
<tr><td>A(3일)</td><td colspan="2">C(3일)</td><td></td><td rowspan="2">E(4일)</td></tr>
<tr><td colspan="2">B(5일)</td><td colspan="2">D(2일)</td></tr>
</table>

∴ 이 프로젝트를 끝내는 데는 최소한 11일이 걸린다.

ANSWER 〉 6.①

7 R회사에 근무하는 J대리는 Z프로젝트의 진행을 맡고 있다. J대리는 이 프로젝트를 효율적으로 끝내기 위해 위의 예제를 참고하여 일의 흐름도를 다음과 같이 작성하였다. 이 프로젝트를 끝내는 데 최소한 며칠이 걸리겠는가?

〈Z프로젝트의 단위활동〉

활동	직전 선행활동	활동시간(일)
A	—	7
B	—	5
C	A	4
D	B	2
E	B	4
F	C, D	3
G	C, D, E	2
H	F, G	2

〈Z프로젝트의 PERT 네트워크〉

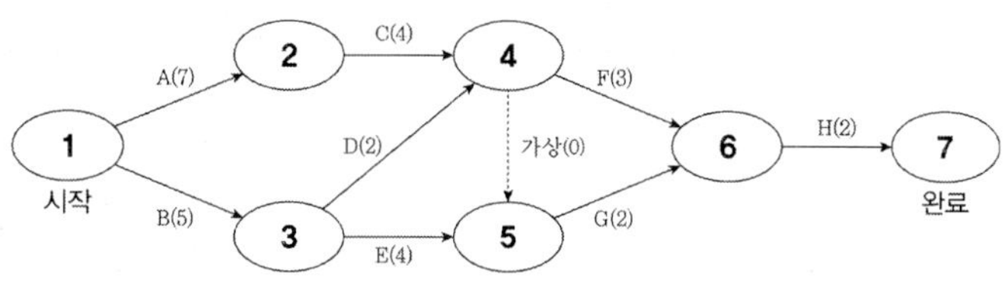

① 15일
② 16일
③ 17일
④ 18일
⑤ 20일

8 위의 문제에서 A활동을 7일에서 3일로 단축시킨다면 전체 일정은 며칠이 단축되겠는가?

① 1일
② 2일
③ 3일
④ 4일
⑤ 5일

9 Z회사는 오늘을 포함하여 30일 동안에 자동차를 생산할 계획이며 Z회사의 하루 최대투입가능 근로자 수는 100명이다. 다음 〈공정표〉에 근거할 때 Z회사가 벌어들일 수 있는 최대 수익은 얼마인가? (단, 작업은 오늘부터 개시되며 각 근로자는 자신이 투입된 자동차의 생산이 끝나야만 다른 자동차의 생산에 투입될 수 있고 1일 필요 근로자 수 이상의 근로자가 투입되더라도 자동차당 생산 소요기간은 변하지 않는다)

〈공정표〉

자동차	소요기간	1일 필요 근로자 수	수익
A	5일	20명	15억 원
B	10일	30명	20억 원
C	10일	50명	40억 원
D	15일	40명	35억 원
E	15일	60명	45억 원
F	20일	70명	85억 원

① 150억 원
② 155억 원
③ 160억 원
④ 165억 원
⑤ 170억 원

10 A 기업은 자사 컨테이너 트럭과 외주를 이용하여 B 지점에서 C 지점까지 월 평균 1,600 TEU의 물량을 수송하는 서비스를 제공하고 있다. 아래의 운송조건에서 40feet용 트럭의 1일 평균 필요 외주 대수는?

> • 1일 차량가동횟수 : 1일 2회
> • 보유차량 대수 : 40feet 컨테이너 트럭 11대
> • 차량 월 평균 가동일 수 : 25일

① 2대
② 3대
③ 4대
④ 5대
⑤ 6대

11 다음은 ○○그룹 자원관리팀에 근무하는 현수의 상황이다. A자원을 구입하는 것과 B자원을 구입하는 것에 대한 분석으로 옳지 않은 것은?

> 현수는 새로운 프로젝트를 위해 B자원을 구입하였다. 그런데 B자원을 주문한 날 상사가 A자원을 구입하라고 지시하자 고민하다가 결국 상사를 설득시켜 그대로 B자원을 구입하기로 결정했다. 단, 여기서 두 자원을 구입하기 위해 지불해야 할 금액은 각각 50만 원씩으로 같지만 ○○그룹에게 있어 A자원의 실익은 100만 원이고 B자원의 실익은 150만 원이다. 그리고 자원을 주문한 이상 주문 취소는 불가능하다.

① 상사를 설득시켜 그대로 B자원을 구입하기로 결정한 현수의 선택은 합리적이다.
② B자원의 구입으로 인한 기회비용은 100만 원이다.
③ B자원을 구입하기 위해 지불한 50만 원은 회수할 수 없는 매몰비용이다.
④ ○○그룹에게 있어 더 큰 실제의 이익을 주는 자원은 A자원이다.
⑤ 주문 취소가 가능하더라도 B자원을 구입하는 것이 합리적이다.

12 다음 자료에 대한 분석으로 옳지 않은 것은?

△△그룹에는 총 50명의 직원이 근무하고 있으며 자판기 총 설치비용과 사내 전 직원이 누리는 총 만족감을 돈으로 환산한 값은 아래 표와 같다. (단, 자판기로부터 각 직원이 누리는 만족감의 크기는 동일하며 설치비용은 모든 직원이 똑같이 부담한다)

자판기 수(개)	총 설치비용(만 원)	총 만족감(만 원)
3	150	210
4	200	270
5	250	330
6	300	360
7	350	400

① 자판기를 7개 설치할 경우 각 직원들이 부담해야 하는 설치비용은 7만 원이다.

② 자판기를 최적으로 설치하였을 때 전 직원이 누리는 총 만족감은 400만 원이다.

③ 자판기를 4개 설치할 경우 더 늘리는 것이 합리적이다.

④ 자판기를 한 개 설치할 때마다 추가되는 비용은 일정하다.

⑤ 자판기를 3개에서 4개로 증가시킬 경우 직원 1인당 만족감 증가가 설치비용 증가보다 크다.

13 A는 철도교통팀의 물류팀장으로 근무하고 있다. 첫 프로젝트로 물류의 흐름을 이용해 최적의 시간으로써 고객만족을 높이려 한다. 아래 그림은 이러한 물류의 단계별 흐름을 나타낸 것이다. 이때 아래 그림을 보고 A 팀장이 이해한 것으로 옳은 것을 고르면?

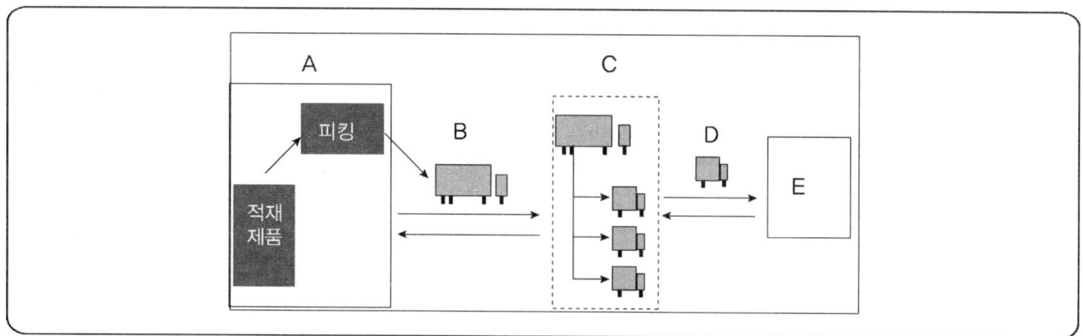

① A : 창고→B : 수송→C : 크로스독 운송→D : 루트 배송→E : 고객
② A : 창고→B : 수송→C : 루트 배송→D : 크로스독 운송→E : 고객
③ A : 창고→B : 크로스독 운송→C : 수송→D : 루트 배송→E : 고객
④ A : 수송→B : 창고→C : 크로스독 운송→D : 루트 배송→E : 고객
⑤ A : 수송→B : 루트 배송→C : 크로스독 운송→D : 창고→E : 고객

14 다음은 2019년 H기업이 지출한 물류비 내역이다. 이 중에서 자가물류비와 위탁물류비는 각각 얼마인가?

㉠ 노무비 8,500만 원	㉡ 전기료 200만 원
㉢ 지급운임 300만 원	㉣ 이자 150만 원
㉤ 재료비 2,500만 원	㉥ 지불포장비 50만 원
㉦ 수수료 50만 원	㉧ 가스 · 수도료 250만 원
㉨ 세금 50만 원	㉩ 상 · 하차용역비 350만 원

① 자가물류비 12,150만 원, 위탁물류비 350만 원
② 자가물류비 11,800만 원, 위탁물류비 700만 원
③ 자가물류비 11,650만 원, 위탁물류비 750만 원
④ 자가물류비 11,600만 원, 위탁물류비 900만 원
⑤ 자가물류비 11,450만 원, 위탁물류비 1,050만 원

15 서울교통공사에서는 다음과 같은 경영실적사례를 공시하였다. 아래의 표에서 물류비의 10% 절감은 몇%의 매출액 증가효과와 동일한가?

• 매출액 : 2,000억 원	• 물류비 :400억 원
• 기타 비용 :1,500억 원	• 경상이익 :100억 원

① 20%
② 25%
③ 30%
④ 35%
⑤ 40%

16 철수와 영희는 서로 간 운송업을 동업의 형식으로 하고 있다. 그런데 이들 기업은 2.5톤 트럭으로 운송하고 있다. 누적실제차량수가 400대, 누적실제가동차량수가 340대, 누적주행거리가 40,000km, 누적실제주행거리가 30,000km, 표준연간차량의 적하일수는 233일, 표준연간일수는 365일, 2.5톤 트럭의 기준용적은 10㎥, 1회 운행당 평균용적은 8㎥이다. 위와 같은 조건이 제시된 상황에서 적재율, 실제가동률, 실차율을 각각 구하면?

① 적재율 80%, 실제가동률 85%, 실차율 75%
② 적재율 85%, 실제가동률 65%, 실차율 80%
③ 적재율 80%, 실제가동률 85%, 실차율 65%
④ 적재율 80%, 실제가동률 65%, 실차율 75%
⑤ 적재율 85%, 실제가동률 80%, 실차율 70%

17 인사팀 신입사원 민기씨는 회사에서 NCS채용 도입을 위한 정보를 얻기 위해 NCS기반 능력중심 채용 설명회를 다녀오려고 한다. 민기씨는 오늘 오후 1시까지 김대리님께 보고서를 작성해서 드리고 30분 동안 피드백을 받기로 했다. 오전 중에 정리를 마치려면 시간이 빠듯할 것 같다. 다음에 제시된 설명회 자료와 교통편을 보고 민기씨가 생각한 것으로 틀린 것은?

최근 이슈가 되고 있는 공공기관의 NCS 기반 능력중심 채용에 관한 기업들의 궁금증 해소를 위하여 붙임과 같이 설명회를 개최하오니 많은 관심 부탁드립니다.
감사합니다.

-붙임-

설명회 장소	일시	비고
서울고용노동청(5층) 컨벤션홀	2015. 11. 13(금) PM 15:00~17:00	설명회의 원활한 진행을 위해 설명회 시작 15분 뒤부터는 입장을 제한합니다.

오시는 길
지하철 : 2호선 을지로입구역 4번 출구(도보 10분 거리)
버스 : 149, 152번 ㅇㅇ센터(도보 5분 거리)

• 회사에서 버스정류장 및 지하철역까지 소요시간

출발지	도착지	소요시간	
회사	×× 정류장	도보	30분
		택시	10분
	지하철역	도보	20분
		택시	5분

• 서울고용노동청 가는 길

교통편	출발지	도착지	소요시간
지하철	잠실역	을지로입구역	1시간(환승포함)
버스	×× 정류장	ㅇㅇ센터 정류장	50분(정체 시 1시간 10분)

① 택시를 타지 않아도 버스를 타고 가면 늦지 않게 설명회에 갈 수 있다.
② 어떤 방법으로 이동하더라도 설명회에 입장은 가능하다.
③ 택시를 타지 않아도 지하철을 타고 가면 늦지 않게 설명회에 갈 수 있다.
④ 정체가 되지 않는다면 버스를 타고 가는 것이 지하철보다 빠르게 갈 수 있다.
⑤ 택시를 이용할 경우 늦지 않게 설명회에 갈 수 있다.

18 J회사 관리부에서 근무하는 L씨는 소모품 구매를 담당하고 있다. 2015년 5월 중에 다음 조건 하에서 A4용지와 토너를 살 때, 총 비용이 가장 적게 드는 경우는? (단, 2015년 5월 1일에는 A4용지와 토너는 남아 있다고 가정하며, 다 썼다는 말이 없으면 그 소모품들은 남아있다고 가정한다)

- A4용지 100장 한 묶음의 정가는 1만 원, 토너는 2만 원이다. (A4용지는 100장 단위로 구매함)
- J회사와 거래하는 ◇◇오피스는 매달 15일에 전 품목 20% 할인 행사를 한다.
- ◇◇오피스에서는 5월 5일에 A사 카드를 사용하면 정가의 10%를 할인해 준다.
- 총 비용이란 소모품 구매가격과 체감비용(소모품을 다 써서 느끼는 불편)을 합한 것이다.
- 체감비용은 A4용지와 토너 모두 하루에 500원이다.
- 체감비용을 계산할 때, 소모품을 다 쓴 당일은 포함하고 구매한 날은 포함하지 않는다.
- 소모품을 다 쓴 당일에 구매하면 체감비용은 없으며, 소모품이 남은 상태에서 새 제품을 구입할 때도 체감비용은 없다.

① 3일에 A4용지만 다 써서, 5일에 A사 카드로 A4용지와 토너를 살 경우
② 13일에 토너만 다 써서 당일 토너를 사고, 15일에 A4용지를 살 경우
③ 10일에 A4용지와 토너를 다 써서 15일에 A4용지와 토너를 같이 살 경우
④ 3일에 A4용지만 다 써서 당일 A4용지를 사고, 13일에 토너를 다 써서 15일에 토너만 살 경우
⑤ 3일에 토너를 다 써서 5일에 A사 카드로 토너를 사고, 7일에 A4용지를 다 써서 15일에 A4용지를 살 경우

19 다음은 전력수급 현황을 나타내고 있는 자료이다. 다음 자료에 대한 〈보기〉의 설명 중 올바른 것만을 모두 고른 것은 어느 것인가?

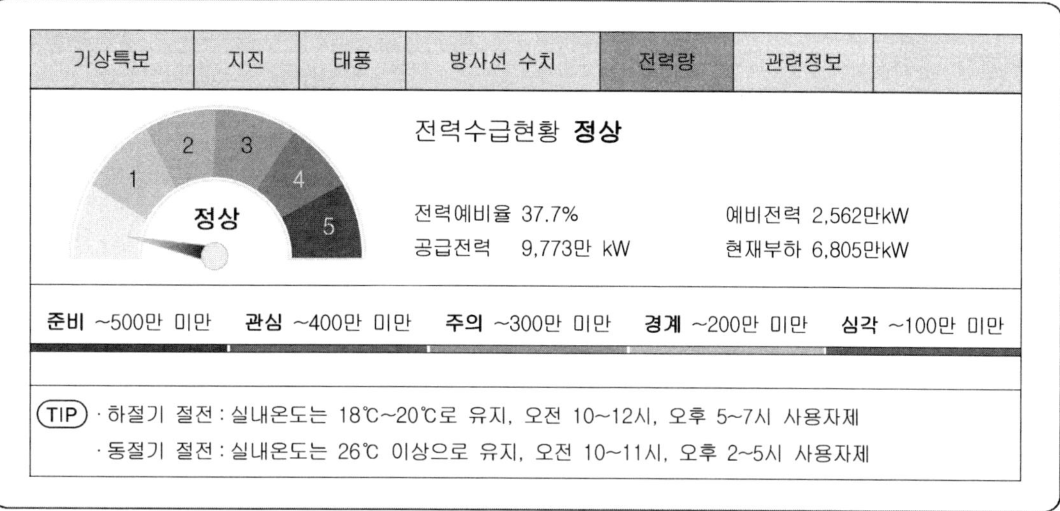

〈보기〉

가. 공급능력에 대한 예비전력의 비율이 전력예비율이다.
나. 예비전력이 현재의 10분의 1 수준이라면 주의단계에 해당된다.
다. 오전 10~11시경은 여름과 겨울에 모두 전력소비가 많은 시간대이다.
라. 일정한 공급능력 상황에서 현재부하가 올라가면 전력예비율은 낮아지게 된다.

① 나, 다, 라
② 가, 다, 라
③ 가, 나, 라
④ 가, 나, 다
⑤ 가, 나, 다, 라

20 서울교통공사에서는 육상운송과의 효율적 자원관리를 하기 위한 일환으로 운송망에서 최단경로(Shortest Path)법에 의해 출발지 O로부터 목적지 D까지 최단운송거리를 계산하고자 한다. 계산 과정에서 잘못 설명된 것은?

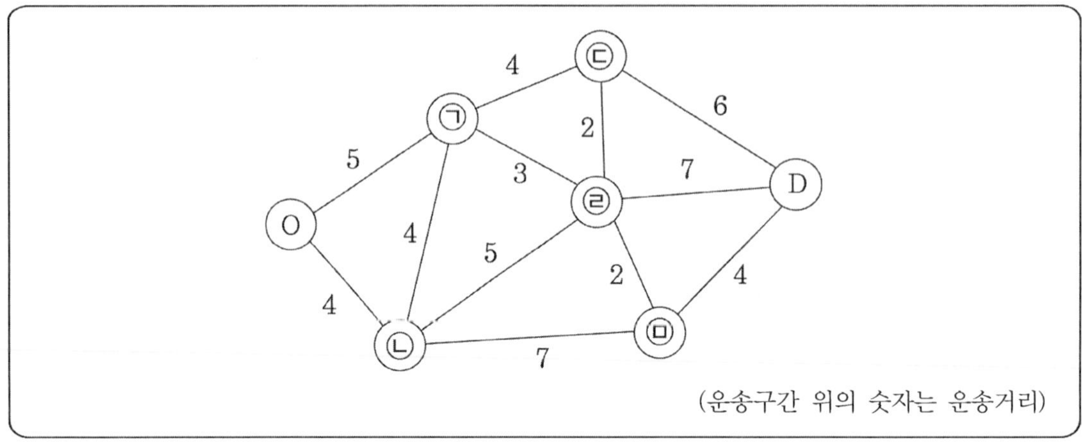

① 출발지에서 중간목적지 ㉤까지의 최단거리는 10이다.

② 출발지에서 최종목적지까지의 최단경로는 O→㉠→㉢→D이다.

③ 출발지에서 최종목적지까지의 최단거리의 합은 14이다.

④ 출발지에서 중간목적지 ㉢까지의 최단거리는 9이다.

⑤ 출발지에서 최종목적지까지의 최단경로에 중간목적지 ㉠이 포함된다.

21 (주) Mom에서는 A라는 상품의 재고를 정량발주법으로 관리하고 있다. 이 상품에 대한 연간 수요량이 400개, 구매가격은 단위당 10,000원, 연간 단위당 재고유지비는 구매가격의 10%이고, 1회 주문비용은 8,000원이다. 단 1년은 365일로 한다. 이 경우에 주문주기는?

① 33일　　② 50일

③ 73일　　④ 80일

⑤ 93일

▌22~23▌ 푸르미펜션을 운영하고 있는 K씨는 P씨에게 예약 문의전화를 받았다. 아래의 예약일정과 정보를 보고 K씨가 P씨에게 안내할 사항으로 옳은 것을 고르시오.

〈푸르미펜션 1월 예약 일정〉

일	월	화	수	목	금	토
					1	2
					• 매 가능 • 난 가능 • 국 완료 • 죽 가능	• 매 가능 • 난 완료 • 국 완료 • 죽 가능
3	4	5	6	7	8	9
• 매 완료 • 난 가능 • 국 완료 • 죽 가능	• 매 가능 • 난 가능 • 국 가능 • 죽 가능	• 매 가능 • 난 가능 • 국 가능 • 죽 가능	• 매 가능 • 난 가능 • 국 가능 • 죽 가능	• 매 가능 • 난 가능 • 국 가능 • 죽 가능	• 매 완료 • 난 가능 • 국 완료 • 죽 완료	• 매 완료 • 난 가능 • 국 완료 • 죽 완료
10	11	12	13	14	15	16
• 매 가능 • 난 완료 • 국 완료 • 죽 가능	• 매 가능 • 난 가능 • 국 가능 • 죽 가능	• 매 가능 • 난 가능 • 국 가능 • 죽 가능	• 매 가능 • 난 가능 • 국 가능 • 죽 가능	• 매 가능 • 난 가능 • 국 가능 • 죽 가능	• 매 가능 • 난 완료 • 국 완료 • 죽 가능	• 매 가능 • 난 완료 • 국 완료 • 죽 가능

※ 완료 : 예약완료, 가능 : 예약가능

〈푸르미펜션 이용요금〉

(단위 : 만 원)

객실명	인원		이용요금			
			비수기		성수기	
	기준	최대	주중	주말	주중	주말
매	12	18	23	28	28	32
난	12	18	25	30	30	35
국	15	20	26	32	32	37
죽	30	35	30	34	34	40

※ 주말 : 금-토, 토-일, 공휴일 전날-당일
성수기 : 7~8월, 12~1월
※ 기준인원초과 시 1인당 추가 금액 : 10,000원

K씨 : 감사합니다. 푸르미펜션입니다.

P씨 : 안녕하세요. 회사 워크숍 때문에 예약문의를 좀 하려고 하는데요. 1월 8~9일이나 15~16일에 "국"실에 예약이 가능할까요? 웬만하면 8~9일로 예약하고 싶은데….

K씨 : 인원이 몇 명이시죠?

P씨 : 일단 15명 정도이고요 추가적으로 3명 정도 더 올 수도 있습니다.

K씨 : ______㉠______

P씨 : 기준 인원이 12명으로 되어있던데 너무 좁지는 않겠습니까?

K씨 : 두 방 모두 "국"실보다 방 하나가 적긴 하지만 총 면적은 비슷합니다. 하지만 화장실 등의 이용이 조금 불편하실 수는 있겠군요. 흠…. 8~9일로 예약하시면 비수기 가격으로 해드리겠습니다.

P씨 : 아, 그렇군요. 그럼 8~9일로 예약 하겠습니다. 그럼 가격은 어떻게 됩니까?

K씨 : ______㉡______ 인원이 더 늘어나게 되시면 1인당 10,000원씩 추가로 결재하시면 됩니다. 일단 10만 원만 홈페이지의 계좌로 입금하셔서 예약 완료하시고 차액은 당일에 오셔서 카드나 현금으로 계산하시면 됩니다.

22 ㉠에 들어갈 K씨의 말로 가장 알맞은 것은?

① 죄송합니다만 1월 8~9일, 15~16일 모두 예약이 모두 차서 이용 가능한 방이 없습니다.

② 1월 8~9일이나 15~16일에는 "국"실 예약이 모두 차서 예약이 어렵습니다. 15명이시면 1월 8~9일에는 "난"실, 15~16일에는 "매"실에 예약이 가능하신데 어떻게 하시겠습니까?

③ 1월 8~9일에는 "국"실 예약 가능하시고 15~16일에는 예약이 완료되었습니다. 15명이시면 15~16일에는 "매"실에 예약이 가능하신데 어떻게 하시겠습니까?

④ 1월 8~9일에는 "국"실 예약이 완료되었고 15~16일에는 예약 가능하십니다. 15명이시면 8~9일에는 "난"실에 예약이 가능하신데 어떻게 하시겠습니까?

⑤ 1월 8~9일이나 15~16일 모두 "국"실 예약이 가능하십니다.

23 ㉡에 들어갈 K씨의 말로 가장 알맞은 것은?

① 그럼 1월 8~9일로 "난"실 예약 도와드리겠습니다. 15인일 경우 기본 30만 원에 추가 3인 하셔서 총 33만 원입니다.

② 그럼 1월 8~9일로 "난"실 예약 도와드리겠습니다. 15인일 경우 기본 35만 원에 추가 3인 하셔서 총 38만 원입니다.

③ 그럼 1월 8~9일로 "매"실 예약 도와드리겠습니다. 15인일 경우 기본 28만 원에 추가 3인 하셔서 총 31만 원입니다.

④ 그럼 1월 8~9일로 "매"실 예약 도와드리겠습니다. 15인일 경우 기본 32만 원에 추가 3인 하셔서 총 35만 원입니다.

⑤ 그럼 1월 8~9일로 "매"실 예약 도와드리겠습니다. 15인일 경우 기본 32만 원에 추가 3인 하셔서 총 38만 원입니다.

▌24~25▌ 다음은 A병동 11월 근무 일정표 초안이다. A병동은 1~4조로 구성되어있으며 3교대로 돌아간다. 주어진 정보를 보고 물음에 답하시오.

	일	월	화	수	목	금	토
	1	2	3	4	5	6	7
오전	1조	1조	1조	1조	1조	2조	2조
오후	2조	2조	2조	3조	3조	3조	3조
야간	3조	4조	4조	4조	4조	4조	1조
	8	9	10	11	12	13	14
오전	2조	2조	2조	3조	3조	3조	3조
오후	3조	4조	4조	4조	4조	4조	1조
야간	1조	1조	1조	1조	2조	2조	2조
	15	16	17	18	19	20	21
오전	3조	4조	4조	4조	4조	4조	1조
오후	1조	1조	1조	1조	2조	2조	2조
야간	2조	2조	3조	3조	3조	3조	3조
	22	23	24	25	26	27	28
오전	1조	1조	1조	1조	2조	2조	2조
오후	2조	2조	3조	3조	3조	3조	3조
야간	4조	4조	4조	4조	4조	1조	1조

	29	30
오전	2조	2조
오후	4조	4조
야간	1조	1조

- 1조 : 나경원(조장), 임채민, 조은혜, 이가희, 김가은
- 2조 : 김태희(조장), 이샘물, 이가야, 정민지, 김민경
- 3조 : 우채원(조장), 황보경, 최희경, 김희원, 노혜은
- 4조 : 전혜민(조장), 고명원, 박수진, 김경민, 탁정은

※ 한 조의 일원이 개인 사유로 근무가 어려울 경우 당일 오프인 조의 일원(조장 제외) 중 1인이 대체 근무를 한다.

※ 대체근무의 경우 오전근무 직후 오후근무 또는 오후근무 직후 야간근무는 가능하나 야간근무 직후 오전근무는 불가능하다.

※ 대체근무가 어려운 경우 휴무자가 포함된 조의 조장이 휴무자의 업무를 대행한다.

24 다음은 직원들의 휴무 일정이다. 배정된 대체근무자로 적절하지 못한 사람은?

휴무일자	휴무 예정자	대체 근무 예정자
11월 3일	임채민	① 노혜은
11월 12일	황보경	② 이가희
11월 17일	우채원	③ 이샘물
11월 24일	김가은	④ 이가야
11월 30일	고명원	⑤ 최희경

25 다음은 직원들의 휴무 일정이다. 배정된 대체근무자로 적절하지 못한 사람은?

휴무일자	휴무 예정자	대체 근무 예정자
11월 7일	노혜은	① 탁정은
11월 10일	이샘물	② 최희경
11월 20일	김희원	③ 임채민
11월 29일	탁정은	④ 김희원
11월 30일	이가희	⑤ 황보경

07 기술능력

정답 및 해설 p.416

1 다음은 (주) 앗싸의 휴대폰 매뉴얼 중 주의사항 일부를 나타낸 것이다. 아래의 내용을 참조하여 서술한 내용으로 가장 적절하지 않은 것을 고르면?

㈜앗싸의 휴대폰 사용 시 주의사항

본 기기 사용 전 아래의 지시사항을 지키지 않을 경우 사용자는 심각한 상해를 입거나 사망할 수 있으므로 주의를 요합니다.

□ 화재주의
- 충전단자나 외부접속단자 (microUSB 접속단자)에 전도성 이물질 (금속 조각, 연필심 등)을 접촉시키거나 내부로 넣지 마세요.
- 사용 중이나 충전 중에 이불 등으로 덮거나 또는 감싸지 마세요.
- 배터리가 새거나 냄새가 날 때는 즉시 사용을 중지하고 화기에서 멀리 두세요. 새어 나온 액체에 불이 붙거나 발화, 파열의 원인이 될 수 있습니다.
- 일반 쓰레기와 같이 버리지 마세요. 발화 및 환경파괴의 원인이 됩니다.

□ 피부손상 주의
- 휴대전화의 인터넷, 동영상, 게임 등을 장시간 사용 시에 제품 표면의 온도가 올라갈 수 있으므로 사용을 잠시 중단하세요.
- 신체의 일부가 오랜 시간 휴대전화에 닿지 않도록 하세요. 휴대전화 장시간 사용 중 오랫동안 피부에 접촉 시 피부가 약한 분들은 저온화상의 우려가 있기 때문에 사용에 있어서 주의를 요합니다.

□ 충전 시 주의
- USB 아이콘이 위로 향한 채 꽂으세요. 반대로 하게 되면 제품에 치명적인 손상을 줄 수 있습니다.
- 충전 중에 사용 시 감전의 우려가 있을 수 있으니 반드시 충전기와 분리 후에 사용하세요
- 충전기 또는 배터리 단자 등에 이상이 있을 시에 무리한 충전을 하지 말고 ㈜앗싸 고객 상담실 (Tel : 1544-1234)로 문의하신 후에 가까운 ㈜앗싸 서비스센터로 가셔서 제품을 확인 받으시기 바랍니다. (화재의 위험이 있습니다.)

① 해당 제품은 환경파괴의 원인으로 작용하므로 일반 쓰레기하고 같이 버리면 안 된다.
② 해당 제품의 오랜 사용으로 인해 피부에 장시간 맞닿아 있게 되면 피부가 약한 사람의 경우 저온화상을 입을 수 있다.
③ 핸드폰 충전 시 치명적인 손상을 방지하기 위해 USB 아이콘이 위로 향하는 방향으로 꽂아야 한다.
④ 해당 제품인 핸드폰을 게임이나 동영상 등에 오래 사용할 경우 제품에 온도가 높아질 수있으므로 이러한 경우에는 핸드폰의 사용을 중단해야 한다.
⑤ 핸드폰 사용 시에 배터리 부분에서 냄새가 나게 되는 경우에 핸드폰 전원을 꺼야 한다.

2 다음 산업 재해의 원인 중 그 성격이 다른 하나는?

① 건물 · 기계 장치의 설계 불량
② 안전 수칙 미제정
③ 구조물의 불안정
④ 작업 준비 불충분
⑤ 인원 배치 부적당

3 기술선택을 위한 우선순위 결정에 대한 설명으로 잘못된 것은?

① 제품의 성능이나 원가에 미치는 영향력이 큰 기술
② 기술을 활용한 제품의 매출과 이익 창출 잠재력이 큰 기술
③ 기업 간에 모방이 어려운 기술
④ 쉽게 구할 수 있는 기술
⑤ 최신 기술로 진부화될 가능성이 적은 기술

4 아래의 내용은 "(주) 더 하얀"에서 출시된 신상품 세탁기의 매뉴얼을 나타내고 있다. 제시된 내용을 참조하여 세탁기 사용설명서를 잘못 이해하고 있는 사람을 고르면?

아래에 있는 내용은 "경고"와 "주의"의 두 가지로 구분하고 있으며, 해당 표시를 무시하고 잘못된 취급을 할 시에는 위험이 발생할 수 있으니 반드시 주의 깊게 숙지하고 지켜주시기 바랍니다. 더불어 당부사항도 반드시 지켜주시기 바랍니다.

1. 경고

① 아래 그림과 같이 제품수리기술자 이외 다른 사람은 절대로 세탁기 분해, 개조 및 수리 등을 하지 마세요.

• 화재, 감전 및 상해의 원인이 됩니다. 해당 제품에 대한 A/S 문의는 제품을 구입한 대리점 또는 사용설명서의 뒷면을 참조하시고 상담하세요.

② 아래 그림과 같이 카펫 위에 설치하지 마시고 욕실 등의 습기가 많은 장소 또는 비바람 등에 노출된 장소 및 물이 튀는 곳에 설치하지 마세요.

• 이러한 경우에 화재, 감전, 고장, 변형 등의 위험이 있습니다.

③ 아래 그림과 같이 해당 세탁기를 타 전열기구와 함께 사용하는 것을 금하며 정격 15A 이상의 콘센트를 단독으로 사용하세요.

• 자사 세탁기를 타 기구와 사용하게 되면 분기 콘센트부가 이상 과열되어 이는 화재 또는 감전의 위험이 있습니다. .품 본체를 손상시킬 위험이 있습니다.

④ 아래 그림과 같이 접지를 반드시 연결해 주십시오.

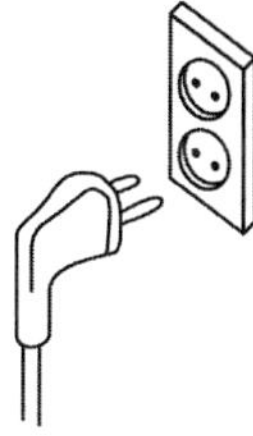

- 제대로 접지가 안 된 경우에는 고장 또는 누전 시에 감전의 위험이 있습니다.
- 가옥의 구조 또는 세탁기 설치 장소에 따라서 전원 콘센트가 접지가 안 될 시에는 해당 서비스센터에 문의하여 외부접지선을 활용해 접지하세요.

⑤ 아래 그림과 같이 전원플러그를 뽑을 경우에는 전원코드를 잡지 말고 반드시 끝단의 전원플러그를 손으로 잡고 뽑아주세요.

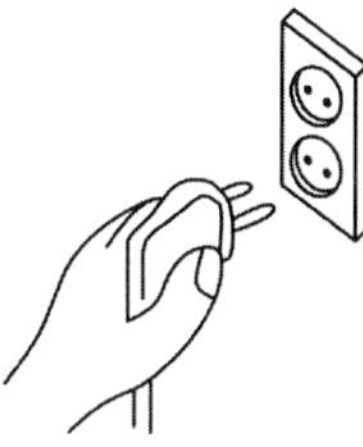

- 화재 또는 감전의 위험이 있습니다.

⑥ 아래 그림과 같이 전원 플러그의 금속부분이나 그 주변 등에 먼지가 붙어 있을 시에는 깨끗이 닦아주시고, 전원 플러그가 흔들리지 않도록 확실하게 콘센트에 접속해 주세요.

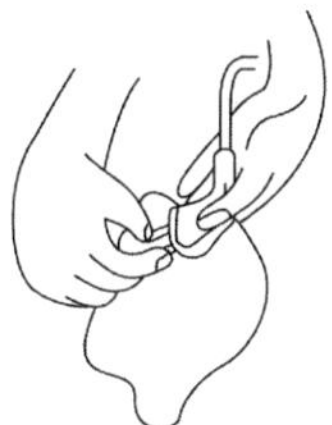

- 먼지가 쌓여서 발열, 발화 및 절연열화에 의해 감전, 누전의 원인이 됩니다.

2. 주의

① 자사 세탁기 본래의 용도 (의류세탁) 외의 것은 세탁 (탈수)하지 마세요.

- 이상 진동을 일으키면서 제품 본체를 손상시킬 위험이 있습니다.

② 온수를 사용하는 경우에는 50도 이상의 뜨거운 물은 사용하지 마세요.

- 플라스틱 부품의 변형 또는 손상 등에 의해서 감전 혹은 누전 등의 위험이 있습니다.

③ 오랜 시간 동안 사용하지 않을 시에는 반드시 전원 플러그를 콘센트에서 뽑아주세요

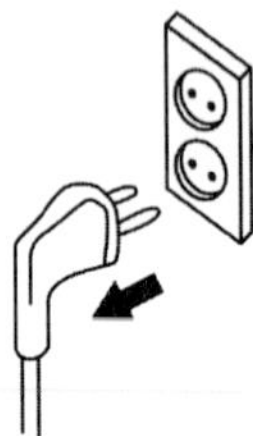

- 절연저하로 인해 감전, 누전, 화재 등의 원인이 됩니다.

3. 당부사항

① 세탁물은 초과해서 넣지 마세요.

- 탈수 시에 세탁물이 빠져나올 수 있습니다.

② 세제를 과하게 넣지 마세요.

- 세제를 많이 넣게 되면 세탁기 외부로 흘러나오거나 또는 전기부품에 부착되어 고장의 원인이 됩니다.

③ 탈수 중 도어가 열린 상태로 탈수조가 회전하는 경우에는 세탁기의 사용을 중지하고 수리를 의뢰해 주세요.

- 상해의 원인이 됩니다.

④ 세탁 시에 세탁물이 세탁조 외부로 빠져나오는 경우 또는 물이 흘러넘치는 것을 방지하기 위해 아래와 같이 조치해 주세요.

- 세탁물이 많을 시에는 균일하게 잘 넣어주세요. 세탁물이 떠오르게 되어 급수 시 물을 비산시켜 바닥으로 떨어지거나 또는 탈수 시 세탁물이 빠져나와 손상을 입힐 수 있습니다.
- 쉽게 물에 뜨거나 또는 큰 세탁물의 경우에는 급수 후 일시정지를 한 다음 손으로 눌러 밀어 넣어 세탁물을 수면 아래로 밀어 넣어주세요. 세탁을 진행하고 있는 동안에도 세탁물에 물이 새어들지 않거나 또는 손으로 눌러도 세탁 액이 새어들지 않는 세탁물은 세탁하지 마세요. 탈수 시에 빠져나와 의류 및 세탁기를 손상시킬 수 있습니다.

① 연철 : 자사의 세탁기는 전류용량 상 멀티 탭을 활용하여 15A 이상의 콘센트를 타 전열기구와 함께 사용하는 것이 좋아
② 우진 : 제품에 대한 A/S는 대리점이나 설명서 뒷면을 참조하면 되겠군
③ 규호 : 전원플러그를 뺄 경우에는 손으로 끝단의 전원플러그를 잡아서 빼야해
④ 원모 : 전원플러그 주변의 먼지는 깨끗이 닦아줘야 한다는 것을 잊어서는 안 돼
⑤ 형일 : 세제를 많이 넣게 될 경우에는 이 또한 세탁기 고장의 원인으로 작용할 수 있어

5 다음 중 기술경영자에게 필요한 능력으로 보기 가장 어려운 것은?

① 기술을 기업의 전반적인 전략 목표에 통합시키는 능력
② 기술을 효과적으로 평가할 수 있는 능력
③ 조직 내의 기술 이용을 수행할 수 있는 능력
④ 공학적 도구나 지원방식에 대한 이해 능력
⑤ 기술 전문 인력을 운용할 수 있는 능력

6 다음은 OO기업의 기술적용계획표이다. ㉠~㉣ 중 기술적용 시 고려할 사항으로 가장 적절하지 않은 것은?

기술적용계획표	
프로젝트명	2015년 가상현실 시스템 구축

항목	평가			비교
	적절	보통	부적절	
기술적용 고려사항				
㉠ 현장 작업 담당자가 해당 시스템을 사용하길 원하는가?				
㉡ 해당 시스템이 향후 목적과 비전에 맞추어 잠재적으로 응용가능한가?				
㉢ 해당 시스템의 수명주기를 충분히 고려하여 불필요한 교체를 피하였는가?				
㉣ 해당 시스템의 기술적용에 따른 비용이 예산 범위 내에서 가능한가?				
㉤ 해당 시스템이 전략적으로 중요도가 높은가?				
세부 기술적용 지침				
-이하 생략-				

계획표 제출일자 : 2015년 11월 10일	부서 :
계획표 작성일자 : 2015년 11월 10일	성명 : (인)

① ㉠ ② ㉡
③ ㉢ ④ ㉣
⑤ ㉤

7 다음은 우리기업의 구직자 공개 채용 공고문이다. 현재 우리기업에서 채용하고자 하는 구직자로서 가장 적절한 유형은?

> 우리기업 채용 공고문
>
> | | |
> |---|---|
> | 담당업무 : 상세요강 참조 | 고용형태 : 정규직/경력 5년↑ |
> | 근무부서 : 기술팀/서울 | 모집인원 : 1명 |
> | 전공 : △△학과 | 최종학력 : 대졸 이상 |
> | 성별/나이 : 무관/40~50세 | 급여조건 : 협의 후 결정 |
>
> 〈상세요강〉
>
> (1) 직무상 우대 능력
> - 기술을 기업의 전반적인 전략 목표에 통합시키는 능력
> - 빠르고 효과적으로 새로운 기술을 습득하고 기존의 기술에서 탈피하는 능력
> - 기술을 효과적으로 평가할 수 있는 능력
> - 기술 이전을 효과적으로 할 수 있는 능력
> - 기술 전문 인력을 운용할 수 있는 능력
> - 크고 복잡하고 서로 다른 분야에 걸쳐 있는 프로젝트를 수행할 수 있는 능력
> - 조직 내 기술 이용을 수행할 수 있는 능력
>
> (2) 제출서류
> - 이력서 및 자기소개서(경력중심으로 기술)
> - 관련 자격증 사본(해당자만 첨부)
>
> (3) 채용일정
> 서류전형 후 합격자에 한해 면접 실시
>
> (4) 지원방법
> 본사 채용 사이트에서 이력서 및 자기소개서 작성 후 메일(fdskljl@wr.or.kr)로 전송

① 기술관리자　　② 현장기술자
③ 기술경영자　　④ 작업관리자
⑤ 환경평가자

8 다음은 한 국책연구소에서 발표한 '국가 기간산업 안전진단' 보고서 중 산업재해 사고 · 사망 원인 분석 자료이다. ㉠~㉢에 들어갈 사례로 옳은 것끼리 묶인 것은?

산업재해 사고 · 사망 원인 분석 자료

원인	사례
교육적 원인(23%)	㉠
기술적 원인(35%)	㉡
작업관리상 원인(42%)	㉢

- ○○연구소, '국가 기간산업 안전진단', 2015. 11. 12. 발표 -

	㉠	㉡	㉢
①	점검 · 정비 · 보존의 불량	안전지식의 불충분	안전수칙 미 제정
②	유해 위험 작업 교육 불충분	생산 공정의 부적당	안전관리 조직의 결함
③	작업준비 불충분	안전수칙의 오해	재료의 부적합
④	경험이나 훈련의 불충분	인원 배치 및 작업지시 부적당	구조물의 불안정
⑤	생산 공정의 부적당	작업준비 불충분	안전수칙의 오해

9 기술능력이나 기술교양이라는 말은 직업에 종사하기 위해 모든 사람들이 필요로 하는 능력이며, 기술능력이 뛰어나다는 것은 각 개인이 구체적인 일련의 장비 중 하나를 '수리하는 사람'으로서 전문가가 되어야 한다는 의미만은 아니다. 다음 중 기술능력과 기술교양의 개념에 대한 올바른 판단을 하고 있다고 보기 어려운 것은 어느 것인가?

① 기술능력이 뛰어난 사람은 주어진 한계 속에서 제한된 자원을 가지고 일하는 것을 과감하게 거부할 줄 안다.
② 기술교양은 모든 사람들이 광범위한 관점에서 기술의 특성, 기술적 행동, 기술의 힘, 기술의 결과에 대해 어느 정도의 지식을 가지는 것을 의미한다.
③ 기술능력이 뛰어나다는 것이 반드시 직무에서 요구되는 구체적인 기능을 소유하고 있다는 것만을 의미하지는 않는다
④ 기술능력은 문제 해결을 위한 도구를 개발하는 인간의 능력을 확장시킨다. 이와 같은 능력을 향상시키는 것은 기술교양의 향상을 통해 이루어질 수 있다.
⑤ 기술능력을 일반적으로 사용되는 기술교양(Technological Literacy)의 개념을 보다 구체화시킨 개념으로 보는 것이 바람직하다

10 다음과 같은 목차 내용을 담고 있는 매뉴얼을 작성하기 위한 방법으로 옳지 않은 것은?

목차

관리번호	관리분야	내용	비고
500	도로보수		
500.1		도로일반	
500.1.1		도로의 종류	
500.1.2		도로의 구성과 기능	
500.1.3		도로 유지보수 개념	
500.1.4		도로의 파손유형 및 대표적 보수공법	
500.1.5		도로상태 조사 및 보수기준	
500.2		도로의 유지보수	
500.2.1		아스팔트 도로보수	
500.2.2		콘크리트 도로보수	

① 사용자가 찾고자 하는 정보를 쉽게 찾을 수 있어야 한다.
② 사용자의 측면에서 심리적 배려가 있어야 한다.
③ 작성내용은 작성자 위주로 알아보기 쉽게 구성되어야 한다.
④ 작성된 매뉴얼의 내용이 정확해야 한다.
⑤ 사용하기 쉽게 쉬운 문장으로 쓰여야 한다.

11 다음은 한 건설업체의 사고사례를 바탕으로 재해예방대책을 작성한 표이다. 다음의 재해예방대책 중 보완되어야 할 단계는 무엇인가?

사고사례	2015년 11월 6일 (주)△▽건설의 아파트 건설현장에서 작업하던 인부 박모씨(43)가 13층 높이에서 떨어져 사망한 재해임
재해예방대책	1단계 : 사업장의 안전 목표를 설정하고 안전관리 책임자를 선정하여 안전 계획 수립 후 이를 시행 · 후원 · 감독해야 한다. 2단계 : 사고 조사, 안전 점검, 현장 분석, 작업자의 제안 및 여론 조사, 관찰보고서 연구, 면담 등의 과정을 거쳐 사고 사실을 발견한다. 3단계 : 재해의 발생 장소, 재해 유형, 재해 정도, 관련 인원, 관리 · 감독의 적절성, 작업공구 · 장비의 상태 등을 정확히 분석한다. 4단계 : 안전에 대한 교육훈련 실시, 안전시설 및 장비의 결함 개선, 안전관리 감독 실시 등의 선정된 시정책을 적용한다.

① 안전관리조직 ② 사실의 발견
③ 원인분석 ④ 시정책의 선정
⑤ 적용 및 뒤처리

12 다음과 같은 프로그램 명령어를 참고할 때, 아래의 모양 변화가 일어나기 위해서 두 번의 스위치를 눌렀다면 어떤 스위치를 눌렀는가? (위부터 아래로 차례로 1~4번 도형임)

스위치	기능
◉	1번, 4번 도형을 시계 방향으로 90도 회전함
◈	2번, 3번 도형을 시계 방향으로 90도 회전함
▣	1번, 2번 도형을 시계 반대 방향으로 90도 회전함
◐	3번, 4번 도형을 시계 반대 방향으로 90도 회전함

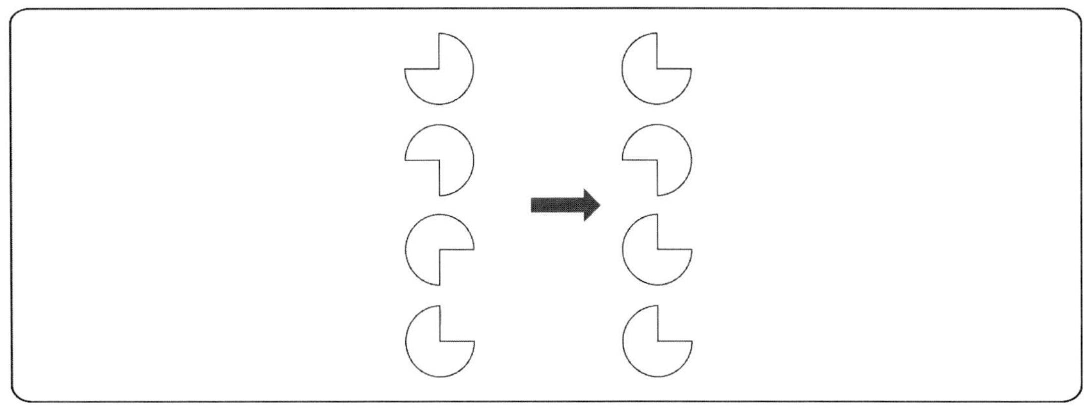

① ■, ◉
② ◈, ■
③ ◉, ■
④ ◐, ◉
⑤ ◐, ◈

13 개발팀의 팀장 B씨는 요즘 신입사원 D씨 때문에 고민이 많다. 입사 시에 높은 성적으로 입사한 D씨가 실제 업무를 담당하자마자 이곳저곳에서 불평이 들려오기 시작했다. 머리는 좋지만 실무 경험이 없고 인간관계가 미숙하여 여러 가지 문제가 생겼던 것이다. 업무에 대한 기본적이고 일반적인 내용만을 교육하는 신입사원 집합교육은 부족하다 판단한 B씨는 D씨에게 추가적으로 기술교육을 시키기로 결심했다. 하지만 현재 개발팀은 고양이 손이라도 빌려야 할 정도로 바빠서 B씨는 고민 끝에 업무숙달도가 뛰어나고 사교성이 좋은 입사 5년차 대리 J씨에게 D씨의 교육을 일임하였다. 다음 중 J씨가 D씨를 교육하기 위해 선택할 방법으로 가장 적절한 것은?

① 전문 연수원을 통한 기술교육
② E-learning을 활용한 기술교육
③ 상급학교 진학을 통한 기술교육
④ OJT를 활용한 기술교육
⑤ 오리엔테이션을 통한 기술교육

14 다음 매뉴얼의 종류는 무엇인가?

> • 물기나 습기가 없는 건조한 곳에 두세요.
> –습기 또는 액체 성분은 부품과 회로에 손상을 줄 수 있습니다.
> –물에 젖은 경우 전원을 켜지 말고(켜져 있다면 끄고, 꺼지지 않는다면 그대로 두고, 배터리가 분리될 경우 배터리를 분리하고) 마른 수건으로 물기를 제거한 후 서비스 센터에 가져가세요.
> –제품 또는 배터리가 물이나 액체 등에 젖거나 잠기면 제품 내부에 부착된 침수 라벨의 색상이 바뀝니다. 이러한 원인으로 발생한 고장은 무상 수리를 받을 수 없으므로 주의하세요.
> • 제품을 경사진 곳에 두거나 보관하지 마세요. 떨어질 경우 충격으로 인해 파손될 수 있으며 고장의 원인이 됩니다.
> • 제품을 동전, 열쇠, 목걸이 등의 금속 제품과 함께 보관하지 마세요.
> –제품이 변형되거나 고장 날 수 있습니다.
> –배터리 충전 단자에 금속이 닿을 경우 화재의 위험이 있습니다.
> • 걷거나 이동 중에 제품을 사용할 때 주의하세요. 장애물 등에 부딪혀 다치거나 사고가 날 수 있습니다.
> • 제품을 뒷주머니에 넣거나 허리 등에 차지 마세요. 제품이 파손되거나 넘어졌을 때 다칠 수 있습니다.

① 제품 매뉴얼
② 업무 매뉴얼
③ 외식 매뉴얼
④ 부품 매뉴얼
⑤ 작업량 매뉴얼

15 아래의 내용을 읽고 알 수 있는 이 글이 궁극적으로 말하고자 하는 내용을 고르면?

"좋은 화학"의 약품 생산 공장에 근무하고 있는 김 대리는 퇴근 후 가족과 뉴스를 보다가 우연히 자신이 근무하고 있는 화학 약품 생산 공장에서 발생한 대형화재에 대한 뉴스를 보게 되었다. 수십 명의 사상자를 발생시킨 이 화재의 원인은 노후 된 전기 설비로 인한 누전 때문으로 추정된다고 하였다. 불과 몇 시간 전까지 같이 근무했던 사람들의 사망소식에 김 대리는 어찌할 바를 모른다.

그렇지 않아도 공장장에게 노후한 전기설비를 교체하지 않으면 큰 일이 날지도 모른다고 늘 강조해왔는데 결국에는 돌이킬 수 없는 대형 사고를 터트리고 만 것이다.

"사전에 조금만 주의를 기울였다면 이러한 대형 사고는 충분히 막을 수 있었을 텐데...", "내가 더 적극적으로 공장장을 설득하여 전기설비를 교체했더라면 오늘과 같이 소중한 동료들을 잃는 일은 없었을 텐데..."라며 자책하고 있는 김 대리.

이와 같은 대형 사고는 사전에 위험 요소에 대한 조그만 관심만 있었더라면 충분히 예방할 수 있는 경우가 매우 많다. 그럼에도 불구하고 끊임없이 반복하여 발생하는 이유는 무엇일까?

① 노후 된 기계는 무조건 교체해야 함을 알 수 있다.
② 산업재해는 어느 정도 예측이 가능하며, 그에 따라 예방이 가능하다.
③ 노후 된 전기 설비라도 회사를 생각해 비용을 줄이면서 기계사용을 감소시켜야 한다.
④ 대형 사고는 발생한 이후의 대처가 상당히 중요하다는 것을 알 수 있다.
⑤ 산업재해의 책음은 담당자뿐만 아니라 회사 전체에 있다.

16 고등학교 동창인 문재인, 트럼프, 시진핑, 김정은, 푸틴은 모두 한 집에 살고 있다. 이들 네 사람은 봄맞이 대청소를 하고 새로운 냉장고를 구입한 후 함께 앉아 냉장고 사용설명서를 읽고 있다. 다음 내용을 바탕으로 냉장고 사용 매뉴얼을 잘못 이해한 사람을 고르면?

1. 사용 환경에 대한 주의사항
2. 안전을 위한 주의사항

※ 사용자의 안전을 지키고 재산상의 손해 등을 막기 위한 내용입니다. 반드시 읽고 올바르게 사용해 주세요.

경고	'경고'의 의미 : 지시사항을 지키지 않았을 경우 사용자의 생명이 위험하거나 중상을 입을 수 있습니다.
주의	'주의'의 의미 : 지시사항을 지키지 않았을 경우 사용자의 부상이나 재산 피해가 발생할 수 있습니다.

전원 관련 경고	• 220V 전용 콘센트 외에는 사용하지 마세요. • 손상된 전원코드나 플러그, 헐거운 콘센트는 사용하지 마세요. • 코드부분을 잡아 빼거나 젖은 손으로 전원 플러그를 만지지 마세요. • 전원 코드를 무리하게 구부리거나 무거운 물건에 눌려 망가지지 않도록 하세요. • 천둥, 번개가 치거나 오랜 시간 사용하지 않을 때는 전원 플러그를 빼주세요. • 220V 이외에 전원을 사용하거나 한 개의 콘센트에 여러 전기제품을 동시에 꽂아 사용하지 마세요. • 접지가 잘 되어 있지 않으면 고장이나 누전 시 감전될 수 있으므로 확실하게 해주세요. • 전원 플러그에 먼지가 끼어 있는지 확인하고 핀을 끝까지 밀어 확실하게 꽂아주세요.
설치 및 사용 경고	• 냉장고를 함부로 분해, 개조하지 마세요. • 냉장고 위에 무거운 물건이나 병, 컵, 물이 들어 있는 용기는 올려놓지 마세요. • 어린이나 냉장고 문에 절대로 매달리지 못하게 하세요. • 불이 붙기 쉬운 LP 가스, 알코올, 벤젠, 에테르 등은 냉장고에 넣지 마세요. • 가연성 스프레이나 열기구는 냉장고 근처에 사용하지 마세요. • 가스가 샐 때에는 냉장고나 플러그는 만지지 말고 즉시 환기시켜 주세요. • 이 냉장고는 가정용으로 제작되었기에 선박용으로 사용하지 마세요. • 냉장고를 버릴 때에는 문의 패킹을 떼어 내시고, 어린이가 노는 곳에는 냉장고를 버려두지 마세요. (어린이가 들어가면 갇히게 되어 위험합니다.)

① 문재인 : 밖에 천둥, 번개가 심하게 치니까 전원 플러그를 빼야겠어

② 트럼프 : 우리가 구입한 냉장고는 선박용으로 활용해서는 안 돼

③ 시진핑 : 냉장고를 임의로 분해하거나 개조하지 말라고 하는데, 이는 냉장고를 설치하거나 사용 시의 경고로 받아들일 수 있어

④ 김정은 : '주의' 표시에서 지시사항을 제대로 지키지 않으면 생명이 위험하게 된데

⑤ 푸틴 : 물에 젖은 손으로 전원플러그를 만지지 말라고 하는데, 이는 전원에 관련한 경고로 볼 수 있어

▌17~18▐ 다음은 디지털 카메라의 사용설명서이다. 이를 읽고 물음에 답하시오.

오류 메시지가 발생했을 때에는 아래의 방법으로 대처하세요.

오류 메시지	대처방법
렌즈가 잠겨 있습니다.	줌 렌즈가 닫혀 있습니다. 줌 링을 반시계 방향으로 딸깍 소리가 날 때까지 돌리세요.
메모리 카드 오류	• 전원을 껐다가 다시 켜세요. • 메모리 카드를 뺐다가 다시 넣으세요. • 메모리 카드를 포맷하세요.
배터리를 교환하십시오	충전된 배터리로 교체하거나 배터리를 충전하세요.
사진 파일이 없습니다.	사진을 촬영한 후 또는 촬영한 사진이 있는 메모리 카드를 넣은 후 재생 모드를 실행하세요.
잘못된 파일입니다.	잘못된 파일을 삭제하거나 가까운 서비스센터로 문의하세요.
저장 공간이 없습니다.	필요 없는 파일을 삭제하거나 새 메모리 카드를 넣으세요.
카드가 잠겨 있습니다.	SD, SDHC, SDXC, UHS-1 메모리 카드에는 잠금 스위치가 있습니다. 잠금 상태를 확인한 후 잠금을 해제하세요.
폴더 및 파일 변화가 최댓값입니다. 카드를 교환해주세요	메모리카드의 파일명이 DCF 규격에 맞지 않습니다. 메모리 카드에 저장된 파일은 컴퓨터에 옮기고 메모리 카드를 포맷한 후 사용하세요.
Error 00	카메라의 전원을 끄고, 렌즈를 분리한 후 재결합하세요. 동일한 메시지가 나오는 경우 가까운 서비스 센터로 문의하세요.
Error 01/02	카메라의 전원을 끄고, 배터리를 뺐다가 다시 넣으세요. 동일한 메시지가 나오는 경우 가까운 서비스 센터로 문의하세요.

17 카메라를 작동하던 중 다음과 같은 메시지가 나타났을 때 대처방법으로 가장 적절한 것은?

> Error 00

① 배터리를 뺐다가 다시 넣는다.
② 카메라의 전원을 끄고 줌 링을 반시계 방향으로 돌린다.
③ 카메라의 전원을 끄고 렌즈를 분리한 후 재결합한다.
④ 메모리카드를 뺐다가 다시 넣는다.
⑤ AS 담당자에게 전화 후 기다린다.

18 카메라를 작동하던 중 '메모리 카드 오류!'라는 메시지가 뜰 경우 적절한 대처방법으로 가장 옳은 것은?

① 충전된 배터리로 교체하거나 배터리를 충전한다.
② 가까운 서비스 센터로 문의한다.
③ 메모리 카드를 뺐다가 다시 넣는다.
④ 카메라의 전원을 끄고 렌즈를 분리했다가 재결합한다.
⑤ 전원을 교체한다.

19 다음은 A사의 식품안전관리에 관한 매뉴얼의 일부이다. 아래의 내용을 읽고 가장 적절하지 않은 항목을 고르면?

1. 식재료 구매 및 검수

※ 검수절차 및 유의사항

① 청결한 복장, 위생장갑 착용 후 검수 시작

② 식재료 운송차량의 청결상태 및 온도유지 여부 확인

③ 표시사항, 유통기한, 원산지, 중량, 포장상태, 이물혼입 등 확인

④ 제품 온도 확인

⑤ 검수 후 식재료는 전처리 또는 냉장 · 냉동보관

– 냉동 식재료 검수 방법

변색 확인	장기간 냉동 보관과 부주의한 관리로 식재료의 색상이 변색
이취 전이	장기간 냉동 보관 및 부주의한 관리로 이취가 생성
결빙 확인	냉동보관이 일정하게 이루어지지 않아 결빙 발생 및 식재료의 손상 초래
분리 확인	장기간의 냉동 보관과 부주의한 관리로 식재료의 분리 발생

– 가공 식품 검수 방법

외관 확인	용기에 손상이 가 있거나, 부풀어 오른 것
표시 확인	유통기한 확인 및 유통온도 확인
내용물 확인	본래의 색이 변질된 것, 분말 제품의 경우 덩어리 진 것은 습기가 차서 변질된 것임

2. 식재료 보관

※ 보관 방법 및 유의사항

① 식품과 비식품(소모품)은 구분하여 보관

② 세척제, 소독제 등은 별도 보관

③ 대용량 제품을 나누어 보관하는 경우 제품명과 유통기한 반드시 표시하고 보관용기를 청결하게 관리

④ 유통기한이 보이도록 진열

⑤ 입고 순서대로 사용(선입선출)

⑥ 보관 시설의 온도 15℃, 습도 50~60% 유지

⑦ 식품보관 선반은 벽과 바닥으로부터 15cm 이상 거리 두기

⑧ 직사광선 피하기

⑨ 외포장 제거 후 보관

⑩ 식품은 항상 정리 정돈 상태 유지

① 식재료 검수 시에는 표시사항, 유통기한, 원산지, 중량, 포장상태, 이물혼입 등을 확인해야 한다.
② 식재료 검수 후에 식재료는 전처리 또는 냉장 · 냉동보관을 해야 한다.
③ 식재료 보관 시의 보관 시설 온도는 10℃, 습도 45～60% 유지해야 한다.
④ 식재료 보관 시 식품보관 선반은 벽과 바닥으로부터 15cm 이상 거리를 두어야 한다.
⑤ 식재료는 입고 순서대로 사용한다.

20 다음 사례에서 나타난 기술경영자의 능력으로 가장 적절한 것은?

> 동영상 업로드 시 거쳐야 하는 긴 영상 포맷 변환 시간을 획기적으로 줄일 수는 없을까?
> 영상 스트리밍 사이트에 동영상을 업로드하면 '영상 처리 중입니다' 문구가 나온다. 이는 올린 영상을 트랜스코딩(영상 재압축) 하는 것인데 시간은 보통 영상 재생 길이와 맞먹는다. 즉, 한 시간짜리 동영상을 업로드하려면 한 시간을 영상 포맷하느라 소비해야 하는 것이다. A기업은 이러한 문제점을 해결하고자 동영상 업로드 시 포맷 변환을 생략하고 바로 재생할 수 있는 '노 컷 어댑티브 스트리밍(No Cut Adaptive Streaming)' 기술을 개발했다. 이 기술을 처음 제안한 A기업의 기술최고책임자(CTO) T는 "영상 길이에 맞춰 기다려야 했던 포맷 변환 과정을 건너뛴 것"이라며 "기존 영상 스트리밍 사이트가 갖고 있던 단점을 보완한 기술"이라고 설명했다. 화질을 유동적으로 변환시켜 끊김없이 재생하는 어댑티브 스트리밍 기술은 대부분의 영상 스트리밍 사이트에 적용되고 있다. mp4나 flv 같은 동영상 포맷을 업로드 할 경우 어댑티브 스트리밍 포맷에 맞춰 변환시켜줘야 한다. 바로 이 에어브로드 기술은 자체 개발한 알고리즘으로 변환 과정을 생략한 것이다.

① 기술을 기업의 전반적인 전략 목표에 통합시키는 능력
② 새로운 기술을 습득하고 기존의 기술에서 탈피하는 능력
③ 새로운 제품개발 시간을 단축할 수 있는 능력
④ 기술 전문 인력을 운용할 수 있는 능력
⑤ 조직 내의 기술 이용을 수행할 수 있는 능력

▌21~23▐ 다음 〈보기〉는 그래프 구성 명령어 실행 예시이다. 〈보기〉를 참고하여 다음 물음에 답하시오.

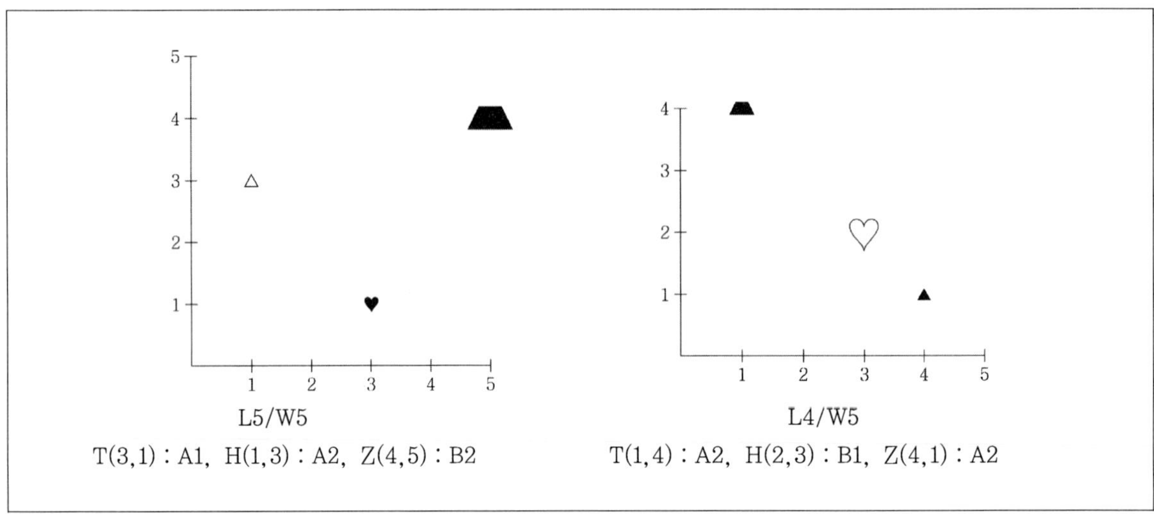

21 다음 그래프에 알맞은 명령어는 무엇인가?

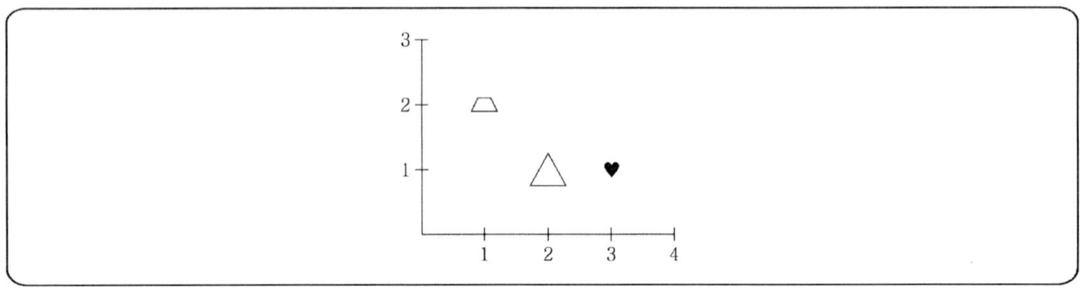

① L3/W4
T(2,1) : B1, H(3,1) : A2, Z(1,2) : A1

② L3/W4
T(1,2) : B1, H(1,3) : A2, Z(2,1) : A1

③ L4, W3
T(2,1) : B1, H(3,1) : A2, Z(1,2) : A2

④ L4/W3
T(1,2) : B2, H(1,3) : A1, Z(2,1) : A2

⑤ L4/W3
T(2,1) : B1, H(3,1) : A2, Z(2,1) : A1

22 L5/W6 T(3,2) : A1, H(2,6) : B1, Z(2,5) : A2의 그래프를 산출할 때, 오류가 발생하여 다음과 같은 그래프가 산출되었다. 다음 중 오류가 발생한 값은?

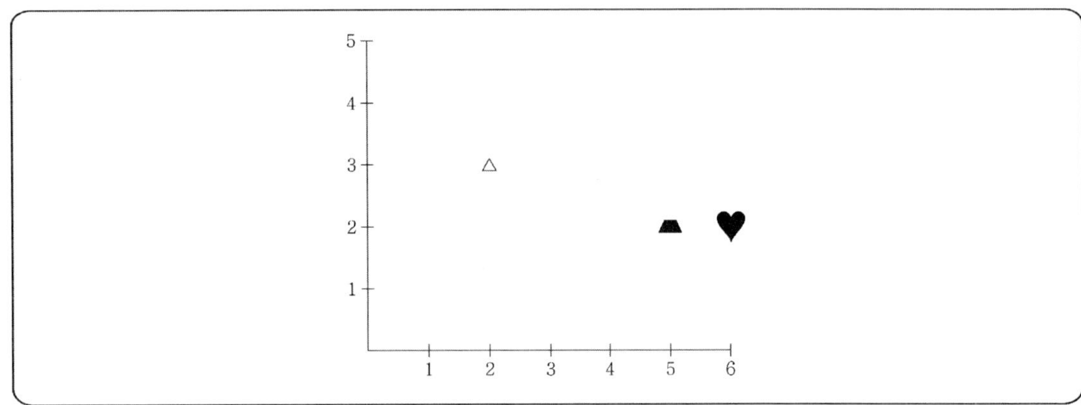

① L5/W6
② T(3,2) : A1
③ H(2,6) : B1
④ Z(2,5) : A2
⑤ 알 수 없음

23 L5/W6 T(3,1) : A2, H(4,5) : A1, Z(2,4) : B1의 그래프를 산출할 때, 산출된 그래프의 형태로 옳은 것은?

①
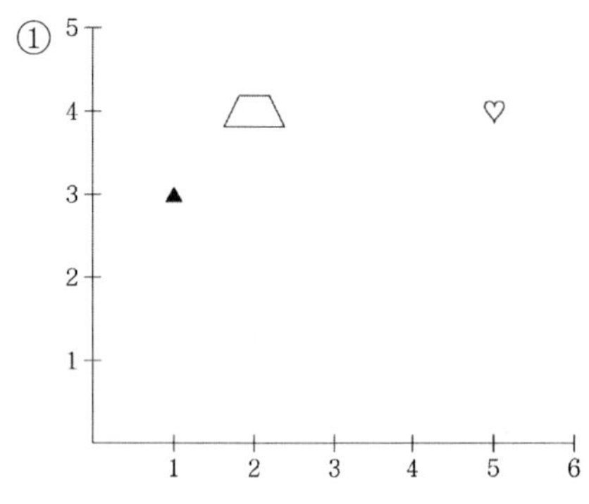

②
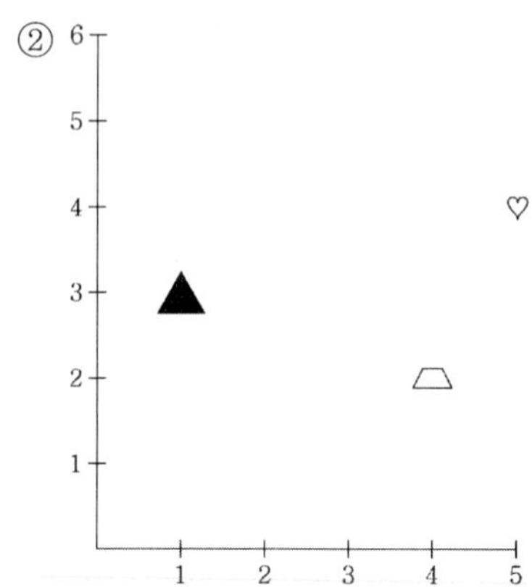

③
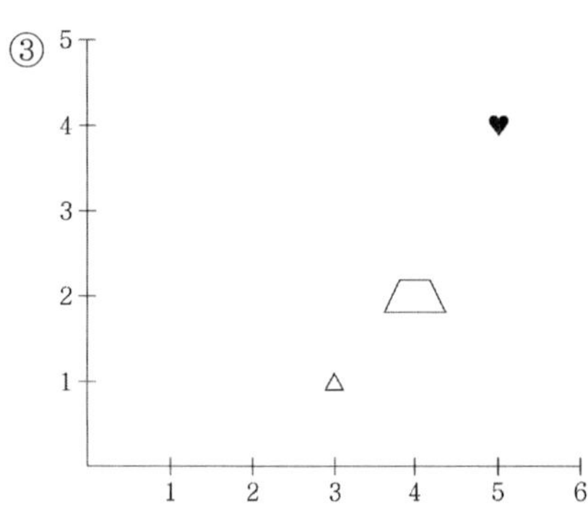

④
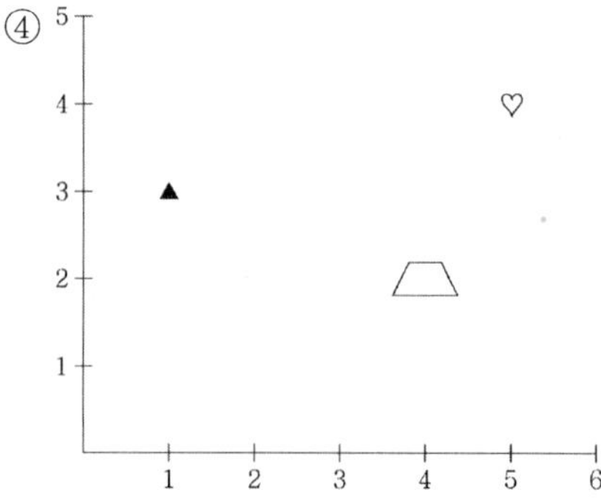

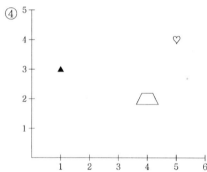

⑤
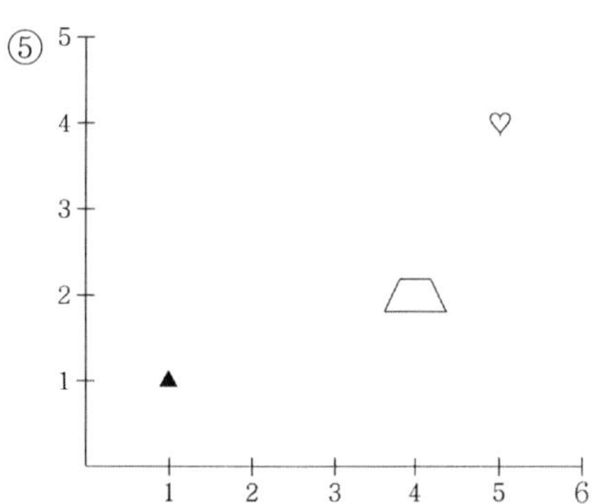

| 24~25 | 다음 표를 참고하여 질문에 답하시오.

스위치	기능
☆	1번, 2번 기계를 180° 회전함
★	1번, 3번 기계를 180° 회전함
◇	2번, 3번 기계를 180° 회전함
◆	2번, 4번 기계를 180° 회전함
◓	1번, 3번 기계의 작동상태를 바꿈 (동작→정지, 정지→동작)
◒	2번, 4번 기계의 작동상태를 바꿈
○	모든 기계의 작동상태를 바꿈

: 동작, : 정지

24 처음 상태에서 스위치를 세 번 눌렀더니 다음과 같이 바뀌었다. 어떤 스위치를 눌렀는가?

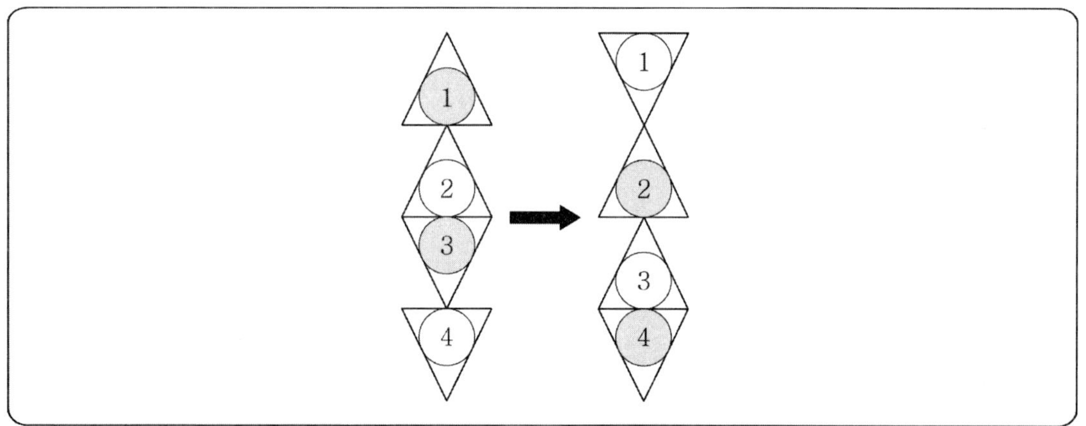

① ◆, ◓, ◒
② ★, ◇, ○
③ ◇, ◓, ◒
④ ☆, ◇, ○
⑤ ☆, ◇, ◒

25 처음 상태에서 스위치를 네 번 눌렀더니 다음과 같이 바뀌었다. 어떤 스위치를 눌렀는가? (단, 회전버튼과 상태버튼을 각 1회 이상씩 눌러야 한다)

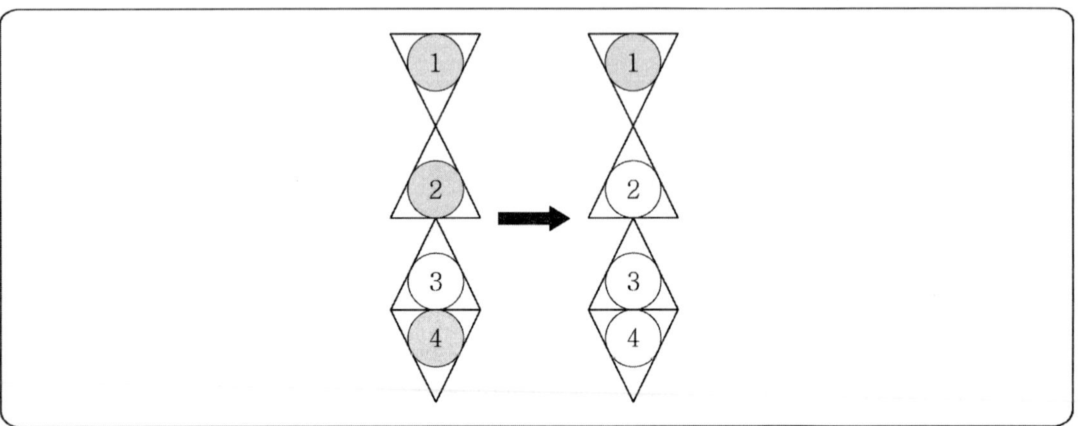

① ◇, ◆, ○, ◓

② ☆, ★, ◇, ◒

③ ★, ◇, ◆, ◒

④ ★, ★, ○, ◒

⑤ ☆, ◇, ○, ◓

08 자기개발능력

정답 및 해설 p.421

1 다음의 사례를 읽고 이 글이 전반적으로 말하고자 하는 것으로 가장 적절한 것을 고르면?

> 스펜서 존슨이 지은 〈누가 내 치즈를 옮겼을까〉라는 책을 보면 생쥐 스니프와 스커리, 꼬마 인간 허와 헴이 나온다. 이들은 미로 속을 헤맨 끝에 치즈가 가득 찬 창고를 찾아낸다. 생쥐들은 매일 창고를 점검했지만, 꼬마인간들은 맛있는 치즈를 먹는 즐거움에 빠져 정신없이 지낸다. 창고가 비어버리자 생쥐들은 현실을 인정하고 곧 새로운 치즈를 찾아 나서지만, 허와 헴은 깜짝 놀라 "누가 내 치즈를 옮겼을까"라고 소리친다. 허는 사태분석이나 기다림이 부질없다고 생각하고 새로운 치즈를 찾아 떠나지만, 헴은 "난 늙었다. 길을 잃고 헤매기 싫다. 여기 남아서 문제의 원인을 끝까지 파헤치겠다."고 우긴다. 새 치즈를 발견하는 일은 많은 고난과 역경을 이겨내야 했지만, 허는 마침내 새로운 치즈를 발견하게 되고, 헴은 아무 것도 얻지 못한다.

① 힘든 일보다는 편한 삶을 누리는 방법을 제시하고 있다.
② 자신의 물건은 스스로 잘 지켜야 한다는 내용을 담고 있다.
③ 환경의 변화에 따른 자기개발의 중요성에 대해 말하고 있다.
④ 어려운 일이 있을수록 목표를 최대한으로 낮추어서 불가능하다는 것을 인지했을 때 포기해야 함을 나타내고 있다.
⑤ 가끔은 흘러가는 대로 운명에 맡기는 것이 현명하다는 것을 알 수 있다.

2 다음을 읽고 서원이의 피드백 과정에서 나타날 수 없는 것은?

> 서원이는 모든 일을 성실하게 수행한다. 목적을 정립하는 것을 시작으로 일별, 주간, 월간 계획까지 수립하여 시간 관리에 철저하다. 그리고 일이 마무리 되면 반드시 피드백 과정을 거친다.

① 계획의 목표가 무엇인지 고민한다.
② 우선순위대로 수행했는지 검토한다.
③ 계획이 적절했는지 확인한다.
④ 수행 결과를 판단한다.
⑤ 피드백을 통해 문제점을 파악한다.

3 다음 사례에서 업무수행 성과에 영향을 미친 요인은 무엇인가?

> ○○회사 사장의 비서실에서 근무하는 H씨는 입사한지 3개월 밖에 되지 않은 신입사원이다. 모르는 것이 많은 H씨는 회사 매뉴얼을 참고하기도 하고 상사에게 물어서 일을 처리하기도 한다. 오늘은 사장님의 지시로 법원을 방문하여 일을 처리해야 한다. 법원에서 무슨 업무를 어떻게 봐야 하는지 몰랐던 H씨는 업무 매뉴얼을 봤더니 "열람 · 복사는 시간이 걸리니 제일 나중에 처리한다. 제증명 창구에서 등본을 뗄 경우 제일 먼저 처리한다.'라고 써 있었다. 따라서 법원에 가서 먼저 제증명 창구에서 등본을 떼고 나서 열람 · 복사를 하러 갔더니 열람 · 복사 신청서를 제출하시고 30분을 기다리라는 것이었다. H씨는 이를 미리 알았더라면 열람 · 복사 신청서를 먼저 제출하고 등본을 떼러 갔다면 기다리는 시간이 줄었을 것이라고 생각했다.

① 업무지침
② 상사의 지원
③ 물질적 지원
④ 가족의 지원
⑤ 직업인의 마음가짐

4 조셉과 해리라는 두 심리학자에 의해 만들어졌으며 자신과 다른 사람의 두 가지 관점을 통해 파악해보는 자기인식 또는 자기 이해의 모델은 무엇인가?

① SWOT
② 3Bs
③ 조해리의 창
④ 자기 브랜드 PR
⑤ 윈-윈(Win-Win) 갈등 관리법

▌5~7▌ 다음 글을 읽고 물음에 답하시오.

> 얼마 전 무역회사에 인턴사원으로 입사하게 된 나는 사실 외국어 실력이 별로 좋지 않다. 하지만 입사 당시 인적성검사와 면접을 잘 본 덕에 운이 좋게 입사하게 된 것이다. 그런데 역시 무역회사라 그런지 입사 첫날부터 다양한 외국어들이 내 눈과 귓가에서 춤을 추었다. 영어부터 시작해서 중국어와 일본어, 프랑스어와 독일어, 심지어 아랍어까지... 나도 이제 이런 언어를 능수능란하게 구사해야 할 것이다. 하지만 안 그래도 회사가 집에서 멀어 매일 아침 6시 50분에 차를 타야 지각을 안 하는데 외국어까지 공부해야 하다니... 더군다나 나는 회사에 취직을 하고나면 남들처럼 주말에 늦게까지 자는 꿈을 꾼 적이 한 두 번이 아니다. 회사 취직 전까지는 취업 공부한다고 도서관에 다녔기 때문에 주말에도 아침 일찍 일어났기 때문이다. 정말 한 번이라도 마음 놓고 주말에 늦잠을 자고 싶다. 또 나는 직장인의 로망이란 바로 퇴근 후에 가지는 회식이라고 생각하는 사람이다. 퇴근 후 동료들과 가지는 회식자리에서 나는 비로소 '내가 진정한 직장인이 되었구나'라고 느낄 것 같다. 아무튼 회사에 취직을 하고나니 할 일이 너무 많아졌다. 이래서 언제 내 꿈인 억대 연봉을 받는 대기업 임원에 오를 수 있을까? 갈 길이 너무 멀다.

5 위 글을 통해 내가 회사에서 최종적으로 달성하고자 하는 목표는 무엇인가?

① 5개 국어를 하여 해외로 배낭여행을 떠나는 것
② 퇴근 후에 직장 동료들과 회식을 자주 하는 것
③ 나의 능력을 인정받아 해외 지부장이 되는 것
④ 억대 연봉을 받는 대기업 임원이 되는 것
⑤ 직장 동료들보다 먼저 승진하는 것

6 위 글을 읽고 지금 당장 내가 해야 할 일 중 우선순위를 정할 때 가장 먼저 해야 할 일은 무엇인가?

① 다양한 외국어 공부하기
② 직장 동료들과 퇴근 후에 회식하기
③ 주말에 늦게까지 늦잠자기
④ 도서관에 다니며 독서하기
⑤ 주말에 고향에 내려가기

7 나는 결국 여러 가지 하고 싶은 일이 많지만 지금 당장 할 일로 외국어 습득을 택했다. 하지만 영어 학원을 등록한 지 일주일도 안 되어 회사 업무로 인해 야근을 수시로 하게 되었다. 따라서 영어 학원은 일주일에 3일은 고사하고 한 달에 3번도 가기 힘든 상황이다. 이런 상황에서 나는 어떻게 할 것인가?

① 바로 학원 등록을 취소하고 회사 업무에 주력한다.
② 비록 자주 학원에 가지는 못하지만 갈 수 있을 때마다 틈틈이 가서 공부한다.
③ 따로 학원가서 공부할 시간이 없으므로 mp3로 학습 자료를 다운받아 출 · 퇴근 시 틈틈이 듣는다.
④ 지금은 일단 회사 업무를 배워야 함으로 회사 업무에 익숙해진 후에 다시 영어 학원을 등록하여 공부한다.
⑤ 회사 야근을 무단으로 불참하고 학원을 다닌다.

8 다음 중 자기개발능력에 대한 정의로 옳은 것은?

① 활동이나 사업에 소요되는 비용을 산정하고, 예산을 편성하는 것뿐만 아니라 예산을 통제하는 능력이다.

② 직장생활에서 요구되는 기초적인 통계나 도표의 의미를 이해·파악하고 이를 이용해서 결과를 제시하는 능력이다.

③ 직장생활에서 협조적인 관계를 유지하고, 조직구성원들에게 도움을 줄 수 있으며, 조직내부 및 외부의 갈등을 원만히 해결하고 고객의 요구를 충족시켜줄 수 있는 능력이다.

④ 자신의 능력, 적성, 특성 등을 이해하고 목표성취를 위해 스스로를 관리하며 개발해 나가는 능력이다.

⑤ 시간을 효율적으로 분배하고, 목표를 달성할 수 있도록 하는 능력이다.

9 신입사원 J씨는 제약회사 영업팀 워크숍에 참여하여 부장과 멘토링 시간을 갖게 되었다. 부장은 회사생활의 출발점인 신입사원으로써 자기관리의 절차를 강조하며 그 중 '과제발견'에 대하여 상세히 설명해 주었다. 다음 중 부장이 신입사원 J씨에게 한 과제발견의 조언으로 적절하지 않은 것을 고르시오.

① 영업팀에 따른 J사원의 활동목표를 확인하고 개인목표도 가져야 할 것 일세.

② J사원 업무를 효과적으로 수행했는지 체크리스트를 만들어 활용하는 것이 중요하네.

③ 영업팀은 급한 것, 중요한 것 등 업무의 우선순위 선정 방법이 매우 중요하다네.

④ 신입사원으로써 앞으로의 J사원의 영업팀 역할이 중요하다네.

⑤ J사원은 영업팀 신입사원으로써 팀 안에서 본인의 능력을 알고 최대 발휘해야 하네.

10 소프트웨어 개발회사에 근무 중인 Y씨는 국제화 시대에 영어의 활용이 증가하고 있음을 느끼며, 자신이 바이어를 만나도 영어를 자유롭게 구사할 수 없음에 회의감을 느끼고 있다. 이에 Y씨가 자기개발을 위하여 가장 먼저 하여야 할 활동으로 적합한 것은?

① 시간관리 능력을 기른다.
② 자기성찰노트를 작성한다.
③ 독서를 많이 한다.
④ 영어 학원에 등록한다.
⑤ 부모님과 진지하게 상담을 한다.

11 다음 중 자기관리 절차로 옳은 것은?

① 비전 및 목적 정립 → 일정수립 → 수행 → 과제발견 → 반성 및 피드백
② 비전 및 목적 정립 → 일정수립 → 과제발견 → 수행 → 반성 및 피드백
③ 비전 및 목적 정립 → 수행 → 과제발견 → 일정수립 → 반성 및 피드백
④ 비전 및 목적 정립 → 과제발견 → 일정수립 → 수행 → 반성 및 피드백
⑤ 비전 및 목적 정립 → 과제발견 → 수행 → 일정수립 → 반성 및 피드백

12 기획사에서 3년째 재직 중인 L씨는 지금보다 더 규모가 크고 자신의 역량을 더 발휘할 수 있는 출판사로 전직을 고려하고 있다. 기획사에서 자신이 계속적으로 이루어낸 많은 도서의 기획을 바탕으로 출판사에 입사하면 자신이 좀 더 많은 능력을 발휘할 수 있을 것이라는 생각에서이다. 그렇다면 L씨가 출판사에 입사하기 전에 개발해야 할 능력은 무엇인가?

① 대인관계능력
② 시간관리능력
③ 경력개발능력
④ 언어구사능력
⑤ 수리분석능력

13 다음 기사의 내용을 읽고 문맥 상 괄호 안에 들어갈 말로 가장 적절한 것을 고르면?

안도현 시인이 쓴 연탄재 함부로 차지마라는 시에는 자신을 태워서 따뜻한 아랫목을 만들고, 자신의 목숨을 다하여 하얗게 남겨진 연탄재의 역할을 보며 나 자신은 어떠한 생각과 삶을 살아가고 있는지를 되돌아보게 한다. 연탄재조차 누군가를 위해 뜨겁게 살아가다 하얗게 변화되어가는 능동적이고 긍정적인 삶을 살다간다. (　　　　)을 보면, 사람은 하위욕구로서 생리욕구와 안전에의 욕구가 해결되면 상위욕구로서 사람들과의 관계를 통해서 나의 존재를 확인받고 더 나아가 자신의 자아실현을 궁극적으로 꿈꾼다고 한다. 우리는 동사형의 삶을 살기 위해서, 상위욕구를 가진 인간으로서 사람답게 살기위해서 어떤 삶을 매일 인지하고 살아가야 하는 것일까? 그 삶을 실천하기 위해서 무엇이 근본적으로 가장 필요한 것일까? 바로 예의범절을 잊지 않는 것이다. 어린 시절부터 우리는 예의범절을 배우며 자라난다. 예의는 서로에게 함부로 하지 않는 존경의 뜻을, 범절은 세상을 살아가면서 때와 장소에 맞게끔 행동하는 것 을 의미한다. 전 세계가 하나로 묶여서 문화를 공유하는 요즘에는 이것을 서양식으로 표현하자면 예의는 타인에 대한 올바른 마음을 담고 있는 매너라면 범절은 그 매너를 사회적 약속과 형식으로 풀어내는 에티켓이다. 간단히 말하자면 사회가 정한 규칙을 지켜서, 서로 민망하게 얼굴 붉힐 일을 만들지 말자는 사회적인 약속인 것이다. 그런데 서로 얼굴을 볼 일이 없는 사이버 공간에서는 어떠할까? 인터넷을 하는 모든 사람은 네티즌이라는 시민으로 살아간다. 실시간 검색이라는 말처럼 사람들은 끊임없이 인터넷에 접속하여 매슬로우의 욕구이론의 근거한 집단에 속한 자신으로서, 자아실현을 하는 자신으로서 살아가고 있다. 그런데 타인에 대한 예의범절을 잊어버리고 일탈되어서, 댓글을 본 당사자의 마음을 배려하지 않고 적거나, 평소의 나라면 차마 입에 담지 못할 말을 글로 적거나 욱하는 심정으로 직설적인 표현의 글을 적는다면 그 위력은 살뿐만 아니라 뼈까지 잘라내는 위력을 가진 흉기가 되어 버린다. 게다가 상대가 반론조차 쉽게 할 수 있는 상황이 아니라면 일방적으로 폭주하는 모양새가 되어버린다. 그래서 흉기가 된 악플에 대한 처벌법까지 만들어지고 강화되어 가고 있다. 존경받으며 동사형의 삶을 살아가는 것에는 다양한 방법이 있지만 손쉽고 누구든지 언제라도 실천 할 수 있는 방법이 바로 선플을 달아주는 것이다. 배고플 때의 따뜻한 밥 한 공기, 실수나 잘못으로 움츠려져 있을 때의 괜찮다는 한 마디, 손이 빨개질 만큼 추울 때 내밀어진 따스한 온기가 있는 누군가의 손을 잡았을 때 마음은 선플을 보는 사람들의 마음이자 선플을 달아준 사람들의 예의범절이 깃든 마음이자 동사형의 펄떡펄떡 뛰어있는 삶이다.

① Mc Gregor의 X.Y이론
② 매슬로우의 욕구이론
③ Herzberg의 2요인 이론
④ Alderfer의 E.R.G이론
⑤ Mcclleland의 성취동기이론

▌14~16 ▌ 다음 글을 읽고 물음에 답하시오.

나는 초등학교 때까지만 해도 친구들과 잘 어울리며 말도 많이 하고 적극적인 성격이었다. 매주 주말마다 내가 먼저 친구들에게 전화해서 축구며 야구 등을 하자고 했고 거기에 필요한 축구공, 야구배트, 글러브, 테니스 공 등은 내가 준비를 다 했다. 하지만 중학교·고등학교에 들어서면서부터 평소 같이 놀던 친구들이 모두 이사를 가고 사람들과 말을 많이 하지 않아 새로운 친구들을 많이 사귀지 못했다. 반면 학교 수업 때 역사나 윤리과목에 많은 흥미를 가져 그와 관련된 책들을 많이 읽었고 이와 더불어 자연스럽게 한자를 많이 접하게 되었다. 또한 마침 고등학교 2학년 담임선생님의 권유로 한자 자격증 3급을 따게 되었다. 이후 나는 꾸준히 한자를 공부하여 전역 후에는 2급 자격증을 취득하였고 대학교에서도 사학을 전공으로 선택하여 좋은 점수를 받았다. 따라서 대학 재학 중 교직을 이수하여 훗날 역사 선생님이 되겠다는 학창시절의 꿈을 다시 꿀 수 있게 되었다. 또한 나는 이러한 성취감을 통해 자신감을 가지게 되었고 대학생활을 하는 동안 학창시절에 가졌던 내성적인 성격을 고치기 위해 많은 노력을 하였다. 대학 1·2학년 때 기숙사에 있는 같은 방 사람들과 운동도 하고 대화도 많이 하려고 노력한 것이 한 예이다. 그 결과 예전만큼은 아니지만 어느 정도 성격이 변하기 시작했다. 하지만 그런 생활을 계속하게 되자 이번에는 같은 과 친구들과의 관계가 소원해지기 시작했다. 너무 기숙사 사람들과만 생활했기 때문이다. 그래서 군 복무를 마친 후 기숙사를 나가 자취를 하게 됐을 때는 같은 과 사람들과 될 수 있으면 많은 시간을 보내기 위해 노력하였다.

14 다음 중 나에 대해 가장 옳게 설명한 것은?

① 나는 어릴 때부터 친구들과 주말마다 축구·야구 등을 하였으므로 운동을 좋아하는 성격이다.

② 나는 소수의 친한 사람들하고만 어울리는 성격으로 앞으로는 다양한 사람들과 함께 어울리려고 노력해야 한다.

③ 초등학교 때는 친구들과 놀고 중·고등학교 때는 역사와 윤리 교과와 관련된 책을 읽은 것으로 보아 새로운 환경 변화에 적응을 잘 한다.

④ 나는 성격이란 선천적인 것이라 생각하여 한 번 바뀐 성격을 고치려고 노력하지 않는다.

⑤ 나는 남의 주장에 대해 적극적으로 분석하는 성격을 가졌다.

15 위 글을 통해 알 수 있는 나의 능력은 무엇인가?

① 좋아하는 일에 대해 꾸준히 노력하는 끈기
② 사람들을 이끌고 일을 수행할 수 있는 리더십
③ 다른 사람들의 이야기를 끝까지 들어주는 경청의 자세
④ 내가 하고자 하는 일에 대해 다른 사람들보다 먼저 행동하는 적극성
⑤ 남의 주장을 분석하는 능력

16 위 글에 나오는 내가 자신의 능력을 제대로 발휘하기 위한 방법으로 옳은 것은?

① 군 전역 후 다시 장교가 되기 위해 대학 내 설치된 학군단을 찾아가 학군단장과 상의를 한다.
② 나의 내성적인 성격을 고치고 다양한 사람들을 많이 만나보기 위해 대학 졸업 후 취업 지원 시 영업직 위주의 일을 찾아본다.
③ 장차 졸업 후 역사와 함께 한자도 가르칠 수 있도록 대학교 재학 중에 한문교육과를 복수 전공한다.
④ 학창시절 책을 많이 읽었으므로 소설작품을 써서 신춘문예에 도전한다.
⑤ 내 의견보다 남의 주장을 들으려고 노력한다.

17 다음의 내용을 읽고 K씨에게 작용한 자기개발 저해요인으로 바르게 짝지어진 것을 고르면?

> 국제화시대에 발맞추기 위해 외국어 능력을 키우기로 결심한 K씨는 퇴근 후 영어 학원을 등록하였다. 그리고 한 달이 지난 지금, K씨는 공원에서 쓰디 쓴 커피 한잔을 마시며 지난 한 달을 돌이켜 보고 있다. 영어 학원 등록 후 회식에 참석하느라 학원을 빠지고, 컨디션이 안 좋아서 빠지고, 친구가 술 한 잔 하자고 해서 빠지고 해서 학원을 간 날보다 빠진 날이 훨씬 많았다.

① 개인적 욕구, 제한적 사고
② 문화적 장애, 제한적 사고
③ 개인적 욕구, 문화적 장애
④ 문화적 장애, 사회적 장애
⑤ 사회적 장애, 제한적 사고

18 아래의 내용을 읽고 K씨의 가장 큰 문제점은 무엇인지 고르면?

> 대학을 졸업 후 2년 동안 백수로 지내던 K씨가 드디어 보험회사에 취직을 했다. 직업을 가지게 된 K씨는 자신의 모든 역량을 동원하여 이번 분기에 보험 판매 왕이 될 것이라는 목표를 삼았다. 그러나 한 달, 두 달이 지나가도록 판매 왕이 되기는커녕 성과가 하나도 없었다. K씨는 막상 보험을 판매하려니 수줍기도 하고, 주변에 아는 사람도 없는 등 아침부터 저녁까지 매일 발품만 팔다가 하루를 보내고 만 것이다. 퇴근길에 돌이켜 보니 K씨는 자신에게는 판매라는 직업이 맞지 않다는 생각을 했지만 이미 정한 직업이라 다른 직업을 구할 수도 없어 수많은 고민에 빠지게 되었다.

① 자기관리
② 인맥관리
③ 경력개발
④ 자아인식
⑤ 시행착오

19 성찰을 해야 하는 이유로 옳지 않은 것은?

① 지속적인 성장의 기회를 만들기 위해서
② 다른 일을 하는데 필요한 노하우를 축적하기 위해서
③ 신뢰감을 형성하기 위해서
④ 높은 연봉을 받기 위해서
⑤ 창의적인 사고 능력을 개발하기 위해서

20 다음의 사례를 통해 확인할 수 있는 자기개발을 저해하는 요인을 고르면?

> 직장인 I씨는 선배의 조언으로 자신이 부족한 엑셀 작업 능력을 키우기 위해 퇴근 후 컴퓨터 학원에 등록을 하였다. 그런데 동료들과의 술자리가 있을 때마다 학원을 빠지는 바람에 컴퓨터 학원의 엑셀과정이 끝났지만 I씨는 하나도 배운 것이 없다. I씨는 "왜 나는 열심히 학원을 다니고 몇 번 빠지지도 않았는데 왜 배운 것이 없을까?"라는 의구심에 컴퓨터 학원에 환불을 요구하였다.

① 개인적인 욕구가 강해서
② 제한적으로 사고를 하여서
③ 문화적인 장애로 인하여
④ 자기개발방법을 잘 몰라서
⑤ 주변 환경이 고르지 못해서

09 대인관계능력

정답 및 해설 p.425

1 다음 글에서 나타난 갈등을 해결한 방법은?

> 갑과 을은 일 처리 방법으로 자주 얼굴을 붉힌다. 갑은 처음부터 끝까지 계획에 따라 일을 진행하려고 하고, 을은 일이 생기면 즉흥적으로 해결하는 성격이다. 같은 회사 동료인 병은 이 둘에게 서로의 성향 차이를 인정할 줄 알아야 한다고 중재를 했고, 이 둘은 어쩔 수 없이 포기하는 것이 아닌 서로간의 차이가 있다는 점을 비로소 인정하게 되었다.

① 사람들과 눈을 자주 마주친다.
② 다른 사람들의 입장을 이해한다.
③ 사람들이 당황하는 모습을 자세하게 살핀다.
④ 자신의 의견을 명확하게 밝히고 지속적으로 강화한다.
⑤ 어려운 문제는 피하지 말고 맞선다.

2 다음 설명에 해당하는 협상 과정은?

> • 협상 당사자들 사이에 상호 친근감을 쌓음
> • 간접적인 방법으로 협상의사를 전달함
> • 상대방의 협상의지를 확인함
> • 협상진행을 위한 체제를 짬

① 협상 시작　② 상호 이해
③ 실질 이해　④ 해결 대안
⑤ 합의 문서

3 다음의 사례는 FABE 화법을 활용한 대화내용이다. 이를 읽고 밑줄 친 부분에 대한 내용으로 가장 옳은 것을 고르면?

> 〈개인 보험가입에 있어서의 재무 설계 시 이점〉
>
> 상담원 : 저희 보험사의 재무 설계는 고객님의 자산 흐름을 상당히 효과적으로 만들어 줍니다.
>
> 상담원 : 그로 인해 고객님께서는 언제든지 원하는 때에 원하는 일을 이룰 수 있습니다.
>
> 상담원 : <u>그 중에서도 가장 소득이 적고 많은 비용이 들어가는 은퇴시기에 고객님은 편안하게 여행을 즐기시고 또한 언제든지 친구들을 만나서 부담 없이 만나 행복한 시간을 보낼 수 있습니다.</u>
>
> 상담원 : 저희 보험사에서 재무 설계는 우선 예산을 조정해 드리고 있으며, 선택과 집중을 통해 고객님의 생애에 있어 가장 중요한 부분들을 먼저 준비할 수 있도록 도와드리기 때문입니다.

① 제시하는 상품의 특징을 언급하는 부분이라 할 수 있다.
② 이득이 발생할 수 있음을 예시하는 것이라 할 수 있다.
③ 해당 이익이 고객에게 반영될 시에 발생 가능한 상황을 공감시키는 과정이라고 할 수 있다.
④ 이익이 발생하는 근거를 설명하는 부분이다.
⑤ 해당 상품 및 서비스의 설명이 완료되어 마무리하는 부분이라 할 수 있다.

4 모바일 중견회사 감사 부서에서 생산 팀에서 생산성 10% 하락, 팀원들 간의 적대감이나 잦은 갈등, 비효율적인 회의 등의 문제점을 발견하였다, 이를 해결하기 위한 방안으로 가장 적절한 것을 고르시오.

① 아이디어가 넘치는 환경 조성을 위해 많은 양의 아이디어를 요구한다.
② 어느 정도 시간이 필요하므로 갈등을 방치한다.
③ 동료의 행동과 수행에 대한 피드백을 감소시킨다.
④ 의견 불일치가 발생할 경우 생산팀장은 제3자로 개입하여 중재한다.
⑤ 리더가 팀을 통제하고 발언의 기회를 줄인다.

5 다음의 내용은 VOC(Voice Of Customer ; 고객의 소리)의 일부 사례로써 병원 측과 환자 측과의 대화를 나타낸 것이다. 이로 미루어 보아 가장 옳지 않은 설명을 고르면?

> ㉮ 물리치료센터
>
> 환자 : 처음에는 뜨거운 물로 치료를 해줬으나 이제는 그렇게 치료하지 않더군요. 물리치료사에게 물어보니 치료를 뜨겁게 생각하는 분들이 많아 없앴다고 했습니다. 하지만 저처럼 뜨거운 물을 이용한 치료를 원하는 고객들이 많을 테니 치료 자체를 없애는 대신 두꺼운 수건을 깔아서 문제를 해결했으면 좋았을 것이라 생각합니다. 조금 더 고객의 마음을 헤아려줬으면 좋겠습니다.
>
> 병원 : 앞으로는 치료 자체를 없애기보다는 그것을 개선시키는 방향을 택하도록 노력하겠습니다.
>
> ㉯ 진료 과정
>
> 환자 : 다른 병원에서 무릎 치료에 실패하고 시인의 소개로 XX 병원에 방문했습니다. 오른쪽 다리뿐만 아니라 왼쪽 다리에도 문제가 있어서 두 쪽 다 수술 받기를 원했지만 아직은 왼쪽 다리 수술이 필요 없다는 진단을 들었습니다. 결국 왼쪽 다리에는 주사 시술만 받은 후 수영 등 무릎 건강에 도움이 된다는 운동을 해봤습니다. 하지만 전혀 개선이 되지 않더군요. 오른쪽 다리 수술을 할 때 같이 왼쪽 다리도 수술해 주셨으면 좋았을 겁니다.
>
> 병원 : XX 병원은 무조건 수술을 권유하지 않고, 고객의 상태를 고려한 맞춤 치료를 진행합니다. 하지만 고객님의 의견을 마음에 새겨 진료 프로세스에 적극적으로 반영하겠습니다.
>
> ㉰ 건강검진센터
>
> 환자 : 대기하고 있을 때 피 검사, 엑스레이 검사 등을 미리 해주면 좋을 텐데 시간이 닥쳐서 검사를 시작하니까 대기 시간이 길어집니다. 심지어 오전 11시에 와서 오후 6시에 검사가 끝난 적도 있었습니다. 점심시간이 걸리고, 제 차례가 됐을 때가 돼서야 피 검사를 하라고 하니 검사 결과가 나오는 데는 또 한 시간이 이상이 걸리더군요. 고객이 오면 자기 차례가 됐을 때 신속하게 검사가 진행되길 바랍니다.
>
> 병원 : 앞으로 건강검진센터는 자체적인 진료 프로세스를 만들어 고객님들의 대기 시간을 줄일 수 있도록 노력하겠습니다.

① 환자들의 요구사항을 충족시키는 방법에 대해서 신뢰할 수 있는 정확한 정보는 오직 환자만이 줄 수 있다는 것을 알 수 있다.

② 환자들의 불만을 접수하면서 병원경영혁신의 기초자료로 서비스 제공을 위한 예상 밖의 아이디어를 얻을 수 있다.

③ 환자 측과의 접점에서 그들의 니즈에 기초한 표준화된 대응의 서비스가 가능하다.

④ 환자 측의 불편사항을 추후에 개선이 될 수 있게 만드는 연결 통로가 된다.

⑤ 환자 측의 요구사항을 잘 처리해도 그들의 만족도는 낮고 환자 측과의 관계유지는 더욱 악화될 것이다.

6 다음 중 거만형 불만고객에 대한 대응방안으로 옳은 것은?

① 때로는 책임자로 하여금 응대하게 하는 것도 좋다.
② 의외로 단순한 면이 있으므로 일단 호감을 얻게 되면 득이 될 경우도 있다.
③ 잠자코 고객의 의견을 경청하고 사과를 하는 응대가 바람직하다.
④ 분명한 증거나 근거를 제시하여 스스로 확신을 갖도록 유도한다.
⑤ 이야기를 맞장구치며 추켜세운다.

7 다음 중 고객만족을 측정하는데 있어 많은 사람들이 범하는 오류의 유형으로 옳지 않은 것은?

① 적절한 측정 프로세스 없이 조사를 시작한다.
② 고객이 원하는 것을 알고 있다고 생각한다.
③ 모든 고객들이 동일한 수준의 서비스를 원하고 필요로 한다고 가정한다.
④ 전문가로부터 도움을 얻는다.
⑤ 포괄적인 가치만을 질문한다.

8 다음 중 실무형 멤버십의 설명으로 옳지 않은 것은?

① 조직의 운영방침에 민감하다.
② 획일적인 태도나 행동에 익숙함을 느낀다.
③ 개인의 이익을 극대화하기 위해 흥정에 능하다.
④ 리더와 부하 간의 비인간적인 풍토를 느낀다.
⑤ 규정에 따라 행동한다.

9 다음 상황에서 미루어 볼 때 이러한 고객 유형에 대한 응대요령으로 가장 적절한 것을 고르면?

> 타인이 보았을 때 유창하게 말하려는 사람은 자신을 과시하는 형태의 고객으로써 자기 자신은 모든 것을 다 알고 있는 전문가인 양 행동할 수 있다. 또한, 자신이 지니고 있는 확신에 대한 고집을 꺾지 않으려 하지 않으며 좀처럼 설득되지 않고 권위적인 느낌을 주어 상대의 판단에 영향을 미치려고 한다. 비록 언어 예절을 깍듯이 지키며 겸손한 듯이 행동하지만 내면에는 강한 우월감을 지니고 있으므로 거만한 인상을 주게 된다.

① 고객이 결정을 내리지 못하는 갈등요소가 무엇인지를 표면화시키기 위해 시기 적절히 질문을 하여 상대가 자신의 생각을 솔직히 드러낼 수 있도록 도와준다.

② 상대의 말에 지나치게 동조하지 말고 항의 내용의 골자를 요약해 확인한 후 문제를 충분히 이해하였음을 알리고 문제 해결에 대한 확실한 결론을 내어 고객에게 믿음을 주도록 한다.

③ 부드러운 분위기를 유지하며 정성스럽게 응대하되 음성에 웃음이 섞이지 않도록 유의한다.

④ 우선적으로 고객의 말을 잘 들으면서 상대의 능력에 대한 칭찬 및 감탄의 말로 응수해 상대를 인정하고 높여주면서 친밀감을 조성해야 한다.

⑤ 대화의 초점을 주제방향으로 유도해서 해결점에 도달할 수 있도록 자존심을 존중해 가면서 응대한다.

10 기업 인사팀에 근무하면서 2019 상반기 신입사원 워크숍 교육 자료를 만들게 되었다. 워크숍 교육 자료에서 팀워크 활성 방안으로 적절하지 않은 것을 고르시오.

① 아이디어의 질을 따지기보다 아이디어를 제안하도록 장려한다.

② 양질의 의사결정을 내리기 위해 단편적 질문을 고려한다.

③ 의사결정을 내릴 때는 팀원들의 의견을 듣는다.

④ 각종 정보와 정보의 소스를 획득할 수 있다.

⑤ 동료의 피드백을 장려한다.

11 귀하는 서문대학 대졸 공채 입학사정관의 조직구성원들 간의 원만한 관계 유지를 위한 갈등관리 역량에 관해 입학사정관 인증교육을 수료하게 되었다. 인증교육은 다양한 갈등사례를 통해 갈등 과정을 시뮬레이션 함으로써 바람직한 갈등해결방법을 모색하는 데 중점을 두고 있다. 입학사정관이 교육을 통해 습득한 갈등과정을 바르게 나열한 것을 고르시오.

① 대결 국면 – 의견불일치 – 진정 국면 – 격화 국면 – 갈등의 해소

② 의견 불일치 – 격화 국면 – 대결 국면 – 갈등의 해소 – 진정 국면

③ 의견 불일치 – 진정 국면 – 격화 국면 – 대결 국면 – 갈등의 해소

④ 대결 국면 – 의견불일치 – 격화 국면 – 진정 국면 – 갈등의 해소

⑤ 의견 불일치 – 대결 국면 – 격화 국면 – 진정 국면 – 갈등의 해소

12 다음 중 변혁적 리더십의 유형으로 옳은 설명은?

① 개개인과 팀이 유지해 온 업무수행 상태를 뛰어넘어 전체 조직이나 팀원들에게 변화를 가져오는 원동력이 된다.

② 정책의사결정과 대부분의 핵심정보를 그들 스스로에게만 국한하여 소유하고 고수하려는 경향이 있다.

③ 그룹에 정보를 잘 전달하려고 노력하고 전체 그룹의 구성원 모두를 목표방향으로 설정에 참여하게 함으로써 구성원들에게 확신을 심어주려고 노력한다.

④ 리더와 집단 구성원 사이의 구분이 희미하고 리더가 조직에서 한 구성원이 되기도 한다.

⑤ 소규모 조직에서 경험, 재능을 소유한 조직원이 있을 때 효과적으로 활용할 수 있다.

13 다음 중 팀워크의 촉진 방법으로 옳지 않은 것은?

① 개개인의 능력을 우선시 하기

② 갈등 해결하기

③ 참여적으로 의사결정하기

④ 창의력 조성을 위해 협력하기

⑤ 동료 피드백 장려하기

14 다음 글은 A라는 변호사가 B라는 의뢰자에게 하는 커뮤니케이션의 스킬을 나타낸 것이다. 대화를 읽고 A 변호사의 커뮤니케이션 스킬에 대한 내용으로 가장 거리가 먼 것을 고르면?

A : "좀 꺼내기 어려운 얘기지만 방금 말씀하신 변호사 보수에 대해 저희 사무실 입장을 솔직히 말씀드려도 실례가 되지 않을까요?"

B : 네, 그러세요

A : "아마 알아보시면 아시겠지만 통상 중형법률사무소 변호사들의 시간당 단가가 20만 원 내지 40만 원 정도 사이입니다. 이 사건에 투입될 변호사는 3명이고 그 3명의 시간당 단가는 20만 원, 25만 원, 30만 원이며 변호사별로 약 OO시간 동안 이 일을 하게 될 것 같습니다. 그렇다면 전체적으로 저희 사무실에서 투여되는 비용은 800만 원 정도인데, 지금 의뢰인께서 말씀하시는 300만 원의 비용만을 받게 된다면 저희들은 약 500만 원 정도의 손해를 볼 수밖에 없습니다."

B : 그렇군요.

A : "그 정도로 손실을 보게 되면 저는 대표변호사님이나 선배 변호사님들께 다른 사건을 두고 왜 이 사건을 진행해서 전체적인 사무실 수익성을 악화시켰냐는 질책을 받을 수 있습니다. 어차피 법률사무소도 수익을 내지 않으면 힘들다는 것은 이해하실 수 있으시겠죠?"

B : 네, 이해가 됩니다.

A : "어느 정도 비용을 보장해 주셔야 저희 변호사들이 힘을 내서 일을 할 수 있고, 사무실 차원에서도 제가 전폭적인 지원을 이끌어낼 수 있습니다. 이는 귀사를 위해서도 바람직할 것이라 여겨집니다."

B : 네

A : "너무 제 입장만 말씀 드린 거 같습니다. 제 의견에 대해 어떻게 생각하시는지요?"

B : 듣고 보니 맞는 말씀이네요.

① 상대에게 솔직하다는 느낌을 전달하게 된다.
② 상대가 나의 입장과 감정을 전달해서 상호 이해를 돕는다.
③ 상대는 나의 느낌을 수용하며, 자발적으로 스스로의 문제를 해결하고자 하는 의도를 가진다.
④ 상대에게 개방적이라는 느낌을 전달하게 된다.
⑤ 상대는 변명하려 하거나 반감, 저항, 공격성을 보인다.

15 다음 중 대인관계능력을 구성하는 하위능력으로 옳지 않은 것은?

① 팀워크능력
② 자아인식능력
③ 리더십능력
④ 갈등관리능력
⑤ 협상능력

16 다음 중 대인관계능력에 대한 정의로 옳은 것은?

① 직장생활에서 문서나 상대방이 하는 말의 의미를 파악하고 자신의 의사를 정확하게 표현하며 간단한 외국어 자료를 읽거나 외국인의 의사표시를 이해하는 능력
② 직업인으로서 자신의 능력, 적성, 특성 등을 이해하고 목표성취를 위해 스스로를 관리하며 개발해 나가는 능력
③ 직장생활에서 협조적인 관계를 유지하고 조직구성원들에게 도움을 줄 수 있으며 조직 내·외부의 갈등을 원만히 해결하고 고객의 요구를 충족시켜줄 수 있는 능력
④ 목표와 현상을 분석하고 이 결과를 토대로 과제를 도출하여 최적의 해결책을 찾아 실행하고 평가해 나가는 능력
⑤ 업무를 수행하는데 필요한 도구, 수단 등에 관한 기술의 원리 및 절차를 이해하고, 적절한 기술을 선택하여 업무에 적용하는 능력

17 다음 중 동기부여 방법으로 옳지 않은 것은?

① 긍정적 강화법을 활용한다.
② 새로운 도전의 기회를 부여한다.
③ 몇 가지 코칭을 한다.
④ 일정기간만 교육을 실시한다.
⑤ 변화를 두려워하지 않는다.

18 다음의 2가지 상황을 보고 유추 가능한 내용으로 보기 가장 어려운 것을 고르면?

> (상황1)
> 회계팀 신입사원인 현진이는 맞선임인 수정에게 회계의 기초를 교육 및 훈련받고 있는 상황이다. 이렇듯 현진이의 입장에서는 인내심 있고 성의 있는 선임을 만나는 것이 신입사원인 현진이에게는 중요한 포인트가 된다.
> 수정 : 여기다 넣어야지. 더하고 더해서 여기에 넣는 거지. 그래, 안 그래?
>
> (상황2)
> 회사에서 선후배관계인 성수와 지현이는 내기바둑을 두고 있다. 선임인 성수와 후임인 지현이는 1시간째 승부를 가르지 못하는 있었는데, 마침 바둑을 두다 중간중간 졸고 있는 후임인 지현이에게 성수가 말을 하는 상황이다.
> 성수 : 게으름, 나태, 권태, 짜증, 우울, 분노 모두 체력이 버티지 못해 정신이 몸의 지배를 받아 나타나는 증상이야
> 지현 : …
> 성수 : 네가 후반에 종종 무너지는 이유, 데미지를 입은 후 회복이 더딘 이유, 실수한 후 복구기가 더딘 이유는 모두 체력의 한계 때문이야
> 지현 : …
> 성수 : 체력이 약하면 빨리 편안함을 찾기 마련이고, 그러다 보면 인내심이 떨어지고 그 피로감을 견디지 못하게 되면 승부 따위는 상관없는 지경에 이르지
> 지현 : 아, 그렇군요
> 성수 : 이기고 싶다면 충분한 고민을 버텨줄 몸을 먼저 만들어. 네가 이루고 싶은 게 있거든 체력을 먼저 길러라
> 지현 : 네 선배님 감사합니다.

① 부하직원의 능력을 향상시키는 것을 책임지는 교육이어야 한다는 생각으로부터 출발한 방식이다.

② 작업현장에서 상사가 부하 직원에게 업무 상 필요로 하는 능력 등을 중점적으로 지도 및 육성한다.

③ 조직의 필요에 합치되는 교육이 가능하다.

④ 직무 중에 이루어지는 교육훈련을 말하는 것으로 구성원들은 구체적 업무목표의 달성이 가능하다.

⑤ 지도자 및 교육자 사이의 친밀감을 형성하기에 용이하지 않다.

19 다음의 내용은 놀이시설 서비스 기업에서 서비스 향상을 통한 고객만족이라는 결과를 도출해내기 위해 5개 서비스 팀의 팀장들이 모여 모니터링을 하며 분석하고 있다. 이 중 해당 사례에서 다루고 있는 고객에 대한 내용을 정확하게 분석하고 있는 팀장은 누구인가?

(사례) 놀이시설을 이용함에 있어 아이들의 신장제한에 대해 단체로 부모와 동반해서 방문하는 아이들이 다른 친구들은 다 놀이시설 이용을 하는데, 내 자녀의 경우에만 키가 작은 관계로 놀이시설을 활용하지 못하게 될 시에 이런 아이들의 신장제한 및 이용권 등에 대한 환불을 요청하게 되는 경우가 많다. 특히 자신의 자녀가 신장이 미달되어 즐겁게 놀이시설을 이용하지 못하게 되는 경우에 해당 부모와 자녀는 깊은 상실감에 빠지며 자녀의 경우에는 스스로의 작은 신장에 대해 억울해하며 다른 자녀들이 즐겁게 즐기는 놀이시설을 내 자녀만 이용하지 못한다는 생각에 그에 대한 화풀이로서 사소한 이유를 갖다 붙이면서 컴플레인을 제기한다. 그런 경우 일선의 직원들은 해당 부모의 마음을 이해하고 이에 대한 공감을 나타내며 상실감에 빠진 부모 및 아이들의 기분을 풀어주고 조언을 한다. 이러한 경우의 고객은 고객 자신의 말을 끝까지 경청하게 되면 어느 정도의 화를 누르게 되며 이성적으로 돌아와서 오히려 해당 컴플레인은 빨리 종료할 수 있게 된다. 하지만 주의할 점은 고객의 말을 가로막거나 회사의 규정을 운운하게 되면 오히려 고객의 화를 부추기며 동시에 회사의 이미지도 실추할 우려가 생기게 되는 것이다.

① 혜인 : 스스로가 주어진 상황에 대한 의사결정을 하지 못하고 누군가가 해결해 주기만을 바라며 주변만 빙빙 돌면서 요점을 명확하게 말하지 않는 고객이지

② 인성 : 이런 고객들은 대체로 상대에 대해 무조건적으로 비꼬거나 빈정거림으로 인해 허영심이 강하고 꼬투리만을 잡아 작은 문제에 집착하는 고객이지

③ 선화 : 상당히 사교적인 고객이며, 타인이 자신을 좋아해주기를 바라는 욕구가 마음 깊이 내재화된 고객이라 할 수 있어

④ 영수 : 이런 고객의 경우에 자신의 방법만이 최선이라 생각하고 타인의 피드백은 받아들이려 하지 않으며 오히려 자신의 주장만을 관철시키기 위해 거만하며 도발적인 상황을 만드는 고객이지

⑤ 주희 : 이것저것 무조건적으로 캐묻고 고개를 갸우뚱거리는 의심이 많은 고객으로 애써서 해당 고객에게 비위를 맞추어주지 않아도 되는 고객이라 할 수 있어

20 아래 그림은 문상예절에 관한 것이다. 이 상황은 병선이의 아내가 세상을 떠난 것을 연출한 것인데, 이를 참조하여 해당 내용에 대한 설명을 고친 것으로 가장 바르지 않은 것을 고르면?

① 문상 1에서 빈소에 도착하면 들어와서 외투를 벗고 상제에게 큰 절을 해야 한다. → 빈소에 도착하면 문 밖에서 외투 모자 등을 벗고 상제에게 가볍게 목례 후 영정 앞으로 가야 한다.

② 문상 2에서 향에 불을 붙인 후 입으로 한 번에 불어서 불을 꺼야 한다. → 향에 불을 붙인 후 왼손으로 가볍게 부채질하듯 흔들어 불을 꺼야 한다.

③ 문상 3에서 영정에 절을 할 시에 남자는 왼손이 위로 가게 해야 한다. → 영정 앞에서 절을 할 시에 남자는 오른손이 위로 가게 해야 한다.

④ 문상 4에서 문상객의 인사말은 "상을 당하셔서 얼마나 비감하십니까?" → "얼마나 망극하십니까?"로 인사말을 해야 한다.

⑤ 조문을 마친 후 식사 시에는 술잔을 부딪치면서 무거운 분위기를 바꾸는 것이 좋다. → 식사 시에는 술잔을 부딪치면서 술을 마시면 안 된다.

10 직업윤리

정답 및 해설 p.429

1 다음 중 근로윤리에 관한 설명으로 옳지 않은 것은?

① 정직은 신뢰를 형성하는 데 기본적인 규범이다.
② 정직은 부정직한 관행을 인정하지 않는다.
③ 신용을 위해 동료와 타협하여 부정직을 눈감아준다.
④ 신용을 위해 잘못된 것도 정직하게 밝혀야 한다.
⑤ 자신의 일에 최선을 다하고자 하는 마음을 가진다.

2 원모는 입사 후 처음으로 회사의 회식에 참여하게 되었다. 하지만 사회생활이 처음인 원모에게 모든 것이 낯선 상황이다. 다음은 원모가 소속 중인 회사의 회식 및 음주예절에 관한 내용인데 아래의 선택지는 원모가 각 상황별로 해야 하는 행동이다. 이 중 가장 바르지 않은 것을 고르면?

① 술잔은 상위자에게 먼저 권하고 경우에 따라서 무릎을 꿇거나 또는 서서 잔을 따른다.
② 술을 마시지 않더라도 술잔을 입에 대었다가 내려놓는다.
③ 만약의 경우 선약이 있어서 중간에 회식자리를 떠날 시에는 사전 또는 중간에 상위자에게 보고하고 이석한다.
④ 건배 시에 잔을 부딪칠 때에는 상위자의 술잔보다 높게 들어야 한다.
⑤ 회식자리의 배치는 최상위자(주빈)을 맨 안쪽의 중간에 배치하며, 나머지는 최상위자와의 관계성, 송·환영 회식 등의 성격에 의해 자리에 착석한다.

3 다음 설명에 해당하는 직업윤리의 덕목은?

자신이 하고 있는 일이 사회나 기업을 위해 중요한 역할을 하고 있다고 믿는 태도

① 직분의식
② 소명의식
③ 천직의식
④ 책임의식
⑤ 봉사의식

4 직업인은 외근 등의 사유로 종종 자동차를 활용하곤 한다. 다음은 자동차 탑승 시에 대한 예절 및 윤리에 관한 설명이다. 이 중 가장 옳지 않은 것을 고르면?

① 승용차에서는 윗사람이 먼저 타고 아랫사람이 나중에 타며 아랫사람은 윗사람의 승차를 도와준 후에 반대편 문을 활용해 승차한다.
② Jeep류의 차종인 경우 (문이 2개)에는 운전석의 뒷자리가 상석이 된다.
③ 운전자의 부인이 탈 경우에는 운전석 옆자리가 부인석이 된다.
④ 자가용의 차주가 직접 운전을 할 시에 운전자의 오른 좌석에 나란히 앉아 주는 것이 매너이다.
⑤ 상석의 위치에 관계없이 여성이 스커트를 입고 있을 경우에는 뒷좌석의 가운데 앉지 않도록 배려해 주는 것이 매너이다.

5 다음 중 이메일 네티켓에 관한 설명으로 부적절한 것은?

① 대용량 파일의 경우에는 압축해서 첨부해야 한다.
② 메일을 발송할 시에는 발신자를 명확하게 표기해야 한다.
③ 메일을 받을 수신자의 주소가 정확한지 확인을 해야 한다.
④ 영어는 일괄적으로 대문자로 표기해야 한다.
⑤ 상대로부터 수신 받은 메일은 24시간 내에 신속하게 답변을 해야 한다.

6 다음 중 직장에서의 소개 예절로 옳지 않은 것은?

① 나이 어린 사람을 연장자에게 소개한다.
② 신참자를 고참자에게 소개한다.
③ 반드시 성과 이름을 함께 말한다.
④ 빠르게 그리고 명확하게 말한다.
⑤ 상대방이 항상 사용하는 경우라면, Dr. 또는 Ph.D. 등의 칭호를 함께 언급한다.

7 다음 중 악수 예절로 적절한 것은?

① 악수를 하는 동안에 상대의 눈을 쳐다보지 않는다.
② 악수를 할 때는 왼손을 사용한다.
③ 악수는 인사 몇 마디를 주고받는 정도의 시간 안에 끝내야 한다.
④ 악수는 상대보다 더 힘있게 해야 한다.
⑤ 악수는 되도록 길게 해야 한다.

8 다음 중 직장에서의 전화걸기 예절로 옳지 않은 것은?

① 전화를 건 이유를 숙지하고 이와 관련하여 대화를 나눌 수 있도록 준비한다.
② 전화는 정상적인 업무가 이루어지고 있는 근무 시간이 종료된 뒤에 걸도록 한다.
③ 정보를 얻기 위해 전화를 하는 경우라면 얻고자 하는 내용을 미리 메모하도록 한다.
④ 전화를 해달라는 메시지를 받았다면 가능한 한 48시간 안에 답해주도록 한다.
⑤ 전화는 직접 걸도록 한다.

9 다음은 공수법에 관한 설명이다. 이 중 가장 바르지 않은 사항을 고르면?

① 공수할 때의 손을 모습은 위로 가는 손바닥으로 아래 손의 등을 덮어서 포개 잡는데, 두 엄지손가락은 깍지를 끼듯이 교차시킨다.
② 소매가 넓은 예복을 입었을 시에는 공수한 팔의 소매 자락이 수직이 되게 올리고 평상복을 입었을 때는 공수한 손의 엄지가 가슴 부위 위에 닿도록 자연스럽게 앞으로 올린다.
③ 여자의 공수는 평상시에는 오른손이 위로 가게, 흉사 시에는 반대로 왼손이 위로 가게 두 손을 포개 잡는다.
④ 남자의 공수는 평상시에는 왼손이 위로 가게, 흉사 시에는 반대로 오른손이 위로 가게 두 손을 포개 잡는다.
⑤ 공수하고 앉을 때의 공수한 손의 위치는 남자는 두 다리의 중앙에 얹고, 여자는 오른쪽 다리 위에 얹으며, 남녀 모두 한쪽 무릎을 세우고 앉을 때는 세운 무릎 위에 얹는다.

10 다음 중 성 예절을 지키기 위한 노력으로 옳은 것은?

① 성희롱 문제는 사전에 예방할 수 없기 때문에 국가와 타협을 해야 한다.
② 여성은 남성보다 높은 지위를 보장 받기 위해서 그에 상응하는 여건을 조성해야 한다.
③ 직장 내에서 여성의 지위를 인정받기 위해 남성의 지위를 없애야 한다.
④ 성역할에 대한 과거의 잘못된 인식을 타파하고 남녀공존의 직장문화를 정착하는 노력이 필요하다.
⑤ 상대방의 나이를 알아보고 '님'이나 '씨'와 같은 호칭을 정한다.

11 다음 설명은 직업윤리의 덕목 중 무엇에 해당하는가?

> 자신의 일이 누구나 할 수 있는 것이 아니라 해당 분야의 지식과 교육을 밑바탕으로 성실히 수행해야만 가능한 것이라 믿고 수행하는 태도를 말한다.

① 소명의식
② 직분의식
③ 전문가의식
④ 봉사의식
⑤ 천직의식

12 다음은 면접 시 경어의 사용에 관한 내용이다. 이 중 가장 옳지 않은 항목은?

① 직위를 모르는 면접관을 지칭할 시에는 "면접위원"이 무난하고 직위 뒤에는 "님"자를 사용하지 않는다.
② 친족이나 또는 친척 등을 지칭할 때는 "아버지", "어머니", "언니", "조부모" 등을 쓰고 특별한 경칭을 붙이지 않는다.
③ 극존칭은 사용하지 않으며 지원회사명을 자연스럽게 사용한다.
④ 지망하고자 하는 회사의 회장, 이사, 과장 등을 지칭할 시에는 '님'자를 붙인다.
⑤ 자신을 지칭할 때는 "나"라는 호칭 대신에 "저"를 사용한다.

13 명함을 주고받을 때의 기본원칙을 설명한 것 중 가장 옳지 않은 항목을 고르면?

① 명함을 줄 시에는 서열이 높은 사람이 먼저 건넨다.
② 명함을 전달할 시에 시선을 교환한다.
③ 명함을 받을 때에는 이름을 확인하고 관심을 표현한다.
④ 명함을 받은 후에 받은 명함에 메모는 가능하나 상대 앞에서는 하지 않는 것이 원칙이다.
⑤ 대화를 하는 동안에 받은 명함은 테이블의 오른쪽에 놓고 보면서 이야기한다.

14 다음 중 명함 교환 예절에 대한 설명으로 옳지 않은 것은 무엇인가?

① 명함은 반드시 지갑에서 꺼내며 새 것을 사용한다.
② 명함을 꺼낼 때는 하위자가 먼저 꺼내어 상위자에게 건넨다.
③ 상위자에게 명함을 건넬 때는 왼손으로 가볍게 받쳐 내는 것이 예의이다.
④ 명함에 관한 부가 정보는 상대방과의 만남에서 기입해 두는 것이 적절하다.
⑤ 명함을 받으면 이름과 직책을 확인한 후, 명함에 관한 이야기를 한두 마디 나눈다.

15 다음 중 전화 받는 매너로 가장 옳지 않은 것을 고르면?

① 전화벨이 울리면 즉시 받는다.
② 보안의 문제가 있으므로 회사명, 부서명, 자신의 이름을 밝히지 않는다.
③ 상대를 확인한 후에 인사를 한다.
④ 메모 준비 및 전화 온 용건을 듣는다.
⑤ 용건이 끝나면 통화한 내용을 요약하고 이를 복창해서 다시금 확인을 해야 한다.

인성검사

01 인성검사의 개요

1 직업성격(인성)검사의 개념과 목적

인성(성격)이란 개인을 특징짓는 평범하고 일상적인 사회적 이미지, 즉 지속적이고 일관된 공적 성격(Public – personality)이며, 환경에 대응함으로써 선천적 · 후천적 요소의 상호작용으로 결정화된 심리적 · 사회적 특성 및 경향을 의미한다.

인성검사는 직업기초능력평가를 실시하는 대부분의 기업에서 병행하여 실시하고 있으며, 인성검사만 독자적으로 실시하는 기업도 있다.

기업에서는 인성검사를 통하여 각 개인이 어떠한 성격 특성이 발달되어 있고, 어떤 특성이 얼마나 부족한지, 그것이 해당 직무의 특성 및 조직문화와 얼마나 맞는지를 알아보고 이에 적합한 인재를 선발하고자 한다. 또한 개인에게 적합한 직무 배분과 부족한 부분을 교육을 통해 보완하도록 할 수 있다.

인성검사의 측정요소는 검사방법에 따라 차이가 있다. 또한 각 기업들이 사용하고 있는 인성검사는 기존에 개발된 인성검사방법에 각 기업의 인재상을 적용하여 자신들에게 적합하게 재개발하여 사용하는 경우가 많다. 그러므로 기업에서 요구하는 인재상을 파악하여 그에 따른 대비책을 준비하는 것이 바람직하다. 본서에서 제시된 인성검사는 크게 '특성'과 '유형'의 측면에서 측정하게 된다.

2 성격의 특성

(1) 정서적 측면

정서적 측면은 평소 마음의 당연시하는 자세나 정신상태가 얼마나 안정하고 있는지 또는 불안정한지를 측정한다.

정서의 상태는 직무수행이나 대인관계와 관련하여 태도나 행동으로 드러난다. 그러므로 정서적 측면을 측정하는 것에 의해, 장래 조직 내의 인간관계에 어느 정도 잘 적응할 수 있을까(또는 적응하지 못할까)를 예측하는 것이 가능하다.

그렇기 때문에, 정서적 측면의 결과는 채용 시에 상당히 중시된다. 아무리 능력이 좋아도 장기적으로 조직 내의 인간관계에 잘 적응할 수 없다고 판단되는 인재는 기본적으로는 채용되지 않는다. 일반적으로 인성(성격)검사는 채용과는 관계없다고 생각하나 정서적으로 조직에 적응하지 못하는 인재는 채용단계에서 가려내지는 것을 유의하여야 한다.

① **민감성**(신경도) … 꼼꼼함, 섬세함, 성실함 등의 요소를 통해 일반적으로 신경질적인지 또는 자신의 존재를 위협받는다는 불안을 갖기 쉬운지를 측정한다.

질문	그렇다	약간 그렇다	그저 그렇다	별로 그렇지 않다	그렇지 않다
• 남을 잘 배려한다고 생각한다. • 어질러진 방에 있으면 불안하다. • 실패 후에는 불안하다. • 세세한 것까지 신경 쓴다. • 이유 없이 불안할 때가 있다.					

▶측정결과

㉠ '그렇다'가 많은 경우(상처받기 쉬운 유형) : 사소한 일에 신경 쓰고 다른 사람의 사소한 한마디 말에 상처를 받기 쉽다.

- 면접관의 심리 : '동료들과 잘 지낼 수 있을까?', '실패할 때마다 위축되지 않을까?'
- 면접대책 : 다소 신경질적이라도 능력을 발휘할 수 있다는 평가를 얻도록 한다. 주변과 충분한 의사소통이 가능하고, 결정한 것을 실행할 수 있다는 것을 보여주어야 한다.

㉡ '그렇지 않다'가 많은 경우(정신적으로 안정적인 유형) : 사소한 일에 신경 쓰지 않고 금방 해결하며, 주위 사람의 말에 과민하게 반응하지 않는다.

- 면접관의 심리 : '계약할 때 필요한 유형이고, 사고 발생에도 유연하게 대처할 수 있다.'
- 면접대책 : 일반적으로 '민감성'의 측정치가 낮으면 플러스 평가를 받으므로 더욱 자신감 있는 모습을 보여준다.

② 자책성(과민도) … 자신을 비난하거나 책망하는 정도를 측정한다.

질문	그렇다	약간 그렇다	그저 그렇다	별로 그렇지 않다	그렇지 않다
• 후회하는 일이 많다. • 자신이 하찮은 존재라 생각된다. • 문제가 발생하면 자기의 탓이라고 생각한다. • 무슨 일이든지 끙끙대며 진행하는 경향이 있다. • 온순한 편이다.					

▶**측정결과**

㉠ '그렇다'가 많은 경우(자책하는 유형) : 비관적이고 후회하는 유형이다.
- 면접관의 심리 : '끙끙대며 괴로워하고, 일을 진행하지 못할 것 같다.'
- 면접대책 : 기분이 저조해도 항상 의욕을 가지고 생활하는 것과 책임감이 강하다는 것을 보여준다.

㉡ '그렇지 않다'가 많은 경우(낙천적인 유형) : 기분이 항상 밝은 편이다.
- 면접관의 심리 : '안정된 대인관계를 맺을 수 있고, 외부의 압력에도 흔들리지 않는다.'
- 면접대책 : 일반적으로 '자책성'의 측정치가 낮아야 좋은 평가를 받는다.

③ 기분성(불안도) … 기분의 굴곡이나 감정적인 면의 미숙함이 어느 정도인지를 측정하는 것이다.

질문	그렇다	약간 그렇다	그저 그렇다	별로 그렇지 않다	그렇지 않다
• 다른 사람의 의견에 자신의 결정이 흔들리는 경우가 많다. • 기분이 쉽게 변한다. • 종종 후회한다. • 다른 사람보다 의지가 약한 편이라고 생각한다. • 금방 싫증을 내는 성격이라는 말을 자주 듣는다.					

▶**측정결과**

㉠ '그렇다'가 많은 경우(감정의 기복이 많은 유형) : 의지력보다 기분에 따라 행동하기 쉽다.
- 면접관의 심리 : '감정적인 것에 약하며, 상황에 따라 생산성이 떨어지지 않을까?'
- 면접대책 : 주변 사람들과 항상 협조한다는 것을 강조하고 한결같은 상태로 일할 수 있다는 평가를 받도록 한다.

㉡ '그렇지 않다'가 많은 경우(감정의 기복이 적은 유형) : 감정의 기복이 없고, 안정적이다.
- 면접관의 심리 : '안정적으로 업무에 임할 수 있다.'
- 면접대책 : 기분성의 측정치가 낮으면 플러스 평가를 받으므로 자신감을 가지고 면접에 임한다.

④ **독자성**(개인도) … 주변에 대한 견해나 관심, 자신의 견해나 생각에 어느 정도의 속박감을 가지고 있는지를 측정한다.

질문	그렇다	약간 그렇다	그저 그렇다	별로 그렇지 않다	그렇지 않다
• 창의적 사고방식을 가지고 있다. • 융통성이 없는 편이다. • 혼자 있는 편이 많은 사람과 있는 것보다 편하다. • 개성적이라는 말을 듣는다. • 교제는 번거로운 것이라고 생각하는 경우가 많다.					

▶측정결과

㉠ '그렇다'가 많은 경우 : 자기의 관점을 중요하게 생각하는 유형으로, 주위의 상황보다 자신의 느낌과 생각을 중시한다.

- 면접관의 심리 : '제멋대로 행동하지 않을까?'
- 면접대책 : 주위 사람과 협조하여 일을 진행할 수 있다는 것과 상식에 얽매이지 않는다는 인상을 심어준다.

㉡ '그렇지 않다'가 많은 경우 : 상식적으로 행동하고 주변 사람의 시선에 신경을 쓴다.

- 면접관의 심리 : '다른 직원들과 협조하여 업무를 진행할 수 있겠다.'
- 면접대책 : 협조성이 요구되는 기업체에서는 플러스 평가를 받을 수 있다.

⑤ **자신감**(자존심도) … 자기 자신에 대해 얼마나 긍정적으로 평가하는지를 측정한다.

질문	그렇다	약간 그렇다	그저 그렇다	별로 그렇지 않다	그렇지 않다
• 다른 사람보다 능력이 뛰어나다고 생각한다. • 다소 반대의견이 있어도 나만의 생각으로 행동할 수 있다. • 나는 다른 사람보다 기가 센 편이다. • 동료가 나를 모욕해도 무시할 수 있다. • 대개의 일을 목적한 대로 헤쳐나갈 수 있다고 생각한다.					

▶측정결과

㉠ '그렇다'가 많은 경우: 자기 능력이나 외모 등에 자신감이 있고, 비판당하는 것을 좋아하지 않는다.

- 면접관의 심리: '자만하여 지시에 잘 따를 수 있을까?'
- 면접대책: 다른 사람의 조언을 잘 받아들이고, 겸허하게 반성하는 면이 있다는 것을 보여주고, 동료들과 잘 지내며 리더의 자질이 있다는 것을 강조한다.

㉡ '그렇지 않다'가 많은 경우: 자신감이 없고 다른 사람의 비판에 약하다.

- 면접관의 심리: '패기가 부족하지 않을까?', '쉽게 좌절하지 않을까?'
- 면접대책: 극도의 자신감 부족으로 평가되지는 않는다. 그러나 마음이 약한 면은 있지만 의욕적으로 일을 하겠다는 마음가짐을 보여준다.

⑥ **고양성**(분위기에 들뜨는 정도) … 자유분방함, 명랑함과 같이 감정(기분)의 높고 낮음의 정도를 측정한다.

질문	그렇다	약간 그렇다	그저 그렇다	별로 그렇지 않다	그렇지 않다
• 침착하지 못한 편이다. • 다른 사람보다 쉽게 우쭐해진다. • 모든 사람이 아는 유명인사가 되고 싶다. • 모임이나 집단에서 분위기를 이끄는 편이다. • 취미 등이 오랫동안 지속되지 않는 편이다.					

▶**측정결과**

㉠ '그렇다'가 많은 경우: 자극이나 변화가 있는 일상을 원하고 기분을 들뜨게 하는 사람과 친밀하게 지내는 경향이 강하다.

- 면접관의 심리: '일을 진행하는 데 변덕스럽지 않을까?'
- 면접대책: 밝은 태도는 플러스 평가를 받을 수 있지만, 착실한 업무능력이 요구되는 직종에서는 마이너스 평가가 될 수 있다. 따라서 자기조절이 가능하다는 것을 보여준다.

㉡ '그렇지 않다'가 많은 경우: 감정이 항상 일정하고, 속을 드러내 보이지 않는다.

- 면접관의 심리: '안정적인 업무 태도를 기대할 수 있겠다.'
- 면접대책: '고양성'의 낮음은 대체로 플러스 평가를 받을 수 있다. 그러나 '무엇을 생각하고 있는지 모르겠다' 등의 평을 듣지 않도록 주의한다.

⑦ 허위성(진위성) … 필요 이상으로 자기를 좋게 보이려 하거나 기업체가 원하는 '이상형'에 맞춘 대답을 하고 있는지, 없는지를 측정한다.

질문	그렇다	약간 그렇다	그저 그렇다	별로 그렇지 않다	그렇지 않다
• 약속을 깨뜨린 적이 한 번도 없다. • 다른 사람을 부럽다고 생각해 본 적이 없다. • 꾸지람을 들은 적이 없다. • 사람을 미워한 적이 없다. • 화를 낸 적이 한 번도 없다.					

▶**측정결과**

㉠ '그렇다'가 많은 경우: 실제의 자기와는 다른, 말하자면 원칙으로 해답할 가능성이 있다.

- 면접관의 심리: '거짓을 말하고 있다.'
- 면접대책: 조금이라도 좋게 보이려고 하는 '거짓말쟁이'로 평가될 수 있다. '거짓을 말하고 있다.'는 마음 따위가 전혀 없다 해도 결과적으로는 정직하게 답하지 않는다는 것이 되어 버린다. '허위성'의 측정 질문은 구분되지 않고 다른 질문 중에 섞여 있다. 그러므로 모든 질문에 솔직하게 답하여야 한다. 또한 자기 자신과 너무 동떨어진 이미지로 답하면 좋은 결과를 얻지 못한다. 그리고 면접에서 '허위성'을 기본으로 한 질문을 받게 되므로 당황하거나 또 다른 모순된 답변을 하게 된다. 겉치레를 하거나 무리한 욕심을 부리지 말고 '이런 사회인이 되고 싶다.'는 현재의 자신보다, 조금 성장한 자신을 표현하는 정도가 적당하다.

㉡ '그렇지 않다'가 많은 경우: 냉정하고 정직하며, 외부의 압력과 스트레스에 강한 유형이다. '대쪽 같음'의 이미지가 굳어지지 않도록 주의한다.

(2) 행동적인 측면

행동적 측면은 인격 중에 특히 행동으로 드러나기 쉬운 측면을 측정한다. 사람의 행동 특징 자체에는 선도 악도 없으나, 일반적으로는 일의 내용에 의해 원하는 행동이 있다. 때문에 행동적 측면은 주로 직종과 깊은 관계가 있는데 자신의 행동 특성을 살려 적합한 직종을 선택한다면 플러스가 될 수 있다.

행동 특성에서 보여 지는 특징은 면접 장면에서도 드러나기 쉬우므로 평소 자신의 태도, 행동이 면접관의 시선에 어떻게 비치는지를 점검하도록 해야 한다.

① **사회적 내향성** … 대인관계에서 나타나는 행동경향으로 '낯가림'을 측정한다.

질문	선택
A : 파티에서는 사람을 소개받는 편이다. B : 파티에서는 사람을 소개하는 편이다.	
A : 처음 보는 사람과는 어색하게 시간을 보내는 편이다. B : 처음 보는 사람과는 즐거운 시간을 보내는 편이다.	
A : 친구가 적은 편이다. B : 친구가 많은 편이다.	
A : 자신의 의견을 말하는 경우가 적다. B : 자신의 의견을 말하는 경우가 많다.	
A : 사교적인 모임에 참석하는 것을 좋아하지 않는다. B : 사교적인 모임에 항상 참석한다.	

▶측정결과

㉠ 'A'가 많은 경우 : 내성적이고 사람들과 접하는 것에 소극적이다. 자신의 의견을 말하지 않고 조심스러운 편이다.

- 면접관의 심리 : '소극적인데 동료와 잘 지낼 수 있을까?'
- 면접대책 : 대인관계를 맺는 것을 싫어하지 않고 의욕적으로 일을 할 수 있다는 것을 보여준다.

㉡ 'B'가 많은 경우 : 사교적이고 자기의 생각을 명확하게 전달할 수 있다.

- 면접관의 심리 : '사교적이고 활동적인 것은 좋지만, 자기주장이 너무 강하지 않을까?'
- 면접대책 : 협조성을 보여주고, 자기주장이 너무 강하다는 인상을 주지 않도록 주의한다.

② 내성성(침착도) … 자신의 행동과 일에 대해 침착하게 생각하는 정도를 측정한다.

질문	선택
A : 시간이 걸려도 침착하게 생각하는 경우가 많다. B : 짧은 시간에 결정을 하는 경우가 많다.	
A : 실패의 원인을 찾고 반성하는 편이다. B : 실패를 해도 그다지(별로) 개의치 않는다.	
A : 결론이 도출되어도 몇 번 정도 생각을 바꾼다. B : 결론이 도출되면 신속하게 행동으로 옮긴다.	
A : 여러 가지 생각하는 것이 능숙하다. B : 여러 가지 일을 재빨리 능숙하게 처리하는 데 익숙하다.	
A : 여러 가지 측면에서 사물을 검토한다. B : 행동한 후 생각을 한다.	

▶측정결과

㉠ 'A'가 많은 경우 : 행동하기 보다는 생각하는 것을 좋아하고 신중하게 계획을 세워 실행한다.

- 면접관의 심리 : '행동으로 실천하지 못하고, 대응이 늦은 경향이 있지 않을까?'
- 면접대책 : 발로 뛰는 것을 좋아하고, 일을 더디게 한다는 인상을 주지 않도록 한다.

㉡ 'B'가 많은 경우 : 차분하게 생각하는 것보다 우선 행동하는 유형이다.

- 면접관의 심리 : '생각하는 것을 싫어하고 경솔한 행동을 하지 않을까?'
- 면접대책 : 계획을 세우고 행동할 수 있는 것을 보여주고 '사려 깊다'라는 인상을 남기도록 한다.

③ **신체활동성** … 몸을 움직이는 것을 좋아하는가를 측정한다.

질문	선택
A : 민첩하게 활동하는 편이다. B : 준비행동이 없는 편이다.	
A : 일을 척척 해치우는 편이다. B : 일을 더디게 처리하는 편이다.	
A : 활발하다는 말을 듣는다. B : 얌전하다는 말을 듣는다.	
A : 몸을 움직이는 것을 좋아한다. B : 가만히 있는 것을 좋아한다.	
A : 스포츠를 하는 것을 즐긴다. B : 스포츠를 보는 것을 좋아한다.	

▶측정결과

㉠ 'A'가 많은 경우 : 활동적이고, 몸을 움직이게 하는 것이 컨디션이 좋다.
- 면접관의 심리 : '활동적으로 활동력이 좋아 보인다.'
- 면접대책 : 활동하고 얻은 성과 등과 주어진 상황의 대응능력을 보여준다.

㉡ 'B'가 많은 경우 : 침착한 인상으로, 차분하게 있는 타입이다.
- 면접관의 심리 : '좀처럼 행동하려 하지 않아 보이고, 일을 빠르게 처리할 수 있을까?'

④ **지속성(노력성)** … 무슨 일이든 포기하지 않고 끈기 있게 하려는 정도를 측정한다.

질문	선택
A : 일단 시작한 일은 시간이 걸려도 끝까지 마무리한다. B : 일을 하다 어려움에 부딪히면 단념한다.	
A : 끈질긴 편이다. B : 바로 단념하는 편이다.	
A : 인내가 강하다는 말을 듣는다. B : 금방 싫증을 낸다는 말을 듣는다.	
A : 집념이 깊은 편이다. B : 담백한 편이다.	
A : 한 가지 일에 구애되는 것이 좋다고 생각한다. B : 간단하게 체념하는 것이 좋다고 생각한다.	

▶**측정결과**

㉠ 'A'가 많은 경우 : 시작한 것은 어려움이 있어도 포기하지 않고 인내심이 높다.

- 면접관의 심리 : '한 가지의 일에 너무 구애되고, 업무의 진행이 원활할까?'
- 면접대책 : 인내력이 있는 것은 플러스 평가를 받을 수 있지만 집착이 강해 보이기도 한다.

㉡ 'B'가 많은 경우 : 뒤끝이 없고 조그만 실패로 일을 포기하기 쉽다.

- 면접관의 심리 : '질리는 경향이 있고, 일을 정확히 끝낼 수 있을까?'
- 면접대책 : 지속적인 노력으로 성공했던 사례를 준비하도록 한다.

⑤ 신중성(주의성) … 자신이 처한 주변상황을 즉시 파악하고 자신의 행동이 어떤 영향을 미치는지를 측정한다.

질문	선택
A : 여러 가지로 생각하면서 완벽하게 준비하는 편이다. B : 행동할 때부터 임기응변적인 대응을 하는 편이다.	
A : 신중해서 타이밍을 놓치는 편이다. B : 준비 부족으로 실패하는 편이다.	
A : 자신은 어떤 일에도 신중히 대응하는 편이다. B : 순간적인 충동으로 활동하는 편이다.	
A : 시험을 볼 때 끝날 때까지 재검토하는 편이다. B : 시험을 볼 때 한 번에 모든 것을 마치는 편이다.	
A : 일에 대해 계획표를 만들어 실행한다. B : 일에 대한 계획표 없이 진행한다.	

▶**측정결과**

㉠ 'A'가 많은 경우 : 주변 상황에 민감하고, 예측하여 계획 있게 일을 진행한다.

- 면접관의 심리 : '너무 신중해서 적절한 판단을 할 수 있을까?', '앞으로의 상황에 불안을 느끼지 않을까?'
- 면접대책 : 예측을 하고 실행을 하는 것은 플러스 평가가 되지만, 너무 신중하면 일의 진행이 정체될 가능성을 보이므로 추진력이 있다는 강한 의욕을 보여준다.

㉡ 'B'가 많은 경우 : 주변 상황을 살펴보지 않고 착실한 계획 없이 일을 진행시킨다.

- 면접관의 심리 : '사려 깊지 않고, 실패하는 일이 많지 않을까?', '판단이 빠르고 유연한 사고를 할 수 있을까?'
- 면접대책 : 사전준비를 중요하게 생각하고 있다는 것 등을 보여주고, 경솔한 인상을 주지 않도록 한다. 또한 판단력이 빠르거나 유연한 사고 덕분에 일 처리를 잘 할 수 있다는 것을 강조한다.

(3) 의욕적인 측면

의욕적인 측면은 의욕의 정도, 활동력의 유무 등을 측정한다. 여기서의 의욕이란 우리들이 보통 말하고 사용하는 '하려는 의지'와는 조금 뉘앙스가 다르다. '하려는 의지'란 그 때의 환경이나 기분에 따라 변화하는 것이지만, 여기에서는 조금 더 변화하기 어려운 특징, 말하자면 정신적 에너지의 양으로 측정하는 것이다.

의욕적 측면은 행동적 측면과는 다르고, 전반적으로 어느 정도 점수가 높은 쪽을 선호한다. 모의검사의 의욕적 측면의 결과가 낮다면, 평소 일에 몰두할 때 조금 의욕 있는 자세를 가지고 서서히 개선하도록 노력해야 한다.

① **달성의욕** … 목적의식을 가지고 높은 이상을 가지고 있는지를 측정한다.

질문	선택
A : 경쟁심이 강한 편이다. B : 경쟁심이 약한 편이다.	
A : 어떤 한 분야에서 제1인자가 되고 싶다고 생각한다. B : 어느 분야에서든 성실하게 임무를 진행하고 싶다고 생각한다.	
A : 규모가 큰일을 해보고 싶다. B : 맡은 일에 충실히 임하고 싶다.	
A : 아무리 노력해도 실패한 것은 아무런 도움이 되지 않는다. B : 가령 실패했을 지라도 나름대로의 노력이 있었으므로 괜찮다.	
A : 높은 목표를 설정하여 수행하는 것이 의욕적이다. B : 실현 가능한 정도의 목표를 설정하는 것이 의욕적이다.	

▶측정결과

㉠ 'A'가 많은 경우 : 큰 목표와 높은 이상을 가지고 승부욕이 강한 편이다.
- 면접관의 심리 : '열심히 일을 해줄 것 같은 유형이다.'
- 면접대책 : 달성의욕이 높다는 것은 어떤 직종이라도 플러스 평가가 된다.

㉡ 'B'가 많은 경우 : 현재의 생활을 소중하게 여기고 비약적인 발전을 위하여 기를 쓰지 않는다.
- 면접관의 심리 : '외부의 압력에 약하고, 기획입안 등을 하기 어려울 것이다.'
- 면접대책 : 일을 통하여 하고 싶은 것들을 구체적으로 어필한다.

② **활동의욕** … 자신에게 잠재된 에너지의 크기로, 정신적인 측면의 활동력이라 할 수 있다.

질문	선택
A : 하고 싶은 일을 실행으로 옮기는 편이다. B : 하고 싶은 일을 좀처럼 실행할 수 없는 편이다.	
A : 어려운 문제를 해결해 가는 것이 좋다. B : 어려운 문제를 해결하는 것을 잘하지 못한다.	
A : 일반적으로 결단이 빠른 편이다. B : 일반적으로 결단이 느린 편이다.	
A : 곤란한 상황에도 도전하는 편이다. B : 사물의 본질을 깊게 관찰하는 편이다.	
A : 시원시원하다는 말을 잘 듣는다. B : 꼼꼼하다는 말을 잘 듣는다.	

▶측정결과

㉠ 'A'가 많은 경우 : 꾸물거리는 것을 싫어하고 재빠르게 결단해서 행동하는 타입이다.
- 면접관의 심리 : '일을 처리하는 솜씨가 좋고, 일을 척척 진행할 수 있을 것 같다.'
- 면접대책 : 활동의욕이 높은 것은 플러스 평가가 된다. 사교성이나 활동성이 강하다는 인상을 준다.

㉡ 'B'가 많은 경우 : 안전하고 확실한 방법을 모색하고 차분하게 시간을 아껴서 일에 임하는 타입이다.
- 면접관의 심리 : '재빨리 행동을 못하고, 일의 처리속도가 느린 것이 아닐까?'
- 면접대책 : 활동성이 있는 것을 좋아하고 움직임이 더디다는 인상을 주지 않도록 한다.

3 성격의 유형

(1) 인성검사 유형의 4가지 척도

정서적인 측면, 행동적인 측면, 의욕적인 측면의 요소들은 성격 특성이라는 관점에서 제시된 것들로 각 개인의 장 · 단점을 파악하는 데 유용하다. 그러나 전체적인 개인의 인성을 이해하는 데는 한계가 있다.

성격의 유형은 개인의 '성격적인 특색'을 가리키는 것으로, 사회인으로서 적합한지, 아닌지를 말하는 관점과는 관계가 없다. 따라서 채용의 합격 여부에는 사용되지 않는 경우가 많으며, 입사 후의 적정 부서 배치의 자료가 되는 편이라 생각하면 된다. 그러나 채용과 관계가 없다고 해서 아무런 준비도 필요없는 것은 아니다. 자신을 아는 것은 면접 대책의 밑거름이 되므로 모의검사 결과를 충분히 활용하도록 하여야 한다.

본서에서는 4개의 척도를 사용하여 기본적으로 16개의 패턴으로 성격의 유형을 분류하고 있다. 각 개인의 성격이 어떤 유형인지 재빨리 파악하기 위해 사용되며, '적성'에 맞는지, 맞지 않는지의 관점에 활용된다.

- 흥미 · 관심의 방향 : 내향형 ←——→ 외향형
- 사물에 대한 견해 : 직관형 ←——→ 감각형
- 판단하는 방법 : 감정형 ←——→ 사고형
- 환경에 대한 접근방법 : 지각형 ←——→ 판단형

(2) 성격유형

① 흥미 · 관심의 방향(내향 ⇆ 외향) … 흥미 · 관심의 방향이 자신의 내면에 있는지, 주위환경 등 외면에 향하는 지를 가리키는 척도이다.

질문	선택
A : 내성적인 성격인 편이다. B : 개방적인 성격인 편이다.	
A : 항상 신중하게 생각을 하는 편이다. B : 바로 행동에 착수하는 편이다.	
A : 수수하고 조심스러운 편이다. B : 자기 표현력이 강한 편이다.	
A : 다른 사람과 함께 있으면 침착하지 않다. B : 혼자서 있으면 침착하지 않다.	

▶측정결과

㉠ 'A'가 많은 경우(내향) : 관심의 방향이 자기 내면에 있으며, 조용하고 낯을 가리는 유형이다. 행동력은 부족하나 집중력이 뛰어나고 신중하고 꼼꼼하다.

㉡ 'B'가 많은 경우(외향) : 관심의 방향이 외부환경에 있으며, 사교적이고 활동적인 유형이다. 꼼꼼함이 부족하여 대충하는 경향이 있으나 행동력이 있다.

② 일(사물)을 보는 방법(직감 ⇆ 감각) … 일(사물)을 보는 법이 직감적으로 형식에 얽매이는지, 감각적으로 상식적인지를 가리키는 척도이다.

질문	선택
A : 현실주의적인 편이다. B : 상상력이 풍부한 편이다.	
A : 정형적인 방법으로 일을 처리하는 것을 좋아한다. B : 만들어진 방법에 변화가 있는 것을 좋아한다.	
A : 경험에서 가장 적합한 방법으로 선택한다. B : 지금까지 없었던 새로운 방법을 개척하는 것을 좋아한다.	
A : 성실하다는 말을 듣는다. B : 호기심이 강하다는 말을 듣는다.	

▶측정결과

㉠ 'A'가 많은 경우(감각) : 현실적이고 경험주의적이며 보수적인 유형이다.

㉡ 'B'가 많은 경우(직관) : 새로운 주제를 좋아하며, 독자적인 시각을 가진 유형이다.

③ 판단하는 방법(감정 ⇆ 사고) … 일을 감정적으로 판단하는지, 논리적으로 판단하는지를 가리키는 척도이다.

질문	선택
A : 인간관계를 중시하는 편이다. B : 일의 내용을 중시하는 편이다.	
A : 결론을 자기의 신념과 감정에서 이끌어내는 편이다. B : 결론을 논리적 사고에 의거하여 내리는 편이다.	
A : 다른 사람보다 동정적이고 눈물이 많은 편이다. B : 다른 사람보다 이성적이고 냉정하게 대응하는 편이다.	

▶측정결과

㉠ 'A'가 많은 경우(감정) : 일을 판단할 때 마음 · 감정을 중요하게 여기는 유형이다. 감정이 풍부하고 친절하나 엄격함이 부족하고 우유부단하며, 합리성이 부족하다.

㉡ 'B'가 많은 경우(사고) : 일을 판단할 때 논리성을 중요하게 여기는 유형이다. 이성적이고 합리적이나 타인에 대한 배려가 부족하다.

④ 환경에 대한 접근방법 … 주변상황에 어떻게 접근하는지, 그 판단기준을 어디에 두는지를 측정한다.

질문	선택
A : 사전에 계획을 세우지 않고 행동한다. B : 반드시 계획을 세우고 그것에 의거해서 행동한다.	
A : 자유롭게 행동하는 것을 좋아한다. B : 조직적으로 행동하는 것을 좋아한다.	
A : 조직성이나 관습에 속박당하지 않는다. B : 조직성이나 관습을 중요하게 여긴다.	
A : 계획 없이 낭비가 심한 편이다. B : 예산을 세워 물건을 구입하는 편이다.	

▶**측정결과**

㉠ 'A'가 많은 경우(지각) : 일의 변화에 융통성을 가지고 유연하게 대응하는 유형이다. 낙관적이며 질서보다는 자유를 좋아하나 임기응변식의 대응으로 무계획적인 인상을 줄 수 있다.

㉡ 'B'가 많은 경우(판단) : 일의 진행시 계획을 세워서 실행하는 유형이다. 순차적으로 진행하는 일을 좋아하고 끈기가 있으나 변화에 대해 적절하게 대응하지 못하는 경향이 있다.

4 인성검사의 대책

(1) 미리 알아두어야 할 점

① 출제 문항 수 … 인성검사의 출제 문항 수는 특별히 정해진 것이 아니며 각 기업체의 기준에 따라 달라질 수 있다. 보통 100문항 이상에서 600문항까지 출제된다고 예상하면 된다.

② 출제형식

㉠ '예' 아니면 '아니오'의 형식

다음 문항을 읽고 자신에게 해당되는지 안 되는지를 판단하여 해당될 경우 '예'를, 해당되지 않을 경우 '아니오'를 고르시오.

질문	예	아니오
1. 자신의 생각이나 의견은 좀처럼 변하지 않는다.	○	
2. 구입한 후 끝까지 읽지 않은 책이 많다.		○

다음 문항에 대해서 평소에 자신이 생각하고 있는 것이나 행동하고 있는 것에 ○표를 하시오.

질문	그렇다	약간 그렇다	그저 그렇다	별로 그렇지 않다	그렇지 않다
1. 시간에 쫓기는 것이 싫다.		○			
2. 여행가기 전에 계획을 세운다.			○		

㉡ A와 B의 선택형식

A와 B에 주어진 문장을 읽고 자신에게 해당되는 것을 고르시오.

질문	선택
A : 걱정거리가 있어서 잠을 못 잘 때가 있다.	(○)
B : 걱정거리가 있어도 잠을 잘 잔다.	(　)

(2) 임하는 자세

① 솔직하게 있는 그대로 표현한다 … 인성검사는 평범한 일상생활 내용들을 다룬 짧은 문장과 어떤 대상이나 일에 대한 선로를 선택하는 문장으로 구성되었으므로 평소에 자신이 생각한 바를 너무 골똘히 생각하지 말고 문제를 보는 순간 떠오른 것을 표현한다.

② 모든 문제를 신속하게 대답한다 … 인성검사는 시간제한이 없는 것이 원칙이지만 기업들은 일정한 시간제한을 두고 있다. 인성검사는 개인의 성격과 자질을 알아보기 위한 검사이기 때문에 정답이 없다. 다만, 기업에서 바람직하게 생각하거나 기대되는 결과가 있을 뿐이다. 따라서 시간에 쫓겨서 대충 대답을 하는 것은 바람직하지 못하다.

02 실전 인성검사

▌1~211▌ 다음 ( ) 안에 당신에게 적합하다면 YES, 그렇지 않다면 NO를 선택하시오(인성검사는 응시자의 인성을 파악하기 위한 자료이므로 정답이 존재하지 않습니다).

YES NO

1. 조금이라도 나쁜 소식은 절망의 시작이라고 생각해버린다. ( )( )
2. 언제나 실패가 걱정이 되어 어쩔 줄 모른다. ( )( )
3. 다수결의 의견에 따르는 편이다. ( )( )
4. 혼자서 식당에 들어가는 것은 전혀 두려운 일이 아니다. ( )( )
5. 승부근성이 강하다. ( )( )
6. 자주 흥분해서 침착하지 못하다. ( )( )
7. 지금까지 살면서 타인에게 폐를 끼친 적이 없다. ( )( )
8. 소곤소곤 이야기하는 것을 보면 자기에 대해 험담하고 있는 것으로 생각된다. ( )( )
9. 무엇이든지 자기가 나쁘다고 생각하는 편이다. ( )( )
10. 자신을 변덕스러운 사람이라고 생각한다. ( )( )
11. 고독을 즐기는 편이다. ( )( )
12. 자존심이 강하다고 생각한다. ( )( )
13. 금방 흥분하는 성격이다. ( )( )
14. 거짓말을 한 적이 없다. ( )( )
15. 신경질적인 편이다. ( )( )
16. 끙끙대며 고민하는 타입이다. ( )( )
17. 감정적인 사람이라고 생각한다. ( )( )
18. 자신만의 신념을 가지고 있다. ( )( )
19. 다른 사람을 바보 같다고 생각한 적이 있다. ( )( )
20. 금방 말해버리는 편이다. ( )( )
21. 싫어하는 사람이 없다. ( )( )
22. 대재앙이 오지 않을까 항상 걱정을 한다. ( )( )

	YES	NO
23. 쓸데없는 고생을 하는 일이 많다.	( )	( )
24. 자주 생각이 바뀌는 편이다.	( )	( )
25. 문제점을 해결하기 위해 여러 사람과 상의한다.	( )	( )
26. 내 방식대로 일을 한다.	( )	( )
27. 영화를 보고 운 적이 많다.	( )	( )
28. 어떤 것에 대해서도 화낸 적이 없다.	( )	( )
29. 사소한 충고에도 걱정을 한다.	( )	( )
30. 자신은 도움이 안되는 사람이라고 생각한다.	( )	( )
31. 금방 싫증을 내는 편이다.	( )	( )
32. 개성적인 사람이라고 생각한다.	( )	( )
33. 자기 주장이 강한 편이다.	( )	( )
34. 뒤숭숭하다는 말을 들은 적이 있다.	( )	( )
35. 학교를 쉬고 싶다고 생각한 적이 한 번도 없다.	( )	( )
36. 사람들과 관계맺는 것을 보면 잘하지 못한다.	( )	( )
37. 사려깊은 편이다.	( )	( )
38. 몸을 움직이는 것을 좋아한다.	( )	( )
39. 끈기가 있는 편이다.	( )	( )
40. 신중한 편이라고 생각한다.	( )	( )
41. 인생의 목표는 큰 것이 좋다.	( )	( )
42. 어떤 일이라도 바로 시작하는 타입이다.	( )	( )
43. 낯가림을 하는 편이다.	( )	( )
44. 생각하고 나서 행동하는 편이다.	( )	( )
45. 쉬는 날은 밖으로 나가는 경우가 많다.	( )	( )
46. 시작한 일은 반드시 완성시킨다.	( )	( )
47. 면밀한 계획을 세운 여행을 좋아한다.	( )	( )
48. 야망이 있는 편이라고 생각한다.	( )	( )
49. 활동력이 있는 편이다.	( )	( )

YES NO

50. 많은 사람들과 왁자지껄하게 식사하는 것을 좋아하지 않는다. ……………………………( )( )
51. 돈을 허비한 적이 없다. ……………………………( )( )
52. 운동회를 아주 좋아하고 기대했다. ……………………………( )( )
53. 하나의 취미에 열중하는 타입이다. ……………………………( )( )
54. 모임에서 회장에 어울린다고 생각한다. ……………………………( )( )
55. 입신출세의 성공이야기를 좋아한다. ……………………………( )( )
56. 어떠한 일도 의욕을 가지고 임하는 편이다. ……………………………( )( )
57. 학급에서는 존재가 희미했다. ……………………………( )( )
58. 항상 무언가를 생각하고 있다. ……………………………( )( )
59. 스포츠는 보는 것보다 하는 게 좋다. ……………………………( )( )
60. '참 잘했네요'라는 말을 듣는다. ……………………………( )( )
61. 흐린 날은 반드시 우산을 가지고 간다. ……………………………( )( )
62. 주연상을 받을 수 있는 배우를 좋아한다. ……………………………( )( )
63. 공격하는 타입이라고 생각한다. ……………………………( )( )
64. 리드를 받는 편이다. ……………………………( )( )
65. 너무 신중해서 기회를 놓친 적이 있다. ……………………………( )( )
66. 시원시원하게 움직이는 타입이다. ……………………………( )( )
67. 야근을 해서라도 업무를 끝낸다. ……………………………( )( )
68. 누군가를 방문할 때는 반드시 사전에 확인한다. ……………………………( )( )
69. 노력해도 결과가 따르지 않으면 의미가 없다. ……………………………( )( )
70. 무조건 행동해야 한다. ……………………………( )( )
71. 유행에 둔감하다고 생각한다. ……………………………( )( )
72. 정해진대로 움직이는 것은 시시하다. ……………………………( )( )
73. 꿈을 계속 가지고 있고 싶다. ……………………………( )( )
74. 질서보다 자유를 중요시하는 편이다. ……………………………( )( )
75. 혼자서 취미에 몰두하는 것을 좋아한다. ……………………………( )( )
76. 직관적으로 판단하는 편이다. ……………………………( )( )

YES NO

77. 영화나 드라마를 보면 등장인물의 감정에 이입된다. ·····( )( )

78. 시대의 흐름에 역행해서라도 자신을 관철하고 싶다. ·····( )( )

79. 다른 사람의 소문에 관심이 없다. ·····( )( )

80. 창조적인 편이다. ·····( )( )

81. 비교적 눈물이 많은 편이다. ·····( )( )

82. 융통성이 있다고 생각한다. ·····( )( )

83. 친구의 휴대전화 번호를 잘 모른다. ·····( )( )

84. 스스로 고안하는 것을 좋아한다. ·····( )( )

85. 정이 두터운 사람으로 남고 싶다. ·····( )( )

86. 조직의 일원으로 별로 안 어울린다. ·····( )( )

87. 세상의 일에 별로 관심이 없다. ·····( )( )

88. 변화를 추구하는 편이다. ·····( )( )

89. 업무는 인간관계로 선택한다. ·····( )( )

90. 환경이 변하는 것에 구애되지 않는다. ·····( )( )

91. 불안감이 강한 편이다. ·····( )( )

92. 인생은 살 가치가 없다고 생각한다. ·····( )( )

93. 의지가 약한 편이다. ·····( )( )

94. 다른 사람이 하는 일에 별로 관심이 없다. ·····( )( )

95. 사람을 설득시키는 것은 어렵지 않다. ·····( )( )

96. 심심한 것을 못 참는다. ·····( )( )

97. 다른 사람을 욕한 적이 한 번도 없다. ·····( )( )

98. 다른 사람에게 어떻게 보일지 신경을 쓴다. ·····( )( )

99. 금방 낙심하는 편이다. ·····( )( )

100. 다른 사람에게 의존하는 경향이 있다. ·····( )( )

101. 그다지 융통성이 있는 편이 아니다. ·····( )( )

102. 다른 사람이 내 의견에 간섭하는 것이 싫다. ·····( )( )

103. 낙천적인 편이다. ·····( )( )

YES NO

104. 숙제를 잊어버린 적이 한 번도 없다. ( )( )

105. 밤길에는 발소리가 들리기만 해도 불안하다. ( )( )

106. 상냥하다는 말을 들은 적이 있다. ( )( )

107. 자신은 유치한 사람이다. ( )( )

108. 잡담을 하는 것보다 책을 읽는게 낫다. ( )( )

109. 나는 영업에 적합한 타입이라고 생각한다. ( )( )

110. 술자리에서 술을 마시지 않아도 흥을 돋울 수 있다. ( )( )

111. 한 번도 병원에 간 적이 없다. ( )( )

112. 나쁜 일은 걱정이 되어서 어쩔 줄을 모른다. ( )( )

113. 쉽게 무기력해지는 편이다. ( )( )

114. 비교적 고분고분한 편이라고 생각한다. ( )( )

115. 독자적으로 행동하는 편이다. ( )( )

116. 적극적으로 행동하는 편이다. ( )( )

117. 금방 감격하는 편이다. ( )( )

118. 어떤 것에 대해서는 불만을 가진 적이 없다. ( )( )

119. 밤에 못 잘 때가 많다. ( )( )

120. 자주 후회하는 편이다. ( )( )

121. 뜨거워지기 쉽고 식기 쉽다. ( )( )

122. 자신만의 세계를 가지고 있다. ( )( )

123. 많은 사람 앞에서도 긴장하는 일은 없다. ( )( )

124. 말하는 것을 아주 좋아한다. ( )( )

125. 인생을 포기하는 마음을 가진 적이 한 번도 없다. ( )( )

126. 어두운 성격이다. ( )( )

127. 금방 반성한다. ( )( )

128. 활동범위가 넓은 편이다. ( )( )

129. 자신을 끈기있는 사람이라고 생각한다. ( )( )

130. 좋다고 생각하더라도 좀 더 검토하고 나서 실행한다. ( )( )

YES NO

131. 위대한 인물이 되고 싶다. ……………………………………………………………………( )( )

132. 한 번에 많은 일을 떠맡아도 힘들지 않다. ……………………………………………( )( )

133. 사람과 만날 약속은 부담스럽다. ……………………………………………………( )( )

134. 질문을 받으면 충분히 생각하고 나서 대답하는 편이다. ………………………………( )( )

135. 머리를 쓰는 것보다 땀을 흘리는 일이 좋다. …………………………………………( )( )

136. 결정한 것에는 철저히 구속받는다. …………………………………………………( )( )

137. 외출 시 문을 잠그었는지 몇 번을 확인한다. …………………………………………( )( )

138. 이왕 할 거라면 일등이 되고 싶다. …………………………………………………( )( )

139. 과감하게 도전하는 타입이다. ………………………………………………………( )( )

140. 자신은 사교적이 아니라고 생각한다. ………………………………………………( )( )

141. 무심코 도리에 대해서 말하고 싶어진다. ……………………………………………( )( )

142. '항상 건강하네요'라는 말을 듣는다. ………………………………………………( )( )

143. 단념하면 끝이라고 생각한다. ………………………………………………………( )( )

144. 예상하지 못한 일은 하고 싶지 않다. ………………………………………………( )( )

145. 파란만장하더라도 성공하는 인생을 걷고 싶다. ………………………………………( )( )

146. 활기찬 편이라고 생각한다. …………………………………………………………( )( )

147. 소극적인 편이라고 생각한다. ………………………………………………………( )( )

148. 무심코 평론가가 되어 버린다. ………………………………………………………( )( )

149. 자신은 성급하다고 생각한다. ………………………………………………………( )( )

150. 꾸준히 노력하는 타입이라고 생각한다. ………………………………………………( )( )

151. 내일의 계획이라도 메모한다. ………………………………………………………( )( )

152. 리더십이 있는 사람이 되고 싶다. …………………………………………………( )( )

153. 열정적인 사람이라고 생각한다. ……………………………………………………( )( )

154. 다른 사람 앞에서 이야기를 잘 하지 못한다. …………………………………………( )( )

155. 통찰력이 있는 편이다. ………………………………………………………………( )( )

156. 엉덩이가 가벼운 편이다. ……………………………………………………………( )( )

157. 여러 가지로 구애됨이 있다. …………………………………………………………( )( )

YES NO

158. 돌다리도 두들겨 보고 건너는 쪽이 좋다. ( )( )

159. 자신에게는 권력욕이 있다. ( )( )

160. 업무를 할당받으면 기쁘다. ( )( )

161. 사색적인 사람이라고 생각한다. ( )( )

162. 비교적 개혁적이다. ( )( )

163. 좋고 싫음으로 정할 때가 많다. ( )( )

164. 전통에 구애되는 것은 버리는 것이 적절하다. ( )( )

165. 교제 범위가 좁은 편이다. ( )( )

166. 발상의 전환을 할 수 있는 타입이라고 생각한다. ( )( )

167. 너무 주관적이어서 실패한다. ( )( )

168. 현실적이고 실용적인 면을 추구한다. ( )( )

169. 내가 어떤 배우의 팬인지 아무도 모른다. ( )( )

170. 현실보다 가능성이다. ( )( )

171. 마음이 담겨 있으면 선물은 아무 것이나 좋다. ( )( )

172. 여행은 마음대로 하는 것이 좋다. ( )( )

173. 추상적인 일에 관심이 있는 편이다. ( )( )

174. 일은 대담히 하는 편이다. ( )( )

175. 괴로워하는 사람을 보면 우선 동정한다. ( )( )

176. 가치기준은 자신의 안에 있다고 생각한다. ( )( )

177. 조용하고 조심스러운 편이다. ( )( )

178. 상상력이 풍부한 편이라고 생각한다. ( )( )

179. 의리, 인정이 두터운 상사를 만나고 싶다. ( )( )

180. 인생의 앞날을 알 수 없어 재미있다. ( )( )

181. 밝은 성격이다. ( )( )

182. 별로 반성하지 않는다. ( )( )

183. 활동범위가 좁은 편이다. ( )( )

184. 자신을 시원시원한 사람이라고 생각한다. ( )( )

YES NO

185. 좋다고 생각하면 바로 행동한다. ………………………………………………………( )( )

186. 좋은 사람이 되고 싶다. ………………………………………………………( )( )

187. 한 번에 많은 일을 떠맡는 것은 골칫거리라고 생각한다. ………………………………………………………( )( )

188. 사람과 만날 약속은 즐겁다. ………………………………………………………( )( )

189. 질문을 받으면 그때의 느낌으로 대답하는 편이다. ………………………………………………………( )( )

190. 땀을 흘리는 것보다 머리를 쓰는 일이 좋다. ………………………………………………………( )( )

191. 결정한 것이라도 그다지 구속받지 않는다. ………………………………………………………( )( )

192. 외출 시 문을 잠갔는지 별로 확인하지 않는다. ………………………………………………………( )( )

193. 지위에 어울리면 된다. ………………………………………………………( )( )

194. 안전책을 고르는 타입이다. ………………………………………………………( )( )

195. 자신은 사교적이라고 생각한다. ………………………………………………………( )( )

196. 도리는 상관없다. ………………………………………………………( )( )

197. 침착하다는 말을 듣는다. ………………………………………………………( )( )

198. 단념이 중요하다고 생각한다. ………………………………………………………( )( )

199. 예상하지 못한 일도 해보고 싶다. ………………………………………………………( )( )

200. 평범하고 평온하게 행복한 인생을 살고 싶다. ………………………………………………………( )( )

201. 몹시 귀찮아하는 편이라고 생각한다. ………………………………………………………( )( )

202. 특별히 소극적이라고 생각하지 않는다. ………………………………………………………( )( )

203. 이것저것 평하는 것이 싫다. ………………………………………………………( )( )

204. 자신은 성급하지 않다고 생각한다. ………………………………………………………( )( )

205. 꾸준히 노력하는 것을 잘 하지 못한다. ………………………………………………………( )( )

206. 내일의 계획은 머릿속에 기억한다. ………………………………………………………( )( )

207. 협동성이 있는 사람이 되고 싶다. ………………………………………………………( )( )

208. 열정적인 사람이라고 생각하지 않는다. ………………………………………………………( )( )

209. 다른 사람 앞에서 이야기를 잘한다. ………………………………………………………( )( )

210. 행동력이 있는 편이다. ………………………………………………………( )( )

211. 엉덩이가 무거운 편이다. ………………………………………………………( )( )

PART

IV

면접

01 면접의 기본

1 면접준비

(1) 면접의 기본 원칙

① **면접의 의미** … 다양한 면접기법을 활용하여 지원한 직무에 필요한 능력을 지원자가 보유하고 있는지를 확인하는 절차라고 할 수 있다. 즉, 지원자의 입장에서는 채용 직무수행에 필요한 요건들과 관련하여 자신의 환경, 경험, 관심사, 성취 등에 대해 기업에 직접 어필할 수 있는 기회를 제공받는 것이며, 기업의 입장에서는 서류전형만으로 알 수 없는 지원자에 대한 정보를 직접적으로 수집하고 평가하는 것이다.

② **면접의 특징** … 면접은 기업의 입장에서 서류전형이나 필기전형에서 드러나지 않는 지원자의 능력이나 성향을 볼 수 있는 기회로, 면대면으로 이루어지며 즉흥적인 질문들이 포함될 수 있기 때문에 지원자가 완벽하게 준비하기 어려운 부분이 있다. 하지만 지원자 입장에서도 서류전형이나 필기전형에서 모두 보여주지 못한 자신의 능력 등을 기업의 인사담당자에게 어필할 수 있는 추가적인 기회가 될 수도 있다.

[서류 · 필기전형과 차별화되는 면접의 특징]

- 직무수행과 관련된 다양한 지원자 행동에 대한 관찰이 가능하다.
- 면접관이 알고자 하는 정보를 심층적으로 파악할 수 있다.
- 서류상의 미비한 사항과 의심스러운 부분을 확인할 수 있다.
- 커뮤니케이션 능력, 대인관계 능력 등 행동 · 언어적 정보도 얻을 수 있다.

③ 면접의 유형

㉠ **구조화 면접** : 사전에 계획을 세워 질문의 내용과 방법, 지원자의 답변 유형에 따른 추가 질문과 그에 대한 평가 역량이 정해져 있는 면접 방식으로 표준화 면접이라고도 한다.

- 표준화된 질문이나 평가요소가 면접 전 확정되며, 지원자는 편성된 조나 면접관에 영향을 받지 않고 동일한 질문과 시간을 부여받을 수 있다.
- 조직 또는 직무별로 주요하게 도출된 역량을 기반으로 평가요소가 구성되어, 조직 또는 직무에서 필요한 역량을 가진 지원자를 선발할 수 있다.
- 표준화된 형식을 사용하는 특성 때문에 비구조화 면접에 비해 신뢰성과 타당성, 객관성이 높다.

㉡ **비구조화 면접** : 면접 계획을 세울 때 면접 목적만을 명시하고 내용이나 방법은 면접관에게 전적으로 일임하는 방식으로 비표준화 면접이라고도 한다.

- 표준화된 질문이나 평가요소 없이 면접이 진행되며, 편성된 조나 면접관에 따라 지원자에게 주어지는

질문이나 시간이 다르다.
- 면접관의 주관적인 판단에 따라 평가가 이루어져 평가 오류가 빈번히 일어난다.
- 상황 대처나 언변이 뛰어난 지원자에게 유리한 면접이 될 수 있다.

④ 경쟁력 있는 면접 요령

㉠ 면접 전에 준비하고 유념할 사항

- 예상 질문과 답변을 미리 작성한다.
- 작성한 내용을 문장으로 외우지 않고 키워드로 기억한다.
- 지원한 회사의 최근 기사를 검색하여 기억한다.
- 지원한 회사가 속한 산업군의 최근 기사를 검색하여 기억한다.
- 면접 전 1주일간 이슈가 되는 뉴스를 기억하고 자신의 생각을 반영하여 정리한다.
- 찬반토론에 대비한 주제를 목록으로 정리하여 자신의 논리를 내세운 예상답변을 작성한다.

㉡ 면접장에서 유념할 사항

- 질문의 의도 파악 : 답변을 할 때에는 질문 의도를 파악하고 그에 충실한 답변이 될 수 있도록 질문 사항을 유념해야 한다. 많은 지원자가 하는 실수 중 하나로 답변을 하는 도중 자기 말에 심취되어 질문의 의도와 다른 답변을 하거나 자신이 알고 있는 지식만을 나열하는 경우가 있는데, 이럴 경우 의사소통능력이 부족한 사람으로 인식될 수 있으므로 주의하도록 한다.
- 답변은 두괄식 : 답변을 할 때에는 두괄식으로 결론을 먼저 말하고 그 이유를 설명하는 것이 좋다. 미괄식으로 답변을 할 경우 용두사미의 답변이 될 가능성이 높으며, 결론을 이끌어 내는 과정에서 논리성이 결여될 우려가 있다. 또한 면접관이 결론을 듣기 전에 말을 끊고 다른 질문을 추가하는 예상치 못한 상황이 발생될 수 있으므로 답변은 자신이 전달하고자 하는 바를 먼저 밝히고 그에 대한 설명을 하는 것이 좋다.
- 지원한 회사의 기업정신과 인재상을 기억 : 답변을 할 때에는 회사가 원하는 인재라는 인상을 심어주기 위해 지원한 회사의 기업정신과 인재상 등을 염두에 두고 답변을 하는 것이 좋다. 모든 회사에 해당되는 두루뭉술한 답변보다는 지원한 회사에 맞는 맞춤형 답변을 하는 것이 좋다.
- 나보다는 회사와 사회적 관점에서 답변 : 답변을 할 때에는 자기중심적인 관점을 피하고 좀 더 넓은 시각으로 회사와 국가, 사회적 입장까지 고려하는 인재임을 어필하는 것이 좋다. 자기중심적 시각을 바탕으로 자신의 출세만을 위해 회사에 입사하려는 인상을 심어줄 경우 면접에서 불이익을 받을 가능성이 높다.
- 난처한 질문은 정직한 답변 : 난처한 질문에 답변을 해야 할 때에는 피하기보다는 정면 돌파로 정직하고 솔직하게 답변하는 것이 좋다. 난처한 부분을 감추고 드러내지 않으려 회피하는 지원자의 모습은 인사담당자에게 입사 후에도 비슷한 상황에 처했을 때 회피할 수도 있다는 우려를 심어줄 수 있다. 따라서 직장생활에 있어 중요한 덕목 중 하나인 정직을 바탕으로 솔직하게 답변을 하도록 한다.

(2) 면접의 종류 및 준비 전략

① 인성면접

㉠ 면접 방식 및 판단기준

- 면접 방식 : 인성면접은 면접관이 가지고 있는 개인적 면접 노하우나 관심사에 의해 질문을 실시한다. 주로 입사지원서나 자기소개서의 내용을 토대로 지원동기, 과거의 경험, 미래 포부 등을 이야기하도록 하는 방식이다.
- 판단기준 : 면접관의 개인적 가치관과 경험, 해당 역량의 수준, 경험의 구체성 · 진실성 등

㉡ 특징 : 인성면접은 그 방식으로 인해 역량과 무관한 질문들이 많고 지원자에게 주어지는 면접질문, 시간 등이 다를 수 있다. 또한 입사지원서나 자기소개서의 내용을 토대로 하기 때문에 지원자별 질문이 달라질 수 있다.

㉢ 예시 문항 및 준비전략

- 예시 문항

> • 3분 동안 자기소개를 해 보십시오.
> • 자신의 장점과 단점을 말해 보십시오.
> • 학점이 좋지 않은데 그 이유가 무엇입니까?
> • 최근에 인상 깊게 읽은 책은 무엇입니까?
> • 회사를 선택할 때 중요시하는 것은 무엇입니까?
> • 일과 개인생활 중 어느 쪽을 중시합니까?
> • 10년 후 자신은 어떤 모습일 것이라고 생각합니까?
> • 휴학 기간 동안에는 무엇을 했습니까?

- 준비전략 : 인성면접은 입사지원서나 자기소개서의 내용을 바탕으로 하는 경우가 많으므로 자신이 작성한 입사지원서와 자기소개서의 내용을 충분히 숙지하도록 한다. 또한 최근 사회적으로 이슈가 되고 있는 뉴스에 대한 견해를 묻거나 시사상식 등에 대한 질문을 받을 수 있으므로 이에 대한 대비도 필요하다. 자칫 부담스러워 보이지 않는 질문으로 가볍게 대답하지 않도록 주의하고 모든 질문에 입사 의지를 담아 성실하게 답변하는 것이 중요하다.

② 발표면접

㉠ 면접 방식 및 판단기준

- 면접 방식 : 지원자가 특정 주제와 관련된 자료를 검토하고 그에 대한 자신의 생각을 면접관 앞에서 주어진 시간 동안 발표하고 추가 질의를 받는 방식으로 진행된다.
- 판단기준 : 지원자의 사고력, 논리력, 문제해결력 등

㉡ 특징 : 발표면접은 지원자에게 과제를 부여한 후, 과제를 수행하는 과정과 결과를 관찰 · 평가한다. 따라서 과제수행 결과뿐 아니라 수행과정에서의 행동을 모두 평가할 수 있다.

㉢ 예시 문항 및 준비전략

• 예시 문항

[신입사원 조기 이직 문제]

※ 지원자는 아래에 제시된 자료를 검토한 뒤, 신입사원 조기 이직의 원인을 크게 3가지로 정리하고 이에 대한 구체적인 개선안을 도출하여 발표해 주시기 바랍니다.

※ 본 과제에 정해진 정답은 없으나 논리적 근거를 들어 개선안을 작성해 주십시오.

• A기업은 동종업계 유사기업들과 비교해 볼 때, 비교적 높은 재무안정성을 유지하고 있으며 업무강도가 그리 높지 않은 것으로 외부에 알려져 있음.
• 최근 조사결과, 동종업계 유사기업들과 연봉을 비교해 보았을 때 연봉 수준도 그리 나쁘지 않은 편이라는 것이 확인되었음.
• 그러나 지난 3년간 1~2년차 직원들의 이직률이 계속해서 증가하고 있는 추세이며, 경영진 회의에서 최우선 해결과제 중 하나로 거론되었음.
• 이에 따라 인사팀에서 현재 1~2년차 사원들을 대상으로 개선되어야 하는 A기업의 조직문화에 대한 설문조사를 실시한 결과, '상명하복식의 의사소통'이 36.7%로 1위를 차지했음.
• 이러한 설문조사와 함께, 신입사원 조기 이직에 대한 원인을 분석한 결과 파랑새 증후군, 셀프홀릭 증후군, 피터팬 증후군 등 3가지로 분류할 수 있었음.

〈동종업계 유사기업들과의 연봉 비교〉

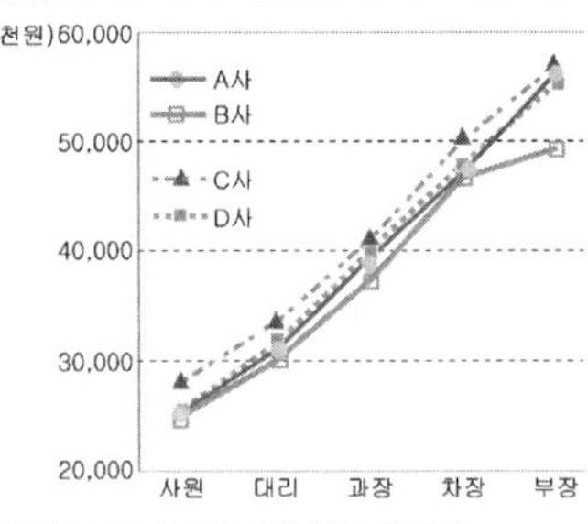

〈우리 회사 조직문화 중 개선되었으면 하는 것〉

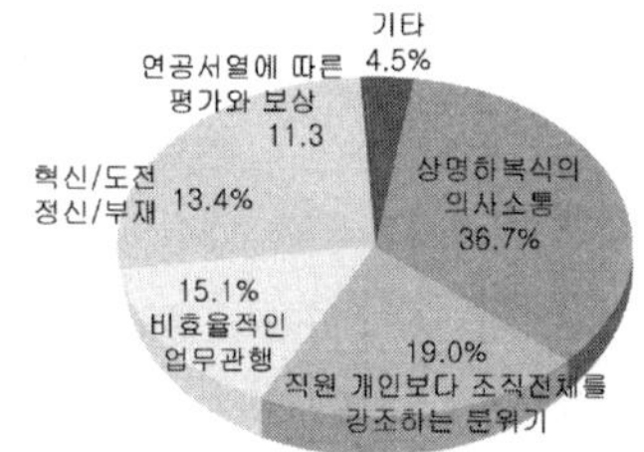

〈신입사원 조기 이직의 원인〉

• 파랑새 증후군

-현재의 직장보다 더 좋은 직장이 있을 것이라는 막연한 기대감으로 끊임없이 새로운 직장을 탐색함.

-학력 수준과 맞지 않는 '하향지원', 전공과 적성을 고려하지 않고 일단 취업하고 보자는 '묻지마 지원'이 파랑새 증후군을 초래함.

• 셀프홀릭 증후군

-본인의 역량에 비해 가치가 낮은 일을 주로 하면서 갈등을 느낌.

• 피터팬 증후군

-기성세대의 문화를 무조건 수용하기보다는 자유로움과 변화를 추구함.

-상명하복, 엄격한 규율 등 기성세대가 당연시하는 관행에 거부감을 가지며 직장에 답답함을 느낌.

• 준비전략 : 발표면접의 시작은 과제 안내문과 과제 상황, 과제 자료 등을 정확하게 이해하는 것에서 출발한다. 과제 안내문을 침착하게 읽고 제시된 주제 및 문제와 관련된 상황의 맥락을 파악한 후 과제를 검토한다. 제시된 기사나 그래프 등을 충분히 활용하여 주어진 문제를 해결할 수 있는 해결책이나 대안을 제시하며, 발표를 할 때에는 명확하고 자신 있는 태도로 전달할 수 있도록 한다.

③ 토론면접

㉠ 면접 방식 및 판단기준

• 면접 방식 : 상호갈등적 요소를 가진 과제 또는 공통의 과제를 해결하는 내용의 토론 과제를 제시하고, 그 과정에서 개인 간의 상호작용 행동을 관찰하는 방식으로 면접이 진행된다.

• 판단기준 : 팀워크, 적극성, 갈등 조정, 의사소통능력, 문제해결능력 등

㉡ **특징** : 토론을 통해 도출해 낸 최종안의 타당성도 중요하지만, 결론을 도출해 내는 과정에서의 의사소통능력이나 갈등상황에서 의견을 조정하는 능력 등이 중요하게 평가되는 특징이 있다.

㉢ 예시 문항 및 준비전략

• 예시 문항

• 군 가산점제 부활에 대한 찬반토론
• 담뱃값 인상에 대한 찬반토론
• 비정규직 철폐에 대한 찬반토론
• 대학의 영어 강의 확대 찬반토론
• 워크숍 장소 선정을 위한 토론

• 준비전략 : 토론면접은 무엇보다 팀워크와 적극성이 강조된다. 따라서 토론과정에 적극적으로 참여하며 자신의 의사를 분명하게 전달하며, 갈등상황에서 자신의 의견만 내세울 것이 아니라 다른 지원자의 의견을 경청하고 배려하는 모습도 중요하다. 갈등상황을 일목요연하게 정리하여 조정하는 등의 의사소통능력을 발휘하는 것도 좋은 전략이 될 수 있다.

④ 상황면접

㉠ 면접 방식 및 판단기준

• 면접 방식 : 상황면접은 직무 수행 시 접할 수 있는 상황들을 제시하고, 그러한 상황에서 어떻게 행동할 것인지를 이야기하는 방식으로 진행된다.

• 판단기준 : 해당 상황에 적절한 역량의 구현과 구체적 행동지표

㉡ **특징** : 실제 직무 수행 시 접할 수 있는 상황들을 제시하므로 입사 이후 지원자의 업무수행능력을 평가하는 데 적절한 면접 방식이다. 또한 지원자의 가치관, 태도, 사고방식 등의 요소를 통합적으로 평가하는 데 용이하다.

㉢ 예시 문항 및 준비전략

• 예시 문항

> 당신은 생산관리팀의 팀원으로, 생산팀이 기한에 맞춰 효율적으로 제품을 생산할 수 있도록 관리하는 역할을 맡고 있습니다. 3개월 뒤에 제품A를 정상적으로 출시하기 위해 생산팀의 생산 계획을 수립한 상황입니다. 그러나 원가가 곧 실적으로 이어지는 구매팀에서는 최대한 원가를 줄여 전반적 단가를 낮추려고 원가절감을 위한 제안을 하였으나, 연구개발팀에서는 구매팀이 제안한 방식으로 제품을 생산할 경우 대부분이 구매팀의 실적으로 산정될 것이므로 제대로 확인도 해보지 않은 채 적합하지 않은 방식이라고 판단하고 있습니다. 당신은 어떻게 하겠습니까?

• 준비전략 : 상황면접은 먼저 주어진 상황에서 핵심이 되는 문제가 무엇인지를 파악하는 것에서 시작한다. 주질문과 세부질문을 통하여 질문의 의도를 파악하였다면, 그에 대한 구체적인 행동이나 생각 등에 대해 응답할수록 높은 점수를 얻을 수 있다.

⑤ 역할면접

㉠ 면접 방식 및 판단기준

• 면접 방식 : 역할면접 또는 역할연기 면접은 기업 내 발생 가능한 상황에서 부딪히게 되는 문제와 역할을 가상적으로 설정하여 특정 역할을 맡은 사람과 상호작용하고 문제를 해결해 나가도록 하는 방식으로 진행된다. 역할연기 면접에서는 면접관이 직접 역할연기를 하면서 지원자를 관찰하기도 하지만, 역할연기 수행만 전문적으로 하는 사람을 투입할 수도 있다.

• 판단기준 : 대처능력, 대인관계능력, 의사소통능력 등

㉡ 특징 : 역할면접은 실제 상황과 유사한 가상 상황에서의 행동을 관찰함으로서 지원자의 성격이나 대처 행동 등을 관찰할 수 있다.

㉢ 예시 문항 및 준비전략

• 예시 문항

> [금융권 역할면접의 예]
> 당신은 ㅇㅇ은행의 신입 텔러이다. 사람이 많은 월말 오전 한 할아버지(면접관 또는 역할담당자)께서 ㅇㅇ은행을 사칭한 보이스피싱으로 인해 500만 원을 피해 보았다며 소란을 일으키고 있다. 실제 업무상황이라고 생각하고 상황에 대처해 보시오.

- 준비전략 : 역할연기 면접에서 측정하는 역량은 주로 갈등의 원인이 되는 문제를 해결 하고 제시된 해결방안을 상대방에게 설득하는 것이다. 따라서 갈등해결, 문제해결, 조정 · 통합, 설득력과 같은 역량이 중요시된다. 또한 갈등을 해결하기 위해서 상대방에 대한 이해도 필수적인 요소이므로 고객 지향을 염두에 두고 상황에 맞게 대처해야 한다.
  역할면접에서는 변별력을 높이기 위해 면접관이 압박적인 분위기를 조성하는 경우가 많기 때문에 스트레스 상황에서 불안해하지 않고 유연하게 대처할 수 있도록 시간과 노력을 들여 충분히 연습하는 것이 좋다.

2 면접 이미지 메이킹

(1) 성공적인 이미지 메이킹 포인트

① 복장 및 스타일

㉠ 남성

- 양복 : 양복은 단색으로 하며 넥타이나 셔츠로 포인트를 주는 것이 효과적이다. 짙은 회색이나 감청색이 가장 단정하고 품위 있는 인상을 준다.
- 셔츠 : 흰색이 가장 선호되나 자신의 피부색에 맞추는 것이 좋다. 푸른색이나 베이지색은 산뜻한 느낌을 줄 수 있다. 양복과의 배색도 고려하도록 한다.
- 넥타이 : 의상에 포인트를 줄 수 있는 아이템이지만 너무 화려한 것은 피한다. 지원자의 피부색은 물론, 정장과 셔츠의 색을 고려하며, 체격에 따라 넥타이 폭을 조절하는 것이 좋다.
- 구두 & 양말 : 구두는 검정색이나 짙은 갈색이 어느 양복에나 무난하게 어울리며 깔끔하게 닦아 준비한다. 양말은 정장과 동일한 색상이나 검정색을 착용한다.
- 헤어스타일 : 머리스타일은 단정한 느낌을 주는 짧은 헤어스타일이 좋으며 앞머리가 있다면 이마나 눈썹을 가리지 않는 선에서 정리하는 것이 좋다.

ⓛ 여성

- 의상 : 단정한 스커트 투피스 정장이나 슬랙스 슈트가 무난하다. 블랙이나 그레이, 네이비, 브라운 등 차분해 보이는 색상을 선택하는 것이 좋다.
- 소품 : 구두, 핸드백 등은 같은 계열로 코디하는 것이 좋으며 구두는 너무 화려한 디자인이나 굽이 높은 것을 피한다. 스타킹은 의상과 구두에 맞춰 단정한 것으로 선택한다.
- 액세서리 : 액세서리는 너무 크거나 화려한 것은 좋지 않으며 과하게 많이 하는 것도 좋은 인상을 주지 못한다. 착용하지 않거나 작고 깔끔한 디자인으로 포인트를 주는 정도가 적당하다.
- 메이크업 : 화장은 자연스럽고 밝은 이미지를 표현하는 것이 좋으며 진한 색조는 인상이 강해 보일 수 있으므로 피한다.
- 헤어스타일 : 커트나 단발처럼 짧은 머리는 활동적이면서도 단정한 이미지를 줄 수 있도록 정리한다. 긴 머리의 경우 하나로 묶거나 단정한 머리망으로 정리하는 것이 좋으며, 짙은 염색이나 화려한 웨이브는 피한다.

② 인사

㉠ **인사의 의미** : 인사는 예의범절의 기본이며 상대방의 마음을 여는 기본적인 행동이라고 할 수 있다. 인사는 처음 만나는 면접관에게 호감을 살 수 있는 가장 쉬운 방법이 될 수 있기도 하지만 제대로 예의를 지키지 않으면 지원자의 인성 전반에 대한 평가로 이어질 수 있으므로 각별히 주의해야 한다.

ⓛ **인사의 핵심 포인트**

- 인사말 : 인사말을 할 때에는 밝고 친근감 있는 목소리로 하며, 자신의 이름과 수험번호 등을 간략하게 소개한다.
- 시선 : 인사는 상대방의 눈을 보며 하는 것이 중요하며 너무 빤히 쳐다본다는 느낌이 들지 않도록 주의한다.
- 표정 : 인사는 마음에서 우러나오는 존경이나 반가움을 표현하고 예의를 차리는 것이므로 살짝 미소를 지으며 하는 것이 좋다.
- 자세 : 인사를 할 때에는 가볍게 목만 숙인다거나 흐트러진 상태에서 인사를 하지 않도록 주의하며 절도 있고 확실하게 하는 것이 좋다.

③ 시선처리와 표정, 목소리

㉠ **시선처리와 표정** : 표정은 면접에서 지원자의 첫인상을 결정하는 중요한 요소이다. 얼굴표정은 사람의 감정을 가장 잘 표현할 수 있는 의사소통 도구로 표정 하나로 상대방에게 호감을 주거나, 비호감을 사기도 한다. 호감이 가는 인상의 특징은 부드러운 눈썹, 자연스러운 미간, 적당히 볼록한 광대, 올라간 입 꼬리 등으로 가볍게 미소를 지을 때의 표정과 일치한다. 따라서 면접 중에는 밝은 표정으로 미소를 지어 호감을 형성할 수 있도록 한다. 시선은 면접관과 고르게 맞추되 생기 있는 눈빛을 띠도록 하며, 너무 빤히 쳐다본다는 인상을 주지 않도록 한다.

㉡ **목소리** : 면접은 주로 면접관과 지원자의 대화로 이루어지므로 목소리가 미치는 영향이 상당하다. 답변을 할 때에는 부드러우면서도 활기차고 생동감 있는 목소리로 하는 것이 면접관에게 호감을 줄 수 있으며 적당한 제스처가 더해진다면 상승효과를 얻을 수 있다. 그러나 적절한 답변을 하였음에도 불구하고 콧소리나 날카로운 목소리, 자신감 없는 작은 목소리는 답변의 신뢰성을 떨어뜨릴 수 있으므로 주의하도록 한다.

④ 자세

㉠ 걷는 자세

- 면접장에 입실할 때에는 상체를 곧게 유지하고 발끝은 평행이 되게 하며 무릎을 스치듯 11자로 걷는다.
- 시선은 정면을 향하고 턱은 가볍게 당기며 어깨나 엉덩이가 흔들리지 않도록 주의한다.
- 발바닥 전체가 닿는 느낌으로 안정감 있게 걸으며 발소리가 나지 않도록 주의한다.
- 보폭은 어깨넓이만큼이 적당하지만, 스커트를 착용했을 경우 보폭을 줄인다.
- 걸을 때도 미소를 유지한다.

㉡ 서있는 자세

- 몸 전체를 곧게 펴고 가슴을 자연스럽게 내민 후 등과 어깨에 힘을 주지 않는다.
- 정면을 바라본 상태에서 턱을 약간 당기고 아랫배에 힘을 주어 당기며 바르게 선다.
- 양 무릎과 발뒤꿈치는 붙이고 발끝은 11자 또는 V형을 취한다.
- 남성의 경우 팔을 자연스럽게 내리고 양손을 가볍게 쥐어 바지 옆선에 붙이고, 여성의 경우 공수자세를 유지한다.

ⓒ 앉은 자세

• 남성

• 의자 깊숙이 앉고 등받이와 등 사이에 주먹 1개 정도의 간격을 두며 기대듯 앉지 않도록 주의한다. (남녀 공통 사항)
• 무릎 사이에 주먹 2개 정도의 간격을 유지하고 발끝은 11자를 취한다.
• 시선은 정면을 바라보며 턱은 가볍게 당기고 미소를 짓는다. (남녀 공통 사항)
• 양손은 가볍게 주먹을 쥐고 무릎 위에 올려놓는다.
• 앉고 일어날 때에는 자세가 흐트러지지 않도록 주의한다. (남녀 공통 사항)

• 여성

• 스커트를 입었을 경우 왼손으로 뒤쪽 스커트 자락을 누르고 오른손으로 앞쪽 자락을 누르며 의자에 앉는다.
• 무릎은 붙이고 발끝을 가지런히 한다.
• 양손을 모아 무릎 위에 모아 놓으며 스커트를 입었을 경우 스커트 위를 가볍게 누르듯이 올려놓는다.

(2) 면접 예절

① 행동 관련 예절

㉠ **지각은 절대금물** : 시간을 지키는 것은 예절의 기본이다. 지각을 할 경우 면접에 응시할 수 없거나, 면접 기회가 주어지더라도 불이익을 받을 가능성이 높아진다. 따라서 면접장소가 결정되면 교통편과 소요시간을 확인하고 가능하다면 사전에 미리 방문해 보는 것도 좋다. 면접 당일에는 서둘러 출발하여 면접 시간 20~30분 전에 도착하여 회사를 둘러보고 환경에 익숙해지는 것도 성공적인 면접을 위한 요령이 될 수 있다.

㉡ **면접 대기 시간** : 지원자들은 대부분 면접장에서의 행동과 답변 등으로만 평가를 받는다고 생각하지만 그렇지 않다. 면접관이 아닌 면접진행자 역시 대부분 인사실무자이며 면접관이 면접 후 지원자에 대한 평가에 있어 확신을 위해 면접진행자의 의견을 구한다면 면접진행자의 의견이 당락에 영향을 줄 수 있다. 따라서 면접 대기 시간에도 행동과 말을 조심해야 하며, 면접을 마치고 돌아가는 순간까지도 긴장을 늦춰서는 안 된다. 면접 중 압박적인 질문에 답변을 잘 했지만, 면접장을 나와 흐트러진 모습을 보이거나 욕설을 한다면 면접 탈락의 요인이 될 수 있으므로 주의해야 한다.

㉢ **입실 후 태도** : 본인의 차례가 되어 호명되면 또렷하게 대답하고 들어간다. 만약 면접장 문이 닫혀 있다면 상대에게 소리가 들릴 수 있을 정도로 노크를 두세 번 한 후 대답을 듣고 나서 들어가야 한다. 문을 여닫을 때에는 소리가 나지 않게 조용히 하며 공손한 자세로 인사한 후 성명과 수험번호를 말하고 면접관의 지시에 따라 자리에 앉는다. 이 경우 착석하라는 말이 없는데 먼저 의자에 앉으면 무례한 사람으로 보일 수 있으므로 주의한다. 의자에 앉을 때에는 끝에 앉지 말고 무릎 위에 양손을 가지런히 얹는 것이 예절이라고 할 수 있다.

㉣ **옷매무새를 자주 고치지 마라.** : 일부 지원자의 경우 옷매무새 또는 헤어스타일을 자주 고치거나 확인하기도 하는데 이러한 모습은 과도하게 긴장한 것 같아 보이거나 면접에 집중하지 못하는 것으로 보일 수 있다. 남성 지원자의 경우 넥타이를 자꾸 고쳐 맨다거나 정장 상의 끝을 너무 자주 만지작거리지 않는다. 여성 지원자는 머리를 계속 쓸어 올리지 않고, 특히 짧은 치마를 입고서 신경이 쓰여 치마를 끌어 내리는 행동은 좋지 않다.

㉤ **다리를 떨거나 산만한 시선은 면접 탈락의 지름길** : 자신도 모르게 다리를 떨거나 손가락을 만지는 등의 행동을 하는 지원자가 있는데, 이는 면접관의 주의를 끌 뿐만 아니라 불안하고 산만한 사람이라는 느낌을 주게 된다. 따라서 가능한 한 바른 자세로 앉아 있는 것이 좋다. 또한 면접관과 시선을 맞추지 못하고 여기저기 둘러보는 듯한 산만한 시선은 지원자가 거짓말을 하고 있다고 여겨지거나 신뢰할 수 없는 사람이라고 생각될 수 있다.

② 답변 관련 예절

㉠ **면접관이나 다른 지원자와 가치 논쟁을 하지 않는다.** : 질문을 받고 답변하는 과정에서 면접관 또는 다른 지원자의 의견과 다른 의견이 있을 수 있다. 특히 평소 지원자가 관심이 많은 문제이거나 잘 알고 있는 문제인 경우 자신과 다른 의견에 대해 이의가 있을 수 있다. 하지만 주의할 것은 면접에서 면접관이나 다른 지원자와 가치 논쟁을 할 필요는 없다는 것이며 오히려 불이익을 당할 수도 있다. 정답이 정해져 있지 않은 경우에는 가치관이나 성장배경에 따라 문제를 받아들이는 태도에서 답변까지 충분히 차이가 있을 수 있으므로 굳이 면접관이나 다른 지원자의 가치관을 지적하고 고치려 드는 것은 좋지 않다.

㉡ **답변은 항상 정직해야 한다.** : 면접이라는 것이 아무리 지원자의 장점을 부각시키고 단점을 축소시키는 것이라고 해도 절대로 거짓말을 해서는 안 된다. 거짓말을 하게 되면 지원자는 불안하거나 꺼림칙한 마음이 들게 되어 면접에 집중을 하지 못하게 되고 수많은 지원자를 상대하는 면접관은 그것을 놓치지 않는다. 거짓말은 그 지원자에 대한 신뢰성을 떨어뜨리며 이로 인해 다른 스펙이 아무리 훌륭하다고 해도 채용에서 탈락하게 될 수 있음을 명심하도록 한다.

ⓒ **경력직인 경우 전 직장에 대해 험담하지 않는다.** : 지원자가 전 직장에서 무슨 업무를 담당했고 어떤 성과를 올렸는지는 면접관이 관심을 둘 사항일 수 있지만, 이전 직장의 기업문화나 상사들이 어땠는지는 그다지 궁금해 하는 사항이 아니다. 전 직장에 대해 험담을 늘어놓는다든가, 동료와 상사에 대한 악담을 하게 된다면 오히려 지원자에 대한 부정적인 이미지만 심어줄 수 있다. 만약 전 직장에 대한 말을 해야 할 경우가 생긴다면 가능한 한 객관적으로 이야기하는 것이 좋다.

ⓔ **자기 자신이나 배경에 대해 자랑하지 않는다.** : 자신의 성취나 부모 형제 등 집안사람들이 사회 · 경제적으로 어떠한 위치에 있는지에 대한 자랑은 면접관으로 하여금 지원자에 대해 오만한 사람이거나 배경에 의존하려는 나약한 사람이라는 이미지를 갖게 할 수 있다. 따라서 자기 자신이나 배경에 대해 자랑하지 않도록 하고, 자신이 한 일에 대해서 너무 자세하게 얘기하지 않도록 주의해야 한다.

3 면접 질문 및 답변 포인트

(1) 가족 및 대인관계에 관한 질문

① 당신의 가정은 어떤 가정입니까?

면접관들은 지원자의 가정환경과 성장과정을 통해 지원자의 성향을 알고 싶어 이와 같은 질문을 한다. 비록 가정 일과 사회의 일이 완전히 일치하는 것은 아니지만 '가화만사성'이라는 말이 있듯이 가정이 화목해야 사회에서도 화목하게 지낼 수 있기 때문이다. 그러므로 답변 시에는 가족사항을 정확하게 설명하고 집안의 분위기와 특징에 대해 이야기하는 것이 좋다.

② 친구 관계에 대해 말해 보십시오.

지원자의 인간성을 판단하는 질문으로 교우관계를 통해 답변자의 성격과 대인관계능력을 파악할 수 있다. 새로운 환경에 적응을 잘하여 새로운 친구들이 많은 것도 좋지만, 깊고 오래 지속되어온 인간관계를 말하는 것이 더욱 바람직하다.

(2) 성격 및 가치관에 관한 질문

① 당신의 PR포인트를 말해 주십시오.

PR포인트를 말할 때에는 지나치게 겸손한 태도는 좋지 않으며 적극적으로 자기를 주장하는 것이 좋다. 앞으로 입사 후 하게 될 업무와 관련된 자기의 특성을 구체적인 일화를 더하여 이야기하도록 한다.

② 당신의 장·단점을 말해 보십시오.

지원자의 구체적인 장·단점을 알고자 하기 보다는 지원자가 자기 자신에 대해 얼마나 알고 있으며 어느 정도의 객관적인 분석을 하고 있나, 그리고 개선의 노력 등을 시도하는지를 파악하고자 하는 것이다. 따라서 장점을 말할 때는 업무와 관련된 장점을 뒷받침할 수 있는 근거와 함께 제시하며, 단점을 이야기할 때에는 극복을 위한 노력을 반드시 포함해야 한다.

③ 가장 존경하는 사람은 누구입니까?

존경하는 사람을 말하기 위해서는 우선 그 인물에 대해 알아야 한다. 잘 모르는 인물에 대해 존경한다고 말하는 것은 면접관에게 바로 지적당할 수 있으므로, 추상적이라도 좋으니 평소에 존경스럽다고 생각했던 사람에 대해 그 사람의 어떤 점이 좋고 존경스러운지 대답하도록 한다. 또한 자신에게 어떤 영향을 미쳤는지도 언급하면 좋다.

(3) 학교생활에 관한 질문

① 지금까지의 학교생활 중 가장 기억에 남는 일은 무엇입니까?

가급적 직장생활에 도움이 되는 경험을 이야기하는 것이 좋다. 또한 경험만을 간단하게 말하지 말고 그 경험을 통해서 얻을 수 있었던 교훈 등을 예시와 함께 이야기하는 것이 좋으나 너무 상투적인 답변이 되지 않도록 주의해야 한다.

② 성적은 좋은 편이었습니까?

면접관은 이미 서류심사를 통해 지원자의 성적을 알고 있다. 그럼에도 불구하고 이 질문을 하는 것은 지원자가 성적에 대해서 어떻게 인식하느냐를 알고자 하는 것이다. 성적이 나빴던 이유에 대해서 변명하려 하지 말고 담백하게 받아들이고 그것에 대한 개선노력을 했음을 밝히는 것이 적절하다.

③ 학창시절에 시위나 집회 등에 참여한 경험이 있습니까?

기업에서는 노사분규를 기업의 사활이 걸린 중대한 문제로 인식하고 거시적인 차원에서 접근한다. 이러한 기업문화를 제대로 인식하지 못하여 학창시절의 시위나 집회 참여 경험을 자랑스럽게 답변할 경우 감점요인이 되거나 심지어는 탈락할 수 있다는 사실에 주의한다. 시위나 집회에 참가한 경험을 말할 때에는 타당성과 정도에 유의하여 답변해야 한다.

(4) 지원동기 및 직업의식에 관한 질문

① 왜 우리 회사를 지원했습니까?

이 질문은 어느 회사나 가장 먼저 물어보고 싶은 것으로 지원자들은 기업의 이념, 대표의 경영능력, 재무구조, 복리후생 등 외적인 부분을 설명하는 경우가 많다. 이러한 답변도 적절하지만 지원 회사의 주력 상품에 관한 소비자의 인지도, 경쟁사 제품과의 시장점유율을 비교하면서 입사동기를 설명한다면 상당히 주목 받을 수 있을 것이다.

② 만약 이번 채용에 불합격하면 어떻게 하겠습니까?

불합격할 것을 가정하고 회사에 응시하는 지원자는 거의 없을 것이다. 이는 지원자를 궁지로 몰아넣고 어떻게 대응하는지를 살펴보며 입사 의지를 알아보려고 하는 것이다. 이 질문은 너무 깊이 들어가지 말고 침착하게 답변하는 것이 좋다.

③ 당신이 생각하는 바람직한 사원상은 무엇입니까?

직장인으로서 또는 조직의 일원으로서의 자세를 묻는 질문으로 지원하는 회사에서 어떤 인재상을 요구하는가를 알아두는 것이 좋으며, 평소에 자신의 생각을 미리 정리해 두어 당황하지 않도록 한다.

④ 직무상의 적성과 보수의 많음 중 어느 것을 택하겠습니까?

이런 질문에서 회사 측에서 원하는 답변은 당연히 직무상의 적성에 비중을 둔다는 것이다. 그러나 적성만을 너무 강조하다 보면 오히려 솔직하지 못하다는 인상을 줄 수 있으므로 어느 한 쪽을 너무 강조하거나 경시하는 태도는 바람직하지 못하다.

⑤ 상사와 의견이 다를 때 어떻게 하겠습니까?

과거와 다르게 최근에는 상사의 명령에 무조건 따르겠다는 수동적인 자세는 바람직하지 않다. 회사에서는 때에 따라 자신이 판단하고 행동할 수 있는 직원을 원하기 때문이다. 그러나 지나치게 자신의 의견만을 고집한다면 이는 팀원 간의 불화를 야기할 수 있으며 팀 체제에 악영향을 미칠 수 있으므로 선호하지 않는다는 것에 유념하여 답해야 한다.

⑥ 근무지가 지방인데 근무가 가능합니까?

근무지가 지방 중에서도 특정 지역은 되고 다른 지역은 안 된다는 답변은 바람직하지 않다. 직장에서는 순환 근무라는 것이 있으므로 처음에 지방에서 근무를 시작했다고 해서 계속 지방에만 있는 것은 아님을 유의하고 답변하도록 한다.

(5) 여가 활용에 관한 질문

취미가 무엇입니까?

기초적인 질문이지만 특별한 취미가 없는 지원자의 경우 대답이 애매할 수밖에 없다. 그래서 가장 많이 대답하게 되는 것이 독서, 영화감상, 혹은 음악감상 등과 같은 흔한 취미를 말하게 되는데 이런 취미는 면접관의 주의를 끌기 어려우며 설사 정말 위와 같은 취미를 가지고 있다하더라도 제대로 답변하기는 힘든 것이 사실이다. 가능하면 독특한 취미를 말하는 것이 좋으며 이제 막 시작한 것이라도 열의를 가지고 있음을 설명할 수 있으면 그것을 취미로 답변하는 것도 좋다.

(6) 지원자를 당황하게 하는 질문

① 성적이 좋지 않은데 이 정도의 성적으로 우리 회사에 입사할 수 있다고 생각합니까?

비록 자신의 성적이 좋지 않더라도 이미 서류심사에 통과하여 면접에 참여하였다면 기업에서는 지원자의 성적보다 성적 이외의 요소, 즉 성격 · 열정 등을 높이 평가했다는 것이라고 할 수 있다. 그러나 이런 질문을 받게 되면 지원자는 당황할 수 있으나 주눅 들지 말고 침착하게 대처하는 면모를 보인다면 더 좋은 인상을 남길 수 있다.

② 우리 회사 회장님 함자를 알고 있습니까?

회장이나 사장의 이름을 조사하는 것은 면접일을 통고받았을 때 이미 사전 조사되었어야 하는 사항이다. 단답형으로 이름만 말하기보다는 그 기업에 입사를 희망하는 지원자의 입장에서 답변하는 것이 좋다.

③ 당신은 이 회사에 적합하지 않은 것 같군요.

이 질문은 지원자의 입장에서 상당히 곤혹스러울 수밖에 없다. 질문을 듣는 순간 그렇다면 면접은 왜 참가시킨 것인가 하는 생각이 들 수도 있다. 하지만 당황하거나 흥분하지 말고 침착하게 자신의 어떤 면이 회사에 적당하지 않는지 겸손하게 물어보고 지적당한 부분에 대해서 고치겠다는 의지를 보인다면 오히려 자신의 능력을 어필할 수 있는 기회로 사용할 수도 있다.

④ 다시 공부할 계획이 있습니까?

이 질문은 지원자가 합격하여 직장을 다니다가 공부를 더 하기 위해 회사를 그만 두거나 학습에 더 관심을 두어 일에 대한 능률이 저하될 것을 우려하여 묻는 것이다. 이때에는 당연히 학습보다는 일을 강조해야 하며, 업무 수행에 필요한 학습이라면 업무에 지장이 없는 범위에서 야간학교를 다니거나 회사에서 제공하는 연수 프로그램 등을 활용하겠다고 답변하는 것이 적당하다.

⑤ 지원한 분야가 전공한 분야와 다른데 여기 일을 할 수 있겠습니까?

수험생의 입장에서 본다면 지원한 분야와 전공이 다르지만 서류전형과 필기전형에 합격하여 면접을 보게 된 경우라고 할 수 있다. 이는 결국 해당 회사의 채용 방침상 전공에 크게 영향을 받지 않는다는 것이므로 무엇보다 자신이 전공하지는 않았지만 어떤 업무도 적극적으로 임할 수 있다는 자신감과 능동적인 자세를 보여주도록 노력하는 것이 좋다.

02 면접기출

※ PT면접 : 개별발표 / 면접관 3명 / 발표 3분, 준비 30분 / 주제 택일 발표 후 5분간 질의응답
※ 역량면접 : 3인 1조 / 면접관 4명 / 30분 소요/자기소개서 질문 + 인성질문 + 기술질문 + 시사질문

1 서울교통공사(일반)

① 자기소개를 해 보시오.

② 지원한 직무에 대해 얼마나 알고 있습니까?

③ 펌프의 종류에 대해 말해 보시오.

④ 열차 냉방기의 문제 발생 시 해결 방법은?

⑤ 최근에 읽은 책이 있다면?

⑥ 20초 가량 자기 자랑을 해 보시오.

⑦ 우리 공사에 입사 후 자신이 어떤 영향을 끼칠 수 있을까?

⑧ 타인과 성격이 맞지 않아 갈등을 경험한 적이 있다면?

⑨ 서울교통공사 로고를 그려보고, 그 의미를 말해 보시오.

⑩ 지하철 내 양성평등 실현 방안을 말해보시오.

⑪ 블라인드 채용의 장단점을 말해보시오.

⑫ 지하철 무인화에 대한 지원자의 생각은?

⑬ 지하철 불법광고물 관리에 대한 지원자의 생각은?

2 서울교통공사(인성 부문)

① 지원자 본인의 성격 장단점을 말해보시오

② 입사를 가정하고 지원자는 회사에 어떻게 기여할 것인가?

③ 지원자를 반드시 채용해야 하는 이유가 있다면 설명해 보시오

④ 존경하는 인물 또는 인생의 롤 모델이 되었던 사람에 대해 말해보시오

⑤ 인생에서 중요하게 여기는 것은 무엇인지 말해보시오

⑥ 당사와 경쟁사를 비교하여 설명해 보시오

⑦ 우리 공사에 지원한 동기는 무엇입니까?

⑧ 봉사활동 경험을 말해보시오

⑨ 직접 진행한 프로젝트 경험이 있다면 간략하게 설명해 보시오

⑩ 사람들(팀 동료 포함)과 갈등을 겪은 적이 있다면 어떻게 해결하는가?

⑪ 살아오면서 가장 열정을 가지고 해 본 일을 무엇인가?

⑫ 스스로를 개발하기 위해 했던 노력이 있다면 말해보시오

⑬ 살아오면서 가장 후회되는 일은 무엇인가?

⑭ 최종 합격을 가정했을 때 희망근무지 또는 희망지역을 말해보시오

⑮ 지원자의 컴퓨터 활용능력은 어느 정도인가? (워드, 인터넷 등)

⑯ 자사의 제품에 대한 문제점 및 개선점 등을 말해보시오

⑰ 입사 시 나이가 어린 선배사원과 어떻게 지낼 것인지 말해보시오

⑱ 입사 후 어느 지위까지 올라가고 싶은가?

⑲ 지원자가 상사일 경우 부하직원을 어떻게 다룰 것인지에 대해 말해보시오

⑳ 공기업과 사기업의 차이점은 무엇인지 말해보시오

㉑ 고객을 만족시키려면 어떻게 해야 하는 것이 좋은가?

㉒ 무상급식에 대한 지원자의 견해를 개진해 보시오

㉓ 살아오면서 포기했던 일이 있다면 말해보시오

㉔ 인생에서 전환점이 되었던 일이 있다면 말해보시오

㉕ 스마트 워크를 설명해 보시오

㉖ 지하철을 이용하면서 불편했던 점은 무엇인가?

㉗ 윤리적으로 행동한 경험을 말해보시오

㉘ 현재 지하철 요금에 대해 어떻게 생각하는가?

㉙ 가족 소개를 해 보시오

㉚ 기업의 궁극적인 목표는 무엇인가?

3 서울교통공사(직무 부문)

① 지원자 자신의 직무경험을 말해보시오

② 다룰 줄 아는 업무 관련 프로그램은 무엇인가?

③ 입사하게 되면 어떤 업무를 하고 싶은가?

④ 지원한 직무에서 어떠한 일을 하는지 알고 있는가?

⑤ 해당 직무담당자가 갖추어야 할 역량은 무엇이라고 생각하는가?

⑥ 우리 공사의 재무제표를 본 적이 있는가?

⑦ 교대근무는 가능한가?

⑧ 지원자의 프로그래밍 능력은 어느 정도인가?

⑨ 원가를 절감하려면 어떻게 해야 하는가?

⑩ 대형마트와 전통시장의 상생방안을 말해보시오

4 서울교통공사(업종 부문)

① 우리 공사 업종입사를 위해 준비한 것은?

② 억지를 부리는 민원인에 대해 어떻게 대처할 것인가?

③ 공사 또는 공기업에 대한 지원자의 생각은 어떠한가?

④ 서비스란 무엇인지에 대해 말해보시오

⑤ 공기업의 부채문제에 대해 어떻게 생각하는가?

5 서울교통공사(PT 면접)

① 실내 냉난방(역사 및 지하철 내 포함) 민원 해결방안에 대해 발표하시오.

NCS 정답 및 해설

01 NCS 대표유형 정답해설
02 NCS 예상문제 정답해설

CHAPTER 01

NCS 대표유형 정답해설

PART ① 의사소통능력

1	①	2	③	3	③	4	①	5	③

1 ①

제시된 지문은 공문서의 한 종류인 보도자료에 해당한다. 마지막 문단에 밑줄 친 '거쳐'의 앞뒤 문맥을 파악해 보면, 지방재정협의회에서 논의한 지역 현안 사업은 각 부처의 검토 단계를 밟은 뒤 기재부에 신청되고, 이후 관계 기관의 협의를 거쳐 내년도 예산안에 반영함을 알 수 있다. 즉, 밑줄 친 '거쳐'는 '어떤 과정이나 단계를 겪거나 밟다.'의 의미로 사용되었다. 보기 중 이와 동일한 의미로 쓰인 것은 ①이다.

② 마음에 거리끼거나 꺼리다.

③ 오가는 도중에 어디를 지나거나 들르다.

④ 무엇에 걸리거나 막히다.

2 ③

네 개의 문장에서 공통적으로 언급하고 있는 것은 환경문제임을 알 수 있다. 따라서 ㈏ 문장이 '문제 제기'를 한 것으로 볼 수 있다. ㈎는 ㈏에서 언급한 바를 더욱 발전시키며 논점을 전개해 나가고 있으며, ㈑에서는 논점을 '잘못된 환경문제의 해결 주체'라는 쪽으로 전환하여 결론을 위한 토대를 구성하며, ㈐에서 필자의 주장을 간결하게 매듭짓고 있다.

3 ③

③ 디지털화는 공장 내 사물들 간에 소통이 가능하도록 물리적 아날로그 신호를 디지털 신호로 변환하는 것이다.

①② 두 번째 문단에서 언급하고 있다.

④ 세 번째 문단에서 언급하고 있다.

4 ①

① 부지 용도가 단독주택용지이고 토지사용 가능시기가 '즉시'라는 공고를 통해 계약만 이루어지면 즉시 이용이 가능한 토지임을 알 수 있다.

② 계약체결 후 남은 금액은 공급가격에서 계약금을 제외한 33,250,095,000원이다. 이를 무이자로 3년간 6회에 걸쳐 납부해야 하므로 첫 번째 내야 할 중도금은 5,541,682,500원이다.

③ 규모 400㎡의 단독주택용지를 주택건설업자에게 분양하는 공고이다.

④ 계약금은 공급가격의 10%로 보증금이 더 적다.

---

5 ③

고위직급자와 계약직 직원들에 대한 학습목표 달성을 지원해야 한다는 논의가 되고 있으므로 그에 따른 실천 방안이 있을 것으로 판단할 수 있으나, 교육 시간 자체가 더 증가할 것으로 전망하는 것은 근거가 제시되어 있지 않은 의견이다.

① 22시간→35시간으로 약 59% 증가하였다.

② 평균 학습시간을 초과하여 달성하는 등 상시학습문화가 정착되었다고 평가하고 있다.

④ 생애주기에 맞는 직급별 직무역량교육 의무화라는 것은 각 직급과 나이에 보다 적합한 교육이 실시될 것임을 의미한다.

PART ② 수리능력

1	③	2	②	3	③	4	②	5	③

1 ③

첫 번째와 두 번째 규칙에 따라 두 사람의 점수 총합은 $4 \times 20 + 2 \times 20 = 120$점이 된다. 이 때 두 사람 중 점수가 더 낮은 사람의 점수를 x점이라고 하면, 높은 사람의 점수는 $120 - x$점이 되므로 $120 - x = x + 12$가 성립한다.

따라서 $x = 54$이다.

---

2 ②

주어진 조건에 의해 다음과 같이 계산할 수 있다.

$\{(1,000,000 + 100,000 + 200,000) \times 12 + (1,000,000 \times 4) + 500,000\} \div 365 \times 30 = 1,652,055$원

따라서 소득월액은 1,652,055원이 된다.

3 ③

자료에 제시된 각 암별 치명률이 나올 수 있는 공식은 보기 중 ③이다. 참고적으로 치명률은 어떤 질환에 의한 사망자수를 그 질환의 환자수로 나눈 것으로 보통 백분율로 나타내며, 치사율이라고도 한다.

---

4 ②

② 〈자료 1〉에 따르면 건강수명은 평균수명에서 질병이나 부상으로 인하여 활동하지 못한 기간을 뺀 기간이다. 〈자료 2〉에서 건강수명 예상치의 범위는 평균수명의 90%에서 ±1% 수준이고, 해당 연도 환경 개선 정도에 따라 계산한다고 기준을 제시하고 있으므로 이를 통해 2014년과 2015년의 건강수명을 구할 수 있다.

- 2014년 건강수명 = 80.79세(평균수명) × 89%(환경 개선 불량) = 71.9031세
- 2015년 건강수명 = 81.2세(평균수명) × 89%(환경 개선 불량) = 72.268세

따라서 2014년 건강수명이 2015년 건강수명보다 짧다.

①③ 2013년의 건강수명 = 80.55세(평균수명) × 91%(환경 개선 양호) = 73.3005세로 2014년의 건강수명인 71.9031세 또는 2015년의 건강수명인 72.268세보다 길다.

④ 2014년 환경 개선 정도가 보통일 경우 건강수명 = 80.79세 × 90% = 72.711세이다. 2013년의 건강수명은 73.3005세이므로 2013년 건강수명이 2014년 건강수명보다 길다.

---

5 ③

③ 표를 통해 건설 부가가치는 '건설공사 매출액 − 건설비용'의 산식이 적용됨을 알 수 있다. 건설공사 매출액은 국내와 해외 매출액의 합산이므로 해외 매출액의 증감은 건설 부가가치에 직접적인 영향을 미친다.

① 제시된 기업체 수 증가율을 통하여 연도별 기업체 수를 확인할 수 있으며, 2012년도에는 기업체 수가 약 65,183개로 65,000개 이상이 된다.

② 2016년은 313.3 ÷ 356.6 × 100 = 약 87.9%이며, 2017년은 354.0 ÷ 392.0 × 100 = 약 90.3%이다.

④ 다른 항목은 2017년에 모두 증가하였지만, 건설공사 매출액 중 해외 매출액 지표는 감소하였다.

1	④	2	③	3	①	4	④	5	②

1 ④

날짜를 따져 보아야 하는 유형의 문제는 아래와 같이 달력을 그려서 살펴보면 어렵지 않게 정답을 구할 수 있다.

일	월	화	수	목	금	토
	1	2	3	4	5	6
7	8	9	10	11	12	13
14	15	16	17	18	19	20
21	22	23	24	25	26	27
28	29	30	31			

1일이 월요일이므로 정 대리는 위와 같은 달력에 해당하는 기간 중에 출장을 가려고 한다. 3박 4일 일정 중 출발과 도착일 모두 휴일이 아니어야 한다면 월~목요일, 화~금요일, 금~월요일 세 가지의 경우의 수가 생기는데, 현지에서 복귀하는 비행편이 화요일과 목요일이므로 월~목요일의 일정을 선택해야 한다. 회의가 셋째 주 화요일이라면 16일이므로 그 이후 가능한 월~목요일은 두 번이 있으나, 마지막 주의 경우 도착일이 다음 달로 넘어가게 되므로 조건에 부합되지 않는다. 따라서 출장 출발일로 적절한 날은 22일이며 일정은 22~25일이 된다.

2 ③

ⓜ에서 유진이는 화요일에 학교에 가지 않으므로 ⓒ의 대우에 의하여 수요일에는 학교에 간다.
수요일에 학교에 가므로 ⓑ의 대우에 의해 금요일에는 학교에 간다.
금요일에 학교에 가므로 ⓓ의 대우에 의해 월요일에는 학교를 가지 않는다.
월요일에 학교를 가지 않으므로 ⓐ의 대우에 의해 목요일에는 학교에 간다.
따라서 유진이가 학교에 가는 요일은 수, 목, 금이다.

3 ①

조사 대상과 조사 내용을 볼 때, ①은 본 설문조사의 목적으로 가장 적합하지 않다.
② 조사 내용 중 '향후 해외 근거리 당일 왕복항공 잠재 수요 파악'을 통해 해외 당일치기 여객의 수요에 부응할 수 있는 노선 구축 근거를 마련할 수 있다.
③ 조사 내용 중 '과거 해외 근거리 당일 왕복항공 이용 실적 파악'을 통해 해외 근거리 당일 왕복항공을 이용한 실적 및 행태를 파악할 수 있다.
④ 조사 내용 중 '해외 근거리 당일 왕복항공 이용을 위한 개선 사항 파악'을 통해 근거리 국가로 여행 또는 출장을 위해 당일 왕복항공을 이용할 의향과 수용도를 파악할 수 있다.

4 ④

④ 어머니와 본인, 배우자, 아이 셋을 합하면 丁의 가족은 모두 6명이다. 6인 가구의 월평균소득기준은 5,144,224원 이하로, 월평균소득이 480만 원이 되지 않는 丁는 국민임대주택 예비입주자로 신청할 수 있다.

① 세대 분리되어 있는 배우자도 세대구성원에 포함되므로 주택을 소유한 아내가 있는 甲은 국민임대주택 예비입주자로 신청할 수 없다.

② 본인과 배우자, 배우자의 부모님을 합하면 乙의 가족은 모두 4명이다. 4인 가구 월평균소득기준은 4,315,641원 이하로, 월평균소득이 500만 원을 넘는 乙은 국민임대주택 예비입주자로 신청할 수 없다.

③ 신청자인 丙의 배우자의 직계비속인 아들이 전 남편으로부터 아파트 분양권을 물려받아 소유하고 있으므로 丙은 국민임대주택 예비입주자로 신청할 수 없다.

5 ②

B팀은 자신들이 제작한 K부서 정책홍보책자를 서울에 모두 배포하거나 부산에 모두 배포한다는 지침에 따라 배포하였는데, B팀이 제작·배포한 K부서 정책홍보책자 중 일부를 부산에서 발견하였으므로, B팀의 책자는 모두 부산에 배포되었다.

A팀이 제작·배포한 책자 중 일부를 서울에서 발견하였지만, A팀은 자신들이 제작한 K부서의 모든 정책홍보책자를 서울이나 부산에 배포한다는 지침에 따라 배포하였으므로, 모두 서울에 배포되었는지는 알 수 없다. 따라서 항상 옳은 평가는 ㉢뿐이다.

PART ④ 조직이해능력

1	④	2	②	3	②	4	①	5	④

1 ④

일반적으로 기자들을 상대하는 업무는 홍보실, 사장의 동선 및 일정 관리는 비서실, 퇴직 및 퇴직금 관련 업무는 인사부, 사원증 제작은 총무부에서 관장하는 업무로 분류된다.

2 ②

(A) 기능적 조직구조이며, (B)는 사업별 조직구조이다. 환경이 안정적이거나 일상적인 기술, 조직의 내부 효율성을 중요시하며 기업의 규모가 작을 때에는 업무의 내용이 유사하고 관련성이 있는 것들을 결합해서 (A)와 같은 기능적 조직구조 형태를 이룬다. 또한, 급변하는 환경변화에 효과적으로 대응하고 제품, 지역, 고객별 차이에 신속하게 적응하기 위해서는 분권화된 의사결정이 가능한 (B)와 같은 사업별 조직구조 형태를 이룰 필요가 있다. (A)와 같은 조직구조에서는 결재라인이 적어 신속한 의사결정이 이루어질 수 있으며, (B)와 같은 조직구조에서는 본부장, 부문장 등의 이사진이 배치될 수 있어, 중간관리자의 역할이 중요한 경우에 볼 수 있는 조직구조이다.

---

3 ②

차별화 전략과 원가우위 전략이 전체 시장을 상대로 하는 전략인 반면, 집중화 전략은 특정 시장을 대상으로 한다. 따라서 고객층을 세분화하여 타깃 고객층에 맞는 맞춤형 전략을 세울 필요가 있다. 타깃 고객층에 자사가 가진 특정 역량이 발휘되어 판매를 늘릴 수 있는 전략이라고 할 수 있다.

---

4 ①

① 기능의 다양화는 자사의 강점에 해당되며, 신흥시장의 잠재 수요를 기대할 수 있어 이를 연결한 전략으로 적절한 ST 전략이라고 할 수 있다.
② 휴대기기의 대중화(O)에 힘입어 MP3폰의 성능 강화(T)
③ 다양한 기능을 추가(S)한 판매 신장으로 이익 확대(W)
④ 개도국 수요를 창출(O)하여 저가 제품 판매 확대(W)

---

5 ④

④ 결권자가 자리를 비웠을 경우, '직무 권한'은 차상위자가 아닌 직상급직책자가 수행하게 되며, 차상위자가 전결권자가 되는 경우에도 '직무 권한' 자체의 위임이 되는 것은 아니다.
① 차상위자가 필요한 경우, 최종결재자(전결권자)가 될 수 있다.
② 부재 중 결재사항은 전결권자 업무 복귀 시 사후 결재를 받는 것으로 규정하고 있다.
③ 팀장의 업무 인수인계는 부사장의 전결 사항이다.

PART 5 정보능력

1	③	2	③	3	②	4	②	5	③

1 ③

Index 뒤에 나타나는 문자가 오류 문자이므로 이 상황에서 오류 문자는 'GHWDYC'이다. 오류 문자 중 오류 발생 위치의 문자와 일치하지 않는 알파벳은 G, H, W, D, Y 5개이므로 처리코드는 'Atnih'이다.

2 ③

DSUM함수는 DSUM(범위, 열 번호, 조건)으로 나타내며 조건에 부합하는 데이터를 합하는 수식이다. 제시된 수식은 영업부에 해당하는 4/4분기의 데이터를 합하라는 것이므로 15+20+20=55가 된다.

3 ②

입고연월 2010○○ + 충청남도 癸출판사 3J +「뇌과학 첫걸음」07773 + 입고순서 8491
따라서 코드는 '2010○○3J077738491'이 된다.

4 ②

발행 출판사와 입고순서가 동일하려면 (지역코드 + 고유번호) 두 자리와 (입고순서) 네 자리가 동일해야 한다. 이규리와 강희철은 각각 2011054L066610351, 2012064L107790351로 발행 출판사와 입고순서가 동일한 도서를 담당하는 책임자이다.

5 ③

$n=0,\ S=1$

$n=1,\ S=1+1^2$

$n=2,\ S=1+1^2+2^2$

…

$n=7,\ S=1+1^2+2^2+\cdots+7^2$

∴ 출력되는 S의 값은 141이다.

1	④	2	③	3	①	4	④	5	②

1 ④

④ 결원이 생겼을 때에는 그대로 추가 선발 없이 채용을 마감할 수 있으며, 추가합격자를 선발할 경우 반드시 차순위자를 선발하여야 한다.

① 모든 응시자는 1인 1개 분야만 지원할 수 있다. 따라서 중복 응시에 대해 어느 한쪽을 임의로 무효처리할 수 있다.

② 입사지원서 작성 내용과 다르게 된 결과이므로 취소 처분이 가능하다.

③ 지원자가 채용예정인원 수와 같거나 미달하더라도 적격자가 없는 경우 선발하지 않을 수 있다.

---

2 ③

교육비 지원 기준에 따라 각 직원이 지원 받을 수 있는 내역을 정리하면 다음과 같다.

A	• 본인 대학원 학비 3백만 원(100% 지원) • 동생 대학 학비 2백만 원(형제 및 자매→80% 지원) = 160만 원	총 460만 원
B	딸 대학 학비 2백만 원(직계 비속→90% 지원) = 180만 원	총 180만 원
C	본인 대학 학비 3백만 원(100% 지원) 아들 대학 학비 4백만 원(직계 비속→90% 지원) = 360만 원	총 660만 원
D	본인 대학 학비 2백만 원(100% 지원) 딸 대학 학비 2백만 원(90% 지원) = 180만 원 아들 대학원 학비 2백만 원(90% 지원) = 180만 원	총 560만 원

따라서 A~D 직원 4명의 총 교육비 지원 금액은 1,860만 원이고, 이를 원단위로 표현하면 18,600,000원이다.

3 ①

주행속도에 따른 연비와 구간별 소요되는 연료량을 계산하면 다음과 같다.

차량	주행속도(km/h)	연비(km/L)	구간별 소요되는 연료량(L)		
A (LPG)	30 이상 60 미만	10 × 50.0% = 5	1구간	20	총 31.5
	60 이상 90 미만	10 × 100.0% = 10	2구간	4	
	90 이상 120 미만	10 × 80.0% = 8	3구간	7.5	
B (휘발유)	30 이상 60 미만	16 × 62.5% = 10	1구간	10	총 17.5
	60 이상 90 미만	16 × 100.0% = 16	2구간	2.5	
	90 이상 120 미만	16 × 75.0% = 12	3구간	5	
C (경유)	30 이상 60 미만	20 × 50.0% = 10	1구간	10	총 16
	60 이상 90 미만	20 × 100.0% = 20	2구간	2	
	90 이상 120 미만	20 × 75.0% = 15	3구간	4	

따라서 조건에 따른 주행을 완료하는 데 소요되는 연료비는 A 차량은 31.5 × 1,000 = 31,500원, B 차량은 17.5 × 2,000 = 35,000원, C 차량은 16 × 1,600 = 25,600원으로, 두 번째로 높은 연료비가 소요되는 차량은 A며 31,500원의 연료비가 든다.

4 ④

㉢ 2의 '전자 · 통신관계법에 의한 전기 · 전자통신기술에 관한 업무'에 해당하므로 丙은 자격 취득 후 경력 기간 15개월 중 80%인 12개월을 인정받는다.

㉣ 1의 '전력시설물의 설계 · 공사 · 감리 · 유지보수 · 관리 · 진단 · 점검 · 검사에 관한 기술업무'에 해당하므로 丁은 자격 취득 전 경력 기간 2년의 50%인 1년을 인정받는다.

㉠ 3에 따라 자격 취득 전의 경력 기간은 50%만 인정되므로 甲은 5년의 경력 기간 중 50%인 2년 6개월만 인정받는다.

㉡ 2의 「전기용품안전관리법」에 따른 전기용품의 설계 · 제조 · 검사 등의 기술업무에 해당하므로 乙은 자격 취득 후 경력 기간 30개월 중 80%인 24개월을 인정받는다.

5 ②

먼저 '층별 월 전기료 60만 원 이하' 조건을 적용해 보면 2층, 3층, 5층에서 각각 6대, 2대, 1대의 구형 에어컨을 버려야 한다. 다음으로 '구형 에어컨 대비 신형 에어컨 비율 1/2 이상 유지' 조건을 적용하면 4층, 5층에서 각각 1대, 2대의 신형 에어컨을 구입해야 한다. 그런데 5층에서 신형 에어컨 2대를 구입하게 되면 구형 에어컨 12대와 신형 에어컨 6대가 되어 월 전기료가 60만 원이 넘게 되므로 2대의 구형 에어컨을 더 버려야 하며, 신형 에어컨은 1대만 구입하면 된다. 따라서 A상사가 구입해야 하는 신형 에어컨은 총 2대이다.

PART ⑦ 기술능력

1	①	2	④	3	②	4	④	5	③

1 ①

1번 기계와 4번 기계가 180° 회전하였고 2번 기계와 3번 기계가 시계방향으로 90° 회전하였다. 따라서 ★, ◆ 스위치를 눌러야 한다. 단, 순서는 바뀌어도 가능하다.

2 ④

1번, 2번, 3번 기계는 반시계 방향으로 90° 회전하였고, 4번 기계는 시계 방향으로 90° 회전하였다. 보기 중 스위치를 세 번 눌러서 이와 같이 변화하는 조합은 ☆, ◆, ◇뿐이다.

• ☆(1번, 3번 180°)

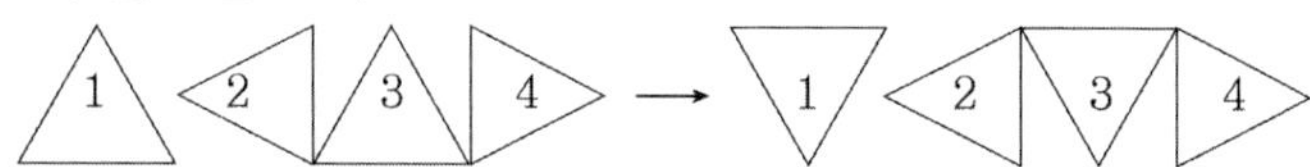

• ◆(2번, 3번 시계방향 90°)

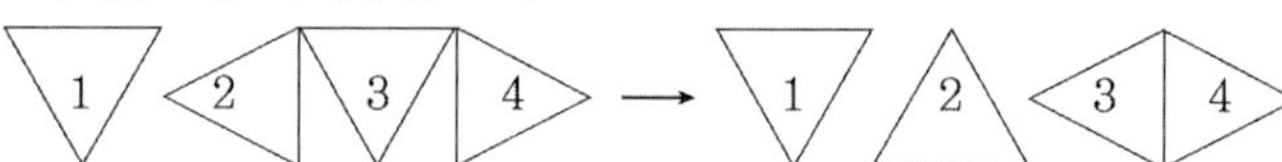

• ◇(1번, 4번 시계방향 90°)

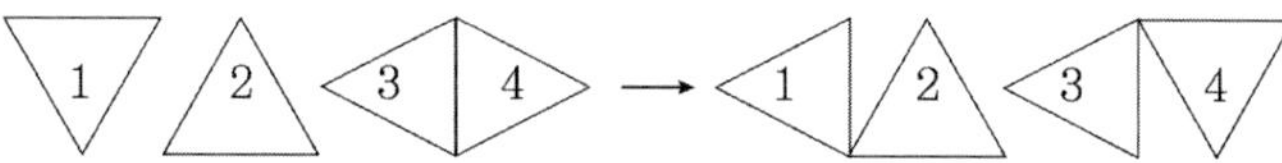

3 ②

인쇄 기본 설정 창 열기

① 인쇄하려는 문서를 여세요.

② 파일 메뉴에서 인쇄를 선택하세요.

③ 프린터 선택에서 사용 중인 제품을 선택하세요.

④ 프린터 속성 또는 기본 설정을 클릭하세요.

4 ④

〈보기〉에 주어진 그래프와 명령어를 분석하면 다음과 같다.

- C숫자 / H숫자 → X축 최곳값 / Y축 최곳값
- 알파벳(숫자, 숫자) → 도형의 모양(X축값, Y축값)

W 원	S 삼각형	N 사각형	D 다이아몬드

- : 알파벳숫자 → A 작은 도형, B 큰 도형, 1 채우기有, 2 채우기無

따라서 제시된 그래프에 대한 명령어는

C5 / H5 N(1,3) : A2 / W(2,1) : A1 / S(4,4) : A2 / D(5,2) : B2이다.

---

5 ③

- C6 / H5 → X축 최곳값 6 / Y축 최곳값 5
- D(1,5) : B1 → 다이아몬드(1,5) : 큰 도형, 채우기有
- S(2,4) : A2 → 삼각형(2,4) : 작은 도형, 채우기無
- N(3,1) : A1 → 사각형(3,1) : 작은 도형, 채우기有

따라서 제시된 명령어를 실행할 경우 ③과 같은 그래프가 구현된다.

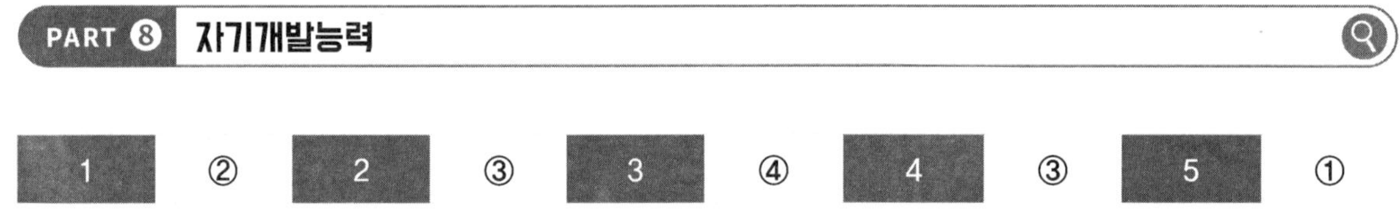

PART 8 자기개발능력
1 ② 2 ③ 3 ④ 4 ③ 5 ①

1 ②

자기개발을 할 때는 인간의 욕구와 감정이 작용하여 자기개발에 대한 태도를 형성한다. 제시된 사례에서 Y씨는 욕구와 감정을 합리적으로 통제하지 못했기 때문에 자기개발 목표 달성에 실패했다.

---

2 ③

③ 실장은 일의 지시를 비효율적으로 하고 있다. 구청과 검찰청이 가까울 경우에 두 기관을 함께 방문하도록 지시했어야 하는데, 구청을 방문하고 돌아오는 길에 전화를 해서 다시 검찰청으로 가라고 하고 있다.

3 ④

④ 김 대리는 현재 일본을 상대로 하는 무역회사에 다니고 있으므로 고급 일본어를 수강하겠다는 것은 현재 직무를 고려한 자기개발이다.

4 ③

③은 5단계 반성 및 피드백에서 필요한 질문이다.

5 ①

주어진 질문들은 비전과 목표가 정립되고 난 후에 과제 발견 단계에서 하는 질문들이다. 역할들을 도출한 후에는 이 역할에 상응하는 활동목표를 설정하게 된다.

PART ⑨ 대인관계능력

1	③	2	④	3	④	4	③	5	③

1 ③

③ 조직구성원들이 신뢰를 가질 수 있는 카리스마와 함께 조직변화의 필요성을 인지하고 그러한 변화를 나타내기 위해 새로운 비전을 제시하는 능력을 갖춘 리더십을 말한다.

2 ④

민수는 각 팀장들에게 프로젝트 성공 시 전원 진급을 약속하였지만 결국 그 약속을 이행하지 못했으므로 정답은 ④이다.

3 ④

위의 사례에서 고객은 자신의 잘못으로 핸드폰 케이스가 깨졌는데도 불구하고 무상 교체를 해줘야 한다고 트집을 잡고 있으므로 트집형 고객임을 알 수 있다.

4 ③

변화에 소극적인 직원들을 성공적으로 이끌기 위한 방법

㉠ 개방적인 분위기를 조성한다.
㉡ 객관적인 자세를 유지한다.
㉢ 직원들의 감정을 세심하게 살핀다.
㉣ 변화의 긍정적인 면을 강조한다.
㉤ 변화에 적응할 시간을 준다.

5 ③

① 유팀장은 스티커를 이용한 긍정적 강화법을 활용하였다.
② 유팀장은 지금까지 아무도 시도하지 못한 새로운 보안시스템을 개발해 보자고 제안하며 부하직원들에게 새로운 도전의 기회를 부여하였다.
④ 유팀장은 부하직원들에게 자율적으로 출퇴근할 수 있도록 하였고 사내에도 휴식공간을 만들어 자유롭게 이용토록 하는 등 업무환경의 변화를 두려워하지 않았다.

PART ⑩ 직업윤리

1	③	2	①	3	④	4	③	5	없음

1 ③

③ 직장이라는 특수 상황에서 갖는 집단적 인간관계는 가족관계, 개인적 선호에 의한 친분 관계와는 다른 측면의 배려가 필요하다.

2 ①

① 정직과 신뢰는 매사에 조금씩 차곡차곡 축적해 나가야 한다.

3 ④

가. 악수를 하는 동안에는 상대에게 집중하는 의미로 반드시 눈을 맞추고 미소를 짓는다.
다. 처음 만나는 사람과의 악수라도 손끝만을 잡는 행위는 상대방을 존중한다는 마음을 전달하지 못하는 행위이다.
바. 정부 고관을 지낸 사람을 소개할 경우 퇴직한 사람이라도 직급명은 그대로 사용해 주는 것이 일반적인 예절로 인식된다.

4 ③

제시된 상황은 대표적으로 직업윤리와 개인윤리가 충돌하는 상황이라고 할 수 있다. 직무에 따르는 업무적 책임 사항은 반드시 근무일에만 적용된다고 판단하는 것은 올바르지 않으며, 불가피한 경우 휴일에도 직무상 수행 업무가 발생할 수 있음을 감안하는 것이 바람직한 직업윤리의식일 것이다. 따라서 이러한 경우 직업윤리를 우선시하는 것이 바람직하다. 선택지 ④와 같은 경우는 대안을 찾는 경우로서, 책임을 다하는 태도라고 할 수 없다.

5 정답 없음

이런 인성검사와 유사한 유형은 지원자의 성향을 파악하기 위한 것으로 따로 정답이 정해져 있지는 않다. 다만 청렴과 정직, 성실, 책임감 등 기본적인 직업윤리를 바탕으로 정답을 선택하는 것이 바람직하다.

CHAPTER 02

NCS 예상문제 정답해설

PART ❶ 의사소통능력

1	④	2	⑤	3	④	4	③	5	④	6	②	7	②	8	②	9	③	10	④
11	③	12	⑤	13	④	14	③	15	①	16	②	17	④	18	④	19	①	20	①
21	⑤	22	⑤	23	③	24	⑤	25	③	26	⑤	27	⑤	28	②	29	③	30	⑤
31	①	32	③	33	④	34	②	35	③	36	④	37	⑤	38	②	39	③		

1 ④

① 제4조 1에 보면 "부문은 업무상 필요하다고 판단되는 경우 부서 또는 직원 1인당 업무용 교통카드 1매를 지급한다."라고 명시되어 있다.

② 제4조 2에 보면 "부문은 업무상 필요하다고 판단되는 경우 용역직에게도 업무용 교통카드를 지급할 수 있다."라고 명시되어 있다.

③ 제6조 3에 보면 "업무용 교통카드가 정상적으로 기능하지 않거나 분실, 파손 등의 사유로 사용할 수 없는 경우에는 직원 및 감독부서 부서장은 이를 기술처에 신고하여 정상적인 업무용 교통카드로 교체, 발급받아야 한다."라고 명시되어 있다.

⑤ 제7조 2에 보면 "직원은 업무용 교통카드를 타인에게 양도하거나 대여해서는 아니 된다."라고 명시되어 있다.

2 ⑤

⑤ 최종 결재권자의 결재가 있어야 문서로서의 기능이 성립된다.

3 ④

④ 언어적인 측면으로서 의사소통의 특징이다.

4 ③

① **개과불린** : 허물을 고침에 인색하지 않음을 이르는 말

② **경거망동** : 경솔하여 생각 없이 망령되게 행동함. 또는 그런 행동
③ **교각살우** : 소의 뿔을 바로잡으려다가 소를 죽인다는 뜻으로, 잘못된 점을 고치려다가 그 방법이나 정도가 지나쳐 오히려 일을 그르침을 이르는 말
④ **부화뇌동** : 우레 소리에 맞춰 함께 한다는 뜻으로, 자신의 뚜렷한 소신 없이 그저 남이 하는 대로 따라가는 것을 이르는 말
⑤ **낭중지추** : 주머니 속의 송곳이라는 뜻으로, 재능이 뛰어난 사람은 숨어 있어도 저절로 사람들에게 알려짐을 이르는 말

5 ④

제6조(여객운송의 조정)에서 ③항 서울교통공사는 다음 각 호의 어느 하나에 해당하는 행위를 하는 자에 대해서는 운송을 거절하거나 여행 도중 역 밖으로 나가게 할 수 있습니다. 6호에서는 "공중이 이용하는 역 구내 또는 열차 내에서 폭언 또는 고성방가 등 소란을 피우는 행위" 등도 운송의 거절, 여행 도중 역 밖으로 나가게 할 수 있음을 알 수 있다.

6 ②

甲은 사랑의 도시락 배달에 대한 정보를 얻기 위해 乙과 면담을 하고 있다. 그러므로 ㉡은 면담의 목적에 대한 동의를 구하는 질문이 아니라 알고 싶은 정보를 얻기 위한 질문에 해당한다고 할 수 있다.

7 ②

합리적 의사결정의 조건으로 회의에서 논의된 내용이 투명하게 공개되어야 한다는 조건을 명시하고 있으나, ㉠과 ㉢에서는 비공개주의를 원칙으로 하고 있기 때문에 조건에 위배된다.

8 ②

B가 말하는 부분은 "제15조(인수거절) 2"에 나타나 있다. 물품 인도예정일로부터 3일이 경과하는 시점까지 수취인이 물품을 인수하지 아니 하는 경우 초과일수에 대하여는 보관료를 수취인에게 징수할 수 있으며, 그 보관료는 인도 초과 일수×운송요금×0.2로 한다고 하였으므로 3일이 경과하는 시점까지 수취인이 물품을 인수하지 아니 하는 경우이므로 해당 물품에 대한 보관료는 4일 분량(4일, 5일, 6일, 7일)×15,700×0.2=12,560원이 된다.

9 ③

① **減少**(감소) : 양이나 수치가 줆
② **納品**(납품) : 계약한 곳에 주문받은 물품을 가져다 줌
④ **支出**(지출) : 어떤 목적을 위하여 돈을 지급하는 일
⑤ **決定**(결정) : 행동이나 태도를 분명하게 정함

10 ④

① 잦은 업체 변경은 오히려 신뢰관계를 무너뜨릴 수 있으니 장기거래와 신규거래의 이점을 비교 분석해서 유리하게 활용하는 것이 필요하다.

② 단순한 주위의 추천보다는 서비스와 가격, 품질을 적절히 비교해서 업체를 선정해야 한다.

③ 한 번 선정된 업체라 하더라도 지속적으로 교차점검을 하여 거래의 유리한 조건으로 활용해야 한다.

⑤ 무리한 가격 인하를 요구하는 것은 바람직하지 않다.

11 ③

위 내용에서는 "해외 업체의 경우에는 주로 불법영업 단속 요청이 많다"는 것은 그래프를 통해 알 수가 없다.

12 ⑤

⑤ 기타사항에 3개월 인턴 후 평가(70점 이상)에 따라 정식 고용 여부를 결정한다고 명시되어 있다.

13 ④

제시된 글은 누구나 쉽게 정보를 생산하고 공유할 수 있는 소셜미디어의 장점이 부각된 기사로 ①②③⑤의 보기들은 사례내용과 관련이 없다.

14 ③

주어진 대화는 소비자센터의 상담원과 반품문의를 물어보는 고객과의 일대일 면담으로 정보전달적 공식적 의사소통이다.

15 ①

상담원은 반품 문제에 대한 해결방안을 요구하는 고객에게 정확한 정보를 제공하여 전달하고 있다.

16 ②

ⓐ의 이전 문장을 보면 알 수 있는데, "언론의 자유와 공정한 형사절차를 조화시키면서 범죄 보도를 제한할 수 있는 방법을 모색하였다. 그리하여 셰퍼드 사건에서 제시된 수단과 함께 형사 재판의 비공개, 형사소송 관계인의 언론에 대한 정보제공금지 등이 시행되었다."에서 볼 수 있듯이 ②의 경우에는 예단 방지를 위한 것이다. 하지만, 예단 방지 수단들에 대한 실효성이 떨어진다는 것은 알 수가 없다.

17 ④

제시된 글들은 모두 상황이나 어법에 맞지 않는 표현을 사용한 것이다. 상황에 따라 존대어, 겸양어를 적절히 사용하고 의미가 분명하게 드러나도록 어법에 맞는 적절한 언어표현이 필요하다.

18 ④

④ 둘째 날은 따로 일정이 없으며 8시 30분에 뉴욕으로 떠난다.
① KE 086, OZ 222을 탔다는 내용을 보아 두 편의 항공기를 이용했음을 알 수 있다.
② 4시 30분부터 6시까지 인사동 관광이 예정되어 있다.
③ 12시부터 2시까지 이사와 Seoul Branch에서 오찬약속이 있다.
⑤ OZ 222편을 이용하여 뉴욕으로 떠난다.

19 ①

3문단에서 보면 "최근의 정당들이 구체적인 계급, 계층 집단을 조직하고 동원하지는 않지만~"에서 알 수 있듯이 조직으로서의 정당 기능이 약화되었음을 알 수 있다.

20 ①

사람들은 당신에게 비평을 요구하지만, 사실 그들이 원하는 것은 칭찬이다.
① 칭찬 ② 불만 ③ 명예 ④ 부 ⑤ 사실

21 ⑤

밑줄 친 '늘리고'는 '시간이나 기간이 길어지다.'의 뜻으로 쓰였다. 따라서 이와 의미가 동일하게 쓰인 것은 ⑤이다.
① 물체의 넓이, 부피 따위를 본디보다 커지게 하다.
② 살림이 넉넉해지다.
③ 힘이나 기운, 세력 따위가 이전보다 큰 상태가 되다.
④ 재주나 능력 따위가 나아지다.

22 ⑤

제시된 글에서 필자가 말하고자 하는 바는, 1인 가구의 대다수는 노인가구가 차지하고 있으며 노인 가구는 소득 수준은 낮은 데 반해 연료비 비율이 높다는 문제점을 지적하고자 하는 것이다. 따라서 보기 ①~④의 내용은 필자의 언급 내용과 직접적인 연관성이 있는 근거 자료가 될 수 있으나, 과거의 연료비 증감 내역은 반드시 근거로써 제시되어야 할 것이라고 볼 수는 없다.

23 ③

흡습형태변형은 한쪽 면에 있는 세포의 길이(크기)가 반대 쪽 면에 있는 세포에 비해 습도에 더 민감하게 변하여, 습도가 낮아져 세포 길이가 짧아지면 그쪽 면을 향해 휘어지는 것을 의미한다고 언급되어 있다. 따라서 등에 땀이 나면 세포 길이가 더 짧은 바깥쪽으로 옷이 휘어지게 되므로 등 쪽 면에 공간이 생기게 되는 원리를 이용한 것임을 알 수 있다.

---

24 ⑤

제브라 피쉬의 실험은 햇빛의 자외선으로부터 줄기세포를 보호하는 멜라닌 세포를 제거한 후 제브라 피쉬를 햇빛에 노출시켜 본 사실이 핵심적인 내용이라고 할 수 있다. 따라서 이를 통하여 알 수 있는 결론은, 줄기세포가 존재하는 장소는 햇빛의 자외선으로부터 보호받을 수 있는 방식으로 진화하게 되었다는 것이 타당하다고 볼 수 있다.

---

25 ③

㈐의 내용은 농어촌 특성에 적합한 고령자에 대한 복지서비스를 제공하는 모습을 설명하고 있다.

---

26 ⑤

"철도차량정비"란 철도차량(철도차량을 구성하는 부품 · 기기 · 장치를 포함한다)을 점검 · 검사, 교환 및 수리하는 행위를 말한다. 〈철도안전법 제2조 제13호〉

---

27 ⑤

철도안전에 관한 사항으로서 국토교통부장관이 필요하다고 인정하는 사항이다. 〈철도안전법 제5조 제2항〉

※ **철도안전법 제5조**(철도안전 종합계획) **제2항**

- ㉠ 철도안전 종합계획의 추진 목표 및 방향
- ㉡ 철도안전에 관한 시설의 확충, 개량 및 점검 등에 관한 사항
- ㉢ 철도차량의 정비 및 점검 등에 관한 사항
- ㉣ 철도안전 관계 법령의 정비 등 제도개선에 관한 사항
- ㉤ 철도안전 관련 전문 인력의 양성 및 수급관리에 관한 사항
- ㉥ 철도안전 관련 교육훈련에 관한 사항
- ㉦ 철도안전 관련 연구 및 기술개발에 관한 사항
- ㉧ 그 밖에 철도안전에 관한 사항으로서 국토교통부장관이 필요하다고 인정하는 사항

---

28 ②

운전면허가 취소된 날부터 2년이 지나지 아니하였거나 운전면허의 효력정지 기간 중인 사람이다. 〈철도안전법 제11조〉

※ **철도안전법 제11조**(운전면허의 결격사유)

㉠ 19세 미만인 사람

㉡ 철도차량 운전상의 위험과 장해를 일으킬 수 있는 정신질환자 또는 뇌전증 환자로서 대통령령으로 정하는 사람

㉢ 철도차량 운전상의 위험과 장해를 일으킬 수 있는 약물 또는 알코올 중독자로서 대통령령으로 정하는 사람

㉣ 두 귀의 청력을 완전히 상실한 사람, 두 눈의 시력을 완전히 상실한 사람, 그 밖에 대통령령으로 정하는 신체장애인

㉤ 운전면허가 취소된 날부터 2년이 지나지 아니하였거나 운전면허의 효력정지 기간 중인 사람

29 ③

제작자승인이 취소된 후 2년이 경과되지 아니한 자이다. 〈철도안전법 제26조의4〉

30 ⑤

1등급 철도차량정비기술자의 역량지수는 80점 이상이다.

※ **철도차량정비기술자의 인정 기준**

등급 구분	역량지수
1등급 철도차량정비기술자	80점 이상
2등급 철도차량정비기술자	60점 이상 80점 미만
3등급 철도차량정비기술자	40점 이상 60점 미만
4등급 철도차량정비기술자	10점 이상 40점 미만

31 ①

관제교육훈련기관 지정절차〈철도안전법 시행규칙 제38조의4 ①항〉

관제교육훈련기관으로 지정받으려는 자는 관제교육훈련기관 지정신청서에 다음 각 호의 서류를 첨부하여 국토교통부장관에게 제출하여야 한다. 이 경우 국토교통부장관은 「전자정부법」에 따른 행정정보의 공동이용을 통하여 법인 등기사항증명서(신청인이 법인인 경우만 해당한다)를 확인하여야 한다.

㉠ 관제교육훈련계획서(관제교육훈련평가계획을 포함한다)

㉡ 관제교육훈련기관 운영규정

㉢ 정관이나 이에 준하는 약정(법인 그 밖의 단체에 한정한다)

㉣ 관제교육훈련을 담당하는 강사의 자격·학력·경력 등을 증명할 수 있는 서류 및 담당업무

㉤ 관제교육훈련에 필요한 강의실 등 시설 내역서

㉥ 관제교육훈련에 필요한 모의관제시스템 등 장비 내역서

㉦ 관제교육훈련기관에서 사용하는 직인의 인영

32 ③

동일 성능으로 입증할 수 있는 부품의 규격 변경이다〈철도안전법 시행규칙 제61조 ①항〉.

※ **철도용품 형식승인의 경미한 사항 변경**〈철도안전법 시행규칙 제61조 ①항〉

㉠ 철도용품의 안전 및 성능에 영향을 미치지 아니하는 형상 변경

㉡ 철도용품의 안전에 영향을 미치지 아니하는 설비의 변경

㉢ 중량분포 및 크기에 영향을 미치지 아니하는 장치 또는 부품의 배치 변경

㉣ 동일 성능으로 입증할 수 있는 부품의 규격 변경

㉤ 그 밖에 철도용품의 안전 및 성능에 영향을 미치지 아니한다고 국토교통부장관이 인정하는 사항의 변경

33 ④

정당한 사유 없이 국토교통부령으로 정하는 여객출입 금지장소에 출입하는 행위이다〈철도안전법 제47조 ①항〉.

※ **여객열차에서의 금지행위**〈철도안전법 제47조 ①항〉

㉠ 정당한 사유 없이 국토교통부령으로 정하는 여객출입 금지장소에 출입하는 행위

㉡ 정당한 사유 없이 운행 중에 비상정지버튼을 누르거나 철도차량의 옆면에 있는 승강용 출입문을 여는 등 철도차량의 장치 또는 기구 등을 조작하는 행위

㉢ 여객열차 밖에 있는 사람을 위험하게 할 우려가 있는 물건을 여객열차 밖으로 던지는 행위

㉣ 흡연하는 행위

㉤ 철도종사자와 여객 등에게 성적(性的) 수치심을 일으키는 행위

㉥ 술을 마시거나 약물을 복용하고 다른 사람에게 위해를 주는 행위

㉦ 그 밖에 공중이나 여객에게 위해를 끼치는 행위로서 국토교통부령으로 정하는 행위

34 ②

보안검색에 따르지 아니한 사람이다. 〈철도안전법 제50조 6호〉

35 ③

③ 제2종 전기차량 운전면허이다〈철도안전법 시행령 제11조 ①항〉.

※ **운전면허의 종류**〈철도안전법 시행령 제11조 ①항〉

㉠ 고속철도차량 운전면허

㉡ 제1종 전기차량 운전면허

㉢ 제2종 전기차량 운전면허

㉣ 디젤 차량 운전면허

㉤ 철도장비 운전면허

㉥ 노면전차(路面電車) 운전면허

36 ④

제4차 산업혁명은 2010년대 이후 인공지능(AI)과 사물인터넷(IoT) 기술을 통해 현실세계와 가상세계가 융합되는 새로운 기술 혁신을 말하는데, 기술이 사회와 심지어 인간의 신체에도 내장되는 새로운 방식을 대표하는 디지털 혁명 위에 구축되고 있다. 또한, 제4차 산업혁명의 기술은 수십억 명의 사람들을 계속해서 웹에 연결하고 비즈니스 및 조직의 효율성을 획기적으로 향상시키며 더 나은 자산 관리를 통해 자연환경을 재생산할 수 있다는 커다란 잠재력을 가지고 있다.

37 ⑤

4차 산업혁명은 '초연결성', '초지능화', '융합화'에 기반하여 '모든 것이 상호 연결되고 보다 지능화된 사회로 변화'한다는 특징이 있다.

38 ②

사물 인터넷(IoT), 로봇 공학, 3D 프린팅, 빅데이터, 인공지능(AI) 등이 4차 산업혁명에서 변화를 이끄는 5대 주요 기술로 꼽히고 있다.

39 ③

가상현실은 컴퓨터로 만들어 놓은 가상의 세계에서 사람이 실제와 같은 체험을 할 수 있도록 하는 최첨단 기술을 의미하는 것으로 사용 목적은 사람들이 일상적으로 경험하기 어려운 환경을 직접 체험하지 않고서도 그 환경에 들어와 있는 것처럼 보여주고 조작할 수 있게 해주는 것이다.

PART 2 수리능력

1	③	2	③	3	②	4	④	5	④	6	④	7	③	8	③	9	④	10	①
11	③	12	②	13	①	14	③	15	③	16	⑤	17	④	18	①	19	①	20	⑤
21	③	22	②	23	①	24	④	25	①										

1 ③

℃ $\times \frac{9}{5} + 32 =$ ℉이므로, $32 \times \frac{9}{5} + 32 = 89.6$℉이다.

2 ③

③ 1000kg = 1t이므로 27000kg = 27t이다.

3 ②

$100\text{ha} = 1\text{km}^2$이므로 $350\text{ha} + 10\text{km}^2 = 3.5\text{km}^2 + 10\text{km}^2 = 13.5\text{km}^2$이다.

4 ④

㉠ 단순이동평균법 $= \frac{14+9+13+15}{4} = 12.75$대

㉡ 가중이동평균법 $= 15 \times 0.4 + 13 \times 0.3 + 9 \times 0.2 + 14 \times 0.1 = 13.1$대

㉢ 지수평활법을 이용하기 위해서는 세 개의 자료가 필요하다. 전월의 예측치, 전월의 실제치, 지수평활계수 이를 식으로 나타내면 당기 예측치=전기 예측치+지수평활계수 (전기 실제치−전기 예측치) 그런데 이 문제에서는 5월의 예측치가 없으므로 문제가 성립될 수 없다. 그러나 이러한 경우에는 단순이동평균치를 예측치로 사용한다. 4월까지의 단순이동평균치는 11.50이다.
지수평활법=0.4×15+0.6×11.50=12.90대이므로 따라서 ㉡>㉢>㉠이 된다.

5 ④

600cm = 6m, 500cm = 5m이므로 $6 \times 5 = 30\text{m}^2$

6 ④

1, 3, 5, 7항은 ×2의 규칙을, 2, 4, 6, 8항은 +2의 규칙을 가진다. 따라서 빈칸에 들어갈 숫자는 4 + 2 = 6이다.

7 ③

규칙성을 찾으면 8 = (3 × 2) + 2, 14 = (4 × 3) + 2, 20 = (6 × 3) + 2이므로 빈칸에 들어갈 수는 (7 × 4) + 2 = 30이다.

8 ③

매출액은 100억, 물류비는 10억, 순이익은 5억이 된다. 물류비를 5% 추가 절감하면 10억에서 9억 5천이 되므로 순이익이 5억 5천만 원으로 증가하게 된다. 순이익을 매출액으로 환원하면 110억이므로 10억이 증가하게 된다.

9 ④

비밀번호의 끝 두 자리를 순서대로 x, y라 하면

a	b	c	4	2	x	y

문제에 따라 연립방정식으로 나타내어 풀면

$$\begin{cases} y = 2x \\ 4+2+x+y = 15 \end{cases} \Rightarrow \begin{cases} y = 2x \\ x+y = 9 \end{cases}$$

$x = 3$, $y = 6$

따라서 구하는 비밀번호는 [abc4236]이다.

10 ①

12일째까지 40 × 12 = 480쪽을 읽고,
마지막 날인 13일째에는 최소 1쪽에서 최대 40쪽까지 읽을 수 있으므로
이 책의 쪽수는 481쪽 이상 520쪽 이하이다.

11 ③

1억 원을 투자하여 15%의 수익률을 올리므로 수익은 15,000,000원이다. 예상 취급량이 30,000개이므로 15,000,000÷30,000=500(원)이고, 취급원가가 1,500원이므로 목표수입가격은 1,500+500=2,000(원)이 된다.

12 ②

조건 ㈎에서 R 석의 티켓의 수를 a, S 석의 티켓의 수를 b, A 석의 티켓의 수를 c라 놓으면

$a+b+c=1{,}500$ …… ㉠

조건 ㈏에서 R 석, S 석, A 석 티켓의 가격은 각각 10만 원, 5만 원, 2만 원이므로

$10a+5b+2c=6{,}000$ …… ㉡

A 석의 티켓의 수는 R 석과 S 석 티켓의 수의 합과 같으므로

$a+b=c$ …… ㉢

세 방정식 ㉠, ㉡, ㉢을 연립하여 풀면

㉠, ㉢에서 $2c=1{,}500$ 이므로 $c=750$

㉠, ㉡에서 연립방정식

$$\begin{cases} a+b=750 \\ 2a+b=900 \end{cases}$$

을 풀면 $a=150$, $b=600$ 이다.

따라서 구하는 S 석의 티켓의 수는 600장이다.

13 ①

□ADEB의 넓이는 9이고 □BFGC의 넓이가 4이므로, $\overline{AB}$의 길이는 3이고 $\overline{BC}$의 길이는 2이다. 피타고라스의 정리에 의하면 직각삼각형에서 직각을 끼고 있는 두 변의 제곱의 합은 빗변의 길이의 제곱과 같으므로, $\overline{AC}$의 길이를 x라고 할 때, $x^2=9+4=13$이다.

14 ③

$$y=\frac{t}{m-r}=\frac{9{,}000}{60-30}=300km$$

15 ③

A, B, C의 장소를 각각 1대의 차량으로 방문할 시의 수송거리는(10 + 13 + 12)×2 =70km, 하나의 차량으로 3곳 수요지를 방문하고 차고지로 되돌아오는 경우의 수송거리 10 + 5 + 7 + 12 = 34km, 그러므로 70-34 = 36km가 된다.

16 ⑤

⑤ 실제중량 40kg와 용적중량 $\frac{(80\times60\times70)}{6{,}000}=56kg$ 중 더 큰 중량인 56kg을 적용하여 항공운임을 계산하면 56×13=728이다.

17 ④

丁 인턴은 甲, 乙, 丙 인턴에게 주고 남은 성과급의 1/2보다 70만 원을 더 받았다고 하였으므로, 전체 성과급에서 甲, 乙, 丙 인턴에게 주고 남은 성과급을 x라고 하면

丁 인턴이 받은 성과급은 $\frac{1}{2}x+70=x$ ($\because$ 마지막에 받은 丁 인턴에게 남은 성과급을 모두 주는 것이 되므로), $\therefore$ $x=140$이다.

丙 인턴은 甲, 乙 인턴에게 주고 남은 성과급의 1/3보다 60만 원을 더 받았다고 하였는데, 여기서 甲, 乙 인턴에게 주고 남은 성과급의 2/3는 丁 인턴이 받은 140만 원 + 丙 인턴이 더 받을 60만 원이 되므로, 丙 인턴이 받은 성과급은 160만 원이다.

乙 인턴은 甲 인턴에게 주고 남은 성과급의 1/2보다 10만 원을 더 받았다고 하였는데, 여기서 甲 인턴에게 주고 남은 성과급의 1/2은 丙, 丁 인턴이 받은 300만 원 + 乙 인턴이 더 받을 10만 원이 되므로, 乙 인턴이 받은 성과급은 320만 원이다.

甲 인턴은 성과급 총액의 1/3보다 20만 원 더 받았다고 하였는데, 여기서 성과급 총액의2/3은 乙, 丙, 丁 인턴이 받은 620만 원 + 甲 인턴이 더 받을 20만 원이 되므로, 甲 인턴이 받은 성과급은 340만 원이다.

따라서 네 인턴에게 지급된 성과급 총액은 340 + 320 + 160 + 140 = 960만 원이다.

18 ①

각 회사의 조사 회답 지수를 100%로 하고 각각의 회답을 집계하면 다음과 같은 표가 된다.

구분	불만	보통	만족	계
(가)회사	34(27.9)	38(31.1)	50(41.0)	122(100.0)
(나)회사	73(51.4)	11(7.7)	58(40.8)	142(100.0)
(다)회사	71(52.2)	41(30.1)	24(17.6)	136(100.0)
계	178(44.5)	90(22.5)	132(33.0)	400(100.0)

19 ①

연간 타이어 소모비용=화물자동차 10대 ×타이어 4개×연간 교환횟수 2회×타이어 한 개의 가격 10만 원 =800만 원

20 ⑤

각 노선의 건설비용과 사회적 손실비용을 구하면 다음과 같다.

노선	구분	비용
A	건설비용	(1.2 × 1,000) + (0.5 × 200) + (8.3 × 100) = 2,130억 원
	사회적 손실비용	20,000 × 1,000 = 20,000,000원
B	건설비용	20 × 100 = 2,000억 원
	사회적 손실비용	20,000 × 1,000 × 2 = 40,000,000원
C	건설비용	(0.8 × 1,000) + (1.5 × 200) + (12.7 × 100) = 2,370억 원
	사회적 손실비용	20,000 × 1,000 × 1.5 = 30,000,000원

21 ③

3개월간 이동평균법을 이용하여 9월에 도착할 트럭의 수를 구하면 다음과 같다.

$$\frac{480+300+420}{3} = 400$$

22 ②

선입선출법을 사용하여 먼저 매입한 자재를 먼저 출고하는 방식으로 계산하면

5월 15일 60개 출고 =50×100+10×120=₩6,200

5월 24일 70개 출고 =40×120+30×140=₩9,000

∴ 5월 출고 재료비=₩15,200

23 ①

창고의 연간 팰릿 개수 = 5,000×12 = 60,000

포크리프트의 연간 처리횟수 = 300일×10시간×(시간당 2개 처리)2 = 6,000

포크리프트의 수 = 60,000/6,000 = 10대

24 ④

④ 2009년과 2011년의 에너지수입합계/총수입액을 계산해보면 2011년에 비중이 훨씬 늘어났음을 알 수 있다.

① 2011년에 가장 컸다.

② 2008년에서 2009년 사이에는 감소했다.

③ 2010년과 2011년 사이에는 백만 달러 이상의 차이를 보인다.

⑤ 2008년 석탄과 석유 수입액은 2011년 석유 수입액보다 적다.

25 ①

① 에너지 수입의존도 자료에서 원자력 발전의 의존도가 얼마인지는 이끌어낼 수 없다.

PART ❸ 문제해결능력

1	③	2	②	3	②	4	⑤	5	①	6	③	7	⑤	8	④	9	④	10	②
11	①	12	④	13	⑤	14	④	15	②	16	⑤	17	①	18	⑤	19	③	20	③
21	②	22	④	23	③	24	②	25	⑤										

1 ③

③ 탐색형 문제는 현재의 상황을 개선하거나 효율을 높이기 위한 문제로, 방치할 경우 큰 손실이 따르거나 해결할 수 없는 문제로 나타나게 된다.

2 ②

보완적 평가방식은 각 상표에 있어 어떤 속성의 약점을 다른 속성의 강점에 의해 보완하여 전반적인 평가를 내리는 방식을 의미한다. 한 가지 예로서 비행기의 경우 속성별 평가점수가 4, 4, 7, 9점이며, 각 속성이 평가에서 차지하는 중요도는 20, 30, 40, 50이므로, 이러한 가중치를 각 속성별 평가점수에 곱한 후에 이를 모두 더하면 930이 된다. 이러한 방식으로 계산하면 그 결과는 아래와 같다.

- 비행기 : (20×4)+(30×4)+(40×7)+(50×9) = 930
- 기차 : (20×5)+(30×4)+(40×5)+(50×8) = 820
- 고속버스 : (20×4)+(30×5)+(40×7)+(50×5) = 760
- 승용차 : (20×3)+(30×7)+(40×8)+(50×6) = 890

그러므로 정원이는 가장 높은 값이 나온 비행기를 교통운송 수단으로 선택하게 된다.

3 ②

S = Substitute : 기존의 것을 다른 것으로 대체해 보라.
C = Combine : A와 B를 합쳐 보라.
A = Adapt : 다른 데 적용해 보라.
M = Modify, Minify, Magnify : 변경, 축소, 확대해 보라.
P = Put to other uses : 다른 용도로 써 보라.
E = Eliminate : 제거해 보라.
R = Reverse, Rearrange : 거꾸로 또는 재배치해 보라.

4 ⑤

출발역이 대화역이라고 했으므로 지현이는 3호선 종점인 대화역에서 출발하여 갈아타는 수고 없이 그대로 옥수역까지 갈 수 있다. 그러므로 갈아타는 횟수는 0이다.

---

5 ①

① 새로운 경쟁사들이 시장에 진입할 가능성은 경쟁사(Competitor) 분석에 들어가야 할 질문이다.

---

6 ③

위의 주어진 조건을 기반으로 각 비용을 구하면 다음과 같다.

- 우진이와 여자 친구의 프리미엄 고속버스 비용 = 37,000원×2(명)×2(왕복)=148,000원
- 조카 2(여 : 50%를 할인 받음)의 운임 = 37,000원×50%×2(왕복)=37,000원
- 조카 1은 하행인 경우 우진이의 무릎에 앉아가고, 상행인 경우에 좌석을 지정해서 가는 것이므로 이는 편도에 해당한다.

조카 1(남 : 75% 할인 받음)의 운임 = 하행선 무료+37,000원×(100−75%)=9,250원

∴ 148,000원+37,000원+9,250원=194,250원이 된다.

---

7 ⑤

주어진 조건을 보면 관리과와 재무과에는 반드시 각각 5급이 1명씩 배정되고, 총무과에는 6급 2명이 배정된다. 인원수를 따져보면 홍보과에는 5급을 배정할 수 없기 때문에 6급이 2명 배정된다. 6급 4명 중에 C와 D는 총무과에 배정되므로 홍보과에 배정되는 사람은 E와 F이다. 각 과별로 배정되는 사람을 정리하면 다음과 같다.

관리과	A
홍보과	E, F
재무과	B
총무과	C, D

---

8 ④

조건 2에서 출발역은 청량리이고, 문제에서 도착역은 인천역으로 명시되어 있고 환승 없이 1호선만을 활용한다고 되어 있으므로 청량리~서울역(1,250원), 서울역~구로역(200원 추가), 구로역~인천역(300원 추가)를 모두 더한 값이 수인이와 혜인이의 목적지까지의 편도 운임이 된다. 그러므로 두 사람 당 각각 운임을 계산하면, 1,250+200+300=1,750원(1인당)이 된다. 역의 수는 청량리역~인천역까지 모두 더하면 37개 역이 된다.

9 ④

현수막을 제작하기 위해서는 라, 다, 마가 선행되어야 한다. 따라서 세미나 기본계획 수립(2일) + 세미나 발표자 선정(1일) + 세미나 장소 선정(3일) = 최소한 6일이 소요된다.

10 ②

각 작업에 걸리는 시간을 모두 더하면 총 11일이다.

11 ①

甲~戊가 먹은 사탕을 정리하면 다음과 같다.

구분	甲	乙	丙	丁	戊
맛	사과 + 딸기	사과	포도 or 딸기	포도 or 딸기	포도
개수	2개	1개	1개	1개	1개

12 ④

㉠ **a를 '을'팀이 맡는 경우** : 4개의 프로젝트를 맡은 팀이 2팀이라는 조건에 어긋난다. 따라서 a를 '을'팀이 맡을 수 없다.

갑	c, d, e	0→3개
을	a, b	1→3개
병		2→3개
정		2→3개
무		3→4개

㉡ **f를 '갑'팀이 맡는 경우** : a, b를 '병'팀 혹은 '정'팀이 맡게 되는데 4개의 프로젝트를 맡은 팀이 2팀이라는 조건에 어긋난다. 따라서 f를 '갑'팀이 맡을 수 없다.

갑	f	0→1개
을	c, d, e	1→4개
병	a, b	2→4개
정		2→3개
무		3→4개

㉢ a, b를 '갑'팀이 맡는 경우 기존에 수행하던 프로젝트를 포함해서 2개의 프로젝트를 맡게 된다.

갑	a, b	0→2개
을	c, d, e	1→4개
병		2→3개
정		2→3개
무		3→4개

13 ⑤

① 이 경우에는 고객이 집에 없는 경우에 사용해야 하는 부분으로 상담원 본인의 소개 및 전화를 한 이유가 언급되어 있다. 하지만, C의 경우에 상담원과 고객이 대화를 하고 있으므로 이 또한 해당 상황에 대한 답으로는 부적절하다.

② 고객은 마음속으로 다른 이유 때문에 상담에 호응할 수 없는 단계에서 나타난 대답이다. 하지만 정황상 고객은 상담원과의 대화가 지속되는 것에 대해서는 무리가 없으므로 역시 부적절한 내용이다.

③ 상담의 도입단계로서 인사 표현을 명확히 하고, 상담원의 신원을 밝힌 후 전화를 건 이유와 전화통화 가능 여부를 확인하는 부분으로 이는 부적절하다.

④ C의 상황에서는 타사 제품을 구입하고자 하는 고객에 대해 반론극복을 하고 있는 상황인데 자사 제품 구매 시의 조건 등을 이야기하는 것을 옳지 않다.

⑤ 고객이 다른 제품을 구입하겠다는 계획에 적극적인 대응을 해야 한다. 고객 답변에 호응하는 언어를 구사하고, 다른 회사제품에 종류나 왜 그 제품을 구매하는 이유에 대해서도 반드시 물어보아야 하므로 문맥 상 적절한 내용이다.

14 ④

가팀, 다팀을 연결하는 방법은 2가지가 있는데.

㉠ 가팀과 나팀, 나팀과 다팀 연결 : 3 + 1 = 4시간

㉡ 가팀과 다팀 연결 : 6시간

즉, 1안이 더 적게 걸리므로 4시간이 답이 된다.

15 ②

다팀, 마팀을 연결하는 방법은 2가지가 있는데.

㉠ **다팀과 라팀, 라팀과 마팀 연결** : 3 + 1 = 4시간

㉡ **다팀과 마팀 연결** : 2시간

즉, 2안이 더 적게 걸리므로 2시간이 답이 된다.

16 ⑤

디젤 발전은 내연력을 통한 발전이므로 친환경과 지속가능한 에너지 정책을 위한 발전 형태로 볼 수 없다. 오히려 디젤 발전을 줄여 신재생에너지원을 활용한 전력 생산 및 공급 방식이 에너지 신산업 정책에 부합한다고 볼 수 있다.

17 ①

① 乙과 甲, 乙과 丙이 '동갑' 관계이고 甲과 丙이 '위아래' 관계이므로 甲, 乙, 丙의 관계는 '모호'하다.

18 ⑤

㉠ a = b = c = d = 25라면, 1시간당 수송해야 하는 관객의 수는 40,000 × 0.25 = 10,000명이다. 버스는 한 번에 대당 최대 40명의 관객을 수송하고 1시간에 10번 수송 가능하므로, 1시간 동안 1대의 버스가 수송할 수 있는 관객의 수는 400명이다. 따라서 10,000명의 관객을 수송하기 위해서는 최소 25대의 버스가 필요하다.

㉡ d = 40이라면, 공연 시작 1시간 전에 기차역에 도착하는 관객의 수는 16,000명이다. 16,000명을 1시간 동안 모두 수송하기 위해서는 최소 40대의 버스가 필요하다.

㉢ 공연이 끝난 후 2시간 이내에 전체 관객을 공연장에서 기차역까지 수송하려면 시간당 20,000명의 관객을 수송해야 한다. 따라서 회사에게 필요한 버스는 최소 50대이다.

19 ③

지원 구분에 따르면 모친상과 같은 경조사는 경조사 지원에 포함되어야 한다. 따라서 F의 구분이 잘못되었다.

20 ③

③ 2017년 변경된 사내 복지 제도에 따르면 1인 가구 사원에게는 가~사 총 7동 중 가~다동이 지원된다.

21 ②

제시 글을 통해 알 수 있는 합리적 기대이론의 의미는, 가계나 기업 등 경제주체들은 활용가능한 모든 정보를 활용해 경제상황의 변화를 합리적으로 예측한다는 것으로, 이에 따르면 공개된 금융, 재정 정책은 합리적 기대이론에 의한 경제주체들의 선제적 반응으로 무력화되고 만다. 보기 ②에서 언급된 내용은 이와 정반대로 움직이는 경제주체의 모습을 설명한 것으로, 경제주체들이 드러난 정보를 무시하고 과거의 실적치만으로 기대를 형성하는 기대오류를 범한다고 보는 견해이다.

22 ④

5개의 건물이 위치한 곳을 그림과 기호로 표시하면 다음과 같다.

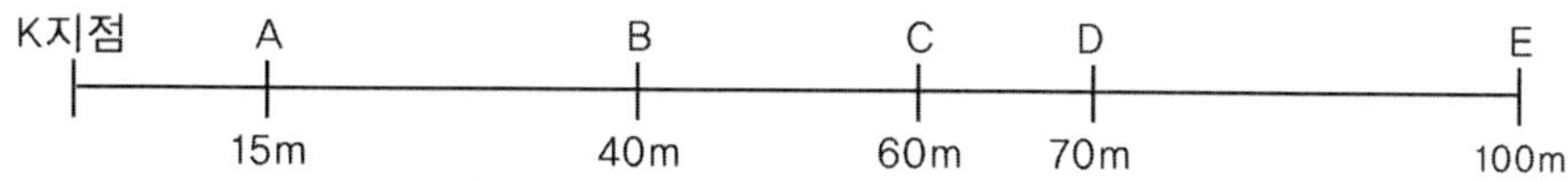

첫 번째 조건을 통해 목욕탕, 미용실, 은행은 C, D, E 중 한 곳, 교회와 편의점은 A, B 중 한 곳임을 알 수 있다.

두 번째 조건에 의하면 목욕탕과 교회 사이에 편의점과 또 하나의 건물이 있어야 한다. 이 조건을 충족하려면 A가 교회, B가 편의점이어야 하며 또한 D가 목욕탕이어야 한다. C와 E는 어느 곳이 미용실과 은행의 위치인지 주어진 조건만으로 알 수 없다.

따라서 보기 ④에서 언급된 바와 같이 미용실이 E가 된다면 은행은 C가 되어 교회인 A와 45m 거리에 있게 된다.

23 ③

③ 丙이 2번 자리에 앉을 경우, 丁은 햇빛 알레르기가 있어 1번 자리에 앉을 수 없으므로 3, 4, 5번 중 한 자리에 앉아야 하며, 丙과 성격이 서로 잘 맞지 않는 戊는 4, 5번 중 한 자리에 앉아야 한다. 이 경우 성격이 서로 잘 맞은 甲과 乙이 떨어지게 되므로 최상의 업무 효과를 낼 수 있는 배치가 되기 위해서는 丙은 2번 자리에 앉을 수 없다.

① 창문 – 戊 – 乙 – 甲 – 丙 – 丁 순으로 배치할 경우 甲은 3번 자리에 앉을 수 있다.

② 창문 – 戊 – 丁 – 丙 – 甲 – 乙 순으로 배치할 경우 乙은 5번 자리에 앉을 수 있다.

④ 丁이 3번 자리에 앉을 경우, 甲과 성격이 서로 잘 맞는 乙, 丙 중 한 명은 甲과 떨어지게 되므로 최상의 업무 효과를 낼 수 있는 배치가 되기 위해서는 丁은 3번 자리에 앉을 수 없다.

⑤ 戊가 2번 자리에 앉을 경우, 丁은 햇빛 알레르기가 있어 1번 자리에 앉을 수 없으므로 3, 4, 5번 중 한 자리에 앉아야 하는데, 그러면 甲과 성격이 서로 잘 맞는 乙, 丙 중 한 명은 甲과 떨어지게 되므로 최상의 업무 효과를 낼 수 있는 배치가 되기 위해서는 戊는 2번 자리에 앉을 수 없다.

24 ②

보기1에 의하면 ㉠과 ㉢이 주변인과 대화하기 또는 시위 · 집회 참여하기 중 하나임을 알 수 있다. 또한 보기2에 의하면 ㉠, ㉡, ㉢ 중 서명운동 참여하기와 주변인과 대화하기가 해당됨을 알 수 있다. 따라서 ㉡이 서명운동 참여하기임을 확인할 수 있다.

보기3에서는 ㉢과 ㉣이 시위 · 집회 참여하기 또는 불매운동 참여하기 중 하나임을 의미하고 있으므로 보기1과 함께 판단했을 때, ㉢이 시위 · 집회 참여하기, ㉣이 불매운동 참여하기가 되며 이에 따라 ㉠은 주변인과 대화하기가 된다.

25 ⑤

정이 1층에 거주하므로 네 번째 조건에 의해 2층에 무가 거주할 수 없다. 또한 네 번째 조건에서 병도 2층에 거주하지 않는다 하였으므로 2층에 거주할 수 있는 사람은 갑 또는 을이다. 이것은 곧, 3, 4, 5층에 병, 무, 갑 또는 을이 거주한다는 것이 된다.

두 번째 조건에 의해 병과 무가 연이은 층에 거주하지 않으므로 3, 5층에는 병과 무 중 한 사람이 거주하며 2, 4층에 갑과 을 중 한 사람이 거주하는 것이 된다.

따라서 보기 ①~④의 내용은 모두 모순되는 것이 되며, 보기 ⑤에서와 같이 무가 3층에 거주한다면 병이 5층에 거주하게 된다.

1	③	2	③	3	④	4	④	5	③	6	③	7	⑤	8	④	9	⑤	10	②
11	③	12	⑤	13	④	14	②	15	②	16	②	17	②	18	①	19	④	20	③
21	④	22	②	23	④	24	③	25	②										

1 ③

서울교통공사는 2016년 12월 1일 서울메트로와 서울특별시 도시철도공사 통합 명칭으로 선정되어 2017년 5월 31일 출범하였다.

2 ③

또타의 메인 컬러로 사용한 파란색은 시민과 공사 간의 두터운 신뢰를 상징하고 있다.

3 ④

서울교통공사 CI

Safety 시민안전 + Service 공공서비스 + Seoul 교통공사

㉠ 서울교통공사 CI는 시민안전(Safety)과 공공서비스(Service) 확보를 최우선으로 내세우는 서울교통공사(Seoul Metro)의 출범의지를 '에스(S)'로 상징한다.
㉡ 지상과 지하를 달리는 역동적 이미지의 교통수단으로 'S'를 표현하여 향후 대중교통 통합 운영을 지향하는 공사 미래상을 제시하고 있다.
㉢ CI의 심벌에 '순환, 지구, 세계' 등을 상징하는 원형을, '신뢰'를 상징하는 파란색을 사용하여 원활한 교통체계를 구축, 세계 속에 우뚝 서는 글로벌 No.1 기업의 의지를 표현한다.

4 ④

전략사업본부는 1부 5처로 구성되어져 있으며, 부서 중 가장 많은 처로 구성되어져 있는 것은 기술본부(1부 9처)이다.

5 ③

경영전략 추진과정은 전략목표 설정→환경분석→경영전략 도출→경영전략 실행→평가 및 피드백 순이다.

6 ③

기획부는 회사에서 어떤 일을 꾀하여 계획하는 일을 맡아보는 부서로, 제시된 업무는 기획부에서 담당하고 있는 업무이다.

7 ⑤

상제에게 맞절을 하고 위로의 인사말을 한다. 이 때 절은 상제가 먼저 시작하고 늦게 일어나야 한다.

8 ④

위 그림은 프로젝트 조직형태(Project Organization)를 나타낸 것이다. 임시로 편성된 조직이며 혁신적이거나 또는 비일상적인 업무를 해결하기 위한 동태적인 조직이다. 직무의 체계라는 성격적 특성이 강하고 경영조직을 프로젝트별로 조직화하였다. 이러한 조직은 부서 간 책임분산으로 인해 통합 기능의 부재 및 갈등발생의 가능성이 있다.

9 ⑤

위 그림은 GS 25 편의점 (프랜차이즈 시스템의 한 형태)을 나타낸 것이다. 프랜차이즈 시스템은 본사에서 가맹지점에게 각종 경영 및 기술 지원 등을 하게 되며, 재료 등을 대량으로 매입해 저렴하게 제공하므로 가맹지점의 입장에서는 본사에 대해 높은 의존도 경향을 보이게 된다.

10 ②

② 러시아와 라틴아메리카 사람들은 인사할 때에 포옹을 하는 경우가 있는데, 이는 친밀감의 표현이므로 자연스럽게 받아주는 것이 좋다.

11 ③

문제에서는 내부고객의 개념을 묻고 있다. 내부고객은 자사의 이익 창출을 위한 매개체가 되는 직장상사 또는 부하직원 및 동료 등의 실제적인 조직의 구성원을 의미하는데, 이들은 일선에서 실제 매출을 발생시키는 외부고객들에 대해서 자사의 이미지와 발전가능성을 제시하는 선두에 있는 고객들이다. 하지만, 자사에 대한 이들 내부 고객(상사, 종업원 등)의 실망은 고객 서비스의 추락으로 이어지며, 이들을 포함한 외부 고객들 또한 자사로부터 등을 돌리게 되는 결과를 초래하게 될 것이다.

12 ⑤

잔을 부딪치는 것은 무엇인가를 축하하거나 기뻐할 때 행하는 의식이다. 때문에 장례식장에서는 잔을 부딪치거나 구호를 외치는 일 없이 고인과 상주를 위로하는 마음으로 마시는 것이 좋다. 즉, 빈소에서는 술잔을 부딪치는 행위를 해서는 안 되는데, 빈소 조문 시는 엄숙한 자리이기 때문에 술잔을 부딪치는 행위를 해서는 안 된다.

13 ④

④ 사업부문은 신용사업부문으로 명칭이 변경되어야 한다.

14 ②

브레인스토밍 기법은 아이디어의 질보다 양에 초점을 맞춘 것으로서 집단 구성원들은 즉각적으로 생각나는 아이디어를 제시할 수 있으며, 그로 인해 브레인스토밍은 다량의 아이디어를 도출해낼 수 있다. 또한, 구성원들은 자신이 가지고 있던 기존 아이디어를 개선해 더욱 더 발전된 형태의 아이디어를 창출할 수 있는데, 이는 다른 사람의 의견을 참고해서 창의적으로 조합할 수 있기 때문이다.

15 ②

설령 비즈니스 내용이라 하더라도 날씨 등의 이야기로 짧은 인사말을 건네서 메일을 받는 상대방에 대한 배려 및 관심을 표현하는 것이 좋다. 더불어서 메일에 쓰게 되는 내용에서 하나의 문장을 지나치게 길게 하는 것보다는 행을 일일이 나눠 받는 사람이 읽기 편하게 쓰는 것도 하나의 예절이다.

16 ②

웃어른의 뜻에 의해 악수, 또는 황송하다고 생각해서 두 손으로 감싸는 것은 좋지 않다. 악수는 대등하게 서로를 존중하는 것인데, 이는 오히려 상대에 대해서 비굴해 보일 수 있기 때문이다.

17 ②

노획가격(Captive Pricing)은 주 제품에 대해서 가격은 낮게 책정해서 이윤을 줄이더라도 시장점유율을 늘리고 난 후에 종속 제품인 부속품에 대해서는 이윤을 추구하는 전략을 의미한다. 또한 주 제품에 맞는 종속 제품을 요구함으로써 자사와는 다른 타 사의 제품을 쓰지 못하게 하는 특징도 있다.

18 ①

100만 원 이하 외부교육비의 기안서는 부장 전결, 지출결의서는 이사 전결사항이다. 따라서 A씨가 작성할 결재양식은 다음과 같다.

기안서					
결재	담당	팀장	부장	이사	최종결재
	A		전결	/	

지출결의서					
결재	담당	팀장	부장	이사	최종결재
	A			전결	

19 ④

출장비는 100만 원 이하인 경우에만 전결처리 할 수 있으므로 H씨는 최종적으로 사장에게 결재 받아야 한다.

20 ③

직원 교육에 대한 업무는 인사과에서 담당하기 때문에 교육세미나에 대해 인사과와 협의해야하지만 영업교육과 프레젠테이션 기술 교육을 인사과 직원이 직접 하는 것은 아니다.

21 ④

협의 사항 중 비서실과 관련된 내용은 없다.

22 ②

① 영업교육과 프레젠테이션 기술 교육
③ 연 2회
④ 영업직원의 영업능력 향상
⑤ 인사과

23 ④

C2C (Customer to Customer)는 인터넷을 통한 직거래 또는 물물교환, 경매 등에서 특히 많이 활용되는 전자상거래 방식이다. CJ 오쇼핑이 제공하는 서비스는 "수수료를 받지 않고 개인 간 물품거래를 제공하는 스마트폰 애플리케이션 '오늘 마켓'을 서비스 한다"는 구절을 보면 알 수 있다.

24 ③

이미 성공적인 마케팅으로 높인 인지도(강점)를 더욱 강화하여 다른 경쟁자들(위협)을 방어하는 것은 적절한 ST 전략이라고 할 수 있다.

25 ②

회원관리능력의 부족이라는 약점을 전담 상담직원 채용을 통해 보완하고 이를 통해 부모들의 높은 아이에 대한 관심과 투자를 유도하는 것은 적절한 WO 전략이라 할 수 있다.

PART ❺ 정보능력 

1	④	2	④	3	②	4	③	5	④	6	④	7	③	8	⑤	9	③	10	⑤
11	④	12	③	13	③	14	③	15	③	16	②	17	④	18	④	19	④	20	④
21	①	22	②	23	④	24	④	25	③										

1 ④

단축키 Alt + V는 다른 이름으로 저장하기를 실행한다.

① **불러오기** : Alt + O
② **모두 선택** : Ctrl + A
③ **저장하기** : Alt + S
⑤ **붙이기** : Ctrl + V

2 ④

미세먼지에 대한 것은 휴가 첫날인 10월 13일 선영이가 휴가일정을 체크하는 현재 시간에 "보통"임을 알 수 있으며 10월 14일~15일까지의 미세먼지에 대한 정보는 제시된 자료상에서는 알 수 없다.

3 ②

제시된 내용은 엑셀에서 제공하는 스파크라인 기능에 대한 설명이다.

4 ③

디도스(DDoS)는 분산 서비스 거부 공격으로, 특정 사이트에 오버플로우를 일으켜서 시스템이 서비스를 거부하도록 만드는 것이다.
한편, 보기에 제시된 설명은 '트로이 목마'를 의미하는 내용이다.

5 ④

④ HTML에서 이미지를 삽입하기 위해서는 〈img〉 태그를 사용한다.

6 ④

④ 의심가는 메일은 열어보지 않고 삭제해야 한다.

7 ③

COUNTBLANK 함수는 비어있는 셀의 개수를 세어준다. COUNT 함수는 숫자가 입력된 셀의 개수를 세어주는 반면 COUNTA 함수는 숫자는 물론 문자가 입력된 셀의 개수를 세어준다. 즉, 비어있지 않은 셀의 개수를 세어주기 때문에 이 문제에서는 COUNTA 함수를 사용해야 한다.

8 ⑤

지정 범위에서 인수의 순위를 구하는 경우 'RANK' 함수를 사용한다. 이 경우, 수식은 '=RANK(인수, 범위, 결정 방법)'이 된다. 결정 방법은 0 또는 생략하면 내림차순, 0 이외의 값은 오름차순으로 표시하게 된다.

9 ③

오 대리가 수집하고자 하는 고객정보에는 고객의 연령과 현재 사용하고 있는 스마트폰의 모델, 좋아하는 디자인, 사용하면서 불편해 하는 사항, 지불 가능한 액수 등에 대한 정보가 반드시 필요하다.

10 ⑤

정보활용의 전략적 기획(5W2H)

㉠ WHAT(무엇을?) : 50~60대 고객들이 현재 사용하고 있는 스마트폰의 모델과 좋아하는 디자인, 사용하면서 불편해 하는 사항, 지불 가능한 액수 등에 대한 정보
㉡ WHERE(어디에서?) : 사내에 저장된 고객정보
㉢ WHEN(언제까지?) : 이번 주
㉣ WHY(왜?) : 스마트폰 신상품에 대한 기획안을 작성하기 위해
㉤ WHO(누가?) : 오 대리
㉥ HOW(어떻게?) : 고객센터에 근무하는 조 대리에게 관련 자료를 요청

㉦ HOW MUCH(얼마나?) : 따로 정보수집으로 인한 비용이 들지 않는다.

11 ④

이순신 장군이 지은 책을 검색하는 것이므로 많은 책들 중에서 이순신과 책이 동시에 들어있는 웹문서를 검색해야 한다. 따라서 AND 연산자를 사용하면 된다.

12 ③

특정한 데이터만을 골라내는 기능을 필터라고 하며 이 작업을 필터링이라 부른다.
① 원하는 기준에 따라 서식을 변경하는 기능으로 특정 셀을 강조할 수 있다.
② 원하는 단어를 찾는 기능이다.
④ 무작위로 섞여있는 열을 기준에 맞춰 정렬하는 기능으로 오름차순 정렬, 내림차순 정렬 등이 있다.
⑤ 시트에서 수식에 대한 여러 값을 적용해 본다.

13 ③

'#NULL!'은 교차하지 않은 두 영역의 교차점을 참조 영역으로 지정하였을 경우 발생하는 오류 메시지이며, 잘못된 인수나 피연산자를 사용했을 경우 발생하는 오류 메시지는 #VALUE! 이다.

14 ③

$A = 1,\ S = 1$

$A = 2,\ S = 1 + 2$

$A = 3,\ S = 1 + 2 + 3$

…

$A = 10,\ S = 1 + 2 + 3 + \cdots + 10$

∴ 출력되는 S의 값은 55이다.

15 ③

$n = 0,\ S = 1$

$n = 1,\ S = 1 + 1^2$

$n = 2,\ S = 1 + 1^2 + 2^2$

…

$n = 7,\ S = 1 + 1^2 + 2^2 + \cdots + 7^2$

∴ 출력되는 S의 값은 141이다.

16 ②

'COUNT' 함수는 인수 목록에서 숫자가 들어 있는 셀의 개수를 구할 때 사용되는 함수이며, 인수 목록에서 공백이 아닌 셀과 값의 개수를 구할 때 사용되는 함수는 'COUNTA' 함수이다.

17 ④

① 부팅이 안 될 때 문제해결을 위한 방법이다.
② 디스크 용량 부족 시 대처하는 방법이다.
③ 응답하지 않는 프로그램 발생 시 대처방법이다.
⑤ 컴퓨터를 더 효율적으로 실행하고자 할 때 사용하는 방법이다.

18 ④

입력기능은 자료를 처리하기 위해서 필요한 자료를 받아들이는 기능이다.

19 ④

① 기본코드로 6비트를 사용하고 6비트로 26(64)가지의 문자 표현이 가능하다.
② BCD코드와 EBCDIC코드의 중간 형태로 미국표준협회(ISO)가 제안한 코드이다.
③ 비트의 위치에 따라 고유한 값을 갖는 코드이다.
⑤ 데이터의 오류발생 유무를 검사하기 위한 코드

20 ④

제시된 내용은 폰 노이만에 의해 소개된 '프로그램 내장방식'이다. 이 개념은 데이터뿐만 아니라 컴퓨터의 명령을 컴퓨터의 내부 기억 장치 내에 기억하는 것으로, 이 명령은 더 빠르게 접근되고, 더 쉽게 변경된다.

21 ①

엑셀 통합 문서 내에서 다음 워크시트로 이동하려면 〈Ctrl〉+〈Page Down〉을 눌러야 하며, 이전 워크시트로 이동하려면 〈Ctrl〉+〈Page Up〉을 눌러야 한다.

22 ②

마우스로 채우기 핸들을 아래로 드래그하여 숫자가 증가되도록 하려면 〈Ctrl〉을 같이 눌러줘야 한다.

23 ④

코드 1605(2016년 5월), 1D(유럽 독일), 01001(가공식품류 소시지) 00064(64번째로 수입)가 들어가야 한다.

24 ④

④는 아프리카 이집트에서 생산된 장갑의 코드번호이다.
① 중동 이란에서 생산된 신발의 코드번호
② 동남아시아 필리핀에서 생산된 바나나의 코드번호
③ 일본에서 생산된 의류의 코드번호
⑤ 중국에서 생산된 맥주의 코드번호

25 ③

1703(2017년 3월), 4L(동남아시아 캄보디아), 03011(농수산식품류 후추), 00001(첫 번째로 수입)

PART 6 자원관리능력

1	①	2	③	3	⑤	4	①	5	③	6	①	7	②	8	③	9	③	10	④
11	④	12	②	13	①	14	③	15	⑤	16	①	17	①	18	④	19	①	20	②
21	③	22	②	23	①	24	②	25	③										

1 ①

60 : 40의 Rule

계획된 행동 (60%)	계획 외의 행동 (20%)	자발적 행동 (20%)
총 시간		

2 ③

용적(부피)중량에 의한 방법은 용적계산 (가로×세로×높이)의 방식으로 계산하며, 직육면체 또는 정육면체가 아닌 경우 (최대 가로×최대 세로×최대 높이)로 계산한다. 가볍고 용적이 큰 화물에 대해 용적을 중량으로 환산하는 방법은 (가로×세로×높이÷6,000)이며, 높이 중량단계의 낮은 요율을 적용하여 운임이 낮아질 경우 그대로 이 운임을 적용하므로 30.5×55×24.5×3÷6,000=20.549375 ≒ 21kg이 된다.

3 ⑤

〈그림 1〉=(5×2)+(7×2)+(5×2)=34, 〈그림 2〉=5+3+3+5=16, 둘의 차이는 18km이다.

4 ①

모든 사람이 한 국가 이상 출장을 가야 한다고 했으므로 김과장은 꼭 중국을 가야 하며, 장과장은 꼭 일본을 가야 한다. 또한 영국으로 4명이 출장을 가야 되고, 출장 가능 직원도 4명이므로 이과장, 신과장, 류과장, 임과장이 영국을 가야한다. 4개 국가 출장에 필요한 직원은 12명인데 김과장과 장과장이 1개 국가 밖에 못가므로 나머지 5명이 2개 국가씩 출장가야 한다는 것에 주의한다.

	출장가는 직원
미국(1명)	이과장
영국(4명)	류과장, 이과장, 신과장, 임과장
중국(3명)	김과장, 최과장, 류과장
일본(4명)	장과장, 최과장, 신과장, 임과장

5 ③

③ 전입직원 수가 가장 많은 지역부터 순서대로 나열하면 D(760) > A(598) > B(595) > C(577)이다.

① 2015년 직원 인사이동 현황표에 따르면 총 2,530명이 이동하였다.

② 전출직원 수가 가장 많은 지역본부부터 순서대로 나열하면 A(725) > B(685) > D(660) > C(460)이다.

④ 2016년 직원이 가장 많은 지역부터 순서대로 나열하면 D(3,180) > A(3,105) > C(3,048) > B(3,030)이다.

⑤ 2015년과 2016년의 직원 수 차이가 가장 큰 지역부터 순서대로 나열하면 A(127명 감소) > C(117명 증가) > D(100명 증가) > B(90명 감소)이다.

6 ①

각 신용카드별 할인혜택을 통해 갑이 할인받을 수 있는 내역은 다음과 같다.

신용카드	할인금액
A	• 버스 · 지하철, KTX 요금 20% 할인(단, 한도 월 2만 원) → 2만 원 • 외식비 주말 결제액 5% 할인 → 2,500원 • 학원 수강료 15% 할인 → 3만 원 ※ 최대 총 할인한도액은 없고 연회비 1만 5천 원이 부과되므로 줄어드는 금액은 총 37,500원이다.
B	• 버스 · 지하철, KTX 요금 10% 할인(단, 한도 월 1만 원) → 1만 원 • 온라인 의류구입비 10% 할인 → 1만 5천원 • 도서구입비 권당 3천 원 할인(단, 정가 1만 2천 원 이상 적용) → 9,000원 ※ 연회비는 없지만, 최대 총 할인한도액이 월 3만 원이므로 줄어드는 금액은 총 3만 원이다.
C	• 버스 · 지하철, 택시 요금 10% 할인(단, 한도 월 1만 원) → 1만 원 • 카페 지출액 10% 할인 → 5,000원 • 재래시장 식료품 구입비 10% 할인 → 5,000원 • 영화관람료 회당 2천 원 할인(월 최대 2회) → 4,000원 ※ 최대 총 할인한도액은 월 4만 원이고 연회비가 없으므로 줄어드는 금액은 총 24,000원이다.

7 ②

<table>
<tr><td colspan="2">A(7일)</td><td colspan="2" rowspan="2">C(4일)</td><td colspan="2">F(3일)</td><td rowspan="3">H(2일)</td></tr>
<tr><td rowspan="2">B(5일)</td><td>D(2일)</td><td rowspan="2">G(2일)</td><td rowspan="2"></td></tr>
<tr><td colspan="2">E(4일)</td><td></td></tr>
</table>

8 ③

<table>
<tr><td>A(3일)</td><td colspan="2">C(4일)</td><td colspan="2" rowspan="2">F(3일)</td><td rowspan="2"></td><td rowspan="3">H(2일)</td></tr>
<tr><td colspan="2" rowspan="2">B(5일)</td><td>D(2일)</td></tr>
<tr><td colspan="2">E(4일)</td><td colspan="2">G(2일)</td></tr>
</table>

총 13일이 소요되므로 전체일정은 3일이 단축된다.

9 ③

30일 동안 최대 수익을 올릴 수 있는 진행공정은 다음과 같다.

<table>
<tr><td colspan="3">F(20일, 70명)</td><td rowspan="2">C(10일, 50명)</td></tr>
<tr><td>B(10일, 30명)</td><td>A(5일,
20명)</td><td></td></tr>
</table>

F(85억)+B(20억)+A(15억)+C(40억)=160억

10 ④

하루 40$feet$ 컨테이너에 대한 트럭의 적재량$= 2 \times 40 = 80$

월 평균 트럭소요 대수$= 1{,}600 \times 20 \div 2{,}000 = 16$

월 평균 40$feet$ 컨테이너 트럭의 적재량$= 25 \times 80 = 2{,}000$

∴ 1일 평균 필요 외주 대수는 16−11=5대이다.

11 ④

④ ㅇㅇ그룹에게 있어 A자원의 실익은 100만 원이고 B자원의 실익은 150만 원이므로 더 큰 실제의 이익을 주는 자원은 B자원이다.

12 ②

② △△그룹에서 자판기의 최적 설치량은 5개이며 이때 전 직원이 누리는 총 만족감은 330만 원이다.

13 ①

크로스 도크 (Cross Dock)방식을 사용할 경우 대내 운송품은 유통센터에 하역되고 목적지별로 정렬되고 이어 트럭에 다시 실리는 과정을 거치게 된다. 재화는 실제로 전혀 창고에 들어가지 않으며 단지 도크를 거쳐 이동할 뿐이며, 이로 인해 최소 재고를 유지하고, 유통비용을 줄일 수 있다.

14 ③

㉠ 자가물류비 = 노무비 + 재료비 + 전기료 + 이자 + 가스 · 수도료 + 세금 = 8,500만 원 + 2,500만 원 + 200만 원 + 150만 원 + 250만 원 + 50만 원 = 11,650원

㉡ 위탁물류비 = 지급운임 + 지불포장비 + 수수료 + 상 · 하차용역비 = 300만 원 + 50만 원 + 50만 원 + 350만 원 = 750만 원

15 ⑤

물류비를 10% 절감하면 40억 원, 경상이익은 140억이 된다. 그러므로 매출액은 2,800억 원이 되므로 40%가 증가한다고 볼 수 있다.

16 ①

적재율, 실제가동률, 실차율을 구하면 각각 다음과 같다.

㉠ 적재율이란, 어떤 운송 수단의 짐칸에 실을 수 있는 짐의 분량에 대하여 실제 실은 짐의 비율이다. 따라서 기준용적이 10㎥인 2.5톤 트럭에 대하여 1회 운행당 평균용적이 8㎥이므로 적재율은 $\frac{8}{10} \times 100 = 80\%$이다.

㉡ 실제가동률은 누적실제차량수에 대한 누적실제가동차량수의 비율이다.
따라서 $\frac{340}{400} \times 100 = 85\%$이다.

㉢ 실차율이란, 총 주행거리 중 이용되고 있는 좌석 및 화물 수용 용량 비율이다. 따라서 누적주행거리에서 누적실제주행거리가 차지하는 비율인 $\frac{30,000}{40,000} \times 100 = 75\%$이다.

17 ①

① 도보로 버스정류장까지 이동해서 버스를 타고 가게 되면 도보(30분), 버스(50분), 도보(5분)으로 1시간 25분이 걸리지만 버스가 정체될 수 있으므로 1시간 45분으로 계산하는 것이 바람직하다. 민기씨는 1시 30분에 출발할 수 있으므로 3시 15분에 도착하게 되고 입장은 할 수 있으나 늦는다.

※ 소요시간 계산

㉠ **도보-버스** : 도보(30분), 버스(50분), 도보(5분)이므로 총 1시간 25분(정체 시 1시간 45분) 걸린다.

㉡ **도보-지하철** : 도보(20분), 지하철(1시간), 도보(10분)이므로 총 1시간 30분 걸린다.

㉢ **택시-버스** : 택시(10분), 버스(50분), 도보(5분)이므로 총 1시간 5분(정체 시 1시간 25분) 걸린다.

㉣ **택시-지하철** : 택시(5분), 지하철(1시간), 도보(10분)이므로 총 1시간 15분 걸린다.

18 ④

① 1,000원(체감비용)+27,000원=28,000원

② 20,000원(토너)+8,000원(A4용지)=28,000원

③ 5,000원(체감비용)+24,000원=29,000원

④ 10,000원(A4용지)+1,000원(체감비용)+16,000원(토너)=27,000원

⑤ 1,000원(체감비용)+18,000(토너)+4,000원(체감비용)+8,000(A4용지)=31,000원

19 ①

㉮ 전력예비율은 현재부하에 대한 예비전력의 비율이 된다.(2,562÷6,805×100=약 37.7%)

㉯ 현재의 예비전력이 2,562만kW이므로 10분의 1 수준이면 약 250만kW가 되므로 300만kW미만의 주의단계에 해당된다.

㉰ 하절기와 동절기에 모두 사용자제가 요구되는 시간대이므로 전력소비가 많은 때이다.

㉱ 전력예비율은 예비전력÷현재부하에 대한 비율이므로 일정한 공급능력 상황에서 현재부하가 올라가면 전력예비율은 낮아지게 된다.

20 ②

출발지 O에서 최종목적지 D까지의 최단경로는 'O→㉠→㉣→㉤→D'이다.

21 ③

㉠ $\text{경제적 발주량} = \sqrt{\frac{2 \times \text{수요량} \times \text{회당주문비용}}{\text{단위당 재고유지비용}}} = \sqrt{\frac{2 \times 400 \times 8{,}000}{1{,}000}} = 80\text{개}$

㉡ $\text{주문주기} = 365 \times \frac{80\text{개}}{400\text{개}} = 73\text{일}$

22 ②

8~9일, 15~16일 모두 "국"실은 모두 예약이 완료되었다. 워크숍 인원이 15~18명이라고 했으므로 "매"실 또는 "난"실을 추천해주는 것이 좋다. 8~9일에는 "난"실, 15~16일에는 "매"실의 예약이 가능하다.

23 ①

8~9일로 예약하겠다고 했으므로 예약 가능한 방은 "난"실이다. 1월은 성수기이지만 비수기 가격으로 해주기로 했으므로 비수기 주말 가격인 기본 30만 원에 추가 3만 원으로 안내해야 한다.

24 ②

11월 12일 황보경(3조)은 오전근무이다. 1조는 바로 전날 야간근무를 했기 때문에 대체해줄 수 없다. 따라서 이가희가 아닌 우채원(3조 조장)이 황보경의 업무를 대행한다.

25 ③

11월 20일 김희원(3조)는 야간근무이다. 1조는 바로 다음 날 오전근무를 해야 하기 때문에 대체해줄 수 없다. 따라서 임채민이 아닌 우채원(3조 조장)이 김희원의 업무를 대행한다.

PART 7 기술능력

1	⑤	2	③	3	④	4	①	5	④	6	①	7	③	8	②	9	①	10	③
11	④	12	④	13	4	14	①	15	②	16	④	17	③	18	③	19	③	20	②
21	②	22	③	23	④	24	④	25	②										

1 ⑤

화재 주의사항에서 보면 "배터리가 새거나 냄새가 날 때는 즉시 사용을 중지하고 화기에서 멀리 두세요."라고 되어 있다. 냄새가 난다고 해서 핸드폰의 전원을 끄는 것이 아닌 사용의 중지를 권고하고 있으므로 ⑤번이 잘못 설명되었음을 알 수 있다.

2 ③

③은 기술적 원인이고, 나머지는 작업 관리상 원인이다.

3 ④

④ 쉽게 구할 수 없는 기술이 우선순위이다.

4 ①

"해당 세탁기를 타 전열기구와 함께 사용하는 것을 금하며 정격 15A 이상의 콘센트를 단독으로 사용하세요."에서 알 수 있듯이 다른 전열기구 하고는 같이 사용하지 않아야 함을 알 수 있다. 또한 지문에서 멀티탭을 활용한다는 내용을 찾을 수가 없다.

---

5 ④

④ 공학적 도구나 지원방식에 대한 이해 능력은 기술관리자에게 필요한 능력이다.

---

6 ①

기술적용 시 고려해야 할 사항으로 잠재적 응용 가능성, 수명주기, 비용, 전략적 중요도 등을 들 수 있다.

---

7 ③

해당 공고문의 직무상 우대 능력은 기술경영자로서 필요한 능력을 제시하고 있기 때문에 현재 우리기업에서 채용하고자 하는 구직자로서 가장 적절한 유형은 기술경영자라 할 수 있다.

---

8 ②

② ㉠-유해 위험 작업 교육 불충분, ㉡-생산 공정의 부적당, ㉢-안전관리 조직의 결함

---

9 ①

기술능력이 뛰어난 사람은, 주어진 한계 속에서 그리고 제한된 자원을 가지고 일한다. 열악하고 불충분한 상황을 불평하고 회피하기보다는 자신의 기술능력을 믿고 어떻게든 주어진 환경 속에서 문제를 해결하려는 능력을 보유한 사람을 말한다.

---

10 ③

③ 작성내용은 사용자가 알아보기 쉽도록 구성되어야 한다.

---

11 ④

1단계-안전관리조직, 2단계 - 사실의 발견, 3단계 - 원인분석, 4단계 - 시정책 적용 및 뒤처리

※ **산업재해의 예방대책** … 안전관리조직 → 사실의 발견 → 원인분석 → 시정책의 선정 → 시정책 적용 및 뒤처리

12 ④

◐, ◉을 차례로 눌러서 다음과 같이 변화되었음을 알 수 있다.

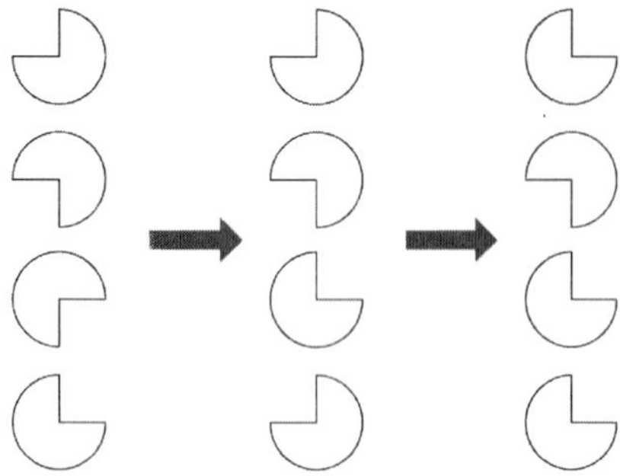

13 ④

OJT란 조직 안에서 피교육자인 종업원이 직무에 종사하면서 받게 되는 교육 훈련방법으로 집합교육으로는 기본적 · 일반적 사항 밖에 훈련시킬 수 없어 피교육자인 종업원에게 '업무 수행의 중단되는 일이 없이 업무 수행에 필요한 지식 · 기술 · 능력 · 태도를 가르치는 것'을 말한다. 다른 말로 직장훈련 · 직장지도 · 직무상 지도 등이라고도 한다. OJT는 모든 관리자 · 감독자가 업무수행상의 지휘감독자이자 업무수행 과정에서 부하직원의 능력향상을 책임지는 교육자이어야 한다는 생각을 기반으로 직장 상사나 선배가 지도 · 조언을 해주는 형태로 훈련이 행하여지기 때문에, 교육자와 피교육자 사이에 친밀감을 조성하며 시간의 낭비가 적고 조직의 필요에 합치되는 교육훈련을 할 수 있다는 장점이 있다.

14 ①

제품 매뉴얼 : 사용자를 위해 제품의 특징이나 기능 설명, 사용방법과 고장 조치방법, 유지 보수 및 A/S, 폐기까지 제품에 관련된 모든 서비스에 대해 소비자가 알아야 할 모든 정보를 제공하는 것을 의미한다.

15 ②

제시된 내용은 예측이 가능했던 사고임에도 적절하게 대처를 하지 못해 많은 피해를 입히게 된 것으로, 이러한 사례를 통해 학습자들은 산업재해는 어느 정도 예측이 가능하며, 그에 따라 예방이 가능함을 알 수 있다.

16 ④

제시된 주의사항에서 '주의'의 의미는 해당 지시사항을 지키지 않았을 시에 이를 사용하는 사용자의 부상 또는 재산상의 피해가 발생할 수 있다고 명시되어 있다. 하지만 '경고'의 의미는 지시사항을 따르지 않을 경우 이를 사용하는 사용자의 생명이 위험에 처하게 되거나 또는 중상을 입을 수 있음을 나타내고 있다. 보기에서 김정은이 말하고 있는 것은 '주의'가 아닌 '경고'의 의미를 이해하고 있는 것이다.

17 ③

카메라의 전원을 끄고, 렌즈를 분리한 후 재결합한다. 동일한 메시지가 나오는 경우 가까운 서비스 센터로 문의하도록 한다.

18 ③

메모리 카드 오류 시 대처방법

㉠ 전원을 껐다가 다시 켠다.
㉡ 메모리 카드를 뺐다가 다시 넣는다.
㉢ 메모리 카드를 포맷한다.

19 ③

제시된 내용에서 보면 2. 식재료 보관의 ⑥번에서 '식재료 보관 시의 보관 시설의 온도는 15℃, 습도는 50~60%를 유지해야 한다.'고 명시되어 있다.

20 ②

주어진 보기는 모두 기술경영자에게 필요한 능력이지만 자료는 A기업 기술최고책임자(CTO) T가 기존의 기술이 갖고 있던 단점을 보완하여 새로운 기술을 개발해 낸 사례이기 때문에 가장 적절한 답은 ②가 된다.

※ 기술경영자에게 필요한 능력

㉠ 기술을 기업의 전반적인 전략 목표에 통합시키는 능력
㉡ 빠르고 효과적으로 새로운 기술을 습득하고 기존의 기술에서 탈피하는 능력
㉢ 기술을 효과적으로 평가할 수 있는 능력
㉣ 기술 이전을 효과적으로 할 수 있는 능력
㉤ 새로운 제품개발 시간을 단축할 수 있는 능력
㉥ 크고 복잡하고 서로 다른 분야에 걸쳐 있는 프로젝트를 수행할 수 있는 능력
㉦ 조직 내의 기술 이용을 수행할 수 있는 능력
㉧ 기술 전문 인력을 운용할 수 있는 능력

21 ②

- L은 세로축 눈금의 수, W는 가로축 눈금의 수
- T는 삼각형, H는 하트, Z는 사다리꼴
- 괄호 안의 숫자는 (세로축 좌표, 가로축 좌표)
- 괄호 옆의 알파벳은 도형의 크기(A는 도형의 작은 모양, B는 큰 모양)
- 알파벳 옆의 수는 도형의 색깔(1은 흰색, 2는 검정색)

따라서 위의 그래프는 세로축 눈금 3, 가로축 눈금이 4이므로 L3/W4이고 삼각형 좌표는 세로축이 1, 가로축이 2, 큰 모양, 흰색이므로 T(1,2) : B1이다. 하트 좌표는 세로축이 1, 가로축이 3, 작은모양, 검정색이므로 H(1,3) : A2이다. 사다리꼴 좌표는 세로축이 2, 가로축이 1, 작은모양, 흰색이므로 Z(2,1) : A1이다.

22 ③

올바르게 산출된 그래프는 다음과 같다.

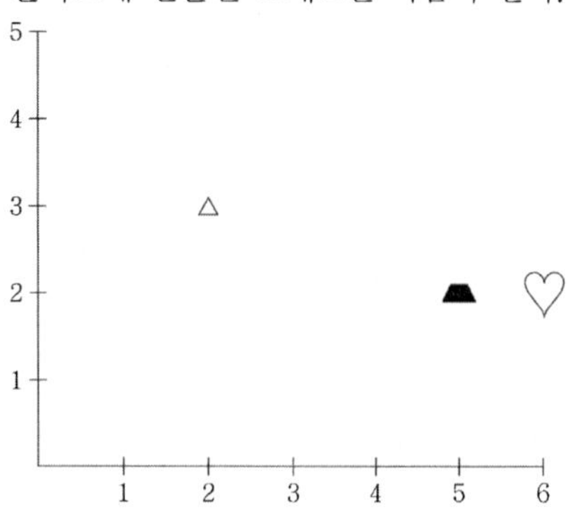

23 ④

① Z(2,4) : B1의 출력이 잘못되었다.
② H(4,5) : A1의 출력만 옳고, 나머지의 출력이 잘못되었다.
③ T(3,1) : A2, H(4,5) : A1의 출력이 잘못되었다.
⑤ T(3,1) : A2의 출력이 잘못되었다.

24 ④

처음 상태와 나중 상태를 비교해 보았을 때, 모든 기계의 작동상태가 변화했고, 1번, 3번 기계가 회전되어 있는 상태이다. 위와 같이 변화하기 위해서는 다음과 같은 두 가지 방법이 있다.

㉠ 1번, 3번 기계를 회전(★)시킨 후 ◓와 ◒으로 1~4번 기계의 작동 상태를 바꾸는 방법
㉡ 1번, 2번 기계를 회전(☆)시키고 2번, 3번 기계를 회전(◇)시킨 후 ○로 모든 기계의 작동 상태를 바꾸는 방법

25 ②

처음 상태와 나중 상태를 비교해 보았을 때, 2번, 4번 기계의 작동상태가 변화했고, 회전은 없었다. 위와 같이 변화하기 위해서는 다음과 같은 방법이 있다.

㉠ ☆, ★, ◇를 누르면 1-2회전, 1-3회전, 2-3회전으로 회전 변화가 없고, ◒로 2번, 4번 작동상태를 바꾸는 방법
㉡ 아무 회전버튼이나 같은 버튼을 두 번 누른 후, ○로 1~4번의 작동상태를 모두 바꾸고 ◓로 1번, 3번 작동상태를 바꾸는 방법

PART 8 자기개발능력 

1	③	2	①	3	①	4	③	5	④	6	①	7	③	8	④	9	②	10	④
11	④	12	③	13	②	14	②	15	①	16	③	17	③	18	④	19	④	20	①

1 ③

위 내용은 환경의 변화에 따른 자기개발의 중요성에 대해 설명하고 있다. 사람들은 변화하는 환경에 대해서 서로 다른 태도를 가지고 있으며, 허와 같이 문제를 해결하고 목표를 성취하기 위해서 노력하는 사람이 있는 반면, 헴과 같이 변화에 적응하지 못하여 결국 목표를 성취하지 못하는 사람이 있을 수 있다. 이처럼 환경의 변화에 적응을 하기 위해서 지속적인 자기개발이 필요하며 자기개발을 통해 자신의 목표를 성취할 수 있음을 알 수 있다.

2 ①

목표를 설정하는 것은 자기관리 절차 1단계에서 해결되었어야 한다.

※ 자기관리 절차

㉠ 1단계(비전 및 목적 정립) : 자신의 목적을 정립한다.
㉡ 2단계(과제 발견) : 현재 주어진 역할 및 능력, 우선순위 설정
㉢ 3단계(일정 수립) : 계획 수립
㉣ 4단계(수행) : 수행과 관련된 요소분석 및 수행방법 찾기
㉤ 5단계(피드백) : 수행결과 분석 및 피드백

3 ①

직업인의 업무수행 성과에는 시간이나 물질과 같은 자원, 업무지침, 개인의 능력(지식이나 기술 포함), 상사 및 동료의 지원과 같은 요인이 영향을 미친다. 사례에서 H씨는 비효율적인 업무지침으로 인하여 업무처리 시간을 단축할 수 없었다.

4 ③

조해리의 창

	내가 아는 나	내가 모르는 나
타인이 아는 나	공개된 자아	눈먼 자아
타인이 모르는 나	숨겨진 자아	아무도 모르는 자아

---

5 ④

위 글의 마지막 부분에 있는 '이래서 언제 내 꿈인 억대 연봉을 받는 대기업 임원에 오를 수 있을까?'라는 부분을 통해 나의 최종 목표가 억대 연봉을 받는 대기업 임원이 되는 것임을 알 수 있다.

---

6 ①

비록 나는 취직 후 주말에 늦게까지 늦잠도 자고 퇴근 후에 동료들과 회식도 하고 싶지만 지금 당장 나에게 필요한 것은 무역회사의 업무에서 필요한 다양한 외국어 습득이다. 특히 나는 입사 초기부터 외국어 실력이 별로 좋지 않았기 때문에 지금 당장 내가 할 일은 다양한 외국어를 공부하는 일이다.

---

7 ③

외국어는 일단 한 번 시작하면 중간에 그만두지 않고 꾸준히 해야 하기 때문에 학원에 가서 공부할 시간이 없다면 학습 자료를 mp3로 다운받아 자투리 시간에 틈틈이 들으면서라도 계속 공부해야 한다.

---

8 ④

① 예산관리능력
② 수리능력
③ 대인관계능력
⑤ 시간관리능력

---

9 ②

자기관리 절차는 비전 및 목적정립-과제발견-일정수립-수행-반성 및 피드백의 프로세스이다. 그 중 과제발견은 현재 자신의 역할 및 능력을 검토하고, 할 일을 조정하여 자신이 수행해야 될 역할들을 도출하고 역할에 상응하는 활동목표를 설정한다. ①, ③, ④, ⑤는 과제발견에 대한 설명이며, ②는 반성 및 피드백에 대한 설명이다.

10 ④

영어의 자유로운 구사를 위해서는 영어학원에 등록하는 것이 가장 먼저 이루어져야 한다.

11 ④

자기관리 절차 … 비전 및 목적 정립 → 과제발견 → 일정수립 → 반성 및 피드백

12 ③

경력개발은 경력목표와 전략을 수립하고 실행하며 피드백하는 과정을 말한다. 직장인은 한 조직의 구성원으로 자신의 조직과 함께 상호작용하며 자신의 경력을 개발해 나간다. 자신의 상황을 인지하고 경력관련 목표를 설정하여 그 목표를 달성하기 위한 과정인 경력계획과 이에 따라서 경력계획을 준비하고 실행하여 피드백하는 경력관리로 이루어진다.

13 ②

매슬로우의 욕구단계이론은 인간의 욕구는 위계적으로 조직되어 있으며 각 단계별 환경에서 스스로의 개발을 통해 하위 단계의 욕구 충족이 상위 계층 욕구의 발현을 위한 조건이 된다는 매슬로우의 동기 이론이다. 결국 하위계층에서부터의 처해진 상황에 따른 스스로의 개발을 통해 상위 욕구를 충족시키는 것이라 할 수 있다.

14 ②

나는 중·고등학교에 들어가서 초등학교 때 친하게 지내던 친구들과 헤어지자 새로운 친구들을 잘 사귀지 못했고 대학교에 들어가서도 처음에는 기숙사 사람들과만 어울려 같은 과 친구들과의 관계가 소원해졌다는 부분을 통해 나는 소수의 친한 사람들하고만 어울리는 성격임을 알 수 있다. 따라서 앞으로는 다양한 사람들을 만나 함께 어울리려고 노력해야 한다는 ②가 정답이다.

15 ①

중학교·고등학교 때 관심을 가지게 된 역사와 윤리과목에 대해 평소 관련된 책을 많이 읽고 그런 분야에서 꼭 필요한 언어(한자)를 꾸준히 공부하여 2급 자격증을 딴 점, 그리고 학창시절의 꿈인 역사 선생님이 되기 위해 대학교에서 사학을 전공하고 교직을 이수하려는 계획 등으로 미루어 볼 때 나는 좋아하는 일에 대해 꾸준히 노력하는 끈기를 가진 사람임을 알 수 있다.

16 ③

위 글에서 나는 한자자격증 2급을 취득하였고 학창시절의 꿈이 아이들을 가르치는 선생님이다. 또한 실제로 그렇게 되기 위해 교직 이수도 계획 중이므로 재학 중에 한문교육과를 복수 전공한다면 이러한 나의 능력을 충분히 살릴 수 있을 것이다.

17 ③

직장환경, 사회환경, 가족환경으로 인한 회식은 문화적 장애에 해당하며, 건강의 문제나 친구와의 약속은 개인적인 욕구가 작용한 장애요인이라 할 수 있다.

18 ④

자아인식은 직업생활과 관련하여 자신의 가치, 신념, 흥미, 적성, 성격 등 자신이 누구인지 아는 것이다. 자아인식은 자기개발의 첫 단계이며 자신이 어떠한 특성을 가지고 있는지를 바르게 탐색할 수 있어야 적절한 자기개발이 이루어질 수 있다. 자신을 알아가는 방법으로는 내가 아는 나를 확인하는 방법, 다른 사람과의 대화를 통해 알아가는 방법, 표준화된 검사 척도를 이용하는 방법 등이 있다.

19 ④

성찰을 해야 하는 이유

㉠ 지속적인 성장의 기회를 만들기 위해서
㉡ 다른 일을 하는데 필요한 노하우를 축적하기 위해서
㉢ 신뢰감을 형성하기 위해서
㉣ 창의적인 사고 능력을 개발하기 위해서

20 ①

자신이 하고자 하는 일이 귀찮아서 또는 건강이 안 좋아서, 개인적인 친분 유지활동이 더 중요하다고 생각되어서 등은 자기실현의 욕구보다 개인적인 욕구가 더 강해서 발생하는 장애요인에 해당한다.

PART ⑨ 대인관계능력 

1	②	2	①	3	③	4	④	5	⑤	6	②	7	④	8	②	9	④	10	②
11	⑤	12	①	13	①	14	⑤	15	②	16	③	17	④	18	⑤	19	④	20	④

1 ②

갈등해결 방법
㉠ 다른 사람들의 입장을 이해한다.
㉡ 사람들이 당황하는 모습을 자세하게 살핀다.
㉢ 어려운 문제는 피하지 말고 맞선다.
㉣ 자신의 의견을 명확하게 밝히고 지속적으로 강화한다.
㉤ 사람들과 눈을 자주 마주친다.
㉥ 마음을 열어놓고 적극적으로 경청한다.
㉦ 타협하려 애쓴다.
㉧ 어느 한쪽으로 치우치지 않는다.
㉨ 논쟁하고 싶은 유혹을 떨쳐낸다.
㉩ 존중하는 자세로 사람들을 대한다.

2 ①

협상과정 … 협상 시작 → 상호 이해 → 실질 이해 → 해결 대안 → 합의 문서

3 ③

밑줄 친 부분은 "B 혜택(Benefits)"을 가시화시켜 설명하는 단계로 제시하는 이익이 고객에게 반영되는 경우 실제적으로 발생할 상황을 공감시키는 과정이다. 지문에서는 "가장 소득이 적고 많은 비용이 들어가는 은퇴시기"라고 실제 발생 가능한 상황을 제시하였다. 또한, 이해만으로는 설득이 어렵기 때문에 고객이 그로 인해 어떤 변화를 얻게 되는지를 설명하는데 지문에서는 보험 가입으로 인해 "편안하게 여행을 즐기시고 또한 언제든지 친구들을 만나서 부담 없이 만나"에서 그 내용을 알 수 있으며 이는 만족, 행복에 대한 공감을 하도록 유도하는 과정이다.

4 ④

성공적으로 운영되는 팀은 의견의 불일치를 바로바로 해소하고 방해요소를 미리 없애 혼란의 내분을 방지한다.

5 ⑤

VOC로 인해 환자 측의 불편사항 등을 접수하여 성공적으로 반영해 좋은 결과가 나오게 되면 병원은 그들과의 관계유지를 더욱 더 돈독히 할 수 있게 된다.

---

6 ②

①④ 의심형 불만고객에 대한 대응방안

③⑤ 트집형 불만고객에 대한 대응방안

---

7 ④

④ 비전문가로부터 도움을 얻는다.

※ 고객만족을 측정하는데 있어 많은 사람들이 범하는 오류의 유형

㉠ 고객이 원하는 것을 알고 있다고 생각한다.

㉡ 적절한 측정 프로세스 없이 조사를 시작한다.

㉢ 비전문가로부터 도움을 얻는다.

㉣ 포괄적인 가치만을 질문한다.

㉤ 중요도 척도를 오용한다.

㉥ 모든 고객들이 동일한 수준의 서비스를 원하고 필요로 한다고 가정한다.

---

8 ②

② 순응형 멤버십에 대한 설명이다.

---

9 ④

박스 안의 고객은 전문가처럼 보이고 싶어하는 고객의 유형에 해당한다. 이러한 유형의 고객에게는 정면도전을 피하고 고객이 주장하는 내용의 문제점을 스스로 느낄 수 있도록 대안이나 개선에 대한 방안을 유도해 내도록 해야 한다. 또한, 대화 중에 반론을 하거나 자존심을 건드리는 행위를 하지 않도록 주의하며 자신의 전문성을 강조하지 말고 문제 해결에 초점을 맞추어 고객의 무리한 요망사항에 대체할 수 있는 사실을 언급한다.

---

10 ②

양질의 의사결정을 내리기 위해 단편적인 질문이 아니라 여러 질문을 고려해야 한다.

---

11 ⑤

갈등의 진행과정은 '의견 불일치 – 대결국면 – 격화 국면 – 진정 국면 – 갈등의 해소'의 단계를 거친다.

12 ①

② 독재자 유형

③ 민주주의 유형

④⑤ 파트너십 유형

13 ①

팀워크의 촉진 방법

㉠ 동료 피드백 장려하기

㉡ 갈등 해결하기

㉢ 창의력 조성을 위해 협력하기

㉣ 참여적으로 의사결정하기

14 ⑤

위 대화에서 A변호사는 I-Message의 대화스킬을 활용하고 있다. ⑤번은 I-Message가 아닌 You-Message에 대한 설명이다. 상대에게 일방적으로 강요, 공격, 비난하는 느낌을 전달하게 되면 상대는 변명하려 하거나 또는 반감, 저항, 공격성 등을 보이게 된다.

15 ②

② 자아인식능력은 자기개발능력을 구성하는 하위능력 중에 하나이다.

※ 대인관계능력을 구성하는 하위능력

㉠ 팀워크능력

㉡ 리더십능력

㉢ 갈등관리능력

㉣ 협상능력

㉤ 고객서비스능력

16 ③

① 의사소통능력

② 자기개발능력

④ 문제해결능력

⑤ 기술능력

17 ④

동기부여 방법

㉠ 긍정적 강화법을 활용한다.
㉡ 새로운 도전의 기회를 부여한다.
㉢ 창의적인 문제해결법을 찾는다.
㉣ 책임감으로 철저히 무장한다.
㉤ 몇 가지 코칭을 한다.
㉥ 변화를 두려워하지 않는다.
㉦ 지속적으로 교육한다.

---

18 ⑤

OJT는 종업원이 업무에 대한 기술 및 지식을 현업에 종사하면서 감독자의 지휘 하에 훈련받는 현장실무 중심의 교육훈련 방식이므로 각 종업원의 습득 및 능력에 맞춰 훈련할 수 있으며, 상사 또는 동료 간의 이해 및 협조정신을 높일 수 있다는 이점이 있다.

---

19 ④

위 사례는 저돌적인 고객의 유형으로 자신의 방법만이 최선이라 생각하고 타인의 피드백은 받아들이려 하지 않는다. 또한 이러한 상황의 경우 직원에게 하는 것이 아닌 회사의 서비스에 대해 항의하는 것이므로 일선 직원의 경우 이를 개인적인 것으로 받아들여 논쟁을 하거나 화를 내는 일이 없어야 하며 상대의 화가 풀릴 때까지 이야기를 경청해야 한다. 또한 부드러운 분위기를 연출하며 정성스럽게 응대해 고객 스스로가 감정을 추스릴 수 있도록 유도해야 한다.

---

20 ④

문제에서는 병선이의 아내가 세상을 떠난 상황이다. 통상적으로 보면, 상제의 아내인 경우 "위로드릴 말씀이 없습니다."로 바꾸는 것이 옳다.

PART ⑩ 직업윤리

1	③	2	④	3	①	4	②	5	④	6	④	7	③	8	②	9	②	10	④
11	③	12	①	13	①	14	④	15	②										

1 ③

③ 타협하거나 부정직을 눈감아 주지 말아야 한다.

---

2 ④

건배 시에 잔을 부딪칠 때에는 상위자의 술잔보다 높게 들지 않아야 한다. 다시 말해, 회식자리에서도 상하 구분이 존재하므로 상위자 (상사)보다는 잔을 높이 들면 안 되며, 더불어서 상위자 (상사)보다 먼저 술잔을 내려놓지 않는다.

---

3 ①

직업윤리의 덕목

㉠ **소명의식** : 자신이 맡은 일을 하늘에 의해 맡겨진 일이라고 생각하는 태도
㉡ **천직의식** : 자신의 일이 자신의 능력에 맞는다 여기고 열성을 가지고 성실히 임하는 태도
㉢ **직분의식** : 자신이 하고 있는 일이 사회나 기업을 위해 중요한 역할을 하고 있다고 믿는 태도
㉣ **책임의식** : 직업에 대한 사회적 역할과 책무를 충실히 수행하고 책임을 다하는 태도
㉤ **전문가의식** : 자신의 일이 누구나 할 수 있는 것이 아니라 해당분야의 지식을 바탕으로 가능한 것이라 믿는 태도
㉥ **봉사의식** : 직업활동을 통해 다른사람과 공동체에 대해 봉사하는 정신을 갖춘 태도

---

4 ②

Jeep류의 차종인 경우 (문이 2개)에는 운전석의 옆자리가 상석이 된다.

---

5 ④

영어의 경우에는 대소문자를 명확히 구분해서 표기해야 한다.

6 ④

소개

- 나이 어린 사람을 연장자에게 소개한다.
- 내가 속해 있는 회사의 관계자를 타 회사의 관계자에게 소개한다.
- 신참자를 고참자에게 소개한다.
- 동료임원을 고객, 손님에게 소개한다.
- 비임원을 임원에게 소개한다.
- 소개받는 사람의 별칭은 그 이름이 비즈니스에서 사용되는 것이 아니라면 사용하지 않는다.
- 반드시 성과 이름을 함께 말한다.
- 상대방이 항상 사용하는 경우라면, Dr. 또는 Ph.D. 등의 칭호를 함께 언급한다.
- 정부 고관의 직급명은 퇴직한 경우라도 항상 사용한다.
- 천천히 그리고 명확하게 말한다.
- 각각의 관심사와 최근의 성과에 대하여 간단한 언급을 한다.

7 ③

악수 예절

- 악수를 하는 동안에는 상대에게 집중하는 의미로 반드시 눈을 맞추고 미소를 짓는다.
- 악수를 할 때는 오른손을 사용하고, 너무 강하게 쥐어짜듯이 잡지 않는다.
- 악수는 힘 있게 해야 하지만 상대의 뼈를 부수듯이 손을 잡지 말아야 한다.
- 악수는 서로의 이름을 말하고 간단한 인사 몇 마디를 주고받는 정도의 시간 안에 끝내야 한다.

8 ②

전화걸기

- 전화를 걸기 전에 먼저 준비를 한다. 정보를 얻기 위해 전화를 하는 경우라면 얻고자 하는 내용을 미리 메모하도록 한다.
- 전화를 건 이유를 숙지하고 이와 관련하여 대화를 나눌 수 있도록 준비한다.
- 전화는 정상적인 업무가 이루어지고 있는 근무 시간에 걸도록 한다.
- 당신이 통화를 원하는 상대와 통화할 수 없을 경우에 대비하여 비서나 다른 사람에게 메시지를 남길 수 있도록 준비한다.
- 전화는 직접 걸도록 한다.
- 전화를 해달라는 메시지를 받았다면 가능한 한 48시간 안에 답해주도록 한다.

9 ②

소매가 넓은 예복을 입었을 시에는 공수한 팔의 소매 자락이 수평이 되게 올리고 평상복을 입었을 때는 공수한 손의 엄지가 배꼽 부위 위에 닿도록 자연스럽게 앞으로 내린다.

10 ④

성예절을 지키기 위한 자세 : 직장에서 여성의 특징을 살린 한정된 업무를 담당하던 과거와는 달리 여성과 남성이 대등한 동반자 관계로 동등한 역할과 능력발휘를 한다는 인식을 가질 필요가 있다.

㉠ 직장 내에서 여성이 남성과 동등한 지위를 보장받기 위해서 그만한 책임과 역할을 다해야 하며, 조직은 그에 상응하는 여건을 조성해야 한다.

㉡ 성희롱 문제를 사전에 예방하고 효과적으로 처리하는 방안이 필요한 것이다.

㉢ 남성 위주의 가부장적 문화와 성역할에 대한 과거의 잘못된 인식을 타파하고 남녀공존의 직장문화를 정착하는 노력이 필요하다.

11 ③

① **소명의식** : 자신이 맡은 일은 하늘에 의해 맡겨진 일이라고 생각하는 태도

② **직분의식** : 자신이 하고 있는 일이 사회나 기업을 위해 중요한 역할을 하고 있다고 믿고 자신의 활동을 수행하는 태도

④ **봉사의식** : 직업활동을 통해 다른 사람과 공동체에 대해 봉사하는 정신을 갖추고 실천하는 태도

12 ①

통상적으로 직위를 모르는 면접관을 지칭할 때는 "면접위원님"이 무난하고 직위 뒤에는 "님"자를 사용한다.

(참고) **경어의 구분**

겸양어 : 상대나 화제의 인물에 대해서 경의를 표하기 위해 사람에게 관계가 되는 자신의 행위나 또는 동작 등을 낮추어서 하는 말을 의미한다.

예 저희, 저희들, 우리들

예 기다리실 줄 알았는데…

예 설명해 드리겠습니다.

예 여쭈어 본다, 모시고 간다, 말씀 드린다.

존경어 : 상대나 화제의 인물에 대해서 경의를 표하기 위해 그 사람의 행위나 또는 동작 등을 높여서 하는 말을 의미한다.

예 안녕하세요(×) ⇒ 안녕하십니까(○)

예 사용하세요(×) ⇒ 사용하십시오(○)

공손어 : 상대방에게 공손한 마음을 표현할 때나 자신의 품위를 지키기 위하여 사용하는 말이다.

13 ①

명함을 줄 때에는 서열이 낮은 사람이 먼저 건네는 것이 원칙이다.

(참고) **명함 교환의 기본원칙**

㉠ **명함을 줄 때**

- 서열이 낮은 사람이 먼저 건넨다.
- 서서 주고받는다.
- 상대가 읽기 쉽도록 돌려 잡고 전달하면서 자신을 소개한다.
- 전달 시에 시선을 교환한다.

㉡ **명함을 받을 때**

- 일어서서 두 손으로 정중하게 받는다.
- 명함을 받아서 이름을 확인하고 관심을 표현한다.
- 받은 명함에 대해서 메모는 가능하지만 상대 앞에서는 하지 않는다.
- 대화를 나누는 동안에 명함을 테이블 오른쪽에 올려놓고 보면서 이야기한다.

14 ④

명함에 부가 정보는 상대방과의 만남이 끝난 후에 적는 것이 적절하다.

15 ②

걸려 들어온 전화에 회사명, 부서명, 전화 받은 사람의 이름을 밝혀야 한다.